Wolfgang Burde
Strawinsky

Wolfgang Burde

Strawinsky

Mongraphie

SCHOTT

Die Bildvorlage zur Abbildung S. 200/201 wurde vom Archiv für Kunst und Geschichte, Berlin, zur Verfügung gestellt; die Veröffentlichung der Zeichnung auf S. 100 geschieht mit freundlicher Genehmigung von Théodore Strawinsky. Die übrigen Vorlagen entstammen der Sammlung des Autors.

Auf die Wiedergabe von nicht sinntragenden Hervorhebungen in den Zitattexten wurde aus technischen Gründen verzichtet.

Für Margot und Stuck

Bibliografische Information der Deutschen Nationalbibliothek
Die Deutsche Nationalbibliothek verzeichnet diese Publikation in der Deutschen Nationalbibliografie; detaillierte bibliografische Daten sind im Internet über http://dnb.d-nb.de abrufbar.

978-3-95983-505-3 (Paperback)
978-3-95983-506-0 (Hardcover)

Inhalt

Das kompositorische und schriftstellerische Werk: Kulturgeschichtliche und musikalisch-analytische Notizen 367

Vorwort

Im Frühjahr 1910 gerät der siebenundzwanzigjährige St. Petersburger Komponist Igor Strawinsky nach Paris und in die Turbulenzen der verdämmernden »Belle Epoque«. Als Gastgeschenk bringt er den *Feuervogel* mit, das erste seiner russischen Ballette. In den folgenden Jahren wird die *Petruschka*-Produktion der »Ballets russes« von den Parisern umjubelt, *Le sacre du printemps* aber geht im Skandal unter. Dennoch: seit dem *Sacre* gehört Strawinsky neben Claude Debussy und Arnold Schönberg zu den bedeutendsten Komponisten der europäischen Avantgarde.

Als der Erste Weltkrieg ausbricht, weicht Strawinsky mit seiner Frau Catherine und seinen vier Kindern Théodore, Ludmilla, Soulima und Maria Milena ins Schweizer Exil aus. Am Ende dieser Schweizer Jahre hat Strawinsky sein russisches Erbe in Meisterwerken zeitgenössischen Musiktheaters – *Renard* (1916), *Les noces* (1917), *L'histoire du soldat* (1918) – und in Liedzyklen nach volkstümlichen russischen Texten kompositorisch konzentriert. Er öffnet sich nun in staunenswerten Eroberungszügen jener Auseinandersetzung mit der europäischen Musiktradition, deren Umrisse ihm freilich durch die Zusammenarbeit mit seinem Lehrer Rimskij-Korsakow und das väterliche Musiker-Milieu längst vertraut sind.

Seit 1920 leben die Strawinskys in Frankreich, und der Komponist ist seit *Pulcinella* zunehmend fasziniert von der Musik des 18. Jahrhunderts, vor allem von der Kunst Bachs. Davon reden das Oktett und das Klavierkonzert, aber auch Werke der frühen dreißiger Jahre, die *Psalmensinfonie* und das Violinkonzert.

Freilich, musikalische Tradition, soweit sie in Strawinskys Kompositionen Eingang findet, wird von ihm nicht als Stilkopie inszeniert. Strawinsky integriert Neuentdeckungen kompositorischer Verfahrensweisen oder bestimmter Form-Modelle wie die Invention, die Ouvertüre oder das Concerto stets in den Zusammenhang kompositorischer Denkweisen, die er früh beherrschen lernte. Nie gibt er seine Motivtechnik auf, die musikalische Figuren Prozessen der Verkürzung oder Erweiterung, der Diminuierung oder Augmentierung unterwirft. Und die musikalische Großform läßt er in aller Regel nicht aus thematischen Setzungen herauswachsen, wie

9

es in der Klassik und Romantik üblich war, sondern er montiert sie aus musikalischen Strukturen oft heterogenen Charakters – darin bildnerischen Verfahren des Kubismus vergleichbar.

Aber nicht nur seine kompositorischen Verfahrensweisen unterscheiden ihn von anderen zeitgenössischen Komponisten, etwa denen der zweiten Wiener Schule Schönbergs, Bergs und Weberns. Es gibt auch wesentliche Unterschiede im Gestus, in der Haltung und Einstellung zur Musik und Gesellschaft.

Igor Strawinsky fühlt sich der Tradition des musikalischen Divertissement verpflichtet. Geistreiche musikalische Unterhaltung hat er nie verpönt, sondern im Gegenteil in einer ganzen Reihe von Werken zu befördern versucht. Zu ihnen gehören seine hinreißenden Adaptionen des Jazz-Idioms, Werke wie der *Ragtime für 11 Instrumente* oder das *Ebony Concerto* ebenso wie frühe Liederzyklen oder Klaviermusik aus dieser Zeit.

Eine Einladung der Harvard-Universität, im Winter 1939/40 Vorlesungen über Musik zu halten, bringt Strawinsky in die Vereinigten Staaten. Der Komponist entschließt sich, nachdem innerhalb weniger Monate seine Tochter Ludmilla, seine Frau und seine Mutter verstarben, zusammen mit seiner langjährigen Gefährtin Vera de Bosset dort zu bleiben. Das Paar siedelt sich in Hollywood an und wird bald zu einem künstlerischen Mittelpunkt der Stadt.

Nach dem großen Erfolg seiner Oper *The Rake's Progress* im Jahre 1951 tastet sich Strawinsky in einem mehrjährigen Prozeß an eine letzte Wandlung seiner Musiksprache heran. Durch das Studium der Werke Anton Weberns befördert, beginnt Strawinsky mit Reihen zu komponieren. So entsteht ein kompositorisches Spätwerk, von dem Strawinsky gelegentlich urteilt, daß es konzentrierter sei, mehr Musik enthalte als viele seiner frühen Arbeiten.

Als man den Komponisten im Frühjahr des Jahres 1971 in San Michele begräbt, wird mit ihm zugleich eine Künstlerpersönlichkeit zu Grabe getragen, die unsere Vorstellung von Kunst, von Musik gänzlich revolutionierte. Nach Strawinsky braucht sich Kunst weder ihrer stilistischen Heterogenität noch ihrer Zeitfühligkeit oder ihrer Abhängigkeit von historischen Modellen zu schämen. Wohl aber ihrer Selbstgenügsamkeit und Durchschnittlichkeit.

Jede Darstellung des Lebensweges von Strawinsky ist seinen *Chroniques de ma vie* verpflichtet sowie den vielfältigen Publikationen der Gespräche, die Strawinsky mit Robert Craft führte. Kleinere Zitate, soweit sie nicht dem jeweiligen Zusammenhang zugehören, haben ihren Ort in Strawinskys *Chroniques*.

Zeittafel

1882 Am 18. Juni wird Igor, der Sohn Fjodor Strawinskys (1843) und seiner Ehefrau Anna (1854), in Oranienbaum geboren. Der Vater ist ein überaus geschätzter Bassist der Kaiserlichen Oper in St. Petersburg. Die Mutter besitzt Neigung zur Musik, spielt Klavier und gut vom Blatt. Ein Jahr zuvor war Catherine Nossenko, Igors Kusine und spätere Frau, in Kiew geboren worden (25. 1. 1881).

1883 Ansermet, Casella und Webern geboren.

1884 Igors Bruder Gury wird geboren.

1885 Berg, Varèse geboren.

1886 Uraufführung der Oper *Kowantschina* von Mussorgsky.

1887 Chagall, Corbusier geboren. Sterbejahr Borodins.

1888 Vera de Bosset, Strawinskys zweite Frau, und Eliot geboren.

1889 Rimskij-Korsakow dirigiert in Paris mehrere Konzerte mit russischer Musik. Chaplin, Cocteau geboren.

1890 Die Fürstin Tenyschewa gründet auf ihrem Gut in Talaschkino bei Smolensk eine Künstlerkolonie, in der Golowin, Roerich und Wrubel arbeiten.
Uraufführung der Oper *Prinz Igor* von Borodin in der Bearbeitung durch Rimskij-Korsakow und Glasunow.
Nijinskij geboren.

1891 Erster Klavierunterricht, Igor hört zum erstenmal ein Orchester und ist fasziniert von Glinkas Oper *Ein Leben für den Zaren*. Prokofiew geboren.

1892 Igor erlebt Glinkas Oper *Russlan und Ludmilla* in einer Galavorstellung zum fünfzigsten Jubiläum dieser Oper. Im Foyer, in einiger Entfernung, beobachtet er Peter Tschaikowsky.
Honegger, Milhaud geboren.

1893 Tschaikowsky gestorben.

1895 Die Strawinskys verbringen den Sommer in Bad Homburg. Igor übernimmt die Aufgabe des Dolmetschers.
Hindemith, Orff geboren.

1896 Massine geboren.

1897 Erste kompositorische Versuche. Igors ältester Bruder Roman stirbt.

1898 *Tarantella* für Klavier, nicht veröffentlicht.

Im Oktober erscheint die erste Nummer der bis zum Jahre 1904 von Diaghilew herausgegebenen, einflußreichen Kunstzeitschrift *Mir Iskusstva (Welt der Kunst)*.

Eisler geboren.

1899 Auric, Poulenc geboren.

1900 Antheil, Weill geboren.

1901 Igor schreibt sich an der juristischen Fakultät der St. Petersburger Universität ein. Erster Auftritt als Klavierspieler.

1902 Strawinsky begegnet Rimskij-Korsakow in Heidelberg, Beginn des privaten Unterrichts in Instrumentation und Analyse.

Scherzo für Klavier, *Sturmwolke*, Romanze für Stimme und Klavier – früheste publizierte Kompositionen Strawinskys.

Der Vater stirbt.

Gesetz über das Urheberrecht an Werken der Literatur und Tonkunst rechtskräftig.

1903 Chatshaturjan, Nabokov geboren.

Gründung des »Salon d'automne« in Paris für Bilder, die von offiziellen Jurys zurückgewiesen wurden.

1904 Klaviersonate fis-Moll.

Balanchine, Dallapiccola geboren.

Beginn des russisch-japanischen Kriegs um die Mandschurei und Korea.

Studentenunruhen in St. Petersburg.

1905 Juristisches Staatsexamen.

Japanischer Sieg, Revolution in Rußland, Zar schreibt *Manifest über die Freiheiten*, gibt Rußland eine konstitutionelle Monarchie.

Matisse und Derain begründen Malerei des »Fauvismus«.

1906 Strawinsky heiratet seine Kusine Catherine Nossenko.

Schostakowitsch geboren.

1907 Sinfonie Es-Dur, öffentliche Aufführung der Suite *Faun und Schäferin* in einem Beljajew-Konzert.

Der Sohn Théodore wird geboren. Auden geboren.

Kubistische Bilder Picassos.

1908 Die Tochter Ludmilla wird geboren. Messiaen geboren.

Rimskij-Korsakow stirbt. Seinem Gedächtnis widmet Strawinsky einen *Marche funèbre* für Orchester.

1909 Am 6. Februar werden Strawinskys Orchesterstücke *Scherzo fantastique* und *Feu d'artifice* in einem »Siloti-Konzert« in St. Petersburg uraufgeführt. Strawinsky und Diaghilew begegnen einander zum erstenmal, und Strawinsky erhält den Auftrag, für die *Les sylphides*-Produktion der »Ballets russes« einige Chopin-Stücke zu instrumentieren. Im Spätherbst erhält er den *Feuervogel*-Auftrag und beginnt im November mit der Komposition seines ersten Balletts.
Sergej Kussewitzky gründet den Russischen Musikverlag.
Rimskij-Korsakows *Chronik meines Lebens* erscheint.
Erste Saison der »Ballets russes« in Paris.

1910 Strawinsky besucht zum erstenmal Paris und begegnet nach der *Feuervogel*-Premiere Komponisten der Avantgarde: Casella, Debussy, de Falla, Ravel, Schmitt und Satie.
Der Sohn Soulima wird geboren.

1911 Todesjahr Mahlers.
Schönbergs *Harmonielehre* erscheint.

1912 Strawinsky begegnet in Berlin Richard Strauss und Arnold Schönberg, ist fasziniert von der Instrumentation des *Pierrot lunaire*.
Er besucht zum erstenmal zusammen mit den »Ballets russes« London.
Cage geboren.

1913 Die Premiere von *Le sacre du printemps* verursacht einen Theaterskandal.
Britten, Lutoslawsky geboren.
Charlie Chaplin wechselt vom Varieté zum Film.

1914 Letzte Rußland-Reise. Die Strawinskys übersiedeln nach Clarens, in die Schweiz. Begegnung und Freundschaft mit dem Dirigenten Ansermet und dem Schriftsteller Ramuz.
Die Tochter Milena wird geboren. Dylan Thomas geboren.
Ausbruch des 1. Weltkriegs.

1915 Erster Auftritt als Dirigent.
Skrjabin stirbt.

1917 Strawinsky begegnet Picasso in Rom. Der Bruder Gury stirbt an der rumänischen Front. »Februar«- und »November«-Revolution in Rußland.

1918 *L'histoire du soldat* und *Ragtime für 11 Instrumente* – erste kompositorische Auseinandersetzung mit dem neuen Jazz-Idiom.
Bernstein, Zimmermann geboren.

Todesjahr Debussys.

Ende des 1. Weltkriegs.

1920 Die Strawinskys leben in Frankreich. Pablo Picasso entwirft Kostüme und Bühnenbild für Strawinskys Ballett *Pulcinella*. Strawinsky widmet die *Symphonies d'instruments à vent* dem Gedächtnis Claude Debussys. Gründung der französischen »Groupe des Six«.

Freundschaft zu Gabrielle Chanel.

Erste Jazzbands in Berlin.

1921 Beginn der Freundschaft zu Vera de Bosset. Gründung der »Donaueschinger Musiktage«.

1922 Strawinskys Mutter emigriert aus Rußland und lebt mit der Familie.

1923 Craft, Ligeti geboren.

1924 Strawinsky debütiert als Solist in seinem Concerto. Beginn einer Karriere als Interpret eigener Werke, die erst in den vierziger Jahren aufgegeben wird.

Nono geboren.

1925 Erste erfolgreiche Amerika-Tournee.

Berio, Boulez geboren.

Todesjahr Saties.

1926 Beginn der Zusammenarbeit mit Jean Cocteau: in den Jahren 1926/27 entsteht Strawinskys neoklassizistischer Beitrag zum zeitgenössischen Musiktheater, das szenische Oratorium *Oedipus Rex*.

Henze geboren.

1928 Stockhausen geboren.

Uraufführung der *Dreigroschenoper* von Brecht/Weill.

1929 Diaghilew stirbt in Venedig.

1931 Begegnung mit Hindemith.

Bussotti und Kagel geboren.

1933 Soulima Strawinsky debütiert als Pianist in Barcelona mit *Capriccio*.

Prokofiew kehrt in die Sowjetunion zurück.

Penderecki geboren.

Reichspräsident von Hindenburg ernennt Adolf Hitler zum Reichskanzler.

1934 Strawinsky wird französischer Staatsbürger.

1935 Zweite Amerika-Tournee Strawinskys. Band I der *Erinnerungen*, *Chroniques de ma vie*, erscheint, Band II 1936.

Todesjahr Bergs.

1937 *Jeu de cartes*-Premiere in New York, Strawinsky dirigiert, trifft Chaplin in Hollywood.
Ravel stirbt.
1938 Die Tochter Ludmilla stirbt.
1939 Die amerikanische Harvard University lädt Strawinsky zu Vorlesungen ein, die er später als *Musikalische Poetik* publiziert.
Todesjahr seiner Frau und seiner Mutter.
Ausbruch des 2. Weltkriegs.
1940 Strawinsky heiratet seine langjährige Freundin Vera de Bosset (Soudeikina) und lebt in Hollywood.
1941 Der Bruder Yuri stirbt.
1942 *Poétique musicale* erscheinen in Französisch, 1947 in Englisch, Deutsch 1949.
Fokin stirbt.
1943 Die Prinzessin Edmond de Polignac stirbt. Strawinsky widmet sein *Tryptichon* für Orchester dem Gedächtnis Natalie Kussewitzkys.
1945 Strawinsky wird amerikanischer Staatsbürger.
Todesjahr Bartóks und Weberns.
Ende des 2. Weltkriegs.
1947 Beginn der Zusammenarbeit mit Auden am Hogarth-Projekt: *The Rake's Progress*.
Casella und Ramuz gestorben.
1948 Strawinsky begegnet dem amerikanischen Dirigenten Robert Craft. Der junge Mann wird sein freundschaftlicher Assistent. Beide publizieren mehrere Bände Gespräche.
Im Todesjahr Strawinskys, 1971, erscheint Crafts Tagebuch seiner Strawinsky-Begegnungen, 1979 in Zusammenarbeit mit Vera Strawinsky ein Band mit Bildern und Dokumenten Strawinskys.
1951 Todesjahr Gides, Kussewitzkys und Schönbergs.
1953 Strawinsky beendet ein Septett, das er auf der Basis mehrtöniger Reihen komponierte. Diese Arbeit zeugt von seiner Auseinandersetzung mit dem kompositorischen Werk Anton Weberns und ist ein erster Schritt auf seinem Wege zur selbstverständlichen Handhabung der Schönbergschen Zwölftontechnik in späteren Werken, wie er sie etwa in den 1959 entstandenen *Movements* für Klavier und Orchester anwendet.
Todesjahr von Dylan Thomas und Prokofiew.

1959 Strawinsky unternimmt Konzerttourneen nach Ost-Asien und Europa.

1962 Strawinsky feiert seinen 80. Geburtstag in der Hamburger Staatsoper und dirigiert *Apollon musagète*. Reise nach Moskau und Leningrad.
Eisler gestorben.

1963 Todesjahr von Cocteau, Hindemith, Huxley, Poulenc.

1967 Strawinsky dirigiert *Pulcinella* in Toronto und für eine Schallplatteneinspielung den *Feuervogel*, letzte Auftritte als Dirigent.

1968 Letzte kompositorische Arbeit Strawinskys ist seine Bearbeitung zweier Lieder Hugo Wolfs aus dem *Spanischen Liederbuch*, *Two sacred songs*.

1969 Strawinsky lebt in New York.
Todesjahr Ansermets.

1971 Igor Strawinsky stirbt am 6. April in New York, Beisetzung am 15. April auf dem Friedhof der Insel San Michele in Venedig.

Biographie

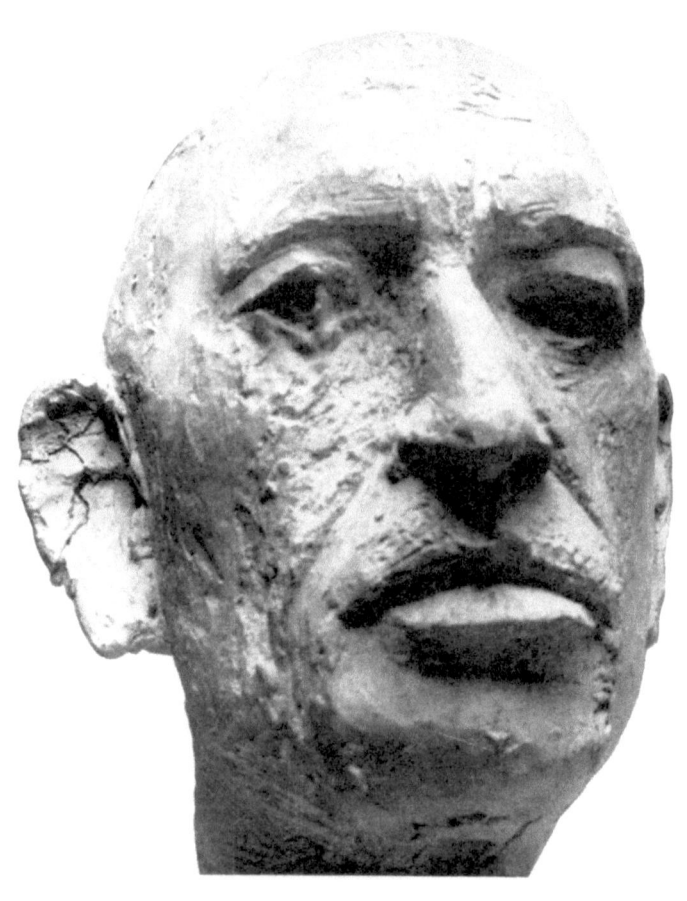

Porträtbüste von Marino Marini

St. Petersburg um 1900

Elternhaus und kulturelles Ambiente

Igor Strawinskys Erinnerungen an seine Kindheit und Jugend sind überschattet vom Erlebnis menschlicher Isolation. Zwar ist nicht zu leugnen, daß solche Isolationserlebnisse jeden Individualisierungsprozeß begleiten; aber es geschieht doch nicht oft, daß eine exponierte Künstlerpersönlichkeit oder ein bedeutender zeitgenössischer Wissenschaftler bekennt, weder zu seinem Vater noch zu seiner Mutter eine vertrauensvolle Beziehung unterhalten zu haben.

Igor Strawinsky wurde am 18. Juni 1882[1] in dem kleinen Städtchen Oranienbaum, nahe bei Kronstadt am Finnischen Meerbusen, als dritter von insgesamt vier Söhnen in einem Landhaus geboren, worin die Eltern zur sommerlichen Erholung weilten. Nur wenige Stunden nach der Geburt taufte ihn ein Prälat der russisch-orthodoxen Kirche. Die eigentliche Taufhandlung aber wurde am 11. Juli in St. Petersburg vollzogen, wo das Ehepaar Strawinsky seit über sechs Jahren bereits lebte.

Igors Vater, Fjodor Strawinsky[2], galt als schauspielerisch talentierter und musikalisch hoch begabter junger Mann, der eine schöne Baßstimme besaß. Dennoch entschloß er sich zunächst zu Jurastudien in Odessa und Kiew und wechselte erst mit 26 Jahren zur Musik über. Er wurde Gesangsschüler von Prof. Everardi am Petersburger Konservatorium und erhielt nach drei Studienjahren sein erstes Engagement an der Oper in Kiew.

[1] Bis zum Jahr 1918 galt in Rußland der Julianische Kalender, dessen Datierungen mit denen des Gregorianischen konkurrierten: im 19. Jh. betrug die Differenz zwischen beiden Systemen 12 Tage, im 20. Jh. 13 Tage, so daß Igor am 5. bzw. 17. Juni geboren wurde und im 20. Jh. am 18. Juni seinen Geburtstag feierte.

[2] Igor Strawinsky: *Gespräche mit Robert Craft*, Zürich 1961, S. 7 (im folgenden *Gespräche*); »*Strawinsky*« *kommt von »Strawa«, so heißt ein kleiner Nebenfluß der Weichsel im östlichen Polen. Wir hießen ursprünglich Sulima-Strawinsky – Sulima ist der Name eines anderen Nebenflusses der Weichsel –, aber als die Russen diesen Teil Polens annektierten, ließ man aus irgendeinem Grund Sulima wegfallen. Die Sulima-Strawinsky waren Gutsbesitzer in Ostpolen, soweit man sie zurückverfolgen kann. In der Zeit Katharinas der Großen siedelten sie von Polen nach Rußland über.*

In der ukrainischen Provinz lernte Fjodor seine spätere Frau Anna Cholodowsky kennen, die Tochter des Ministers für Landwirtschaft, eine Musikenthusiastin, die vorzüglich vom Blatt spielte und deren Klavierspiel zu Igors frühen musikalischen Eindrücken gehörte. Im Jahre 1876 bezog das Paar eine Wohnung in Petersburg am Krukow-Kanal Nr. 66. Fjodor Strawinsky hatte als Mephisto in Gounods *Faust* am Kaiserlichen Opernhaus debutiert, dessen Mitglied er inzwischen geworden war und dem er bis zu seinem Tode im Jahre 1902 verbunden blieb. Es wird berichtet, daß der rasch zu großer Popularität aufsteigende Sänger alle drei Jahre seine Verträge mit dem Marijinsky-Theater erneuerte – jedesmal mit beträchtlichem Zugewinn.

Der überaus angesehene Sänger erhielt im Verlauf seiner Karriere mehrere Auszeichnungen – unter anderen eine goldene Uhr mit Medaillon-Bildnis von Alexander III., dem russischen Zaren. Als man Fjodor Strawinsky im Jahre 1892 um einen Eintrag in ein Buch mit Autographen berühmter französischer und russischer Künstler bat, zitierte er für diese Dokumentation Puschkin in französischer und russischer Sprache und notierte einige Takte aus Mussorgskijs *Boris Godunow*.

In der Petersburger Gesellschaft galt der Sänger als angenehmer, charmanter Unterhalter; zu Hause aber, im Kreis der Familie, war er von eher verschlossenem Wesen, introvertiert oder gar abweisend. Gelegentlich muß es zu beträchtlichen Temperamentsausbrüchen gekommen sein, die nicht nur Igor das Fürchten lehrten.

Nur wenn eines der Kinder erkrankte, umgab es der Vater mit rührender Zärtlichkeit. Jahrzehnte später bemerkt Strawinsky zu dieser ungewöhnlichen Vater-Sohn-Konstellation, daß sie seine Leidensbereitschaft und seine ohnehin vorhandene Disposition für Krankheiten vermutlich sehr gefördert habe.

In Fjodors Tagebüchern finden sich zärtliche Notizen über seine Frau Anna, die er innig liebte. Aber an seinem zweiundfünfzigsten Geburtstag denkt der augenscheinlich so glückliche Gatte auch darüber nach, ob es nicht an der Zeit sei, sein stupides, unnützes Leben in dieser geistlosen Gesellschaft zu beenden.

Dieser bemerkenswert antagonistischen Charakterstruktur – von der Robert Craft einmal sagte, sie ähnele der Igor Strawinskys – gesellte sich noch eine ausgeprägte Tendenz zur Pedanterie bei. Sie äußerte sich in präzisen Notizen über Ein- und Ausgaben für den Haushalt, in den Zahlenkolonnen des Haushaltsbuchs, aber auch

Mainacht von Rimskij-Korsakow
Fjodor Strawinsky in der Rolle des Makagonenko

in der Buchführung über Eingänge und Verluste der sorgfältig gehüteten und geliebten Bibliothek.

Vermutlich hat solche väterliche Neigung den jungen Igor nicht nur geplagt, denn es geschah gelegentlich, daß er sich in Briefen an die Eltern vor allem über die ausgegebenen Kopeken und Rubel verbreitete, die Boten und die Kosten für die Bahnfahrten verschlungen hatten. Vielleicht bildete sich auf diese Weise früh schon jenes bemerkenswert leidenschaftliche Verhältnis Strawinskys zum Geld, das viele seiner Freunde später beklagten oder gar verfluchten, dem der Komponist aber bis ins hohe Alter verfallen blieb.

Während der Opernsaison lebten die Strawinskys in Petersburg, in der dritten Etage eines alten Hauses, dessen Front auf einen Gefängnisbau blickte – gelb und schön, wie eine Villa der Medici in Rom anzuschauen. Drinnen, im Appartement Nr. 66, herrschte jedoch die strenge Ordnung des zeitgenössischen Viktorianischen Geschmacks[3].

Die Sommermonate verbrachte man auf dem Lande. So erinnert sich Strawinsky an ungeliebte Aufenthalte bei seiner Tante Katharina in Pechisky. Sie wurden aber offenbar durch das Erlebnis des großen Jahrmarkts in Nizhni-Nowgorod aufgewertet, auf dem Igor nicht nur bäuerliches Kunsthandwerk und alte Trachten kennenlernte, sondern auch die Tanztradition der Ukraine, die er bis in die Zeit seiner Arbeit an *Petruschka* und *Les Noces* im Gedächtnis bewahrte.

In Pechisky begegnete Igor auch zum erstenmal seiner Cousine ersten Grades und späteren Frau Catherine, und dieses Zusammentreffen muß in beiden Kindern ein tiefes Gefühl der Zusammengehörigkeit ausgelöst haben, denn Strawinsky äußerte sich später, in *Expositions*, über diese Begegnung[4]:

---

[3] *Gespräche, S. 14: Unsere Wohnung war im üblichen viktorianischen Stil möbliert -- mit den üblichen schlechten Gemälden, den üblichen mauvefarbenen Polstern usw., aber mit einer ungewöhnlichen Bibliothek und zwei Flügeln. Ich erinnere mich aber an all das und an meine darin verbrachte Jugend nicht gern, und die vier Wände meines und Gurys Zimmer sind mein am hartnäckigsten haftender Eindruck von zu Hause. Dieses Zimmer war wie Petruschkas Zelle, in ihm habe ich meine meiste Zeit verbracht. Ich durfte nur ins Freie, nachdem mich meine Eltern jeweils auf meinen Gesundheitszustand hin geprüft hatten, und ich galt als zu zart, um an irgendwelchen Körperübungen oder Spielen teilzunehmen, wenn ich erst einmal draußen war. Ich habe mich in Verdacht, daß ich Sport nur deshalb so hasse, weil ich eifersüchtig bin auf das, was mir versagt wurde.*
[4] Eric Walter White: *Stravinsky*, Berkley/Los Angeles 1979, S. 22

Nachdem wir eine Stunde zusammengewesen waren, schien es uns bereits gewiß, daß wir eines Tages heiraten würden – so haben wir es uns später jedenfalls gestanden. Vielleicht war unser Verhältnis ein geschwisterliches. Ich war ein tief vereinsamtes Kind, und ich sehnte mich nach einer Schwester. Catherine kam in mein zehnjähriges Leben wie eine lange erwartete Schwester. Von da an, bis zu ihrem Tode, waren wir uns sehr nahe und inniger miteinander, als es Liebende manchmal sind; denn Liebende mögen sich fremd bleiben, obwohl sie ein Leben lang sich lieben und beieinander sind.

Im Jahre 1896 änderten die Strawinskys ihre Pläne für die Sommerferien. Während die beiden älteren Söhne Roman und Yuri mit den Eltern nach Pechisky reisten, durften die beiden jüngeren, Igor und Gury, den Sommer bei der Tante Maria verbringen, die zusammen mit ihrem Mann, Dr. Gabriel Nossenko, und ihren beiden Töchtern Ludmilla und Catherine in Ustilug in Wolhynien lebte, einer kleinen Stadt am Bug, die nach 1945 zu einer Grenzstadt zwischen der Sowjetunion und der neuen polnischen Republik wurde.

Im guten Einverständnis mit seinem Bruder Gury lebend – dem einzigen Strawinsky, dem er sich anvertrauen mochte – und in gutem Kontakt mit seinen Cousinen und Freunden, entstand in Ustilug im Verlauf der vielen Sommeraufenthalte, die diesem ersten folgten, ein Freundeskreis, der offenbar zunehmend von Igor, seinen Talenten und seiner Intensität beeinflußt und dominiert wurde.

Man vertrieb sich die Zeit vor allem mit Theaterspielen. Im Arrangieren von Aufführungen russischer Klassiker, im Ausgestalten des Bühnenraumes, im Herbeischaffen der Requisiten war Igor unermüdlich. Neben dem Theaterspielen faszinierte die jungen Leute das Ausschwärmen in die Landschaft, das Erlebnis der Natur und die Möglichkeit, nach der Natur zu skizzieren. Das Klavierspiel, auch das vierhändige, war beliebt. In einem Brief an seine Eltern berichtet der siebzehnjährige Igor über sein Ustiluger Sommerleben folgendes[5]:

---

[5] Vera Stravinsky/Robert Craft: *Stravinsky in Pictures and Documents*, London 1979, S. 19

Zeichnung Igors aus dem Jahre 1901: *Dans la loge de théâtre*

Das ist unser Tagesablauf: Nach dem Morgentee schauen wir Drei – Katrin, Olga Dimitriewna und ich – aus nach einem passenden Platz, um zu skizzieren. Gury und Vera Dimitriewna lernen derweilen ihre Rollen für das Theaterstück auf dem Tennisplatz. Sofia Dimitriewna und Olga Ivanovna sammeln Himbeeren, die hier im Überfluß wachsen. Dann früh-

*stücken wir. Danach, wenn es nicht regnet, gehen wir Drei aus,
um zu skizzieren.*

*Ich habe eine Skizze eines Sonnenuntergangs gemacht und
hätte gern die Gelegenheit, möglichst viele gute Bilder zu
sehen, um so mit meinem eigenen Werk noch unzufriedener zu
sein. Nur auf solche Weise kann ich sicher sein, Fortschritte zu
machen.*

*Wir spielen viel Klavier. Ich lese nicht viel. Dennoch habe
ich gerade Tolstois »Auferstehung« beendet und durch dieses
brillante Werk das größte Vergnügen empfunden. [. . .] Ich
habe auch Guyaus »Probleme der zeitgenössischen Ästhetik«
gelesen, ein Buch, das einige interessante Diskussionen enthält.*

*Heute gehen wir nach Wladimir-Volynsk, um Material
(Stützbalken) für das Theater zu kaufen. Die Stücke sind von
Hartmann, »Nutze deine Chance, so lange du sie hast« und von
Tschechow »Der Bär«. In beiden Stücken habe ich bedeutende
Rollen. Ich kann sie – wie könnte ich sie nicht – aber ich kann
nicht vorhersehen, wie erfolgreich die Aufführungen sein
werden.*

Dieser Brief ist ein interessantes Dokument. Er entwirft das Bild
eines jungen Mannes, dessen künstlerische Interessen dem Theater und der Malerei zuneigen. Er bezeugt aber auch, daß Strawinsky seiner eigentlichen Begabung noch nicht gewiß zu sein
scheint. Die beherrschte Ruhelosigkeit, die aus jeder Zeile spricht,
sein kaum zurückgehaltener Ehrgeiz und andererseits seine überraschende Neigung zur intensiven, selbstquälerische Züge tragen-
den Selbstkritik – solche bemerkenswert divergierenden Charak-
tereigenschaften machen ihn noch weit bis in seine Pariser Jahre,
bis in die Zeit seiner großen Ballett-Erfolge für seine Freunde
unberechenbar und oft genug auch unerträglich.

In Ustilug hatte Dr. Gabril Nossenko im Jahre 1890 einen größeren Besitz erworben. Da seine Frau Maria – die Schwester der
Strawinsky-Mutter Anna – tuberkulös war, wollte er mit ihr und
seinen beiden Töchtern Catherine und Ludmilla auf dem Lande
leben, in einem Klima, das Heilung versprach; später gründeten
die Nossenkos in diesem kleinen Bug-Flecken ein Krankenhaus.

Für Igor Strawinsky blieb Ustilug bis zum ersten Weltkrieg ein
geliebtes Refugium. Nachdem er im Jahre 1906 seine Cousine
Catherine Nossenko geheiratet hatte, bauten die jungen Leute hier
ein Haus, in dem viele der Partituren bis hin zum *Sacre* entstanden.

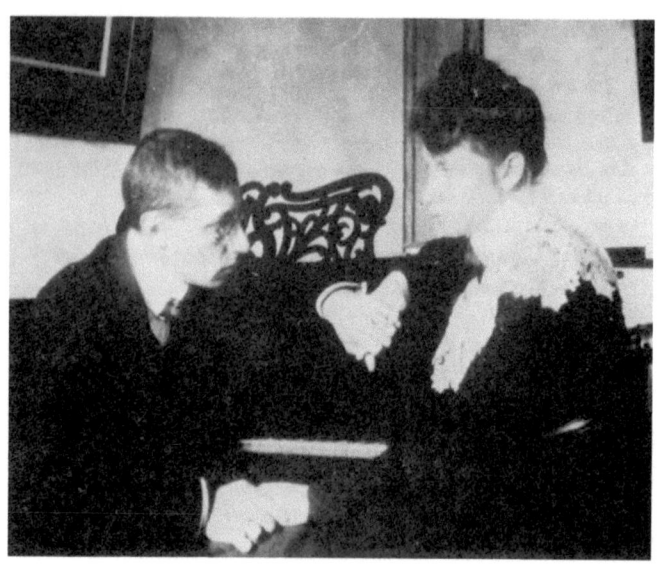

1906. Das junge Paar in St. Petersburg

Über Strawinskys Landleben in Ustilug hat der polnische Musik-wissenschaftler Stempowsky nach 1945 interessante Einzelheiten recherchieren können[6]:

Im Jahre 1906, nachdem Strawinsky Catherine Nossenko geheiratet hatte, baute das junge Paar ein Landhaus, das sie »Old Farm« nannten und das auch heute noch bekannt ist.

Strawinsky hatte keinen Kontakt mit den Einwohnern des Städtchens – von dem zu seinem Schwiegervater und dessen Frau einmal abgesehen. Aber man wußte, daß ein Komponist im Landhaus lebte und daß er gelegentlich sein Haus verließ, um kurze, eine Viertelstunde während Spaziergänge im Park zu unternehmen.

Damals zeigte Strawinsky auch dem Gouverneur des Gebietes einen Teil seines Balletts »Der Feuervogel«. Das »Wiegen-lied« daraus ist für die Volksmusik Wolhyniens typisch, aller-dings mehr für die nördliche, um Kovel herum, als für Ustilug.

[6] V. Stravinsky/Craft: *Pictures*, S. 38

26

Igor notiert den Gesang eines blinden Musikers in Ustilug.
Im Aufgang seines Hauses sitzend: die Mutter und Sohn Théodore

Die Familie schien für Strawinsky ein Gefängnis zu sein – solange der
Vater noch lebte, die Stadt Petersburg erlebte er als ein Provinznest
ohne wirkliche kulturelle Perspektiven und sich selbst als einen
tapferen jungen Mann, der in seiner Begabung weder von der Familie noch von den Freunden erkannt und verstanden wurde.

Noch in den sechziger Jahren, in seinen Gesprächen mit Robert
Craft, dem amerikanischen Dirigenten und Vertrauten, äußert
sich Strawinsky mit Bitterkeit über seine Petersburger Jugend-
jahre. Es ist, als ob ein Gefühl des Zukurzgekommenseins ihn
zeitlebens nie gänzlich verließ. Daß er später für seine Neigung,
sich dandyhaft zu kleiden, berüchtigt wurde, daß die Pariser
Gesellschaft dem gewandten Plauderer, dem Charmeur zu Füßen
lag und man seinen eisigen, ironisch funkelnden Aperçus applaudierte, daß Strawinsky mit weltmännischer Attitude seinen kosmopolitisch weiten Arbeits- und Lebenshorizont beherrschen lernte,
verdeckte erfolgreich seine frühen Verletzungen – Verletzungen,
die, merkwürdig genug, auch mit seiner sehr spezifischen musikalischen Begabung zusammenhingen. Denn seine Begabung war kein

unaufhörlich sprudelnder Quell, der vom ersten Augenblick an in den traditionell vorgegebenen Bahnen floß. Erst in einem arbeitsreichen, mit großer Zähigkeit durchgestandenen Lernprozeß eignete sich Strawinsky allmählich jene handwerklichen Fähigkeiten an, die es ihm ermöglichten, seine musikalischen Vorstellungen präzise auszuformulieren.

Folgt man den Aussagen Ernest Ansermets, des Schweizer Dirigenten und jahrzehntelangen Freundes Igor Strawinskys, dann war der Komponist im traditionellen Sinne nur mäßig begabt. Sein musikalisches Gehör war unterentwickelt, er besaß weder Talent zum Erfinden größerer melodischer Zusammenhänge noch einen vorgeprägten Sinn für harmonische Verläufe.[7] Vielmehr habe Strawinskys affektive Intuition für die Ausdruckskraft erfühlbarer musikalischer Bilder – *erfühlbar geworden durch die Klangfarbe und die aus dem Rhythmus erwachsene Formgebung* – ihn zum Musiker gemacht. Er habe die Gabe, musikalische Bilder in ihrer Klangbezogenheit zu ersinnen, und das verleihe der Klangfarbe eine Bedeutungstranszendenz, die sie weder traditionell, noch bei anderen Komponisten des 20. Jahrhunderts in dieser Intensität erlangte.

In einer biographischen Skizze, die Igor Strawinsky im März des Jahres 1908 für den Petersburger Musikkritiker G. H. Timofeyew entwarf, gewinnen auch seine frühen musikalischen Lernprozesse an Kontur[8]. Im Alter von neun Jahren habe er ersten Klavierunterricht bekommen, und da seine Eltern zunächst beabsichtigten, ihn zum Pianisten ausbilden zu lassen, durfte er mit den besten Klavierlehrern der Stadt arbeiten.

Schon früh offenbarte sich eine Neigung zur musikalischen Komposition. Er habe viel auf dem Klavier improvisiert, ohne in der Lage gewesen zu sein, das Imaginierte und Improvisierte auch notieren zu können. Erst allmählich, nachdem die Eltern seiner

---

[7] Ernest Ansermet: *Die Grundlagen der Musik im menschlichen Bewußtsein*, München 1965, S. 501: *Ein Beispiel: Eine Melodie trägt für uns stets ihre Harmonie in sich, eine Harmonie, die man sich auf verschiedene Weise bilden kann, indem man sie mit einem mehr oder minder fern liegenden Baß in Verbindung bringt, wie das Debussy macht; aber für Strawinsky hat sie anscheinend keine – oder vielmehr sie genügt sich harmonisch in sich selbst, und zwar so, daß die ihr naturgegebene Harmonie das letzte wäre, was er ihr zuteilen wollte. Wenn wir an einer gerade gefundenen Melodie Gefallen gefunden hatten und sie uns am Klavier ins Gedächtnis zurückriefen, fand er nie die richtige Harmonie und staffierte sie mit den am wenigsten erwarteten Akkorden aus.*

[8] vgl. V. Stravinsky/Craft: *Pictures*, S. 21

ausdrücklichen Bitte nachgegeben hatten und er Unterricht in der Harmonielehre und im Kontrapunkt erhielt – etwa zur Zeit seiner Reifeprüfung –, habe er seine musikalischen Gedanken auch fixieren können. Daß er Künstler und Musiker sei, dieses Bewußtsein habe er schon in jungen Jahren, bald nach seinem ersten Klavierunterricht gehabt. Er sei ein ärmlicher, sich schlecht benehmender und desinteressierter Schüler gewesen, und sein Jura-Studium habe er absolviert, weil sein Vater darauf bestanden hatte. In seinen Universitätsjahren habe er kaum mehr als 50 akademische Veranstaltungen besucht.

Obwohl Strawinsky in einer Musiker-Familie aufwuchs, entwikkelte sich zunächst vor allem sein Interesse an der Bildenden Kunst und damit an einer künstlerischen Dimension, die ihn bis an sein Lebensende zu faszinieren vermochte. Viele seiner Freunde hat er porträtiert, und das Titelblatt seiner letzten Komposition, die er seiner zweiten Frau Vera de Bosset widmete, *The Owl and the Pussy Cat* (siehe hierzu die Seiten 222 und 223), schmückt eine Zeichnung des Komponisten.

Vergleichbares gilt auch für sein früh aufkeimendes Interesse an der Literatur und am Theater. Mit Verblüffung und großem Respekt haben in späteren Jahren alle Mitarbeiter an Strawinskys Ballett- oder Musiktheater-Produktionen seinen eminenten Theatersinn beobachtet.

Diffuser, weniger faßbar, in eher konventionellen Geleisen, verläuft dagegen seine Annäherung an die künstlerische Ausdrucksmöglichkeiten, die mit der Musik zusammenhängen.

Die bemerkenswert neutrale Haltung des Vaters mag auf Igor eher einschüchternd und das Vorbild des Vaters gar erdrückend gewirkt haben. Walter White berichtet in seiner Strawinsky-Biographie[9] von einem Zusammentreffen des Sechzehnjährigen mit dem damals bereits berühmten Petersburger Konservatoriums-Professor und Rimskij-Korsakow-Schüler Alexander Glasunow, dessen Verlauf für weniger Besessene den Abbruch jeder kompositorischen Ambitionen zur Folge gehabt hätte:

Igor, begeistert von den Komponisten der Beljajew-Schule, die für ihn Vorbilder waren, faßte eines Tages den Vorsatz, ein Streichquartett Glasunows für das Klavier einzurichten. Er beendet die Arbeit bald, geht damit zum Haus des Komponisten und hat Glück vorgelassen zu werden. Glasunow aber, obwohl er weiß,

---

[9] White: *Stravinsky*, S. 24

Sergej Diaghilew

daß der junge Mann der Sohn des berühmten Petersburger Opern-
sängers ist, geht das Manuskript zunehmend unwillig durch und
bezeichnet es schließlich rundweg als unmusikalisch. Nach diesem
Zwischenfall fühlte sich Strawinsky in seinen Absichten vorüber-
gehend gänzlich entmutigt.

Daß Igor Strawinsky noch lange von Zweifeln an seiner kompositorischen Berufung heimgesucht wird, daß er andererseits ehrgei-
zig jeder Möglichkeit, seine Werke aufführen zu lassen, nachgeht,
daß er sich nach Anerkennung seiner Arbeit sehnt, daran gibt es
keinen Zweifel. Es ist in diesem Zusammenhang interessant, daß
er noch ein Jahr vor dem Beginn seiner Arbeit am *Feuervogel* seine
kompositorische Arbeit für Timofeyew bemerkenswert hastig und
floskelhaft beschreibt, als ob er seiner musikalischen Entwicklung
nicht traute [10]:

[10] V. Stravinsky/Craft: *Pictures*, S. 22

Während meiner Universitätsjahre kam ich der Familie Rim-
skij-Korsakows nahe und entwickelte mich daraufhin sehr
schnell. Ich komponierte viele komische Lieder, besonders auf
Texte von Kosma Prutkow und schrieb in den Jahren 1903/04
eine große, viersätzige Sonate in fis-Moll, in die ich die vielfälti-
gen Vorschläge Rimskij-Korsakows einfügte. Im Jahre 1906
komponierte ich die Suite »Der Faun und die Schäferin«, und
im Sommer des gleichen Jahres komponierte ich ein Lied
»Frühling« auf einen Text von Gorodetsky. In diesem Winter
schrieb ich die »Pastorale«, ein Lied ohne Worte, und im
Augenblick beende ich gerade das »Scherzo fantastique« für
Orchester.

Unerwähnt bleiben in dieser fragmentarischen Aufzählung seiner
frühen Kompositionen eine *Tarantella* (1898) und ein Scherzo
(1902) für Klavier (siehe Notenbeispiel auf der folgenden Seite)
sowie ein Lied *Sturmwolke* (1902). Notgedrungen unerwähnt bleiben auch zwei Orchesterkompositionen, die Strawinsky noch im
gleichen Jahr komponierte: die Fantasie *Feu d'artifice* und den
Chant funèbre, mit dem der junge Komponist seinen 1908 an
Angina pectoris verstorbenen Lehrer Rimskij-Korsakow ehren
wird. Ein Werk, das bald nach der Uraufführung im Jahre 1909
unauffindbar war und bis heute verschollen ist. Im Jahre 1908
entstehen auch die *Quatre études* für Klavier.

Interessant ist, daß Strawinsky in seiner Selbstdarstellung für
Timofeyew auch sein Opus 1 nicht erwähnt, die Sinfonie in Es-Dur,
die er in den Jahren 1905/07 schrieb und deren Druck er erfolglos
durchzusetzen versuchte. Auch sie ist Rimskij-Korsakow gewidmet. Wenige Jahre später, nach der *Petruschka*-Premiere im Jahre
1911, äußerte sich Strawinsky eher skeptisch über seine Sinfonie [11]:

Ich schäme mich nicht ... Es ist mein erstes Werk. Es hat ein
paar hübsche Stellen, aber der Rest folgt gehorsam dem Glasu-
now-Tschaikowsky-Stil und die Instrumentation ist akade-
misch. Das Stück ist nicht wirklich interessant, aber kann
immerhin als Dokument gelten, um wieder einmal zu zeigen,
wie man nicht komponieren sollte.

[11] ebda., S. 22

Die Vaterfigur Rimskij-Korsakow

Bis zum Jahr 1902, als Strawinsky dem berühmten Professor für Komposition am Petersburger Konservatorium in Heidelberg begegnete und ihm eigene Arbeiten vorspielte, lebte der junge Musiker mehr oder weniger isoliert im Kreis seiner Familie.

Der Neunjährige begeisterte sich für Michail Glinkas Oper *Das Leben für den Zaren*, und man erlaubte ihm auch den Besuch einer Gala-Vorstellung zum fünfzigsten Jubiläum der Glinka-Oper *Russlan und Ludmilla* im Jahre 1892. Bei dieser Gelegenheit sieht Igor den Moskauer Komponisten Pjotr Iljitsch Tschaikowsky, dem er später mehrmals huldigen wird – etwa in seinem Ballett *Kuß der Fee* –, ein Mann mit feistem Rücken, wie er sich erinnert.

Sein Vater ermöglicht ihm auch den regelmäßigen Besuch von Opernproben. Igor improvisiert nicht nur am Klavier, er beginnt auch zu komponieren, und seine Begabung, vom Blatt spielen zu können, eröffnet ihm nicht nur die Schätze der väterlichen Bibliothek mit ihren Opernauszügen, sondern auch die Welt deutscher romantischer Musik und französischer Komponisten.

In den Konzertreihen der beiden so divergierenden Petersburger Konzertveranstalter – der »Kaiserlichen Musikgesellschaft« und der »Russischen Symphonie-Konzerte« Beljajews – lernt Igor auch die Musik seiner »bürgerlichen Society« kennen: Werke von Johannes Brahms, Anton Bruckner und Richard Wagner, von Alexander Borodin, Glinka und Modest Mussorgskij, von Rimskij-Korsakow, Glasunow und Tschaikowsky.

Der eigentliche Durchbruch zu sich selbst aber, die ersten Schritte zu seiner kompositorischen Selbstvergewisserung, gelangen Igor Strawinsky erst nach seiner Begegnung mit Rimskij-Korsakow. Diese exterritoriale Begegnung fand im Jahre 1902 in Heidelberg bei Rimskij-Korsakows Sohn André statt, den der Vater gerade besuchte, während Strawinskys Vater in Bad Wildungen Heilung suchte. Für Igor Strawinsky wurde es allerdings eine enttäuschende Begegnung[12].

---

[12] N. A. Rimskij-Korsakow: *Chronik meines Lebens*, Leipzig o. J., S. 420: *Für den Sommer 1902 hatten wir uns wieder eine Auslandsreise vorgenommen. Da Andrej das Sommersemester in Heidelberg studierte, um den greisen Kuno Fischer zu hören, hielten wir uns den größten Teil der Zeit in der herrlichen Stadt am Neckar auf. [...]* – Das Treffen mit Igor Strawinsky bleibt in Rimskij-Korsakows *Chronik* ebenso unerwähnt wie der junge Komponist selbst. Nur Igors Vater Fjodor und sein junger Bruder Gury werden mit Notizen bedacht.

Rimskij-Korsakow lehnte es ab, Strawinsky Kompositionsunterricht zu erteilen, und schlug ihm stattdessen vor, in Privatstunden unter seiner Anleitung das Handwerk der Instrumentation zu lernen. Ein ordentliches Kompositionsstudium am Petersburger Konservatorium hielt er wegen der konservativen Atmosphäre des Instituts für nicht ratsam. Igor sollte sich besser zunächst bei Rimskij-Korsakows Schülern in das Studium von Harmonielehre und Kontrapunkt vertiefen.

Der herbe, distanzierte Beginn des Unterrichtsverhältnisses mündete allerdings sehr bald in eine vertrauensvolle, künstlerisch intensive und freundschaftliche Beziehung – soweit Rimskij-Korsakow, stets auf Fairness und Ausgleich gegenüber seinen Schülern bedacht, Freundschaft überhaupt zu erkennen gab.

In seinen *Erinnerungen* beschreibt Strawinsky auch die Zusammenarbeit mit Rimskij-Korsakow und die musikalisch-handwerklichen Probleme, mit denen er in seiner Frühzeit konfrontiert war.

Es ging zunächst um Probleme der Instrumentation. Klavierkompositionen von Beethoven und Schubert, aber auch Streichquartette Beethovens wurden zu Modellen für Strawinskys Instrumentationsversuche. Und die Diskussion der im engeren Sinne

In der väterlichen Bibliothek
Igor und Gury neben dem Vater, Roman neben der Mutter

34

instrumentationstechnischen Probleme bezog allemal auch die der traditionellen Formen ein.

Wie sehr Strawinsky während seiner frühen kompositorischen Arbeit mit Formproblemen konfrontiert war, geht aus einer Sequenz seiner *Erinnerungen* hervor, in der er die Arbeit an seiner fis-Moll-Sonate (s. Notenbeispiel auf der folgenden Seite) und die Zusammenarbeit mit Rimskij-Korsakow beschreibt[13]:

> *Um diese Zeit schrieb ich eine große Klaviersonate. Während der Arbeit hatte ich dauernd mit zahlreichen Schwierigkeiten zu kämpfen, besonders auf dem Gebiet der musikalischen Form, denn die zu beherrschen, lernt man meistens nur nach langem Studium. In meiner Verlegenheit kam ich auf die Idee, Rimskij-Korsakow von neuem um Rat zu fragen. Gegen Ende des Sommers 1902 besuchte ich ihn auf dem Lande, und blieb etwa vierzehn Tage bei ihm[14]. Er weihte mich in die Regeln ein, die für das Allegro einer Sonate gelten, und ließ mich dann unter seiner Aufsicht den ersten Satz einer Sonatine komponieren. [...] Gleichzeitig lehrte er mich den Registerumfang der einzelnen Instrumente, die in einem üblichen Orchester vorkommen, und die Anfangsgründe der Orchestrierung. Er bediente sich des Systems, die musikalische Form gleichzeitig mit der Instrumentierung zu lehren. Denn er war der Meinung, daß die musikalische Form ihre höchste Entwicklung und ihren umfassendsten Ausdruck im Orchestersatz finde.*
>
> *Ich arbeitete mit ihm auf folgende Weise zusammen: er gab mir einige Seiten des Klaviersatzes seiner neuen Oper – es war »Pan Woiwoda« –, die er gerade beendigt hatte. Wenn ich einen Teil orchestriert hatte, zeigte er mir seine »persönliche« Instrumentation. Ich mußt beides vergleichen, und dann mußte ich erklären, warum er anders orchestriert hatte als ich. Wenn ich das nicht konnte, übernahm er die Erklärung. So entwickelte sich zwischen uns das Verhältnis von Meister und Schüler, das, gerechnet von diesem Herbst, in dem unsere regelmäßige Arbeit begann, ungefähr drei Jahre hindurch dauern sollte.*

---

[13] Igor Strawinsky: *Leben und Werk von ihm selbst*, Zürich/Mainz 1957, darin: *Erinnerungen*, S. 31 (im folgenden *Erinnerungen*)

[14] White, der Herausgeber der fis-Moll-Sonate, datiert die Zusammenarbeit Strawinskys mit Rimskij-Korsakow in seinem Vorwort mit Spätsommer 1903

Handwerks-Arbeiten in Abramzewo und Talaschkino

Strawinskys Privileg, das Handwerk der musikalischen Komposition bei einem der besten und kenntnisreichsten russischen Komponisten dieser Zeit als Privatschüler erlernen zu dürfen, entsprach völlig den Bedürfnissen seiner eigenen geistigen Konstitution. Sie war zwar auf lebenslanges Lernen aus und auch bereit, sich mit den vielfältigen Formen der Kunst und mit menschlichen Lebensformen auseinanderzusetzen; es war vor allem aber doch eine Lernbereitschaft, die unmittelbar mit den eigenen Bedürfnissen und künstlerischen Absichten zusammenhing. Letztlich war auch Strawinskys Lernbereitschaft, wie die aller schöpferischen Menschen, begrenzt und steckte voller Barrieren. Er wollte, nach seinem eigenen Geständnis, mit Entschiedenheit und aller Kraft seine Ideen verwirklichen und lediglich die Probleme lösen, die sich ihm während seiner kompositorischen Arbeit stellten. Mehr, fügte er in seinen *Erinnerungen* halb naiv, halb ironisch hinzu, könne sein schwaches Gedächtnis ohnehin nicht leisten.

Wohl aus diesem Grunde »vergaß« Strawinsky allmählich die Verpflichtung, die er seinem Lehrer gegenüber eingegangen war, Harmonielehre und Kontrapunkt bei Schülern Rimskij-Korsakows zu studieren. Er widmete sich stattdessen diesen beiden Disziplinen der Musiktheorie aus eigenem Antrieb und beschäf-

1908. Igor im Haus des verehrten Lehrers.
Neben Rimskij-Korsakow die Tochter Nadeshda, ihr Mann, der
Komponist Maximilian Steinberg und Catherine Strawinsky

tigte sich im übrigen mit den kompositorischen Problemen, die er
mit den Mitteln des traditionsreichen musikalischen Handwerks
und nach den Regeln der konventionellen Kompositionslehre zu
bewältigen vermochte. Denn es war ihm bewußt, daß beide Kon-
zepte, das handwerkliche und das ästhetische, überaus eng zusammenhängen und daß er also in dieser Lehrzeit zu keinen wirklich
individuellen kompositorischen Lösungen finden würde. Mehr
noch: Igor Strawinsky verteidigt diese Position des Lernenden und
damit einen gewissen Akademismus-Standpunkt aus wirklicher
Überzeugung.

Strawinskys kompositorische Lehrzeit bei Rimskij-Korsakow
half ihm aber nicht nur das Metier beherrschen zu lernen, sie
eröffnete ihm weit über den engen, konservativen kulturellen
Horizont seines Elternhauses hinaus auch gesellschaftliche Perspektiven.

Igor wurde eingeladen, an den wöchentlichen Soiréen im Hause
Rimskij-Korsakows teilzunehmen. Hier begegnete er nicht nur
Musikern, sondern auch jungen Malern und Schriftstellern und

Igors Porträt des Lehrers im Todesjahr 1908

jener gärenden Hefe junger Intellektueller, die mit den herrschenden Strukturen des Petersburger Kunst- und Musiklebens keineswegs im Einverständnis lebten. So las er mit Stephan Mitusow, der später das Libretto für seine Oper *Die Nachtigall* entwarf, Werke von E. T. A. Hoffmann, Maurice Maeterlinck und Oscar Wilde, und die Freunde besuchten regelmäßig Theatervorstellungen in Petersburg.

Daß während der Abende bei Rimskij-Korsakow nicht nur Kompositionen seiner Schüler oder Werke der zeitgenössischen Avantgarde gespielt und Diskussionen über religiöse Probleme streng gemieden wurden, weil der Professor sie nicht geduldet hätte – daß Rimskij-Korsakow ein im besten Sinne geöffnetes und weltläufiges Haus führte, bezeugt eine hübsche Geschichte, die sich an einem solcher Abende, am 17. Februar des Jahres 1904 zutrug.

Nikolas Richter, ein vorzüglicher Pianist, begann plötzlich und zum Entsetzen der Frau des Hauses einen »Cakewalk« zu spielen, einen jener schwarz-amerikanischen Tänze, die neben dem Rag-

39

time damals in Mode waren. Strawinsky aber und sein Freund Mitusow zeigten der staunenden Gesellschaft, wie man ihn tanzt. Das war schockierend.

Igor Strawinsky bewunderte seinen Lehrer bis über dessen allzu frühen Tod im Jahre 1908 hinaus, wenn es ihm auch nicht vergönnt war, diese tiefe Verehrung, die Züge von Unterwerfung hatte, auf die Familie Rimskij-Korsakows übertragen zu können: auf die Witwe des Meisters, auf seine Söhne, auf die Tochter Nadeshna und ihren Mann Maximilian Steinberg, der ebenfalls Kompositionsschüler Rimskij-Korsakows gewesen war. Nach Strawinskys großen kompositorischen Erfolgen in Paris, deren Resonanz sehr bald auch in Petersburg spürbar wurde und zu kontroversen Diskussionen führte, begann die Familie Rimskij-Korsakows, sich von Strawinsky mit einer Konsequenz zu distanzieren, die für den jungen Komponisten traumatische Züge annahm.

Es ist kein Geheimnis, daß alle Kompositionen Strawinskys in dieser ersten Phase, während der Lehrjahre bei Rimskij-Korsakow, sich auf klar erkennbare Weise mit Modellen der Tradition auseinandersetzen.

So ausschließlich wird in der Sonate, wird in der Sinfonie oder in der Suite *Faun und Schäferin* die Adaption der russischen Tradition Tschaikowskys oder Glasunows vollzogen, daß zunächst kaum verständlich scheint, warum Strawinsky ein Jahr nach der Komposition der Orchesterfantasie *Feu d'artifice* der herausfordernden Arbeit an seinem ersten Ballett *Der Feuervogel* überhaupt gewachsen war. Der Unterschied des Formniveaus – der kompositorischen Problemstellung und der kompositorischen Mittel, deren Strawinsky sich bediente –, scheint zwischen den Orchesterkompositionen, die Diaghilew begeisterten – neben *Feu d'artifice* hörte der Impresario der »Ballets russes« in jenem Winter 1908/09 das *Scherzo fantastique* –, und den nachfolgenden Balletten, insbesondere *Petruschka* und *Le sacre du printemps*, unüberbrückbar groß.

Freilich, ein Blick auf das Orchesterstück *Feu d'artifice* enthüllt auch, daß in diesem Werk Strawinskys zukünftige kompositorische Verfahren und die ihnen zugehörige Ästhetik im Kern bereits formuliert sind.

Das vierminütige Orchesterstück nimmt seinen Ausgang von figurativen Setzungen, die auf drei Ebenen erklingen: in den Flöten, den Hörnern und Streichern. An allen drei Ebenen wird mit bemerkenswerter Starre festgehalten, die gesetzten Figuren haben eine Tendenz, sich repetitiv auszubreiten. Lediglich in den

Hörnern vollzieht sich allmählich ein Prozeß, der von fern an motivische Entwicklung erinnert, so daß zuletzt ein thematischer Charakter formuliert wird.

Igor Strawinskys Tendenz zur »compositio« im wörtlichen Sinne, zum Zusammensetzen und Zusammenfügen – im kompositorischen Detail beobachtbar –, weniger zum geschmeidigen Verbinden von Taktgruppen und Formgliedern, bestimmt auch die große Form des Orchesterstücks.

Strawinsky arbeitet mit formteilenden Schnitten. Einerseits setzt er gleichsam aus dem Nichts heraus neue musikalische Strukturen, die für eine gewisse Zeit festgehalten werden, andererseits finden sich immer wieder auch – und bemerkenswert unvermittelt – Rückbezüge auf bereits Gesetztes.

So folgt auf die erste 26taktige Struktur eine zweite 6taktige, die im Grunde nur eine Geste des Atemholens ist. Darauf beginnt Strawinsky einen ersten 10taktigen Durchführungskomplex.

Durchführung bedeutet für ihn in diesen Jahren aber weniger motivisch-thematische Arbeit auf der Basis thematischer Charaktere. Da es an Themen in seinen Werken fehlt, da alle Arbeit der nächsten Jahre von figurativen Setzungen lebt, ist die eigentliche Schicht, in der kompositorisch gearbeitet wird, die der Klangfarbe.

Die musikalischen Figuren »rotieren« auf ihren Klangfarben-Ebenen, werden verkürzt oder erweitert und werden neu eingefärbt, überschreiten die Grenzen ihrer Instrumental-Gruppe, suchen sich neue instrumentale Partner und reichern so die kompositorische Struktur an.

Da Strawinskys Musik innerhalb ihrer Sektionen eine starke Tendenz zur Repetition zeigt, steht auch die harmonische Disposition unter dem Gesetz des Wiederholungszwangs und tendiert zur Statik. Nur an den Schlüssen der Formglieder und Formteile gerät die harmonische Schicht für Augenblicke in Bewegung.

Der bedenkenswerteste Augenblick dieser Partitur findet sich etwa in der Mitte des Formprozesses. Hier, wenn das Orchester ein neues *Allegretto*-Zeitmaß aufnimmt, beginnt die Musik zu schweben, scheint sie »zeitlos« zu werden, blüht sie, dehnt sie sich. Und dieser musikalische Augenblick, der Debussys Zeitgefühl zu beschwören scheint, bezeichnet zugleich doch auch die Differenz Strawinskys zu den Handschriften der französischen impressionistischen Schule. Es ist eine grundsätzliche Differenz, eine des Gestus.

Tendenziell definiert Strawinskys kompositorische Denkweise jeden musikalischen Augenblick, und zwar in einem unmittelbar fühl- und zählbaren Sinn. Die kompositorischen Zellen scheinen sich in die Gravitationen und Akzentuierungen der metrisch-rhythmischen Organisation hineinzuducken. Da es Strawinskys Musik an Vertrauen fehlt, sich der Zeit zu überlassen, darum verfügt sie über die Zeit. Es fehlt ihr aber auch an einer Ästhetik, die ein intensiver schweifendes, »sehnendes« musikalisches Weltgefühl rechtfertigte.

Arnold Schönberg, Alban Berg und Anton von Webern erobern in dieser Zeit jenes neue musikalische Terrain, das mit der Geschichte der expressionistischen Miniaturen verknüpft ist, das Terrain des Subkutanen, Freuds Terrain. Die Ästhetik der zweiten Wiener Schule ist um 1910 eine der zum Fetisch erhobenen Unmittelbarkeit, die im konzentrierenden kompositorischen Zugriff zugleich das Wesentliche in musikalische Chiffren prägen will, so wie Kandinsky in seinen ersten ungegenständlichen, abstrakten Aquarellen. Die alten rhetorischen »Zöpfe« der romantischen Tradition und ihre musikalische Sprach-Gestik sollen nicht länger mehr gelten. Das künstlerisch gehandhabte und beherrschte Psychogramm ist das von der Schönberg-Schule erstrebte kompositorische Ziel.

In strenger Opposition zu einer solchen psychologisierenden Ästhetik entwickelt Strawinsky seine kompositorischen Verfahren und sein musikalisches Weltbild. Musik ist vor allem artikulierter Klang, ist in die Zeit gesetzte, komponierte Klangsubstanz. Dem Bedeutungshorizont traditionsreicher Klanggebärden fühlt er sich weder verpflichtet, noch wird ihnen in seinen Werken eine bedeutende Rolle zugewiesen. Igor Strawinsky nutzt den Reichtum von Sujets, die sich mit Hilfe des differenzierten Orchesterklangs in musikalische Gestik umsetzen lassen. In diesem Sinne vertritt er eine Ästhetik des musikalischen Realismus, eine Ästhetik dem Leben abgelauschter Klang-Bilder.

Freilich, am Ende von *Feu d'artifice* kommt es zu gewaltsamen Orchesterschlägen, zu Klangerschütterungen, die aus der Tiefe im konkreten Klangsinne aufgerührt werden. Das sind Erschütterungen, die nicht nur solche in *Petruschka* und im *Sacre du printemps* vorwegnehmen, es sind auch psychische Eruptionen – keine Ästhetik des Realismus scheint vor »Seitensprüngen« gefeit.

Kompositorisches Spannungsfeld:
Folklorismus, Akademismus, Impressionismus

Das kompositorische Spannungsfeld, in dem Igor Strawinsky sich bewähren mußte, war historisch geprägt. Da waren einerseits die Versuchungen der Schule der »Slawophilen« und damit eines Folklorismus, der aus der wiederentdeckten Volkskunst und ihrer augenscheinlich schöpferischen Spontaneität eine Position russisch-nationaler Identität zu konstituieren trachtete. Redete denn nicht jedermann von den unversiegbaren Quellen des Volkes, lagen nicht selbst im Arbeitszimmer Rimskij-Korsakows zwei grundlegende Arbeiten Alexander Afanasiews stets griffbereit: seine berühmte Sammlung russischer Märchen – Strawinsky nutzte sie für seine Arbeit am *Renard* und an der *Histoire du soldat* – und die Abhandlung *Über die poetischen Vorstellungen der Slawen*?

Die andere Versuchung, der Strawinsky in seiner kompositorischen Frühzeit zweifellos erlag, war die des Akademismus – eine besonders heikle Versuchung, weil die Entscheidung gegen den Akademismus des Beljajew-Kreises für Strawinsky zugleich Auflehnung gegen seinen Lehrer Rimskij-Korsakow, gegen Glasunow und Ljadow bedeutet hätte, gegen die Komponisten also, die um 1900 in Petersburg kompositorisch und gesellschaftlich als fortschrittlich galten.

Strawinsky aber schätzte seine eigene, noch unfertige kompositorische Position zu präzise ein, und sein Lernbedürfnis hatte in den ersten Jahren der Zusammenarbeit mit Rimskij-Korsakow durchaus schwärmerische, von Euphorie geprägte Züge, so daß er unfähig war, wirklichen Widerstand zu mobilisieren. Zudem: rationale Verfügung über das musikalische Material, Perfektion der musikalischen Arbeit, Sinn für Brillanz und effektvolle musikalische Gestik, Allergie gegen jeden Versuch, dem musikalischen Material transzendierende Fähigkeiten zuzutrauen – solche »akademischen« Positionen par excellence haben früh schon Strawinskys musikalisches Bewußtsein geprägt und waren auf fruchtbaren Boden gefallen.

Wie sehr ihn das Problem des Akademismus beschäftigte und daß mit diesem Begriff in der Tat ein Nerv seiner kompositorischen Denkweise berührt ist, zeigt sich unverhüllt noch 40 Jahre später, im vierten Kapitel seiner *Musikalischen Poetik*, das er der *Musikalischen Typologie* widmete. Der nahezu sechzigjährige Komponist polemisiert dort nicht nur gegen die zeitgenössische »intellektuelle

Anarchie« und gegen jedwede Modernismus-Ideologie, sondern auch gegen gewisse Musikschriftsteller, die ihr Vergnügen darin finden, Igor Strawinskys ambivalentes Verhältnis zur Akademismus-Position zu pointieren.

Was bedeutet das Reizwort Akademismus eigentlich? In der *Musikalischen Typologie* gibt Strawinsky folgende Eingrenzung des Begriffs[15]:

> *Man nennt ein Werk akademisch, wenn es genau nach den Vorschriften der Schule komponiert ist. Daraus ergibt sich, daß der Akademismus, wenn man ihn als eine auf der Nachahmung beruhende Schulübung betrachtet, an sich eine nützliche Sache ist und sogar unentbehrlich für die Anfänger, die sich üben, indem sie die Modelle studieren. Es ergibt sich weiter daraus, daß der Akademismus außerhalb der Schule keinen Platz finden sollte und bei denen, die ihn nach ihrer Studienzeit zum Ideal erheben, lediglich zu einer steifen Korrektheit führt, deren Produkte blutlos und trocken sind.*

Indes, diskutiert man den Begriff unter einem größeren Horizont, dem Horizont kompositorischer Ordnungsvorstellungen, wird auch der kompositorische Akademismus zu einem diskussionswürdigen, facettenreichen Problem.

Von Zeit zu Zeit wird die gewöhnliche kontinuierliche Entwicklung der menschlichen Kunst, argumentiert Strawinsky, durch das Auftauchen riesiger Monolithe unterbrochen, durch Künstler-Persönlichkeiten, die wie Feuerherde die zeitgenössische Szenerie erleuchten. Verlischt ihr Einfluß allmählich, dann wird ihr Werk zum Material in den gierigen Händen der Pädagogen, und allemal ist dann auch die Geburtsstunde eines neuen Akademismus zu beobachten. Andererseits: beobachtet man die intellektuelle Anarchie unserer Tage, die Willkür, die Launenhaftigkeit und Unordnung, die sich ihrer künstlerischen Freiheit rühmt – sollte sich der zeitgenössische Künstler angesichts solcher bedenklicher Zeichen nicht auf die Suche nach einer wahren Ordnung begeben?

Einst, in der mittelalterlichen Gesellschaft, unterwarfen sich auch die Künstler einer Hierarchie der Werte. *In diesen gesegneten Epochen denkt der gute Handwerker selbst nur daran, das Ziel des Schönen über die Kategorie des Nützlichen zu erreichen. Seine Hauptsorge richtet sich auf die Rechtschaffenheit eines einwandfrei*

---

[15] Igor Strawinsky: *Musikalische Poetik*, Mainz, o. J., S. 51 (im folgenden *Poetik*)

beherrschten Verfahrens gemäß einer wahren Ordnung. Heute
ginge es eigentlich darum, argumentiert Strawinsky, die Wohltaten
eines Universalismus nicht gänzlich zu verlieren, die Fruchtbarkeit
einer Kultur, die sich einer definitiven Ordnung unterwirft und sich
nach allen Seiten mitteilt.

Im Winter 1939/40, in dem Strawinsky seine Vorlesungen an der
Harvard-Universität hält, sieht er keinen Grund, dogmatische
kompositorische Positionen einzunehmen: im Gegenteil. Sagt
nicht André Gide vom klassischen Kunstwerk, daß es durch seine
gebändigte Romantik schön sei, und hält Sophokles etwa die
Weisheit für hartnäckig und nicht die Dummheit? *Sieh die Bäume
an. Indem sie sich der Bewegung des Sturmes anpassen, bewahren
sie ihre zartesten Zweige; aber wenn sie sich dem Wind entgegenstel-
len, werden sie mit ihren Wurzeln weggefegt.* Grundsätzlich gäbe es
kein vernünftiges Argument, das »akademische« kompositorische
Mittel von vornherein ausschlösse [16]:

> *Die zeitgenössischen Musikschriftsteller haben die Gewohnheit
> angenommen, alle neuen Werke am Maßstab der Modernität
> zu messen, das heißt, am Maßstab des Nichts, und sie verwer-
> fen sehr schnell in den Akademismus (den sie als sein Gegenteil
> ansehen) was nicht mit den Extravaganzen übereinstimmt, die
> in ihren Augen den Gipfel des Modernismus darstellen. [. . .]
> Doch können wir die akademischen Formen benützen, ohne
> Gefahr zu laufen, selbst Akademiker zu werden. Wem es
> widerstrebt, sie anzuwenden, wenn er das Bedürfnis danach
> hat, verrät unleugbar Schwäche. [. . .]
> Da ich mich oft akademischer Wendungen bediente, ohne
> das Vergnügen zu verhehlen, das ich dabei empfand, blieb es
> mir nicht erspart, ein geschätztes Opfer für den Züchtigungs-
> stab dieser Herren zu werden. Meine größten Feinde erwiesen
> mir stets die Ehre, anzuerkennen, daß ich mir völlig dessen
> bewußt bin, was ich tue. Das akademische Temperament läßt
> sich nicht erwerben. Da ich nicht das dem Akademismus eigene
> Temperament habe, so bediene ich mich stets wissentlich und
> freiwillig seiner Formen. Ich bediene mich ihrer ebenso gewis-
> senhaft wie der Folklore. [. . .]
> Ich bin nicht mehr akademisch als modern, nicht mehr mo-
> dern als konservativ. »Pulcinella« würde als Beweis genügen.*

---

[16] *Poetik,* S. 51 f.

Es ist interessant zu beobachten, daß Strawinsky über seine kompositorische Arbeit nicht unter dem Gesichtspunkt von Traditionszusammenhängen spricht, sondern bemerkenswert selektiv von den Möglichkeiten des Akademismus und der Folklore. Man sieht, daß weniger die allmähliche Anverwandlung von Tradition in seinem Denken eine Rolle spielt als vielmehr das verfügende Eingreifen und das Arbeiten nach Modellen. Strawinskys kompositorisches Selbstbewußtsein bildet sich nicht an dem Gedanken, das Erbe auf sich nehmen und es schöpferisch fortspinnen zu müssen. Es geht für ihn immer nur um das konkrete Werk, das Gestalt annehmen und dessen kompositorische Bestandteile nur so viel an historischem Material und traditionellen kompositorischen Verfahren in sich aufsaugen wird, wie es seine künstlerische Konzeption erfordert.[17]

Die dritte künstlerische Versuchung bildete sich in dem eher flüchtigen Berührungen Strawinskys mit der französischen Moderne, mit Werken von Paul Dukas und Vincent d'Indy, Claude Debussys und Maurice Ravels.

Im Jahre 1902 hatten Freunde Strawinskys – Iwan Pokrowskij, Stefan Mitussow, Walter Nouwel und Nürok – in Petersburg einen »Abendzirkel für zeitgenössische Musik« gegründet, in dem neue Werke russischer Komponisten, aber auch avancierte französische Musik sowie Alte Musik aufgeführt wurde. Strawinsky war ständiger Gast dieses »Abendzirkels«, der, wie er sich erinnert, auch seine Werke vorstellte[18]:

Nikolas Richter spielte dort meine frühe Klaviersonate, und das war das erste Mal, daß ein Werk von mir veröffentlich wurde. Es war, wie ich vermute, eine unbeholfene Nachahmung eines späten Beethoven[19]. Auch ich selbst trat dort auf,

---

[17] Arnold Schönberg, der nicht müde wurde, seine eigene kompositorische Arbeit vor dem klassisch-romantischen Erbe zu rechtfertigen und selbst den qualitativen Sprung der Reihenkomposition noch aus Beethovens, Brahms' und Wagners Werk ableitete, wurde alsbald zum eigentlichen Erben und Hüter der klassisch-romantischen Tradition ausgerufen.

Aber ist Schönberg in der Tat selbstverständlich und natürlich mit diesem Erbe umgegangen, setzte er es nicht wie andere zeitgenössische Komponisten auch, wie Strawinsky, Hindemith oder Eisler in Perspektive, sind seine zwölftönigen Suiten oder sein Streichquartett Nr. 4 weniger »klassizistisch« und das heißt auch verfremdet, um traditionelle Dimensionen verkürzt, wie vergleichbare Werke Strawinskys?

[18] *Gespräche*, S. 20

[19] Die von White 1974 publizierte viersätzige Sonate – I. *Allegro*, II. *Vivo*, III. *Andante*, IV. *Allegro* – folgt Modellen Tschaikowskys und Glasunows.

und zwar als Begleiter einer Sängerin, eines gewissen Fräulein Petrenko, die meine Gorodetsky-Lieder[20] vortrug.

Vor allem wurden natürlich Werke junger russischer Komponisten gespielt, aber man setzte sich auch für französische Musik ein – die Quartette und Lieder von Debussy und Ravel, und verschiedene Werke von Dukas und d'Indy! (Als ich d'Indy 1921 bei der Probe zu »Le Sacre« traf, erzählte ich ihm, daß ich in meiner Jugend eine ganze Reihe seiner Werke in St. Petersburg gehört hätte, aber er war offenbar der Meinung, daß dies zu den Einflüssen gehöre, die mich schließlich zu »Le Sacre« angeregt hätten, denn er sagte nichts dazu.)

Auch Brahms wurde gespielt und Reger.

Wie die »Monday Evening Concerts in Los Angeles« versuchten diese St. Petersburger Veranstaltungen trotz ihres Namens dem Neuen und Alten gerecht zu werden. Dies war wichtig, und es war selten, denn so manche Organisationen widmen sich neuer Musik, aber so wenige den Jahrhunderten vor Bach. So hörte ich damals zum ersten Mal Monteverdi, ich glaube in einer Bearbeitung von d'Indy, auch Couperin und Montéclair; und Bach gab es in Menge.

Zu dieser Zeit, also etwa um das Jahr 1905, begegneten die Kompositionen Debussys in Petersburg entweder unverhohlener Skepsis oder sogar spöttischer Ablehnung. So äußerte Rimskij-Korsakow einmal über Musik Debussys, es sei besser, diese Musik erst gar nicht zu hören, denn sonst setze man sich der Gefahr aus, sie womöglich zu lieben. Und Glasunow vertraute Rimskij-Korsakow an, daß Debussys Präludium *L'après-midi d'un faune* mit großer Sorgfältigkeit orchestriert sei, genau so, als ob eine Katze über die Tasten spazierengehe. *Sind wir eigentlich die Urheber davon, wie die zeitgenössischen Mißgeburten instrumentiert werden?*

Mit vergleichbarer Arroganz äußerten sich zunächst auch die Komponisten der Moskauer Schule, etwa Nikolai K. Metner.

Zu denken, daß Strawinsky nur wenig später die Freundschaft Claude Debussy suchen, daß er *Petruschka* gleichsam unter den Augen Debussys schreiben würde, dessen Foto auf seinem Schreibtisch stand – dem Rimskij-Korsakow-Schüler wäre solche Zukunftsvision in seinen Lehrjahren kaum in den Sinn gekommen.

---

[20] *Deux melodies* für Mezzosopran und Klavier, 1908

Sergej Diaghilew und die »Welt der Kunst«

Obwohl Igor Strawinsky erst in jenem »Siloti-Konzert« im Februar 1909 Diaghilew zum erstenmal begegnete, ist kaum zu leugnen, daß Diaghilew und die einflußreiche »Mir Iskusstva«-Bewegung (»Welt der Kunst«) seine Kunstanschauung wesentlich beeinflußten. Denn die Petersburger Künstler-Vereinigung war in den nahezu zwei Jahrzehnten ihres Bestehens zu einer Institution geworden, deren Ausstrahlung nicht nur das Petersburger Kunstleben, sondern auch andere Zentren, etwa Moskau, beeinflußte. Wesentlich für Strawinsky aber war ihr grundsätzliches künstlerisches Konzept, über sehr alte und sehr neue Kunst zu informieren, historische und zeitgenössische Werke gleichermaßen in die aktuelle Kunstdiskussion einzubeziehen. Eine Konzeption, die auch Strawinskys Freunde in ihren »Abenden für zeitgenössische Musik« favorisierten. So drängt sich der Gedanke auf, daß Strawinskys kompositorischer Weg, der so auffällig zwischen den Zeiten oszilliert – ein Ariadnefaden, aus historischem und zeitgenössischem Material gewoben –, wesentlich durch das Vorbild der »Mir Iskusstva«-Bewegung geprägt wurde. Historische Bewußtseins-Barrieren nicht scheuen, fernen Jahrhunderten furchtlos begegnen und ihre künstlerische Essentia für das gegenwärtige Bewußtsein fruchtbar machen, die Last des Spätgeborenen auf sich nehmen – solche avancierte Einstellung zur Kunst war zu jener Zeit in den fortschrittlichen Zirkeln Petersburgs geläufig.

Wie aber kam es zur Gründung dieser bedeutenden Kunst-Bewegung?

Am Ende der achtziger Jahre des 19. Jahrhunderts hatte sich unter der Führung von Alexander Benois – dem Petersburger Maler, Bühnenbildner und Kunstkritiker – eine ehemalige Schülergruppe, die sogenannten »Newskij Pickwickier«, zu einer »Gesellschaft für Selbsterziehung« zusammengeschlossen. Diese Schüler-Gruppe gehörte zu einem Privatinstitut, der sogenannten »Mai«-Schule, und die meisten Mitglieder der späteren »Welt der Kunst«-Bewegung kamen aus diesem Milieu der gutsituierten, häufig ausländischen Intelligenz.

Benois hatte um sich Dimitrij Filossofow, einen jungen Literaturenthusiasten, sowie Walter Nouwel und Konstantin Somow, zwei Studenten der Musik und der Bildenden Kunst geschart. Wenig später wurde in diesen Kreis Léon Bakst eingeführt, der Maler und Bühnenbildner, aber auch ein *unbeholfener, plumper junger Mann mit rosigen Wangen und einem breiten sinnlichen Mund.* Der junge Vetter Filossofows hieß Sergej Diaghilew und war aus Perm angereist, um in Petersburg Musik zu studieren.

Diaghilew studierte zunächst in der Gesangsschule des Petersburger Konservatoriums, folgte dem Rat Rimskij-Korsakows, gab seine kompositorischen Studien auf und betrieb nebenbei das übliche ungeliebte Jura-Studium, eine Art von akademischen Gesellschaftsspiel der Söhne aus bestem Haus, das er schließlich mit dem Examen abschloß. Sein eigentliches Interesse aber galt der Musik und der Malerei.

In diesen Kreis von Künstlern und Kunstenthusiasten gerieten bald drei »Professionals«: die Moskauer Maler Walentin Serow und Konstantin Korowin sowie Nikolas Roerich, der in Petersburg zum Maler ausgebildet worden war und als begeisterter Archäologe an mehreren Ausgrabungen teilgenommen hatte. Roerich besaß ausgezeichnete Kenntnisse der russischen Volkskunst, die in den sechziger Jahren eine stürmische Renaissance erlebte.

So hatte sich auf dem Landsitz des Moskauer Millionärs und Mäzens Andrej Mamontow in Abramzewo, nahe bei Moskau, eine Künstlerkolonie gebildet. Hier wurde nicht nur über Altrussische Kunst philosophiert, wurden nicht allein wissenschaftliche Studien betrieben, sondern auch Werkstätten errichtet, die sich der alten Traditionen des Töpferhandwerks, des Holzschnitzens, des Tischlerhandwerks und der Architektur mit staunenswerten Resultaten widmeten.

Eine vergleichbare Werkstatt war nur wenige Jahre später, im Jahre 1890, von der Fürstin Tenyschewa nach dem Vorbild Abramzewos auf ihrem Gut in Talaschkino in der Nähe von Smolensk gegründet worden. Hier arbeiteten die Maler Michail Wrubel, Alexander Golowin, Nikolas Roerich und die Fürstin selbst. Der Kreis um Benois hatte sich formiert, um aktiv eine ästhetische Position zu verteidigen, die vor allem durch die sogenannten »Wanderer-Bewegung« in Verruf geraten war: die Kunst-Philosophie des »L'art pour l'art«.

Die »Wanderer«, ursprünglich Sezessionisten, hatten im Jahre 1863 mit selbstmörderischem Mut ihren Austritt aus der Akademie der Künste erklärt. Sie plädierten für eine volksnahe, der Gesellschaft nützende Kunst. Der Ideologe der Gruppe, Tschernyschewskij, wurde nicht müde, eine Kunst der Parteinahme für die sozial unterdrückten Bauern zu propagieren – das sei ohnehin die einzige Rechtfertigung ihrer Existenz, um die Zumutung der Kunst als leerer Zerstreuung zu beseitigen. »Wanderer« aber nannten sich diese Maler, weil sie ihre sozial-künstlerischen Ideen auf Wanderausstellungen unters Volk bringen wollten.

Gegen diese sogenannte Volkstümler-Bewegung ergriff die »Welt der Kunst«-Bewegung, wie die Gruppe um Benois sich nun nannte, mit Entschiedenheit Partei.

»Mir Iskusstva« ging es um eine Kunst, die ihren eigenen Gesetzen folgt, nicht aber religiösen oder sozialen Zielsetzungen und Zwecken. Rußland sollte zu der komplexen Kultur zurückgeführt werden, die über Jahrhunderte existiert hatte. Darum wurde die antiwestliche Ideologie der »Wanderer«-Bewegung abgelehnt.

Die Gruppe wollte keine erneute Abhängigkeit der russischen von der europäischen Kultur institutionalisieren. *Rußland sollte weder ein provinzieller Vorposten Westeuropas sein, noch hinter dem Bollwerk einer nationalen Tradition sich verschanzen; vielmehr sollte hier ein im wesentlichen internationaler Mittelpunkt entstehen, mit dem Ziel, erstmals einen Beitrag zur westlichen Kultur zu leisten.*[21] Darum ginge es nicht an, das russische Erbe auf das Mittelalter beschränken zu wollen – auch die Zeiten intensiven europäischen Einflusses auf die russische Kultur, die Zeit Peters des Großen und der großen Katharina, 1700–1750, müßten als Tradition ernstgenommen und reflektiert werden.

Im Jahre 1897 hatte Sergej Diaghilew überaus erfolgreich zwei Ausstellungen mit »Englischen und deutschen Aquarellen« sowie mit »Skandinavischer Malerei« arrangiert. Eine weitere Aktivität Diaghilews, die Ausstellung mit »Russischer und finnischer Malerei« im Jahre 1898, hatte der Gruppe einen erstaunlichen Zuwachs an öffentlicher Resonanz gebracht. So lag es nahe, an die Verwirklichung lang diskutierter Pläne zu denken und die Ideologie und den Arbeits- und Interessens-Horizont der »Welt der Kunst«-Bewegung nun auch in einer eigenen Kunstzeitschrift darzustellen.

Diaghilews vielfältige Talente, sein Blick für Wesentliches, seine Akribie, sein Organisationstalent prädestinierten ihn zum Herausgeber auch für dieses neue Projekt der Gruppe. Nachdem die Finanzierung der Zeitschrift durch die pekuniäre Hilfe der Fürstin Tenyschewa und durch Mamontow gesichert war, konnte Diaghilew mit der Arbeit beginnen. *Die »Welt der Kunst« reicht über das*

---

[21] Camilla Gray: *Das große Experiment*, Köln 1974, S. 37

Irdische hinaus bis zu den Sternen und herrscht dort, stolz, geheim-nisvoll und einsam, wie auf einem schneebedeckten Gipfel, kommentierte Léon Bakst sein Enblem, das er für die Zeitschrift entworfen hatte.

Die erste Nummer von *Mir Iskusstva* erschien im Oktober 1898, und Diaghilews Kunstzeitschrift erwarb sich bald den Ruf, eine der kompetentesten und einflußreichsten Rußlands zu sein. Bis zum Jahre 1904, bis der Herausgeber und sein Team die Mission der Zeitschrift für beendet erklärten, hatte *Mir Iskusstva* wesentliche Tendenzen der internationalen Kunstszene dokumentiert, solche der Malerei und Dichtkunst ebenso wie der Musik oder des Design oder der zeitgenössischen Architektur.

Diaghilew hatte die westeuropäische »Art Nouveau« vorgestellt, Arbeiten von Aubrey Beardsley, Henry van de Velde und Josef Maria Olbrich, aber auch die Malerei der französischen Impressionisten, der Wiener Sezession und Maler der Münchener Schule[22].

Mir Iskusstva beobachtete aber nicht nur die zeitgenössische Bildende Kunst, sondern auch die Musikszene, die Konzerte mit Alter Musik und Neuer Musik, und kommentierte die »Abende für zeitgenössische Musik«, die Strawinskys Freunde veranstalteten. So berichtete der letzte Jahrgang nicht nur über Kompositionen von d'Indy, von Dukas, Debussy und Ermanno Wolf-Ferrari – ein enthusiastischer Artikel wurde auch dem kompositorischen Oeuvre César Francks gewidmet.

Am Beginn des 20. Jahrhunderts war das Prestige der »Mir Iskusstva« so groß geworden, daß ihr sogar ein spektakulärer Einbruch in die geschlossene Gesellschaft des Kaiserlichen Theaters gelang.

Alexander Benois hatte den neuen Direktor der kaiserlichen Unternehmungen für eine Ballett-Produktion interessieren können, für eine gemeinschaftliche Arbeit von Tscherepnin, Fokin und Benois am Ballett *Le pavillon d'armide*, dem ein Sujet in der Manier von Jacques Offenbachs Oper *Hoffmanns Erzählungen* zugrunde lag. Fokin, der junge Choreograph, warb zugleich mit diesem Ballett auch für seinen begabtesten Schüler: Waslaw

---

[22] Die Abspaltung einzelner Künstler oder Gruppen vom offiziellen Kunstbetrieb und seinen Institutionen war eine charakteristische Erscheinung der Kunstsituation in den neunziger Jahren des 19. Jahrhunderts. 1892 wurde die Münchener Sezession und 1897 die Wiener Sezession gegründet. Diese fortschrittlichen Künstler bekannten sich stilistisch zum Jugendstil.

Nijinskij in *Le pavillon d'armide*

Die Pawlowa in *Le pavillon d'armide*

Nijinskij. Schließlich konnte auch noch ein »Pas de trois« in das Ballett integriert werden, eine Nummer, die zu einer glanzvollen Chance für die Pawlowa, für Fokin und Nijinskij wurde. Die Premiere fand im Jahre 1907 statt und war ein so ungewöhnlicher Erfolg, daß bald danach darüber nachgedacht wurde, die kaiserliche Oper und das Ballett für eine Saison nach Paris zu schicken.

Diaghilew, den man an diesem Projekt nicht beteiligen konnte, weil er sich die Gunst der Theaterbehörden verscherzt hatte, war in der Zwischenzeit als Organisator von mehreren Ausstellungen tätig gewesen, unter anderem für die besonders erfolgreiche mit russischer Porträtmalerei des 18. Jahrhunderts: eine Ausstellung, die in Gegenwart des Zaren eröffnet und als dramatische Einheit, mit eigens dazu entworfener Innenausstattung, komponiert worden war.

Nach der Auflösung der Kunstzeitschrift, angewidert von den Querelen mit den Theaterbehörden, mit der »Wanderer«-Bewegung und der Petersburger Akademie, trug sich Diaghilew mit Plänen, ins Ausland zu gehen. So ergriff er gern die Chance, eine der umfassendsten Ausstellungen russischer Kunst überhaupt in Paris organisieren zu können. Eine hohe Subvention der zaristischen Regierung ermöglichte ihm dieses glanzvolle Entree in die Pariser Kunstwelt.

Die Ausstellung füllte zwölf Säle des »Grand Palais« und wurde begeistert aufgenommen. Nach diesem großen Erfolg organisierte Diaghilew im Jahre 1907 fünf Pariser Konzerte mit russischer Musik von Mussorgskij, Rimskij-Korsakow und Skrjabin in der Pariser Oper, Konzerte, die Nikisch dirigierte und in denen sich Schaljapin und Rachmaninow feiern ließen. Im Jahre 1908 begeisterten sich das Pariser Publikum und die Pariser Presse an Mussorgskijs *Boris Godunow* in der Bearbeitung von Rimskij-Korsakow, der die Oper auch dirigierte. Später aber, als diese Produktion wieder aufgenommen wurde, fragte die Kritik nach dem »Ur«-*Boris*[23]. Wieder ein Jahr später, am 19. Mai 1909, traten zum erstenmal Diaghilews »Ballets russes« in Paris auf. Besonders Fokins Choreographie von Alexander Borodins *Polowetzer Tänzen*, aber auch die Ballette *Le pavillon d'armide* und die *Sylphiden* – für dieses Ballett instrumentierte Strawinsky zwei Chopin-Piè-

---

[23] H. H. Stuckenschmidt: *Maurice Ravel*, Frankfurt/M. 1976, S. 171. In einer Kritik aus dem Jahre 1912 schrieb Ravel: *Sicher ist das noch nicht der echte Mussorgsky, den man uns geboten hat. Wäre es zuviel verlangt, wenn man sich die teilweise Wiederherstellung des wahren »Boris Godunow« wünscht?*

Tamara Karsawina in Diaghilews erster Pariser Ballett-Produktion:
Les sylphides

cen, sein erster Diaghilew-»Auftrag« – wurden ungewöhnlich beifällig aufgenommen.

Wenige Jahre nur hatte Sergej Diaghilew benötigt, um die Pariser Kunstkenner für seine Arbeit zu interessieren; nun hatte er auch die Ballettomanen fasziniert. Nach diesem großen Pariser Erfolg bereiteten sich die »Balletts russes« auf eine weitere Pariser Saison vor, in der Fokins Ballett *Der Feuervogel* mit der Musik Ljadows Premiere haben sollte. Aber Ljadow, liebenswert uneitel und eher zurückgezogen lebend, war der großen Arbeit offenbar nicht gewachsen, verdrängte das Projekt, zog den Kompositionsbeginn immer wieder hinaus. So bat Diaghilew Igor Strawinsky im Herbst des Jahres 1909 um die Komposition des *Feuervogel*. Er nahm an, obwohl er an seiner Oper *Die Nachtigall* weiterzuarbeiten geplant hatte – der erste Akt war gerade fertig geworden [24] – und der frühe Termin ihn zunächst entsetzte.

Man sieht, Diaghilews kommende Erfolge sind wohl vorbereitet. Unermüdlich hatte der junge beleibte Mann aus Perm, den man in den Petersburger Salons als genußsüchtig, hochmütig und ungebildet einschätzte, sein gleichsam natürliches, ursprüngliches Verhältnis zu den Künsten und besonders zur zeitgenössischen Kunst und Musik verfeinert. In diesen nahezu zwei Jahrzehnten hatte er zudem seinen Spürsinn für bedeutende künstlerische Begabungen entwickelt.

In den kommenden Jahrzehnten wird er neben Strawinsky auch Richard Strauss, Debussy und Ravel sowie Satie und andere zeitgenössische Komponisten um die Mitarbeit an den Produktionen der »Ballets russes« bitten, und er kann über einen Kreis von russischen Künstlern verfügen, die diese Arbeit auf sehr hohem Niveau realisieren werden.

---

[24] Erst in den Jahren 1913/14 vollendet Strawinsky seine dreiaktige Oper, deren Libretto Stefan Mitusow nach dem bekannten Andersen-Märchen für ihn entworfen hatte. Die Musik der späteren Akte, schärfer, pointierter und moderner formuliert als die erste impressionistische, faßt Strawinsky im Jahre 1917 zu der sinfonischen Dichtung *Gesang der Nachtigall* zusammen.

Pariser Jahre 1910–1914

Feuervogel-Premiere der »Ballets russes«

Die Eleganz, mit der Strawinsky einen überaus schöpferischen und perspektivenreichen Abschnitt seines Lebens, die Pariser Jahre zwischen 1910 und 1914, in seinen *Erinnerungen* auf zwanzig Seiten zusammenfaßt, ist nicht nur eine literarische Leistung von hohem Rang. Strawinskys Darstellung läßt auch vergessen, wie außerordentlich komplex die Entscheidungen waren, die den Balletten *Der Feuervogel* (1910), *Petruschka* (1911) und *Le sacre du printemps* (1913) zugrunde lagen. Es waren Entscheidungen, die Strawinskys Verhältnis zu den Möglichkeiten des zeitgenössischen Balletts betrafen, die mit seiner musikalischen Begabung und seiner Kreativität zusammenhingen und nicht zuletzt auch mit den Möglichkeiten der russischen Mitarbeiter Diaghilews, die Strawinskys kompositorische Ideen schöpferisch mittrugen.

Die legendäre Perfektion, die das Russische Ballett am Ende des 19. Jahrhunderts auszeichnete, hatte das Ansehen der Institution »Ballett« in intellektuellen Zirkeln merkwürdigerweise kaum beeinflußt. Zwar war die choreographische Arbeit von Marius Petipa, der im Jahre 1847 als »premier danseur« nach Petersburg gekommen war, durchaus anerkannt – er hatte im Verlauf der Jahre allein 46 abendfüllende Original-Ballette choreographiert –, das Genre selbst aber, die Ästhetik des Balletts und die typische musikalisch unergiebige Ballettmusik galten als hoffnungslos verstaubt.

Andererseits: als Tschaikowsky und Glasunow musikalisch anspruchsvolle Ballett-Partituren schrieben – in den achtziger Jahren entstanden Tschaikowskys Ballette *Schwanensee* und *Dornröschen* –, reagierte das Ballett-Publikum auf diese Werke gänzlich unvorbereitet und bereitete den Tschaikowsky-Produktionen Theaterskandale. Als Glasunow an seinem Ballett *Raymonda* arbeitete, das Petipa im Jahre 1898 herausbrachte, höhnte ein anonymer Kritiker schon im vorhinein, daß es *in der nächsten Zeit üblich werden* werde, Ballettmusiken jungen Komponisten als eine Art Generalbaß-Übung anzuvertrauen. *Im nächsten Jahr*

droht uns eine Ballettmusik von Glasunow, welcher kaum im Leben
eine Polka komponierte, sondern sich nur mit sinfonischer Musik
beschäftigte.[25] Glasunow selbst hielt es für angebracht, sich seinem
Verleger Mitrofan Beljajew gegenüber zu verteidigen, daß er so
viel Zeit auf ein angeblich so unseriöses Genre wie das Ballett
verwende[26]:

> *Vom Standpunkt des Verlegers hast Du ganz recht, aber vom*
> *menschlichen Standpunkt aus irrst Du Dich sehr, meine Anwe-*
> *senheit ist gerade bei den Proben unumgänglich –, ich weise*
> *zum ersten auf die Tempi hin, zum zweiten, Petipa ist schon alt*
> *und vergißt vieles, was wir früher besprachen, es gibt dauernd*
> *Zusammenstöße, welche dank meiner Anwesenheit ziemlich*
> *glücklich beendet werden können.*

Tschaikowskys und Glasunows Balletten warf man sinfonische
Überfrachtung, Neigung zu motivisch-thematischer Arbeit und zu
intensiver musikalischer Durchbildung vor; aber es war gerade
dieses Konzept wechselseitiger Durchdringung von »sinfonischer«
Musik und psychologischer Differenzierung der Ballett-Handlung,
das für die Fokinsche Ästhetik beispielhaft wurde und in den ersten
Jahren der »Ballets russes« favorisiert wurde.

Michail Fokins Bedeutung für den Verjüngungsprozeß des russischen Balletts wird auch von Igor Strawinsky in seinen *Erinnerun-*
gen beschrieben – obwohl sich der Komponist später deutlich von
Fokin und seiner Ballett-Ästhetik distanzierte[27]:

> *Zu der Zeit, als ich meinen Auftrag von Diaghilew erhielt,*
> *vollzog sich eine Wandlung des Ballett, dank dem Auftreten*
> *Fokins, eines jungen Ballettmeisters und eines ganzen Blüten-*
> *straußes junger Künstler, die voller Talent und Frische waren –*
> *der Pawlowa, der Karsawina und Nijinskijs. Trotz meiner*
> *Bewunderung für das klassische Ballett und seinen großen*
> *Meister Marius Petipa konnte ich dem Rausch nicht widerste-*
> *hen, der mich beim Anblick der »Tänze des Prinzen Igor« und*
> *des »Karneval« erfaßte. Das waren die beiden Ballettauffüh-*
> *rungen Fokins, die ich bis dahin gesehen hatte. Mich überkam*
> *die Sehnsucht, dem engen Kreis zu entweichen, in den ich bis*
> *dahin eingeschlossen war; mit Begierde ergriff ich die Gelegen-*

---

[25] Dorothee Eberlein: *Russische Musikanschauung um 1900*, Regensburg 1978, S. 50
[26] ebda., S. 50
[27] *Erinnerungen*, S. 36

heit, die sich mir bot. Ich wünschte mich dieser Gruppe fort-
schrittlicher und tatkräftiger Künstler anzuschließen, deren
Seele Diaghilew war, zu dem ich mich seit langem hingezogen
fühlte. Während des ganzen Winters schrieb ich eifrig an
meiner Musik, und durch diese Arbeit kam ich ständig in
Berührung mit Diaghilew und seinen Mitarbeitern. Sobald ich
Teile der Partitur ablieferte, legte Fokin die Choreographie
fest, und ich war bei jeder Probe der Truppe zugegen. Hinter-
her war ich dann mit Diaghilew und Nijinskij zusammen – der
übrigens in diesem Ballett nicht auftrat – und wir beendeten den
Tag jedesmal mit einem ausgewählten Essen.

Abgesehen von Strawinskys nur zu verständlicher Neigung, mit
Diaghilew und seiner Ballett-Compagnie zusammenzuarbeiten –
schließlich bot sich ihm nun endlich die Chance, die Petersburger
»Provinzexistenz« und die mit ihr verbundenen Ängste abzustrei-
fen und die eigene kompositorische Arbeit an Pariser Maßstäben
messen zu können –, von solchem Ehrgeiz und den damit verbundenen Karriereüberlegungen einmal abgesehen, hatte Strawinsky
zum Ballett als Kunstform in jungen Jahren bereits ein ungebrochen positives, ja leidenschaftliches Verhältnis.

In seinen Gesprächen mit Robert Craft[28] berichtet der Komponist auch über eine *Dornröschen*-Aufführung, die er als sieben-
oder achtjähriger Knabe besuchte und der er erregt applaudierte,
und Marius Petipa war nicht nur ein Freund der Strawinskys,
sondern Igor hatte auch mehrfach Gelegenheit, ihn bei seinen
Besuchen im Hause zu erleben.

Bald nachdem Strawinsky mit der Arbeit am *Feuervogel* begonnen hatte, inszenierte Sergej Diaghilew im Hause der Anna Pawlowa – sie war die berühmteste russische Tänzerin ihrer Zeit – ein
Treffen mit dem jungen Komponisten und mehreren Helfern der
»Ballets russes«, unter ihnen Fokin und Benois. Diaghilew hoffte,
die Pawlowa für die Rolle des Feuervogel gewinnen zu können.
Aber obwohl an diesem Abend viel Champagner getrunken wurde
und jedermann den glanzvollen Abend genoß, hat die Pawlowa
weder im *Feuervogel* noch sonst je für die »Ballets russes« getanzt.
Strawinsky selbst glaubt, daß die berühmte Tänzerin weder sein
Orchesterstück *Feu d'artifice* noch das *Scherzo fantastique* mochte.
Vermutlich waren diese Arbeiten für sie Ausdruck einer »deka-

---

[28] *Gespräche*, S. 43

denten« Haltung. In der Sprache der Zeit hieß das aber: zu
»modern«. So sehr er von ihrer Art zu tanzen hingerissen war – im
Grunde, gesteht er, habe die Pawlowa immer gleich getanzt, und
ihre Kunst gehörte zu einer anderen Welt als der avancierten der
»Ballets russes«.

Igor Strawinskys Ballettomanie wird aber nicht nur durch die
vielen Ballette bezeugt, die er im Verlauf seines Lebens schrieb,
und selbst seine Arbeiten für das Musiktheater versuchen, sängeri-
sche, schauspielerische und tänzerische Darstellungsweisen miteinander in Beziehung zu setzen: im *Renard*, in *Les noces*, in der
Histoire du soldat und in *Pulcinella* beispielsweise. Es gibt auch ein
frühes Zeugnis seines Engagements für das Ballett als einer gleich-
berechtigten Kunstform; eine Konfession, die er Wladimir Rimskij-Korsakow in einem Brief vom 21. Juli 1911 anvertraute – als er
bereits tief in der Arbeit an seinem zweiten Ballett *Petruschka*
steckte [29]:

> *Ich beziehe mich auf das Ballett. Du sagst, daß Du kein Gegner
> des Balletts bist, nennst es aber später die geringste der szeni-
> schen Künste. Ich möchte Dir sagen, daß ich das gänzlich
> anders sehe. Ich bin am Ballett interessiert und liebe es mehr
> als alles andere. Und es ist meine Überzeugung, daß, wenn
> heute eine Art Michelangelo lebte – dieser Gedanke kam mir,
> als ich die Fresken der Sixtinischen Kapelle sah, dann wäre
> die einzige Sache, die er sich zu eigen machen würde, die
> Choreographie. [...]*
>
> *Ich mußte in der Tat selbst choreographisch arbeiten, damit
> mir das klar wurde, wie überhaupt grundsätzlich die Notwen-
> digkeit und der Wert meiner Arbeit. Ich beziehe mich übrigens
> nicht nur auf die Musik, sondern auf das Werk als ganzes.
> Denn ich bin auch der Autor des »Petruschka«-Librettos, das
> ich mit ebenso viel Liebe schrieb, wie Dein Vater seine Opern.
> [...] Dennoch habe ich Verständnis für jemanden, der gegen
> diese Vereinigung von Drama und Musik (Oper) oder Choreo-
> graphie und Musik (Ballett) opponiert.*
>
> *Was soll man mit so jemandem tun? Er liebt die reine Kunst:
> wenn Musik, dann Musik, wenn Bewegung, dann pure Bewe-
> gung. Aber Dich kann ich nicht verstehen, mein Lieber, denn
> Du pflegtest die plastischen Künste bis jetzt zu lieben.*

[29] V. Stravinsky/Craft: *Pictures*, S. 26

Feuervogel-Figurine von Nathalie Gontcharowa

Die Pariser Premiere des *Feuervogel* (25. Juni 1910 in der Pariser Oper) wurde zu einem großen Erfolg, den Strawinsky nicht zuletzt auf die ausgezeichnete Produktion selbst zurückführte: auf die hinreißende Leistung der Karsawina in der Rolle des Feuervogels, auf die Ausstattung des Malers Alexander Golowin, deren russische Atmosphäre die Pariser faszinierte, auf die gefeierte Choreographie Fokins sowie die präzise, brillante Arbeit der Ballett-Compagnie Diaghilews. Strawinsky allerdings war mit der Arbeit Fokins nicht sehr zufrieden, sie schien ihm überladen und umständlich und darum auch nur schwer tanzbar.

Dennoch: dieser erste große Ballett-Erfolg des jungen Komponisten in der kulturellen Metropole Paris war kaum zu überschätzen. Als Orchestersuite war das Ballett bald darauf in London, Berlin, Wien und Budapest zu hören, und Strawinsky hat noch Jahrzehnte nach dieser Premiere die Popularität des *Feuervogel* zu nutzen verstanden.

Fokin hatte überaus geschickt zwei russische Sagenkreise – um den unsterblichen Kastschei und um den Feuervogel – zusammengefaßt. *Bei Fokin gerannen beide Gestalten in ein dramaturgisch gut*

Probe mit Strawinsky, Fokin und Tamara Karsawina

funktionierendes Widerspiel aus Gut und Böse. Was übrig blieb, war eine Dreierkonstruktion: der kämpfende Mensch (Iwan Zarewitsch), der mit Hilfe des übernatürlich Guten (Feuervogel) das übernatürlich Böse (Kastschei) vernichtet.[30] Während Rimskij-Korsakow in seiner Oper *Kastschei der Unsterbliche* (1905) im Revolutionsjahr gleichsam ein Bild unmenschlicher zaristischer Monarchie im Legenden-Gewande formuliert hatte, zog sich Strawinsky in einen literaturpsychologischen Innenkreis zurück, der vielfältig deutbar war[31].

Im Jahre 1912, als der *Feuervogel* in Berlin gespielt wurde, begegnete Strawinsky auch Arnold Schönberg, der ihn zu einer Aufführung des *Pierrot lunaire* am 8. Dezember in den Choralionsaal einlud. Strawinsky war von der Ästhetik des Werkes wenig beeindruckt, die ihn an den Beardsley-Kult erinnerte, der längst der Vergangenheit angehörte, aber die Instrumentation des Werkes und die Intensität der kompositorischen Arbeit faszinierten ihn[32]. Die Berliner Aufführung der *Feuervogel*-Suite besuchte auch Richard Strauss, der Gefallen an der Partitur des jungen russischen Kollegen fand und ihm riet: *Es ist ein Fehler, daß Sie Ihr Stück pianissimo anfangen lassen. Da hört das Publikum niemals zu. Man muß es beim ersten Akkord durch großes Getöse überraschen, dann folgt es sogleich, und hinterher können sie machen, was sie wollen.* Ein Rat, der für das Ballett *Petruschka* zu spät kam und dem Strawinsky weder im *Sacre* noch in den nachfolgenden Balletten zu folgen vermochte.

Igor Strawinsky hat zeitlebens neben der eigentlichen kompositorischen Arbeit einen bemerkenswerten Nebenstrom schöpferi-

---

[30] Helmut Kirchmeyer: *Strawinskys russische Ballette*, Stuttgart 1974, S. 48

[31] Kirchmeyer: *Strawinsky*, S. 49 gibt folgende Interpretation des Librettos: *Iwan Zarewitsch, jung und tatendurstig, jagt den Feuervogel, d. h. er hängt seinen jugendlichen Träumen nach. Indem er den Feuervogel fängt, vermag er sich doch nicht seiner sittlichen Verpflichtungen zu entziehen. Er läßt den Feuervogel frei, begibt sich also freiwillig seiner ausgrenzenden Träume. Der Feuervogel wiederum übereignet ihm ebenso freiwillig eine seiner Federn. Aus der Fülle ungezielter Träume ist ein einziger Traum übriggeblieben, aber dieser eine ist, weil ohne Gewalt im Rahmen eines natürlichen Verhaltens erworben, mit erfolgversprechender magischer Kraft versehen worden. Worauf er sich richtet, zeigt alsbald Iwans Kampf gegen Kastschei um die geliebte Prinzessin, der natürliche und darum aussichtsreiche Kampf des Jünglings gegen die Existenz aus Angst, Sehnsucht und Liebe. Der durch die Feder verkörperte Traum offenbart ihm seine Gedanken in Gestalt der dreizehn Prinzessinen. Er geht ihm nach und überwältigt schließlich Kastschei, d. h. er erringt einen Sieg über sich selbst.*

[32] H. H. Stuckenschmidt: *Schönberg*, Zürich 1974, S. 190

scher Auseinandersetzungen unterhalten, hat es geliebt, seine eigenen Werke mehrfachen Revisionen und Bearbeitungen auszusetzen, und hat auch Kompositionen anderer Autoren bearbeitet. Auf seine Weise setzte er so die Tradition seines Lehrer Rimskij-Korsakow fort, der ja nicht nur seine eigenen Werke mehrfach umschrieb, sondern auch Werke von Mussorgskij und Borodin Werke re-komponierte.

Ernest Ansermet, der Schweizer Dirigent und langjährige Freund Strawinskys, hat später die lange Reihe der Revisionen von Strawinskys Partituren als durchaus schädliche Arbeit leidenschaftlich kritisiert. Sie beginnt mit dem *Feuervogel*.

Im Jahre 1914 teilte Strawinsky seinem Verleger Jurgenson mit, daß er die Absicht habe, Teile des *Feuervogel* (*Berceuse* und Finale) für kleines Orchester zu instrumentieren, denn es gäbe einfach zu viele Orchester, die nicht über genügend gute Musiker verfügten.

Um die Jahreswende 1918/19 verbringt Strawinsky dann allein sechs Monate mit der Arbeit an einer neuen *Feuervogel*-Partitur, die er dem Musikverlag Chester verkauft, ohne zuvor Jurgenson in der Sache konsultiert zu haben. Diesmal begründet er sein Vorgehen nicht mit dem schlechten Zustand europäischer Orchester, sondern mit den veränderten politischen Verhältnissen in Rußland, die auch dazu geführt haben, daß die Rechte am geistigen Eigentum mißachtet werden, seine Partituren in Rußland gespielt werden können, ohne daß er dafür einen Pfennig erhalte – ein urheberrechtliches Argument, das ihn im Verlaufe seines Lebens noch mehrmals antrieb und zu weiteren Versionen seiner Partituren, vor allem später in Amerika, führte.

Im Jahre 1929 spielt Strawinsky eine kommentierte Version seines *Feuervogel* für ein Pianola ein. Während die linke Seite der Walze Strawinskys Kommentare zur Komposition festhielt, finden sich auf der rechten minuziöse Beschreibungen der von Fokin festgelegten Ballett-Aktionen. So wird auch deutlich, daß Fokins Choreographie buchstäblich jeden Takt der Partitur zu tänzerischen Aktionen nutzte und daß Strawinskys Eindruck, die Choreographie sei überladen und untänzerisch gewesen, zu Recht bestand.

Feuervogel, Paris 1910: Michail Fokin und Tamara Karsawina

Über die innere Gliederung der *Feuervogel*-Musik und über die formbildenden Mittel, die Strawinsky in diesem Stadium seiner kompositorischen Arbeit anwandte, gibt der Kommentar des Komponisten folgende Auskünfte[33]:

> Der »Feuervogel« hat noch nicht völlig mit den Erfindungen gebrochen, die der Begriff Musikdrama deckt. Ich war noch immer empfänglich für das System der musikalischen Charakterisierung verschiedener Personen und dramatischer Situationen. Und dieses System offenbart sich hier in der Einführung von Prozessen, die zur Ordnung der Leitmotive gehören.
>
> All das, was den bösen Kastschei betrifft, alles was zu seinem Königreich gehört – der Zaubergarten, die Menschenfresser und Monster aller Art, die seine Subjekte sind und ganz allgemein alles, was magisch und geheimnisvoll, besonders oder übernatürlich ist – wird in der Musik durch Leitharmonien charakterisiert.
>
> Im Gegensatz zu der chromatischen magischen Musik, ist das sterbliche Element (Prinz und Prinzessin) verbunden mit einer charakteristischen Musik des diatonischen Typus. Aufsteigende übermäßige Quarte und absteigende kleine Sekunde ergeben die intervallische Basis für die Erscheinung des gütigen Feuervogel – Kastschei dagegen bekommt unterbrochene, bösartige Terzen.

Robert Craft berichtet auch über einen Aspekt des Strawinskyschen Werks, den der Komponist selbst gewöhnlich vernachlässigte: über die Quellen der Volksmusik, die Strawinsky in sein Werk integrierte. Hier, für das Ballett *Der Feuervogel*, nutzte er Rimskij-Korsakows Publikation *100 Russische Volkslieder*, deren Nummern 21 und 79 Strawinsky kaum modifiziert in das Ballett einfügte. Kirchmeyer erinnert auch an eine andere Sammlung Rimskij-Korsakows, an *40 Russische Volkslieder*, die ebenfalls genutzt wurden[34].

Schließlich, um diese Notizen über Strawinskys Bearbeitungen und Arrangements auf der Basis der *Feuervogel*-Partitur zu beenden, sei auch auf kammermusikalische Versionen einzelner Sätze aus den Balletten *Der Feuervogel* und *Petruschka* erinnert, die

---

[33] V. Stravinsky/Craft: *Pictures*, S. 60
[34] Kirchmeyer: *Strawinsky*, S. 33

offenbar in Zusammenarbeit mit dem amerikanischen Geiger Samuel Dushkin entstanden waren: an den *Tanz der Prinzessinnen* und das *Wiegenlied* aus dem *Feuervogel* sowie den *Russischen Tanz* aus *Petruschka*.

Strawinsky hatte Dushkin im Jahre 1930 durch die Vermittlung seines Verlegers Willy Strecker kennengelernt, hatte Vertrauen zu ihm gefaßt und im Verlauf des Jahres 1931 in engem Kontakt mit dem Geiger sein Violinkonzert komponiert, das noch im gleichen Jahr in Berlin uraufgeführt worden war.

Daß diese Bearbeitungen für Violine und Klavier sich nicht nur beträchtlich vom Originalklang der Partituren entfernen, daß die Musik reduziert und am Ende nurmehr als Karikatur erkennbar wird, mutet daher sonderbar an.

Igor Strawinsky aber war offenbar mit diesen Arrangements nicht nur einverstanden, er muß Vergnügen an ihnen gefunden haben; so sehr, daß er sie zuletzt, nach mehreren Konzert-Tourneen mit Dushkin, im Jahre 1933 zusammen mit dem Geiger für die Schallplatte einspielte.

Arbeit an *Petruschka* und *Le sacre du printemps*

Im Frühjahr des Jahres 1910, während Igor Strawinsky noch an den letzten Seiten seines *Feuervogel*-Balletts arbeitete – die Komposition wurde am 10. März und die Instrumentation des Werks einen Monat später beendet –, hatte der Komponist eine Vision: Alte, weise Männer sitzen im Kreis und schauen dem Todestanz eines jungen Mädchens zu, das geopfert werden soll, um den Gott des Frühlings günstig zu stimmen. Das war das Thema von *Le sacre du printemps*. Es war die Vision einer großen heidnischen Feier, eines Rituals.

Bald darauf vertraute Strawinsky sich seinem Freund Nikolas Roerich an, der ein ausgezeichneter Kenner der russischen Geschichte und ihrer Traditionen war. Roerich war von dieser Vision Strawinskys ebenso fasziniert wie wenig später auch Sergej Diaghilew, der von dem neuen Ballett-Plan gehört hatte und nun beide drängte, so schnell wie nur möglich an die Realisierung des neuen Projekts zu gehen.

Der Komponist aber, von der Größe der Aufgabe zunächst überwältigt – zumal auch das Sujet noch keine greifbare Gestalt hatte –, wich auf eine für ihn typische produktive Weise aus.

Strawinsky entwarf ein Stück für Klavier und Orchester, ein Konzertstück mit dominierendem Klavierpart. Während dieser Arbeit aber hatte er die *hartnäckige Vorstellung einer Gliederpuppe, die plötzlich Leben gewinnt und durch das teuflische Arpeggio ihrer Sprünge die Geduld des Orchesters so sehr erschöpft, daß es sie mit Fanfaren bedroht.*

Bald darauf beendete Strawinsky das bizarre Stück Musik und fand schließlich auf einem seiner regelmäßigen Spaziergänge am Genfer See – er war für einige Monate mit seiner Familie in die Schweiz gekommen – einen wahrhaft befreienden Titel für seine tragikomische Marionetten-Vision: Petruschka, der Held aller Jahrmärkte der Welt hatte ihn heimgesucht. Als Diaghilew wenig später in Clarens eintraf, um sich Teile der neuen *Sacre*-Partitur vorspielen zu lassen, verblüffte ihn Strawinsky mit dieser neuen *Petruschka*-Musik.

Petruschka oder Harlekin oder Kasperl: gehörte diese Figur nicht zum Urbestand volkstümlichen europäischen Denkens, konnte man mit dieser »Heimsuchung« des Igor womöglich den Pariser *Feuervogel*-Triumph fortsetzen oder ihn gar überbieten? Sergej Diaghilew war von dieser neuen Ballett-Idee so beeindruckt, daß er in wenigen Tagen zusammen mit dem Komponisten ein grobes Scenario entwarf und Strawinsky an die Arbeit schickte[35]:

> Als Schauplatz wählten wir den Marktplatz mit seiner Menschenmenge, seinen Buden und den Zauberkünsten des Taschenspielers; die Puppen erwachen zum Leben – Petruschka, sein Rivale und die Ballerina–, das Drama läuft ab und endet mit dem Tod Petruschkas. Ich ging sofort daran, das erste Bild zu komponieren.

Während des Herbstes – Strawinsky lebte inzwischen in Beaulieu-sur-Mer – beendete er das erste Bild und folgte an Weihnachten einer Einladung Diaghilews nach St. Petersburg, um seine Musik Alexander Benois vorzuspielen, der die szenische Einrichtung des Balletts sowie die Dekorationen und Kostüme entwerfen sollte.

Beide Männer fanden Gefallen aneinander, und Benois erinnert sich später an die Zusammenarbeit mit einem intelligenten und aufgeschlossenen jungen Mann[36]:

---

[35] *Erinnerungen*, S. 40
[36] White: *Stravinsky*, S. 34

Paris 1911. Bühnenbild der ersten Szene von Alexander Benois

Was uns verband, von der Musik abgesehen, war Strawinskys Verehrung des Theaters und sein Interesse an den Bildenden Künsten. Anders als die meisten Musiker, die sich gewöhnlich für nichts anderes als ihr eigenes Gebiet interessieren, zeigte Strawinsky großes Interesse an Malerei und Architektur und Bildhauerei. Und obgleich er über keine wirklichen Kenntnisse verfügte, war die Diskussion mit ihm für uns immer wertvoll, denn er reagierte intensiv auf all das, mit dem wir lebten. Damals war er ein sehr aufgeschlossener und charmanter Lehrling. Er dürstete nach Erleuchtung und sehnte sich danach seine Kenntnisse zu erweitern. Aber was ihn besonders schätzenswert machte, war die gänzliche Abwesenheit dogmatischer Einstellungen.

Der junge Strawinsky, umgekehrt, geriet für einige Zeit völlig in den Bann des älteren, erfahrenen Künstlers, so sehr, daß er in einem Brief an Wladimir Rimskij-Korsakow[37] die Freundschaft zu Benois entschieden verteidigte:

Du versuchst umsonst mich dem Einfluß Benois' zu entziehen. Er ist ein ganz ungewöhnlich subtiler, klarsehender und sensibler Mann, und das betrifft die Musik ebenso wie die Bildenden Künste. In der Tat: von allen Künstlern, die ich gesehen und getroffen habe, ist er derjenige mit der größten musikalischen Sensibilität. Er versteht die Musik ebenso wie ein professioneller Musiker.

Später gestand Strawinsky freilich ein, daß Benois' musikalische Kenntnisse sich im wesentlichen auf die italienische Opernmusik des 19. Jahrhunderts beschränkten und daß er im Grunde ein Traditionalist gewesen sei. Dennoch muß die Zusammenarbeit am *Petruschka* ungewöhnlich intensiv gewesen sein, denn Jahre danach gerieten beide in Streit über die Produktionsrechte an einem *Petruschka*-Film. Benois beanspruchte offenbar zu Recht die Co-Autorenschaft für *Petruschka*.

Die *Erinnerungen* Strawinskys entwerfen ein eher sachliches Bild von der Arbeitsatmosphäre[38]:

In St. Petersburg spielte ich meinen Freunden die Musik zu Petruschka vor, soweit ich sie damals komponiert hatte; es waren die ersten beiden Bilder und der Anfang des dritten. Benois machte sich sofort ans Werk, und im Frühling traf er uns in Monte Carlo, wohin Diaghilew und ich zurückgekehrt waren.

Ich ahnte damals nicht, daß ich meine Vaterstadt St. Petersburg zum letzten Mal gesehen hatte – die Stadt des heiligen Petrus, die Peter der Große seinem Schutzpatron geweiht hatte, und nicht sich selbst, wie die Dummköpfe glaubten, die den absurden Namen Petrograd erfunden haben.

Aus dem Nebel und Schnee St. Petersburgs kehrte Strawinsky Anfang des Jahres 1911 nach Beaulieu zurück und erkrankte bald darauf an einer hartnäckigen Nikotinvergiftung, an deren Folgen er beinahe gestorben wäre.

Nach dieser auferlegten Zwangspause von einem Monat blieben ihm noch insgesamt zweieinhalb Monate für die Beendigung der

---

[37] V. Stravinsky/Craft: *Pictures*, S. 27
[38] *Erinnerungen*, S. 41

Arbeit am *Petruschka*-Ballett. Während Diaghilews Compagnie bereits in Rom mit den ersten Proben begann, arbeitete der Komponist, der zusammen mit den Tänzern im römischen Hotel »Albergo d'Italia« einquartiert worden war, in großer Eile, aber keineswegs überstürzt am Finale seines Balletts, denn er fand noch Zeit genug, um mit Benois und mit dem russischen Maler Serow die heilige Stadt zu durchstreifen – zutiefst beeindruckt von ihrer Schönheit und ihrer historisch gewachsenen Komplexität, deren Perspektiven der kundige Benois ihm eröffnete.

Tamara Karsawina, die Primaballerina der »Ballets russes«, erinnert sich an die Freundschaft Benois' zu Strawinsky: *Der ältere Mann war von Strawinskys Spontaneität entzückt, er liebte seine »empfindsame Reaktion, die beste Quelle der Inspiration«.* Die Karsawina entwirft auch ein überaus anschauliches Bild von der römischen Vorarbeit für die Pariser *Petruschka*-Premiere und skizziert den jungen Komponisten als einen Mann von staunenswerter Gelassenheit[39]:

Wollte ich den Versuch machen, nach so langer Zeit die Persönlichkeit Strawinskys, wie ich sie sah, kurz zusammenzufassen, würde ich sagen, daß zwei sich scheinbar widersprechende Seiten seines Temperaments vollkommen miteinander verschmolzen waren, und zwar so sehr, daß sein hochgespanntes, feinbesaitetes Wesen durch ein unbedingt ausgeglichenes Temperament im Gleichgewicht gehalten wurde. Seine Höflichkeit hielt jeder noch so heiklen Situation stand.

Als wir im Frühjahr 1911 während unserer Saison in Rom die Proben für »Petruschka« vorwärtstrieben, um für Paris gerüstet zu sein, fühlten wir Künstler uns wie Galeerensklaven. Stunden um Stunden arbeiteten wir bis zur völligen Erschöpfung in einer Atmosphäre, die nach abgestandenem Essen roch (wir waren in das Restaurant des Constanzi-Theaters verwiesen worden). Fokin raufte sich die Haare, war völlig entkräftet und hysterisch. Verweise, Tränen und allgemeine Spannung elektrisierten die Luft. Nur Strawinsky, der die niedrige Arbeit eines Pianisten ausübte, blieb unbeirrt. Seine einzige Konzession an die Hitze und Müdigkeit bestand im Ablegen seines Rockes, nicht ohne sich vorher angemessen für sein hemdsärmeliges Erscheinen entschuldigt zu haben.

---

[39] Tamara Karsawina: *Tränenreiches Lernen*, in: *Musik der Zeit*, Bonn 1952, S. 15

Tamara Karsawina als Ballerina in *Petruschka*

Bedenkt man, daß er damals noch am Finale seines »Pe-
truschka« arbeitete, muß man seine Geduld und seine Sanftmut
bestaunen.

Auch die Pariser *Petruschka*-Premiere, die am 13. Juni 1911 im
Théâtre du Chatelet stattfand, wurde für alle Beteiligten ein großer
Erfolg.

Pierre Monteux hatte die Musik vorzüglich vorbereitet und gab
die Partitur *mit vollendeter Präzision wieder. Ich verlange nichts*
weiter von einem Dirigenten, denn alles, was darüber hinausgeht,
führt zur »Auslegung« und die verabscheue ich, denn leider denkt
der, der etwas auslegt, nur an seine eigene Auslegung und nicht an
das Werk; er übersetzt, und wie der Italiener sagt: traduttore e
traditore.[40]
Während Igor Strawinsky in seinen *Erinnerungen* suggeriert,
daß er diesmal mit der Choreographie Fokins bis auf einige Massen-Szenen sehr einverstanden war, lobte und bewunderte er nicht
nur die Karsawina, *meine getreue, unübertreffliche Darstellerin,* in
der Rolle der Ballerina, sondern lobt auch ausdrücklich Waslaw
Nijinskij, der sich offenbar mit der Rolle des Petruschka völlig
identifiziert hatte. Alexander Benois' überaus reiche künstlerische
Ausstattung fand nicht nur den Beifall Strawinskys, sondern auch
des Pariser Premierenpublikums und trug viel zum Erfolg des
Abends bei.

Jahre später freilich, in seinen Gesprächen mit Robert Craft,
gerät die ausführliche Diskussion über die Pariser *Petruschka*-
Premiere und die Darstellung seines ursprünglichen *Petruschka*-
Bildes unversehens zu einer Abrechnung mit dem Phänomen
Fokin[41]:

Auch »Petruschka« war nicht so, wie ich es mir vorstellte, aber
ich habe den Verdacht, daß diesmal die Schuld eher bei Diaghi-
lew als bei Fokin lag.

Ich hatte mir den Scharlatan als eine E. T. A. Hoffmann-
Figur vorgestellt, in einem enganliegenden blauen Frack mit
goldenen Sternen, und nicht wie einen russischen Metropoli-
ten. Auch die Flötenmusik sollte eher an Weber oder Hoff-

---

[40] *Erinnerungen,* S. 42
[41] *Gespräche,* S. 45

Nijinskij als Petruschka

mann und nicht an die »Fünf«⁴² erinnern. Und den Mohr hatte ich mir als eine Karikatur à la Wilhelm Busch gedacht und nicht als den rein mechanischen Hampelmann, wie er meist darge- stellt wird.

Eine andere meiner Ideen: Petruschka sollte die Tänze des vierten Bildes (Die Kutscher, die Kinderfrauen usw.) durch ein Loch in seiner Zelle beobachten, und wir, die Zuschauer, sollten sie ebenfalls aus der Sicht seiner Zelle erleben. Ich habe das die ganze Bühne einnehmende Karussell an dieser Stelle nie gemocht. Und im wichtigsten Augenblick der Geschichte war Fokins Choreographie zweideutig: So wie ich sie auffaßte, ist

---

⁴² zur »Gruppe der Fünf« vgl. Dokumente S. 371 f.

74

Nikolas Roerich, der Bühnenbildner des *Sacre*

Petruschkas Geist der richtige Petruschka, und durch dessen
Erscheinen am Ende des Spiels wird der Petruschka, der
vorher spielte, zur bloßen Puppe. Sein Verhalten bedeutet nicht
Triumph und nicht Protest, wie man so oft behauptet, er zeigt
vielmehr dem Publikum, wie er es an der Nase herumgeführt
hat. Diese Stelle wurde in Fokins Choreographie nie deutlich.
Eine großartige Erfindung war dagegen die steife Armbewe-
gung, die Nijinsky in so unvergeßlicher Weise verwirklichen
sollte.

Fokin war zweifellos der unangenehmste Mitarbeiter, mit
dem ich je zu tun hatte. Er war überhaupt, zusammen mit
Glasunow, der am wenigsten erfreuliche Zeitgenosse, dem ich
begegnet bin. [. . .] Ich war nie der Freund Fokins, nicht einmal
während der ersten Jahre der Zusammenarbeit; denn ich war

ein Parteigänger der Cecchettis, und Cecchetti[43] *war für ihn nur der beschränkte Akademiker.*

Nach dem großen Pariser Erfolg von *Petruschka* zog sich Strawinsky zusammen mit seiner Frau und seinen Kindern auf seinen Landsitz in Ustilug zurück, um sein drittes Ballett, *Le sacre du printemps,* zu komponieren, ein Ballett, von dem bis zum damaligen Zeitpunkt freilich nur eine Vision existierte: die Anrufung der Kräfte der Erde, der Opfertanz eines jungen Mädchens oder vielleicht auch nur jene Erfahrung des russischen Frühlings, von der Strawinsky in schwärmerischen Worten spricht: [...] *er schien in einer Stunde zu beginnen, und die ganze Erde schien mit ihm aufzubrechen.*

Es wurde nun allmählich Zeit, Nikolas Roerich zu konsultieren, um mit ihm die präzise Folge der *Sacre*-Szenen festzulegen.

Roerich und Strawinsky trafen sich auf dem Gut jener kunstbegeisterten Mäzenin, die einst der »Welt der Kunst«-Bewegung ihre Werkstätten geöffnet und der Zeitschrift finanzielle Unterstützung gewährt hatte: der Prinzessin Tenyschewa in Talaschkino. Wieder zurück in Ustilug, begann der Komponist sofort mit der Arbeit am *Sacre,* die er im wesentlichen bereits im Winter 1911/12 – die Strawinskys hatten sich wiederum in Clarens eingemietet – beenden konnte. Daß die Premiere des Balletts *Le sacre du printemps* dann doch erst im Frühjahr 1913 im Pariser Théâtre des Champs-Elysées stattfand, hatte einzig mit Dispositionen Diaghilews zu tun, mit denen er Strawinsky überraschte und zugleich verärgerte. Doch Strawinsky nutzte die gewonnene Zeit nicht zuletzt für die sorgfältige Instrumentation seiner Partitur.

Sergej Diaghilew, der in diesen Jahren mit Nijinskij zusammenlebte, war im Sommer des Jahres 1911 endgültig davon überzeugt, daß er den gefeierten Tänzer Nijinskij zu einem umworbenen Choreographen heranbilden könnte. Deshalb schickte er den Tänzer noch im gleichen Jahr in das Feuer einer choreographischen Ausarbeitung, der sich Nijinskij keineswegs gewachsen zeigte. In Zusammenarbeit mit Léon Bakst, einem schwärmerischen Vereh-

---

[43] *Gespräche, S. 44: Jedermann, von Nijinskij bis zu den Lehrlingen verehrte ihn... Seine Kenntnisse beschränkten sich zwar auf das klassische Ballett, und er war deshalb ganz gegen die allgemeine Richtung, die wir eingeschlagen hatten, aber Diaghilew benötigte ihn gerade wegen seiner akademischen Zuverlässigkeit. [...] Sie können sich mein Entzücken vorstellen, als Cecchetti sich bereit erklärte, den Magier in »Petruschka« zu tanzen – er brauchte sich dazu nicht einmal einen falschen Bart anzukleben!*

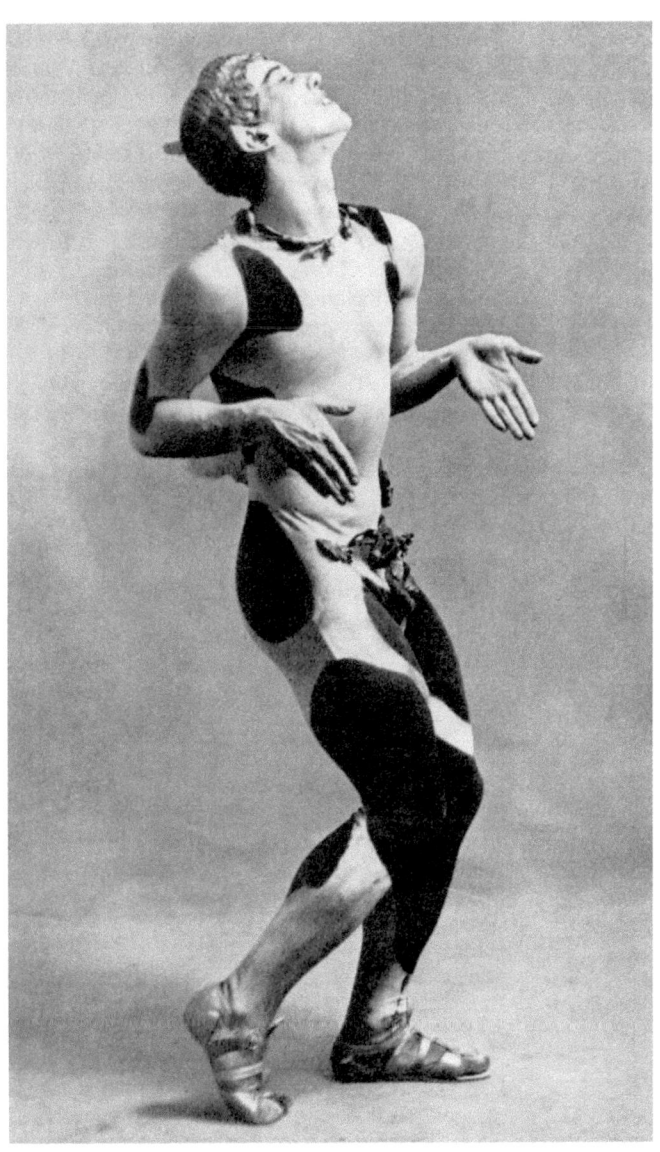

Nijinskij in Debussys Ballett *L'après-midi d'un faune*

rer des antiken Griechenland, und gegen den hinhaltenden Widerstand Claude Debussys legte Nijinskij Hand an Debussys *Prélude à l'après-midi d'un faune*. Die Premiere entartete zum Skandal, der keineswegs mit der Modernität oder Originalität der Choreographie zusammenhing, sondern durch eine intime Geste Nijinskij, eine deutliche Analogie zum Liebesakt, ausgelöst worden war. Am gleichen Abend – am 8. Juni 1912 im Théâtre du Chatelet – fand auch die immer wieder verschobene Premiere von Ravels *Daphnis et Chloé* statt, deren Choreographie, keineswegs stets im Einverständnis mit Ravel, Michail Fokin eingerichtet hatte[44].

Nijinskij hatte für sein Erstlingswerk eine unübersehbare Zahl von Proben benötigt, und auf diese Weise war der Zeitplan der »Ballets russes« im Jahre 1912 durcheinander geraten. So blieb Diaghilew keine andere Wahl, er mußte die *Sacre*-Premiere auf das Jahr 1913 verschieben.

Mehr noch als diese Veränderung des Premierentermins quälte Strawinsky freilich der Gedanke an den Choreographen seines neuen Balletts, der nun, nachdem Fokin die »Ballets russes« verlassen hatte, ebenfalls Nijinskij heißen würde. Zwar schätzte Strawinsky den Tänzer Nijinskij, seine Körperlichkeit, seine eminente Ausstrahlung – nicht zuletzt die Choreographie des Debussy-Balletts hatte aber gezeigt, daß der Tänzer zwar eine Fülle von tänzerischen Ideen produzieren konnte, nicht aber in der Lage war, gleichsam als Kontrapunkt zur Partitur eine eigenständige choreographische Konzeption zu entwickeln.

Abgesehen einmal von der Unerfahrenheit des Tänzers als Choreograph – was sprach eigentlich gegen den genialen Nijinskij, gegen diesen Jahrhundert-Tänzer, dessen tänzerische Begabung wenige Jahre nach seinen größten Triumphen in einem endlos scheinenden, umnachteten Traum so schrecklich verdämmerte?

In seinen *Erinnerungen* und in den *Gesprächen* mit Robert Craft verweist Strawinsky auf zwei wesentliche Schwächen Nijinskijs: als Musiker besaß der Tänzer keinerlei Vorkenntnisse, und als Persönlichkeit war er von einer nur schwer zu beschreibenden Naivität – und zwar nicht nur in künstlerischen Fragen, wie die hübsche Geschichte zeigt, die Strawinsky seinem Adlatus Craft anvertraute[45]:

---

[44] Stuckenschmidt: *Ravel*, S. 160; noch während der Bühnenproben zu *Daphnis und Chloe* kam es zu unguten Auseinandersetzungen zwischen dem Choreographen Fokin und dem Tänzer Nijinskij. Diaghilew, der in den Streit der beiden eingriff, verfeindete sich zunehmend mit Fokin, der sich nach der Premiere von Diaghilew trennte.

[45] *Gespräche*, S. 49

Nijinskij war ein Mensch ganz ohne Arg. Mehr als das: er war ganz naiv – erschreckend naiv-aufrichtig. Er hat nie verstanden, daß man unter Menschen nicht immer so spricht, wie man denkt.

Auf einer Gesellschaft in London, es war einige Zeit vor der Premiere des »Sacre du Printemps«, schlug Lady Ripon eine Art Spiel vor, in dem wir alle zu sagen hätten, welchen Tieren wir am ehesten glichen – ein gefährliches Spiel.

Lady Ripon begann selbst damit, indem sie erklärte: »Diaghilew sieht wie eine Bulldogge aus und Strawinsky wie ein Fuchs. Nun, Herr Nijinskij, wem, finden Sie, gleiche ich?«

Nijinskij dachte einen Augenblick nach, dann sagte er die schrecklich nackte Wahrheit: »Vous Madame – chameau« – nichts als diese drei Worte, denn er konnte ohnedies nicht viel Französisch.

Lady Ripon hatte das natürlich nicht erwartet, und wenn sie auch ausrief: »Ein Kamel? Wie amüsant. Wirklich? Ein Kamel?«, so blieb sie doch den ganzen Abend sichtlich betroffen.

Kaum hatte Nijinskij mit der Arbeit an der Choreographie des *Sacre* begonnen, war Strawinsky gezwungen, die hochfliegenden Pläne des Tänzers durch Unterricht in den musikalischen Elementaria zu relativieren. Nijinskij konnte weder Noten lesen noch ein Instrument spielen. Aber all diese konkrete musikpädagogische Arbeit, die Strawinsky leistete, und alle musikalischen Lernprozesse, denen sich Nijinskij augenscheinlich willig unterwarf, haben letztlich seine Choreographie nicht wesentlich »musikalisieren« und den ursprünglichen Absichten des Komponisten näher bringen können.

Während der Arbeit an der *Sacre*-Partitur hatte Strawinsky das Ballett als Folge einfacher rhythmischer Bewegungen vor sich gesehen, die von blockartig aufgebauten Tänzer-Gruppen ausgeführt werden sollten. Der Eindruck des Elementaren sollte sich bilden. Nijinskij aber arbeitete an dieser Partitur bereits auf einer elementaren Stufe gänzlich unangemessen: Er entwarf die tänzerischen Schritte und ihre Kombinationen bei wesentlich verlangsamtem Tempo und geriet dementsprechend sofort in Schwierigkeiten, so bald die Musik im Originaltempo gespielt wurde.

So war seine *Sacre*-Choreographie zwangsläufig mit Bewegungsabläufen überladen, blieb unübersichtlich und verhedderte sich

Tanz der Jungfrauen
Szenenbild der Pariser Uraufführung des *Sacre*

permanent. Die Tänzer gerieten während der spektakulären Premiere buchstäblich aus dem Takt, obwohl Nijinskij seitlich hinter der Bühne auf einem Stuhl stand und, so laut er nur konnte, *sechzehn, siebzehn, achtzehn* rief, dem Usus des Balletts entsprechend den Takt skandierte.

Da die Generalprobe des *Sacre* bemerkenswert ruhig verlaufen war – wieder waren zahlreiche Künstler und Mitglieder der Pariser Gesellschaft eingeladen, wie zuvor schon zu den *Feuervogel-* und *Petruschka*-Premieren – hatte niemand einen derartigen Theaterskandal vorhersehen können, einen solchen explosiven Ausbruch des Publikum-Unwillens, der in eine überaus handgreifliche Auseinandersetzung der Theaterbesucher untereinander ausartete.

Über den wahren Verlauf dieses Premierenabends gibt es zwischen der Erzählung Jean Cocteaus, wie sie sich in seiner 1918 publizierten Aphorismen-Sammlung *Le coq et l'arlequin* findet[46],

---

[46] Jean Cocteau: *Hahn und Harlekin*, München o. J., S. 50: *Um zwei Uhr morgens stiegen Strawinsky, Nijinski, Diaghilew und ich in einen Fiaker, und wir ließen uns zum Bois de Boulogne fahren. Wir schwiegen; die Nacht war frisch und wohltuend...* Vgl. hierzu weiter Dokumente S. 309 f.

Sacre-Impression von Jean Cocteau

und Strawinskys bemerkenswert nüchternem Bericht über den
Skandal staunenswerte Divergenzen. Der Komponist leugnet, daß
er je an einem Melodram tiefer Resignation und sich verströmen-
der Tränenflüsse teilgenommen habe, von dem Cocteau im Jahre
1918 berichtete: ein Fiaker habe seine schwermütige Fracht durch
den Bois de Boulogne kutschiert: drei Russen und einen Franzosen.

Nach der Premiere seien sie vielmehr erregt, zornig und angeekelt, aber auch glücklich gewesen und hätten – Diaghilew, Nijinskij und der Komponist – ein Restaurant aufgesucht. *Soweit zu der
Legende vom Weinen und Puschkin-Rezitieren im Bois de Boulogne. Diaghilews einzige Bemerkung dazu war:* »*Genau das, was
ich gewollt habe.*«

Aus der Distanz mehrerer Jahrzehnte mag Strawinskys Kommentar zum *Sacre*-Skandal freilich auch an Nüchternheit gewonnen haben[47]:

[47] *Gespräche*, S. 46

Ich saß in der vierten oder fünften Reihe rechts, und das Bild
von Monteux's Rücken ist mir lebendiger in Erinnerung geblie-
ben als das Bühnenbild. Er stand dort scheinbar unzugänglich
und ohne Nerven wie ein Krokodil. Es ist für mich immer noch
fast unglaublich, daß er das Orchester wirklich bis zum Ende
durchbrachte. Ich verließ meinen Platz, als der heftige Lärm
begann – leichte Unruhe herrschte gleich von Anfang an – und
ging hinter die Bühne zu Nijinskij auf der rechten Seite. [. . .]
Was ich in musikalischer Hinsicht von der Aufführung
gehört habe, war nicht schlecht. Sechzehn volle Proben hatten
dem Orchester schließlich einige Sicherheit gegeben.

Freundschaft mit französischen Musikern

Igor Strawinsky kam Ende Mai des Jahres 1910 zu den letzten
Proben seines *Feuervogel*-Balletts nach Paris. Es war das erste-
mal, daß er den Boden der kulturellen Hauptstadt Europas betrat,
in der sich die künstlerische Elite der »Belle Epoque« konzentrierte.

Hier arbeiteten Pablo Picasso und Amadeo Modigliani wie einst
Paul Degas und Henri de Toulouse-Lautrec, und in den Salons der
Misia Sert oder der Prinzessin de Polignac trafen sich Schriftsteller
vom Rang Marcel Prousts, André Gides oder Paul Claudels,
begegnete man Giacomo Puccini und Debussy oder Ravel und den
jungen Musikern Manuel de Falla und Alfredo Casella oder dem
jung gebliebenen Eric Satie oder den Intellektuellen und Künstlern, die Sergej Diaghilew aus St. Petersburg oder Moskau nach
Paris eingeschleust hatte.

Der junge unbekannte russische Komponist Igor Strawinsky
geriet in den Strudel einer kulminierenden Epoche, die nahezu
unbemerkt von den Beteiligten im Ersten Weltkrieg versank. *In
Paris geschah alles zugleich*, schreibt Robert Shattuck in seinem
Buch *Die Belle Epoque*[48]:

Picasso und Braque hatten den Kubismus, der damals (1913)
fünf Jahre alt war, zur zweiten Entwicklungsstufe weiterge-
führt, die sogar den zögernden Matisse beeinflußte; Apolli-
naire steuerte als Zuschauer die freimütigen Erklärungen zu
dem Buch »Les peintres cubistes« bei, er ließ sich auch von

---

[48] Roger Shattuck: *Die Belle Epoque*, München 1958, S. 35

Chirico porträtieren und bemühte sich mit Delaunay um den Simultanismus-Orphismus. Jacques Coupeau gründete das Théatre du Vieux-Colombier und legte mit seinen Molière- und Claudel-Aufführungen den Grundstein für den Erfolg von Dullin und Jouvet.

Diaghilew brach in die Welt der Musik ein. Nachdem er 1912 Debussys »L'Après-midi d'un faune« und Ravels »Daphnis et Chloé« inszeniert hatte, fuhr er in dieser Weise fort und bescherte den Parisern die tumultuarische première von Strawinskys »Sacre du printemps« in Nijinskijs ungeschickter Choreographie. Seit kurzem komponierte Satie wieder, nachdem er sich längere Zeit zurückgezogen hatte.

Das verwöhnte Pariser Publikum bereitete Igor Strawinsky nach der Premiere des *Feuervogel* Ovationen, und Claude Debussy war einer der ersten unter den französischen Komponisten, den Diaghilew in die Garderobe Strawinskys geleitete. Bald verband ihn auch herzliche Freundschaft mit Maurice Ravel, mit Maurice Delage und Florent Schmitt, dem bekannten Musikkritiker und Komponisten. Und Strawinsky setzte diesen Künstlerfreundschaften mit den *Trois poésies de la lyrique japonaise*, drei Sopranliedern mit Klavier- oder Kammerorchesterbegleitung, die er in den letzten Monaten des Jahres 1912 schrieb und seinen französischen Freunden widmete, ein Denkmal.

Igor Strawinsky geriet während dieser ersten Pariser Jahre in eine vielschichtige künstlerische Szenerie, deren musikalische Perspektiven durch die Autorität Claude Debussys geprägt waren. Debussy Werke – unter ihnen das *Prélude à l'après-midi d'un faune* (1894), die *Trois nocturnes pour orchestre* (1899), die Oper *Pelléas et Melisande* (1902) sowie mehrere Klavierzyklen und das Ballett *Jeux* (1911) – waren als musikalische Leuchtfeuer verstanden worden, die aus der Einflußsphäre der »Austro-boche«-Romantik ins Freie führten, in die Zukunft einer eigenständigen, nationalen Musik. Andererseits war um 1910 bereits jene Krise des »Musicien français« spürbar, die nicht allein mit der schöpferischen Krise Debussys zusammenhing, sondern auch mit der Suche nach neuen Formen und Formkonzeptionen, die aus dem »leichten, sonnengefleckten impressionistischen Flockentanz Debussys« herausführten, wie Cocteau es am Ende des ersten Weltkriegs formulierte, und schließlich in eine neue Ästhetik der Schlichtheit und der französischen Klassizität einmündete.

Eine Fotografie von Strawinsky: Debussy an seinem Schreibtisch

Daß Claude Debussy und Igor Strawinsky in diesen frühen
Pariser Jahren Sympathie und Verständnis füreinander empfanden, einander nahestanden und als Musiker zutiefst voneinander
fasziniert waren, daran kann kein Zweifel bestehen. Denn trotz
der offensichtlichen Unterschiede der kompositorischen Handschriften Debussys und Strawinskys gab es in einer tieferen Schicht
ihres Komponierens – in ihrer musikalischen Denkweise – viele
Gemeinsamkeiten.

Auch Debussys »Lyrischer Objektivismus«, wie Ansermet
Debussys Stil charakterisierte, tendierte zum musikalischen Bild
und damit zu einer musikalischen Faktur, die den einzelnen Klang
– und dazu gehörte die ganze harmonische Palette der Wagnerge-
neration – nicht nur in seiner harmonischen »Triebhaftigkeit« und
Zielstrebigkeit komponierte. Der Klang wurde auch in seiner

Zuständlichkeit genutzt, als Farberscheinung, als Licht und Schatten oder als transitorisches, gleitendes Farbelement.

Debussy arbeitete um 1910 noch ebenso selbstverständlich wie Strawinsky mit polytonalen Strukturen, mit harmonischen Folgen, die von mehreren Zentrierungen her gesteuert werden. Was beide Musiker letztlich voneinander unterschied – von Generationsunterschieden und solchen des Kulturkreises abgesehen –, war vor allem die Radikalität, mit der Strawinsky in jenen Jahren die impressionistische Bilderwelt strukturierte, seine harmonischen Dispositionen statisch setzend und die Form tendenziell »kubistisch« montierend. Seine neue Ästhetik brachte ihn letztlich zum Impressionismus in Distanz, besonders spürbar und auffällig im Ballett *Le sacre du printemps*. Denn wie verschleiert auch immer, brach sich der harmonische Fluß in den Werken Debussys letztlich nach den Gesetzen harmonischer Gravitation, den funktionalen Hierarchien gehorchend, Bahn – mit allen Folgen für die Flexibilität und Geschmeidigkeit der Musiksprache. Debussys musikalischer Anmut, seiner Kunst der Differenzierung und des musikalischen Übergangs opponierte im Jahre 1913 nun jener musikalische Mechanismus rotierender Figuren, abrupt gesetzter Klangflächen und brutaler Akzentuationen und ein Formgefühl Strawinskys, das nahezu Unmögliches versuchte: das Satzganze aus asymmetrisch geschnittenen Formgliedern zu montieren.

Die kompositorische Krise Debussys, die sich in *Jeux* und anderen Werken dieser Zeit manifestiert, hing nicht zuletzt mit Debussys kompositorischem Wandlungsprozeß zusammen, der ihn ebenfalls die impressionistische Position allmählich und zögernd verlassen ließ – darin Strawinskys Entwicklung vom *Feuervogel* zum *Sacre* vergleichbar. Debussy überwand den Impressionismus in seiner Kammermusik der letzten Jahre durch einen Klassizismus intensiver Zeichnung und motivisch-thematischer Arbeit. Das ist freilich ein Klassizismus, der den jungen Musikern um Jean Cocteau, den Komponisten der 1920 gegründeten »Groupe des Six«, zutiefst verdächtig war: denn ihnen ging es nicht um Klassizismus, sondern um eine neue Klassizität, darum, ihre Werke aus einfachem Holz zu schnitzen wie einst Rameau als Suiten-Komponist und Haydn als Inaugurator der klassischen Sinfonie.

Indem Ernst Ansermet Cézannes Weg mit dem Debussys vergleicht und beider Versuche aufzeigt, den Impressionismus in sich zu überwinden, schärft er zugleich auch das Bewußtsein für die ausgezeichnete Position, die Claude Debussy im Musikleben der

Zeit innehatte. Zwei Gesichtspunkte leiten Ansermets Überlegungen: die Einheit des Kunstwerks und seine Transzendenz[49]:

Die Einheit des Bildes[50] kommt von dem Sich-selbst-überlassen-Sein und der Armseligkeit der dargestellten Gegenstände – den einzigen Merkmalen, die sie zu einer Einheit werden lassen. Und diese Einheit wächst von »innen« und läßt ein harmonisches Ganzes entstehen. Um zu dieser inneren Einheit zu gelangen, mußte Cézanne durch den Impressionismus hindurch und mußte über ihn hinauswachsen; denn er mußte jedes Motiv auf dessen elementare Strukturen reduzieren, um ihm eine essentielle Bedeutung geben zu können; und durch einen zweiten Akt der Transzendenz mußten diese im Raum versprengten Elemente innerlich gebunden werden. Dieser zweite Akt der Transzendenz, der im Bild nur implizit erkennbar wird, bekundet sich in der Musik durch den Baß der Harmonie, weil sich in der Musik, die Selbstausdruck ist, das »Selbst« in den Strukturen ausprägt, während die Malerei Ausdruck der Gegenstände durch und für sich selbst ist, das »Selbst« in der Malerei daher im Äußerlichen verharrt und das, was es beabsichtigt, nur in der transzendenten Bedeutung des Bildes in Erscheinung treten läßt. Es kommt hinzu, daß sich dieser zweite Akt der Transzendenz in der Malerei in der Immanenz des Anblicks und im Raum auswirkt, während dies in der Musik in der Dauer geschieht.

Bei Debussy finden sich ohne Zweifel impressionistische Elemente; aber das für ihn Charakteristische ist, daß er seinen Impressionismus durch die Einheit transzendiert, die er der Entfaltung der melodischen Gedanken von innen her verleiht und die diese verschiedenen Gedanken in der Einheit einer globalen Form und Bedeutung verbindet.

Debussy ist geradenwegs von der Romantik zu einem neuen – demjenigen Cézannes analogen – Klassizismus übergegangen. Gleich diesem kann er sich sagen: »Ich arbeite mit dem Motiv«, und gleich ihm wächst er über den Impressionismus durch seine Fähigkeit zur Transzendenz hinaus.

---

[49] Ansermet: *Grundlagen*, S. 442
[50] Ansermet bezieht sich auf ein häufig reproduziertes Bild Cézannes mit ödem Weiher im Vordergrund, sich spiegelndem, kahlästigem Baum, *daneben, zur Rechten skizzenhaft angedeutet, ein weiterer kahler Baum, dahinter links dürre Erde, wirres Gesträuch und zwei verlassene Häuser.*

Mit den Augen Erik Saties: Debussy und Strawinsky

Claude Debussys Freundschaft zu Strawinsky und die Verehrung, die der russische Musiker dem französischen Meister entgegenbrachte, waren ein Glücksfall – einer der seltenen Fälle wahlverwandtschaftlicher Beziehungen zwischen schöpferischen Menschen im gleichen Metier. Daß diese Beziehung nicht ohne Spannung blieb, ist selbstverständlich, aber daß Debussy einen Unterstrom der Reserve gegenüber Strawinsky unterhielt, trotz aller

Manifestationen der Freundschaft, daß er dem Schweizer Musik-
wissenschaftler Robert Godet beispielsweise seine Distanz gegenüber dem Oeuvre Strawinskys äußerte, diese bemerkenswerte
Tatsache schien Strawinsky noch im Alter eher rätselhaft[51]:

> *In meinen frühen Jahren beeinträchtigten mich Einflüsse, die
> eine Entwicklung meiner eigenen kompositorischen Technik
> hemmten. Ich verweise auf den Akademismus des St. Peters-
> burger Konservatoriums, von dem ich mich jedoch glück-
> licherweise bald freimachen konnte. Aber die Musiker meiner
> Generation und ich selbst verdanken Debussy am meisten. Ich
> glaube nicht, daß sich Debussys Kunst durch unsere Beziehung
> geändert hat. Im Vergleich zu seinen freundlichen und loben-
> den Briefen an mich (er liebte »Petruschka« sehr), erscheint es
> mir eigentlich rätselhaft, daß aus einigen Briefen, die Debussy
> in derselben Zeit an Musikfreunde geschrieben hat, eine völlig
> andere Einstellung zu meiner Musik spricht. War es Unauf-
> richtigkeit, oder war er über seine Unfähigkeit verärgert, die
> Musik des »Sacre« zu verstehen, der die junge Generation
> enthusiastisch Beifall zollte. Nach über vierzig Jahren läßt sich
> das jetzt schwer beurteilen.*

Rückhaltslos anerkennend, ja überwältigt, hatte sich Debussy
über *Petruschka* und eher sibyllinisch über jene Kantate für Män-
nerstimmen und Orchester geäußert, die Strawinsky Claude
Debussy gewidmet hatte: *Le roi des étoiles* (1912). So schrieb
Debussy in einem Brief vom 18. August 1913 über den *Sternenkönig*[52]:

> *Die Musik von »Le roi des étoiles« bleibt außerordentlich. [. . .]
> Wahrscheinlich ist das die »Harmonie der ewigen Sphären«,
> von der Plato spricht (fragen Sie mich nicht auf welcher Seite!).
> Und ich sehe nicht, wo man die Kantate für »Welten« aufführen
> könnte außer auf dem Sirius oder dem Aldebaran. Was unse-
> ren bescheidenen Planeten anbetrifft, wage ich zu behaupten,
> daß sie für den Hörer wie in einem Abgrund versenkt bleibt.*
> *Ich hoffe, daß Sie wieder ganz hergestellt sind? das ist nötig,
> denn die Musik bedarf Ihrer zu sehr.*

---

[51] *Gespräche*, S. 77
[52] ebda., S. 80. In einem Kommentar bezeichnet Strawinsky den *Roi* als seine
radikalste und schwierigste Komposition.

Claude Debussy mit seiner Tochter »Chouchou«, 1916

Aber in seinem Brief vom 13. April 1912 überläßt sich Claude Debussy vorbehaltlos den Faszinationen, die Strawinskys *Petruschka*-
Partitur ihm bereitet hatte [53]:

Lieber Freund, Ihnen habe ich es zu verdanken, daß ich
wunderschöne Pfingstferien in Gesellschaft von »Petruschka«,
dem schrecklichen Mohren und der reizenden Ballerina ver-
brachte. Ich stelle mir vor, daß Sie unvergleichliche Stunden
mit diesen drei Puppen genossen haben. [. . .] und ich kenne
nicht viel, was an Wert Ihrem »Tour-de-passe-passe«[54] gleich-
käme. [. . .] es hat darin eine klingende Magie, eine geheimnis-
volle Verwandlung mechanischer Seelen in menschliche durch
einen Zauber, den bisher offenbar nur Sie entdeckt haben.
Und dann ist da eine Unfehlbarkeit in der Behandlung des
Orchesters, wie ich sie nur bei Parsifal finden konnte – ich bin

---

[53] ebda., S. 77
[54] *Le tour de passe-passe* ist der zweite Satz des ersten *Petruschka*-Bildes, in dem die
Verzauberung, die Verwandlung der Puppen Petruschka, des Mohren und der
Ballerina geschieht.

89

sicher, daß Sie schon verstehen, was ich meine! Sie werden
weiter gehen als »Petruschka«, das ist gewiß, aber Sie können
bereits stolz sein auf das in Ihrem Werk Geleistete.

Offenbar noch im gleichen Jahr 1912 – die Datierung in den
Conversations (8. Oktober 1913) ist unzutreffend, weil die *Sacre*-
Premiere bereits am 28. Mai 1913 stattfand – teilt Debussy Stra-
winsky mit, daß seine Tochter Chouchou *eine Fantasie auf*
»Petruschka« komponiert habe, mit der man Tiger zum Brüllen
bringen könnte, und er fährt fort[55]:

> *In meinem Gedächtnis haftet die Erinnerung daran, wie wir bei*
> *Laloy Ihr »Sacre du printemps« spielten. Diese verfolgt mich*
> *wie ein wunderschöner Alptraum, und ich versuche vergeblich,*
> *mir den furchtbaren Eindruck wieder zu vergegenwärtigen.*
> *Darum erwarte ich die Aufführung wie ein kindliches Lecker-*
> *maul . . . Wir drei denken herzlich an Sie und Ihre Frau,*
> *Ihr alter Freund Claude Debussy*

Igor Strawinsky, der Kinder mochte, hatte offenbar das Herz der
Debussy-Tochter Chouchou erobert. Die Briefe Debussys reflek-
tieren auch die familiäre und herzliche Atmosphäre, die sich im
Verlauf der Jahre im Umgang der Ehepaare miteinander gebildet
hatte. Unübersehbar ist freilich andererseits, wie tief die Spuren
sind, die jenes Prima-vista-Spiel der Klavierfassung des *Sacre du*
printemps im Hause des Musikkritikers Laloy in Debussys Bewußtsein hinterließ: Spuren eines *wunderschönen Alptraums*, der offenbar nur durch einen intensiven Verdrängungsprozeß verarbeitet
werden konnte. Denn Debussy gesteht, daß er sich an die Musik
des *Sacre* kaum mehr erinnere und darum die Aufführung des
Balletts wie *ein kindliches Leckermaul* erwarte, *dem man Süßigkei-*
ten versprochen hat.

Die Eleganz der Debussyschen Diktion kann freilich kaum
darüber hinwegtäuschen, wie zutiefst erschrocken Debussy der
Originalität des *Sacre* inne wurde, von ungehörten musikalischen
Charakteren überwältigt, Charakteren wie in Stein geschlagen und

---

[55] *Gespräche*, S. 78. Debussys Tochter Chouchou überlebte ihren Vater nur um ein
Jahr. Das Treffen im Hause Laloys fand vermutlich November 1912 statt. Strawinsky war nachhaltig beeindruckt von Debussys brillantem Klavierspiel. *Als ich*
neulich seine Stücke »En blanc et en noir« hörte (von denen eines mir gewidmet ist),
war ich erstaunt über die Art, wie die außerordentliche Qualität von Debussys
Klavierspiel auch die Gedanken des Komponisten gelenkt hat.

von einer Vitalität zeugend, deren überbordende Kraft die vornehme Glut des »Musicien français« zu denunzieren schien. Kein Zweifel, die Freundschaft der beiden Musiker war durch den *Sacre* in eine schwierige Phase geraten, und die musikalischen Divergenzen hatten offenbar auch Debussys Bewußtsein für die labile Charakterstruktur Strawinskys geschärft: seine Neigung etwa, den Verlockungen der Pariser Gesellschaft nachzugeben und ihrem Kult des Mondänen und Chocanten. Dieser Pariser Lebensstil aber blieb Debussy, der zur Introversion neigte, Zeit seines Lebens fremd.

Im Jahre 1918 malt der Porträtist der Pariser Gesellschaft, Jacques Emile Blanche, ein Bild Strawinskys, das den jungen Komponisten als Dandy zeigt. Jenes Bild pointiert nicht nur Strawinskys bis ins hohe Alter kultivierte Neigung zu modischer Kleidung und modischen Extravaganzen, es macht auch verständlich, warum selbst seine Freunde sich immer wieder einmal über die tumultuösen Krawatten des jungen Russen, seinen Kult der Seidenschals und Cashmere-Anzüge, sein virtuoses Spiel mit den besten Londoner und Pariser Couturier-Adressen überrascht und betroffen zeigten. Denn sie wußten, daß Catherine Strawinsky abgeschirmt von den Vergnügungen der Pariser Gesellschaft lebte und Mühe hatte, ihre Kinder unter schwierigen finanziellen Bedingungen zu erziehen.

Claude Debussys zunehmende Reserve hatte ihre Ursache aber auch in einer grotesken Überzeichnung der kompositorischen Fähigkeiten Igor Strawinskys, die sich beispielsweise in emphatischen musikkritischen Aperçus äußerte von der Art, wie sie der Komponist und Musikkritiker Florent Schmitt am 4. Juni 1913, nur wenige Tage nach der *Sacre*-Premiere, in *La France* formulierte: *Igor Strawinsky ist, wie ich glaube, der Messias, auf den wir seit Wagner gewartet haben und für den offensichtlich Mussorgsky und Claude Debussy, Richard Strauss und Arnold Schönberg den Weg bereitet haben.*

Solche freundschaftlichen Konfessionen hätten sicher Strauss und Schönberg kopfschüttelnd zur Kenntnis genommen – Claude Debussy aber, der zu Recht von sich sagen konnte, daß er den mächtigen Einfluß Wagners auf die französische Musik durch seine eigene Arbeit gemildert, wenn nicht gar abgelöst habe, mußte auf solche Behauptungen verletzt reagieren.

Vor solchem vielfältig changierenden, an Ereignissen reichen Hintergrund sollte der Brief Debussys vom Januar 1916 an den Schweizer Musikforscher Godet gelesen werden – der wiederum

Clarens 1913. Maurice Ravel

hatte allerdings nur wenig Sympathie für Strawinsky –, ein Dokument der kritischen Reserve, ein Dokument aber auch, das die Souveränität und die Fairneß Claude Debussys bezeugt[56]:

Kürzlich sah ich Strawinsky. [. . .] er sagte: Mein »Feuervogel«, mein »Sacre«, wie ein Kind sagt: mein Kreisel, mein Reifen. Und das ist er haargenau: ein verzogenes Kind, das seine Finger bisweilen in die Nase der Musik steckt. Das ist auch ein junger Wilder, der schreiend-farbige Schlipse trägt, der den Frauen die Hand küßt und ihnen dabei auf die Füße tritt. Wenn er alt ist, wird er unerträglich sein, das heißt, daß er keine Musik mehr ausstehen wird; aber für den Augenblick ist er unerhört!

[56] Werner Danckert: *Claude Debussy*, Berlin 1950, S. 72

Er bekennt seine Freundschaft zu mir, weil ich ihm geholfen
habe, eine Sprosse auf jener Leiter zu erklettern, von deren
Höhe er Granaten schleudert, die aber nicht alle explodieren.
Aber nochmals, er ist unerhört. Sie haben ihn recht gut
gesehen und noch besser seinen harten Mechanismus zerlegt.

Langer Abschied aus Rußland

Diese unreflektierte Selbstbezogenheit Strawinskys, sein offenbar
unstillbares Bedürfnis nach gesellschaftlicher und kompositorischer Anerkennung – solche nun zutage tretenden narzistischen
Züge seines Charakters trieb auch die Petersburger Freunde sehr
bald in Distanz zu dem Schüler Rimskij-Korsakows.

Freilich, Strawinsky hatte gute Gründe zu erwarten, daß die
Familie Rimskij-Korsakows seine Entwicklung als Komponist mit
Anteilnahme beobachten würde. Der junge Komponist hatte seinen Lehrer in den letzten Jahren vor Rimskijs Tod nahezu täglich
besucht, das einstige Abhängigkeitsverhältnis war dem selbstverständlichen Umgang miteinander gewichen. Eine Vertrautheit war
entstanden, in die auch die Mitglieder der Familie einbezogen
wurden. Nun zeigte sich, daß weder Andrej Rimskij-Korsakow,
dem er die Partitur des *Feuervogel* gewidmet hatte, noch Maximilian Steinberg, der Schüler und Schwiegersohn des verstorbenen
Komponisten, bereit waren, Rimskij-Korsakows kommunikative
Generosität fortzuführen.

Als Strawinsky die Familie zur *Feuervogel*-Premiere nach Paris
einlud, antwortete man ihm zögernd und ausweichend, und als der
Feuervogel und *Petruschka* auch Petersburg erreicht hatten, bat
Strawinsky in zunehmend verzweifelter klingenden Briefen seine
Freunde vergeblich um ein Wort der Stellungnahme zu seinen
Partituren.

Igor Strawinsky, der in diesen Pariser Jahren neben den großen
Ballett-Partituren mehrere Liederzyklen und seine Oper *Die
Nachtigall* vollendet hatte, der als Neuling in Paris mit seinen
Zirkeln und Salons, ohne Kenntnisse der Parolen und Empfind-
lichkeiten der »Belle Epoque« ein großes Maß an Orientierung
geleistet hatte, der zwischen seinen Behausungen in Frankreich
und der Schweiz und dem Flecken Ustilug am Bug permanent hin
und her pendelte – dieser junge Mann konnte nicht begreifen,
warum man seine kompositorische Arbeit totschwieg, warum seine

Freunde so wenig an seiner Entwicklung Anteil nahmen, an seinen internationalen Erfolgen, an all dem, was durch Diaghilew und die »Ballets russes« in Paris bewirkt und schließlich auch für das Ansehen Rußlands und der russischen Musik geleistet worden war.

Zunächst, in den ersten Briefen aus Frankreich an die Petersburger Freunde, mangelt es übrigens keineswegs an kritischen Notizen über mediterrane Lebensformen, an kritischen Kommentaren zum flackernd-mondänen Leben in Monte Carlo oder Rom. Je mehr indes seine kompositorische Arbeit in Petersburg dem Unverständnis begegnete, um so intensiver versuchte er, sich von seinen heimatlichen, freundschaftlichen Bindungen zu lösen. Allmählich begriff Strawinsky, daß seine ästhetischen und kompositorischen Positionen die provinzielle Komponente in ihm überwunden hatten und daß er also nicht mehr damit rechnen konnte, daß seine Petersburger Freunde je ein vergleichbares Maß an Neugier und schöpferischer Vitalität entwickeln würden.

So erledigten sich die Petersburger Freundschaften nicht darum, weil Strawinsky sich verletzt fühlte, weil seine Eitelkeit nicht befriedigt worden war – sie versickerten vor allem wohl, weil sie unfruchtbar wurden. Seine russischen Freunde waren ihm nicht mehr gewachsen.

Um das zu entdecken, brauchte Igor Strawinsky nahezu vier Jahre. Wenn man den Briefwechsel aufmerksam verfolgt, den Strawinsky mit Andrej Rimskij-Korsakow und Maximilian Steinberg führte, dann fällt nicht nur der Ton wachsender Verzweiflung und Verbitterung auf, sondern zuletzt auch die blanke Ironie und tänzelnde Fröhlichkeit, Haltungen, die mehr als die Texte selbst auf das Psychodrama verweisen, das in diesen Jahren des Abschieds aus Rußland abspult. Einige Sequenzen aus Briefen Strawinskys an Andrej mögen helfen, dieses Drama skizzenhaft nachzuzeichnen [57].

In einem Brief vom 20. November 1910, nach der Aufführung des *Feuervogel* in St. Petersburg, zeigt sich Strawinsky verletzt und gibt zu erkennen, daß er nicht verstehe, was eigentlich vorgehe; warum schreiben ihm die Freunde nicht?

[...] *Mama sagte, ich könnte von Ihnen Einzelheiten erfahren. Wie habe ich darauf gewartet. Endlich verlor ich die Geduld. Außer den undifferenzierten Verleumdungen in den Zeitungen, weiß ich von nichts. Auch Siloti schweigt. Wie mich das*

---

[57] V. Stravinsky/Craft: *Pictures*, S. 24 und S. 54–57

alles schmerzt! Keiner gibt mir Auskunft. [. . .] Gerade jetzt
habe ich von Steinberg eine kleine Postkarte bekommen –
daraus erfahre ich nichts Neues, nur daß, aus irgendwelchen
Gründen, der Tanz aus der Suite gestrichen werden sollte. Daß
Steinberg das nicht zugelassen hat, dafür bin ich ihm sehr
dankbar. Trotzdem – wie mein neues Stück bei ihm, bei
anderen, und vor allem bei den Hohen Priestern der russischen
Musik angekommen ist – davon nichts. Jeder schweigt. Daraus
entnehme ich, daß mein »Feuervogel« einen geringen oder gar
negativen Eindruck auf Sie und sogar auf das Publikum
gemacht hat.

Drei Monate später, Strawinsky arbeitet intensiv an *Petruschka*, ist
der Ton des Briefes bereits weniger dringlich, das Interesse an
einer Freundschaft mit Andrej aber immer noch ungebrochen:

Lesen Sie den Brief nur, wenn Sie Zeit haben – keine Eile, es ist
nur Tratsch. Ich denke öfter an Sie und bedaure, mit Ihnen nur
schriftlich verkehren zu können. Aber warum schreiben Sie
nicht? Glauben Sie mir, der kürzeste Brief würde mich
erfreuen. [. . .] Im Übrigen, warum muß man meine Komposi-
tionen mit den Maßstäben des Konservatoriums beurteilen.
Nur, daß ich damit eins auf den Deckel kriegen kann – dann
sollen sie ruhig draufhauen! Bald werden Sie auch so reden.
Also, ich habe diesen Brief mit einem »Prosit« angefangen,
jetzt schließe ich mit einem »herzlichen Beileid«. [. . .]

Im März 1911 beschreibt Strawinsky für Andrej zunächst die
häusliche Atmosphäre, schildert die Probleme, die sich aus dem
Keuchhusten der Kinder für die Familie ergaben; dann kann er
seine Enttäuschung, seine Aggressivität gegen Maximilian Steinberg nicht mehr zurückstauen:

Max können sie ausrichten, daß ich ihn nicht vergessen habe.
Ganz im Gegenteil, ich sterbe vor Neugierde, was ihn betrifft.
Ich gebe ihm herzlich die Hand, aber darf ihn wegen meiner
Erkrankung nicht umarmen. Ich warte auf eine Laudatio von
ihm – dafür vorzeitiges Dankeschön. Wenn er keine Angst hat,
einen Brief von mir zu bekommen, könnte er mir auch ein paar
Zeilen schreiben, weil ich ihm auch verschiedenes mitzuteilen
habe.

Am 21. August 1911, zwei Monate nach der Pariser *Petruschka*-
Premiere, schreibt Strawinsky an Andrej einen Brief, der bereits

95

den Charakter von Nonsens-Mitteilungen annimmt, und am 7. Oktober des gleichen Jahres schickt er an den *lieben, geliebten, hochwürdigen Andrey* einen Brief, dessen Heiterkeit nicht geheuer und dessen Munterkeit kaum verbirgt, daß es sich um eine Brief-Persiflage handelt:

Ich wollte seit langem antworten. Angeblich haben Sie gewartet auf meine Antwort auf Ihren Brief (der nicht weniger ausgezeichnet als Sie selbst ist), aber komischerweise werde ich diesen Brief nicht beantworten. Warum nicht? Lassen wir Taten für Worte sprechen...

Sie fragen, was vollendeter und schöner sein kann, als die Entwicklung unserer schon vorhandenen Kunstformen. Nur eines: die Erschaffung neuer Formen. Wie ich das sehe, bleiben Sie bei dem ersten. Aber da ich Sie nicht sehe im Augenblick, kann ich auch nicht schwören, ob Sie mit diesem Urteil einverstanden wären oder ob Sie vielleicht mit dem zweiten einverstanden sind – nicht mit dem Kopf (wer hat schon soviel Kopf wie er braucht), aber mit dem Herzen (da besitzen wir genau so viel, wie wir brauchen), ja oder nein? Siloti kann mich mal.

Das Drama nahm seinen unguten Lauf. So verweigerte Nadeshda Steinberg, die Tochter Rimskij-Korsakows, beispielsweise die Herausgabe des Manuskripts der Es-dur-Sinfonie, die Strawinsky seinem Verleger Jurgenson übergeben wollte, und erst ein zweiter Brief schuf Abhilfe. Je mehr die Petersburger Presse sich mit dem Oeuvre Strawinskys auseinandersetzte – gelegentlich durchaus mit beifälligen Kommentaren: *Strawinskys Orchester-Palette, ganz besonders in Petruschka, ist sehr viel reicher als die Rimskij-Korsakows'* –, desto verbitterter schloß sich der Clan zusammen und isolierte sich von Strawinsky.

Als Andrej Strawinsky zu Beginn des Jahres 1914 mitteilte, daß er geheiratet habe, wünscht ihm der Komponist zwar alles Glück, aber der Briefwechsel, der vier Jahre währte, ist nun beendet. *Ihre giftigen Angriffe gegen meine Werke und Ihre Proteste gegen meine »antikünstlerische« Arbeit – und das nach Ihrem Brief, an dessen Aufrichtigkeit ich nicht zweifle – all das sollte unsere Freundschaft nicht beeinträchtigen. Es ist mir nicht möglich, mehr zu schreiben, denn ich bin mit anderen Dingen beschäftigt.*

Der Bruch mit der Familie seines Lehrers Rimskij-Korsakow war vollständig geworden. In den zwanziger Jahren begegnete

Strawinsky noch einmal Maximilian Steinberg, aber das einstige Vertrauensverhältnis konnte nicht mehr hergestellt werden.

Igor Strawinsky, der junge, unbekannte Komponist hatte sich in der staunenswert kurzen Zeit von vier Jahren zu einem der bekanntesten zeitgenössischen Komponisten entwickelt. Aber die Freunde der frühen Petersburger Jahre vermochten ihm nicht die Treue zu halten. In dieser Zeit war aus dem russischen Komponisten ein Musiker geworden, den die internationalen Musikzentren in Paris, in London und Berlin als einen der ihren akzeptierten. Wie man weiß, setzte Strawinsky all seinen Ergeiz und sein Durchsetzungsvermögen daran, diesem Ruf, ein europäischer Musiker zu sein, im Verlauf der kommenden Jahrzehnte gänzlich gerecht zu werden. In einem verblüffenden, Jahrzehnte währenden Adaptionsprozeß arbeitet er auf seine Weise die europäische Tradition auf, sie so bewahrend. Räumlich und menschlich von Petersburg getrennt, treibt er in seinem Schweizer Exil in einem beispiellosen kompositorischen Arbeitsprozeß die Auseinandersetzung mit der russischen Volksdichtung voran – seinen geistigen Abschied aus Rußland auf diese Weise vollendend. Latent aber bereitet sich in diesen Exiljahren jene neue, neoklassizistische kompositorische Haltung vor, deren Früchte in den zwanziger Jahren sichtbar werden. Neben dem Bläseroktett, den Klavierwerken und Klavierkonzerten entsteht der *Oedipus rex*, jenes »Chef d'oeuvre« des neoklassizistischen Musiktheaters.

Das Schweizer Exil 1914–1920

Begegnungen im Waadtland

Igor Strawinskys sechs Schweizer Exiljahre zwingen den eben noch gefeierten, international bekannt gewordenen Komponisten in eine Isolation, die ihn nicht nur finanziell bedrücken, sondern auch lehren wird, ohne die Sternstunden des unmittelbaren Erfolges zu leben und zu arbeiten.

Im April des Kriegsjahres 1914 erlebt Strawinsky noch die glanzvolle Rehabilitierung seiner *Sacre*-Partitur, die unter Pierre Monteux' Leitung nunmehr zusammen mit *Petruschka* im Konzertsaal aufgeführt und von der Pariser Presse und vom Publikum begeistert gefeiert wird.

Im Frühjahr des gleichen Jahres lernt Strawinsky Ernest Ansermet kennen, den Chef des Orchesters von Montreux, und es ergibt sich, daß Ansermet anläßlich einer Probe von Strawinskys früher Es-Dur-Sinfonie dem Komponisten den Taktstock in die Hand gibt – auf diese Weise Strawinskys erstes »Dirigat« provozierend. Später, in den zwanziger, dreißiger und vierziger Jahren, wird der Komponist eine überaus erfolgreiche und lukrative Karriere als Pianist und Dirigent unterhalten, die er bis in sein letztes Lebensjahrzehnt fortsetzt.

Bald darauf reist Strawinsky für kurze Zeit nach London, um an der Premiere seiner Oper *Die Nachtigall* teilnehmen zu können, und als er zu seiner Familie in die Schweiz zurückkehrt, die in Salvan im Wallis Ferien macht, schreibt er in kurzer Zeit sein erstes kammermusikalisches Werk, die *Drei Stücke für Streichquartett*; Musik von bemerkenswerter Konzentration[58], eine miniaturisti-

---

[58] Rudolf Stephan hat in einer behutsamen Analyse des 1. Stücks zu zeigen versucht, daß der eigentliche Gegenstand der Komposition der *Widerstand* sei, das unbezogene Nebeneinander dreier kompositorischer Elemente: eine tänzerische Melodie in der ersten Violine, deren Phrasen als Varianten aufeinander bezogen sind, ein ostinat repetiertes Modell von 7 Zählzeiten im Violoncello. Zwischen beiden Instrumenten ergeben sich wegen der verschiedenen Extension der melodischen Gliederungen Asynchronitäten. Schließlich wird als *mobiles* Element ein absteigender Skalenausschnitt fis-cis dem Zusammenhang beigefügt. *Aus Igors Spielzeugschachtel*, in: *Festschrift Erich Doflein*, Mainz 1972, S. 27.

Letzte Seite der *Drei Stücke für Streichquartett*
in der vierhändigen Klavierfassung

Рисовал och Трубачевии.
Август 1914,
Salvan

August 1914. Mobilmachung der Schweizer Armee.
Zeichnung des siebenjährigen Théodore

sche, fragmentarische Musik, erschreckend abgeschieden und zum eigenartigsten gehörend, was Strawinsky neben der *Sternenkönig-Kantate* und den *Sinfonien für Bläser* – beides Debussy gewidmet – kompositorisch je formulierte. Ursprünglich Charles-Albert Cingria gewidmet, dem Schweizer Schriftsteller, trägt die revidierte Fassung der *Drei Stücke* (1918) den Eintrag: *à Ernest Ansermet*[59].

Strawinsky reist ein letztes Mal nach Ustilug und nach Kiew, denn er hat *ein großes Divertissement oder vielmehr eine Kantate über eine ländliche Hochzeit* im Kopf und begibt sich in Kiew auf die Suche nach Anthologien russischer Volkslieder, um sich mit ihren Texten vertraut zu machen und sie für seine kompositorischen Pläne nutzen zu können.

Nur vierzehn Tage sind seit seiner Rückkehr in die Schweiz vergangen, da bricht der 1. Weltkrieg aus. Zwar muß der dienstuntaugliche Komponist nicht nach Rußland zurückkehren, aber seine patriotischen Gefühle werden durch die Kriegsnachrichten erregt, und Strawinsky versucht, so gut es gehen mag, Contenance zu bewahren, und vertieft sich in die Lektüre der mitgebrachten russischen Volkstexte. Ein Jahr später verarbeitet er seinen Schock über den Ausbruch des Krieges in einem Klaviermarsch: *Souvenir d'une marche boche*.

Die russische Volkspoesie wird für Igor Strawinsky im Verlauf des langen Krieges zu einer außerordentlichen Quelle der Inspiration, zum Stimulans, auch über russische Tradition nachzudenken, und nicht zuletzt über Igor, den russischen Komponisten. Dieser Reflexionsprozeß, der zu einem Prozeß des langen künstlerischen Abschieds aus Rußland werden wird, hält ihn über viele Jahre in Atem.

---

[59] Offenbar waren die Streichquartett-Sätze zunächst der Pariser Freundin Misia Sert zugeeignet, wie aus dem Briefwechsel zwischen Misia und Igor ablesbar ist: *Endlich Ihre ersten Takte – aber der Zauber war sofort zu Ende, weil das Stück zu kurz war, um irgendeine Linie zu haben. Rührschüssel, Holzspachtel oder, Sie verstehen, ich verabscheue es von ganzem Herzen, ja, ja! Warum schreiben Sie solche Sachen?* [...] *Das dritte Stück, in dem Sie sich selbst zu geißeln scheinen, fand ich schwer zu verstehen – ich denke aber, wenn ich es woanders gehört hätte, hätte es mich sehr bewegt.* Strawinsky reagiert in seiner Antwort – Morges, 24. Juli 1916 – verletzt: *Und noch etwas – ich begreife Ihren Unwillen gegen die Quartette nicht. Wahrhaftig, meine Liebe, ehe Sie über dieses arme Stück herfielen – es war für Sie komponiert, erinnern Sie sich, um in Ihrem chinesischen Salon gespielt zu werden; das ist pikant, nicht wahr? –, hätten Sie sich sagen müssen, daß meine Sachen immer schwierig sind, und, bevor sie gespielt werden, meiner persönlichen Kontrolle bedürfen, die hier fehlte...* In: Arthur Gold & Robert Fizdale: *Misia*, München 1981, S. 212 u. 214

Noch die *Geschichte vom Soldaten* (1918), ja selbst die Oper *Mavra* (1921/22), zu Beginn seines neoklassizistischen Jahrzehnts geschrieben, gehört in diesen Reflexionszusammenhang, der sich neben dem *Renard* (1915/16) und der *Bauernhochzeit* (*Les Noces*) (1914/23) vor allem in kleineren Lieder-Zyklen ausformuliert: in den *Pribaoutki* (1914), den *Katzenwiegenliedern* (1915/16), den *a-cappella*-Chören für gleiche Stimmen, *Unterschale* (1914/17) und in der sinfonischen Dichtung *Der Gesang der Nachtigall* (1917).

Daneben gibt es Werke, die weder das russische Kolorit noch die kompositorische Sprechweise der »russischen« Werke aufnehmen, sondern neue Akzente setzen: neben den drei Streichquartett-Stücken sind das vor allem die überraschenden *Drei leichten Stücke* (1915) für Klavier zu vier Händen, die er Casella, Satie und Diaghilew widmet und ein Jahr später um weitere *Fünf leichte Stücke* ergänzt: *à Madame Eugenia Errazuriz – hommage très respecteux*. Es handelt sich dabei um Klavierstücke, denen Form-Modelle und Tanzcharaktere zugrunde liegen – *Marsch, Walzer, Polka, Andante, Espanola, Balalaika, Napolitana, Galop*. Strawinsky instrumentiert sie in den zwanziger Jahren für kleines Orchester und faßt sie in zwei Suiten zusammen. Es sind aber auch Stücke, in denen zum ersten Mal Strawinskys eigene kompositorische Zukunft aufleuchtet, Verfahrensweisen, wie er sie in der *Geschichte vom Soldaten* ausführlicher erproben wird. Diese werden übrigens ergänzt durch ein Kuriosum, durch eine *Valse pour les enfants*, die er 1917 schrieb und der erst im Jahre 1922 in der Tageszeitung *Le Figaro* erscheinen wird. Eine Ästhetik wird in diesen Werken sichtbar, deren wie in Holz geschnitzte Resultate unabweisbar an Erik Saties Kompositionen erinnern. Bemerkenswert vor allem, wie Strawinsky in all diesen Stücken den Baß als figurative Formel, als Ostinato komponiert und so die Schicht der Harmonik statisch anlegt. Eben die Möglichkeiten dieser *ostinato*-Technik wird er auch in der *Geschichte vom Soldaten* ausschöpfen.

Fremdkörper, denkt man an die russischen Werke, ist auch eine *Etüde für Pianola* (1917), die später den Titel *Madrid* erhalten und in den Zusammenhang einer Orchestersuite eingefügt werden wird, zu der auch die nun mit Titeln versehenen und im Jahre 1928 fertig orchestrierten *Drei Stücke für Streichquartett* mit der endgültigen Abfolge *Dance, Eccentric, Canticle* und *Madrid* gehören. Stilistische Neueroberungen ironischer, lässigerer Sprechweisen sind auch die beiden Ragtime-Kompositionen für elf Instrumente (1918) und die *Piano-Rag-Music* des Jahres 1919, die er für Artur

Rubinstein entwarf, sowie der Rag*t*ime der *Geschichte vom Solda-*
ten. Das sind Neueroberungen eines musikalischen Kontinents,
der Strawinsky bis in seine amerikanische Zeit immer wieder
beschäftigen wird: in Amerika entstehen neben dem *Scherzo à la*
Russes (1944) auch das *Ebony Concerto* (1945), das Strawinsky
dem amerikanischen Klarinettisten und Bigband-Leader Woody
Herman widmete. Es sind Werke insgesamt, die sich vom Jazz
inspirieren ließen und seine Gestik sowie gewisse Farben, Artiku-
lationsweisen und Timbre, aber auch polyrhythmische und poly-
metrische Stimmenüberlagerungen des Jazz zu porträtieren versuchen. Freilich, die Ragtimes und Concerti sind komponierte
Musik, es gibt in ihnen keinen Freiraum für Jazzimprovisation. Als
komponierte Jazzmusik aber sind Strawinskys Jazzstücke manchen
strikt arrangierten Bigband-Nummern von Herman oder Kenton
musikalisch überlegen.

Obwohl der Text die Geschichte eines jener Verfluchten, jener
russischen Leibeigenen reflektiert, die eigentlich nur die Wahl
zwischen zwei Todesarten haben – im Krieg zu fallen oder aber als
Totgeglaubte und Verfremdete nach zwanzig Jahren in eine veränderte »Heimat« wieder ausgespien zu werden –, fügt sich auch die
Geschichte vom Soldaten kaum in den Kontext der »russischen«
Werke Strawinskys.

Dieses musikalische Meisterwerk ist unter stilistischen Gesichtspunkten betrachtet auf keinen der gängigen Begriffe zu bringen.
Von einem neoklassizistischen Werk zu sprechen, verbietet die
konzentrierte, unrhetorische Gestik der *Histoire*, vergleicht man
es beispielsweise mit den Klavierkonzerten der zwanziger Jahre,
mit dem Oktett (1923) oder auch mit dem neuklassisch fixierten
Pergolesi-Horizont des Balletts *Pulcinella* (1920). Der Ansicht, es
handle sich um ein expressionistisches Werk, etwa weil Strawinsky
einer Komprimat-Sprache zuneigt, widerspricht doch allzu auffällig die Kühle und Brillanz der musikalischen Formulierungen, der
Montage-Charakter der Abläufe und nicht zuletzt die tänzerische
Grundhaltung der meisten Stücke.

So bleibt zunächst zu notieren, daß Strawinskys *Histoire* mit den
nachfolgenden Werken der zwanziger Jahre immerhin den Ansatz
gemein hat: Strawinsky tendiert seit der *Geschichte vom Soldaten*
zu einer kompositorischen Denkweise, die sich an Modellen orientiert, an Form- und Stil-Modellen. Hier, in der *Histoire*, sind es vor
allem Form-Modelle, die seinen kompositorischen Interessensho-
rizont bestimmen, und die einzelnen Sätze werden gleichsam zu

Morges, Quai Igor Strawinsky

Porträt-Typen der gewählten Formen: Marsch und Choral, Tango, Ragtime und Walzer.

Den ersten Schweizer Winter verbringen die Strawinskys in Clarens, im Hause Ernest Ansermets, und erst im Frühjahr 1915 zieht der Komponist mit seiner großen Familie – zu ihr gehören seine Frau Catherine, die beiden Söhne Théodore (geboren 1907) und Soulima (1910), die Töchter Ludmilla (1908) und Maria-Milena (1914), sowie die gute Berta, die Kinderfrau der

Wiedersehen in Ouchy:
Massine, Gontcharowa, Larionow, Strawinsky, Bakst

Strawinskys seit vielen Jahren – nach Morges um, einem Städt-
chen am Genfer See, mit einer großen Uferpromenade, mit
Segelbooten und Schaufelraddampfern auf dem See, mit idylli-
schen Parks und einer Atmosphäre der Solidität und Biederkeit,
die freilich kulinarisch – die ausgezeichneten Weine des
Waadtlands und seine Eßkultur sind berühmt – überhöht wird.
Nur eine Autostunde entfernt von Morges liegt Lausanne, die
Metropole der Region.

Von Morges aus unternimmt Strawinsky nun zukünftig seine kleinen und größeren Expeditionen nach Italien oder Frankreich – soweit der Krieg und seine Folgen ihm das Reisen ermöglichen.

Er reist nach Rom und Florenz, läßt Diaghilew den leichten Secondo-Part seiner *Drei kleinen Klavierstücke* spielen und gesteht ihm, daß er beim Komponieren der Diaghilew gewidmeten Polka an ihn gedacht und sich vorgestellt habe, *er sei ein Zirkus-Direktor im Frack mit Zylinderhut, der peitschenknallend eine Schulreiterin auf dem Pferd arbeiten läßt*. Diaghilew soll auf Strawinskys Bemerkung zunächst fassungslos reagiert haben.

In Rom lernt Strawinsky den späteren Lord Berners kennen, einen Liebhaber der Künste und der Musik, bei dem Diaghilew am Ende der zwanziger Jahre für die »Ballets russes« die Musik zum Ballett *Der Triumph des Neptun* bestellt. Hier begegnen sich auch Prokofiew und Strawinsky zum zweitenmal.

Umgekehrt gerieten einige durch den Krieg nunmehr weit verstreute Tänzerinnen, Tänzer und Bühnenbildner der »Ballets russes« in Strawinskys Nähe, nach Ouchy, und bereiteten dort eine große Amerika-Tournee vor, an der auch Strawinsky als Dirigent seiner Werke teilhaben sollte. Der Plan zerschlug sich zuletzt, weil Strawinsky nicht ohne Vertrag nach Amerika reisen wollte, und sein listiger Versuch, den Star-Vertrag mit Nijinskij von seinem abhängig zu machen, scheiterte auch am harten amerikanischen Management. So fuhr Strawinsky über Paris nach Morges zurück, traf dort seine zuverlässige Freundin, die Prinzessin Edmond de Polignac wieder und besprach mit ihr ein neues Projekt, ein kleines Stück für Kammertheater, das nach dem Krieg aufgeführt werden sollte. Das kleine Stück hieß *Reineke* (*Renard*) – er hatte sich in Gedanken bereits mit diesem Projekt befaßt, und nach seiner Ankunft in Morges ging Strawinsky sofort an die Arbeit. Die *Bauernhochzeit*, an der er zu arbeiten begonnen hatte, blieb zunächst liegen.

Durch die Vermittlung Ernest Ansermets hatte Strawinsky im Herbst des Jahres 1915 Charles Ferdinand Ramuz kennengelernt, einen Dichter der Region, mit dem er sich bald anfreundete. Aus Paris zurückkommend, bittet er nun Ramuz um die Mitarbeit am *Renard*, und die sehr intensive und freundschaftliche Kooperation an diesem Projekt ermutigt schließlich auch beide, nicht nur die russischen Liederzyklen Strawinskys gemeinsam ins Französische zu übersetzen, die in diesen Jahren entstehen, sondern auch die

106

Ramuz-Porträt von Strawinsky

ungewöhnliche Musiktheater-Konzeption der *Geschichte vom Soldaten* zu wagen.

Ramuz und Strawinsky, der Dichter und der Komponist – wie konnte es geschehen, daß diese so grundverschiedenen Künstler im Verlauf des kommenden halben Jahrzehnts nicht nur fruchtbar miteinander zusammenarbeiteten, sondern auch wirklicher Freundschaft fähig wurden? Denn Ramuz war ein Mensch, der von der Landschaft und ihren Menschen geprägt worden war und der sich mit Innigkeit zu seiner Region und ihrer vorgeblichen Enge und Biederkeit bekannte.

Am Ende der zwanziger Jahre widmete Ramuz seinem russischen Musikerfreund ein Dokument der Freundschaft, das unter dem Titel *Souvenirs sur Igor Strawinsky* erschien und später auch ins Deutsche übersetzt wurde. In diesen *Souvenirs* versuchte Ramuz auch jenes Spannungsfeld behutsam abzuschreiten, in das beide Männer gerieten, und worin sie sich für eine Zeit intensiv einrichteten[60]:

> *So konnte ich sofort sehen, daß du, Strawinsky, genau so wie ich, das Brot liebtest, wenn es gut ist, den Wein, wenn er gut ist, den Wein und das Brot zusammen, das eine um des anderen willen. Ich sehe dich noch das Messer nehmen und die einfache, entschlossene Geste, mit der du das schöne, halbweiche Innere des Käse von seiner Rinde löstest. [...]*
> *Deine Nahrung war die meine. Ich weiß nicht genau, warum mir damals (denn die Beziehung ist keine Unmittelbare) der Ausspruch Nietzsches einfiel: »Ich liebe den, der über sich selber hinaus schaffen will und so elend zugrunde geht«; der, den ich damals in dir liebte (den ich immer in dir liebe), war derjenige, der im Gegenteil tiefer als er selbst steht, schafft und nicht zugrunde geht. [...]*
> *Die mittelmäßigsten deutschen Künstler (um wieder auf Nietzsche zurückzukommen), haben den Kopf eines Genies und Hände wie jedermann. Und ich möchte damit nicht sagen, daß du einen Kopf wie jedermann hast; aber gerne vergesse ich deine Gesichtszüge und suche sonstwo in dir diese geheimnisvolle schöpferische Kraft, die man zu Unrecht mit dem Denken verknüpft, denn sie kann überall sein, im Auftreten, in der Gestalt, im Schulterbau, in einer Art, sich zu halten, in einer Art tätig zu sein, in einer Art sich auszuruhen. Du bist nicht sehr groß, Strawinsky; du siehst nicht sehr stark aus, wenigstens nicht aus der Ferne. Du bist sehr stark im Verborgenen, weil du auf die Wirklichkeit wert legst und weil du Wirklichkeit brauchst.*

Bedenkt man die bescheidenen philosophischen Mittel, denen sich Ramuz bedient, dann erstaunt die Prägnanz, mit der Unterschiede zwischen dem romanischen und dem deutschen Künstler hervortreten – eher freilich mit den Händen, als mit dem Kopf zu erfassen. Der Transzendenz-Überhang der Schönbergschule beispielsweise, daß musikalische Strukturen mehr bedeuten als ihre pure Konstruktion, daß sie auf Wesentliches verweisen, dieser ganze Bau ästhetischer Überzeugungen, der seit Hegels großem ästhetischen Entwurf zum Usus deutscher musikalischer Reflektion und Produktion gehört, wird in Ramuz' Sätzen mit der Wirk-

---

[60] C. F. Ramuz: *Erinnerungen an Igor Strawinsky*, Frankfurt 1974, S. 15–17

lichkeitsliebe Strawinskys konfrontiert. Und Ramuz' Text verdeutlicht auch, daß diese Lebenswirklichkeit ohnehin voller Geheimnisse steckt und daß sie entdeckt, daß sie dechiffriert werden muß.

Ramuz fährt fort, auf behutsame Weise den Charakter Igor Strawinskys zu beschreiben, in dem er ihn mit Assoziationen gleichsam freundschaftlich umkränzt, mit Begriffen wie Freiheit und Liebe, Ursprünglichkeit, Appetit und mit dem eigentlichen Schlüsselwort Raubmensch. Strawinskys Begabung zur Ordnung läßt Ramuz an den Heiligen Thomas denken und an seine Einsicht: Schönheit ist der Glanz der Ordnung. Der Dichter erinnert sich aber auch an jenen Freund Igor, mit dem er durch die Wälder, Berge und Weinberge des Waadtlandes streifte nach getaner Arbeit: zunächst am *Renard* und später am *Soldaten*[61]:

Du standest in einer Zone der Freiheit, die du immer um dich hattest und in der du mich Platz zu nehmen batest mitten in meinem Lande; auf diese Weise war sie von den Dingen bewohnt, die ich zurecht liebte, die ich aber nie zu lieben wagte. Du, du kamst anderswoher: dennoch hast du sie geliebt, und zwar sofort, ohne zu zögern; ohne falsche Vorsicht, ohne jede müßige Überlegung, aber auch nicht herausfordernd; – es war eine Notwendigkeit.

Aus richtigem Hunger, aus Appetit, aus Bedürfnis, aus Neigung: und dieser Neigung (wenn sie echt ist) zu willfahren, seinen Hunger zu stillen und ohne falsche Scham sich seinem Appetit zu überlassen, das zu tun, hast du mich durch dein Beispiel gelehrt. Du hast mir das Beispiel der Ursprünglichkeit gegeben, und das ist es, was unserem Lande am meisten fehlt, wo die Charaktere so veranlagt sind, daß sie sich immerfort analysieren, beurteilen, daß sie sich ihr eigenes Spiegelbild vorhalten und schließlich überhaupt nicht mehr zu handeln fähig sind, daß sie nicht einmal reagieren. [. . .]

Ein Filzhut, ein Schöppchen, eine Schachtel Streichhölzer, eine Mauer, ein Haus, das Lied des Trunkenen; alles Dinge, die wirklich sehr gewöhnlich sind, in beiden Bedeutungen des Wortes und die Allerweltsdinge sind, aber so, wie sie sich hier äußern, mit einer ihnen eigenen Modulation, mit einem ihnen eigenen Aroma, mit ganz kleinen Unterschieden in Darbietung, Stoff, Form, in dem Zusammenspiel ihrer Elemente: das,

---

[61] ebda., S. 42–45

109

worin ihr besonderer Charakter lag und woran du dich ergötz-
test. [...]

Was du liebst, das gehört dir, was du liebst, das muß dir
gehören. Du stürzt dich auf deine Beute, du bist ein Raub-
mensch. Du willst alles für dich haben (ich denke, diese Worte
treffen zu, wenn du auch schließlich, wie ich glaube, erkannt
hast, daß es nur eine Art gibt, alles für sich zu haben). [...] Der
Akademismus macht Umwege und Rückwege; du bist ein
direkter Mensch.

Die *Souvenirs* sind eine Fundgrube an Einsichten in Strawinskys
Charakter. Sie enthalten freilich auch eine Fülle von Beobachtungen, die unmittelbar mit Strawinskys Lebensführung zusammenhängen. Die liebevolle Devotion, mit der Ramuz sich bemüht, in
das Wesen des Musikers vorzudringen, um seine schöpferische
Tatkräftigkeit, seine schöpferische Energie glaubhaft und faßbar
zu machen, wird aufs präziseste durch Ansermet ergänzt, der in
einem Radiogespräch mit dem Schweizer Musikwissenschaftler
Piguet über Strawinskys erste Exiljahre berichtete. Strawinsky
habe damals einem Künstlerkreis um die »Cahiers Vaudois« nahe-
gestanden und darum zunächst auch in Lausanne leben wollen,
bevor er sich schließlich nach Morges begab, um dort in der Villa
Rogivue und zuletzt im dritten Stock des Hauses Bornand zu
leben [62]:

In jeder neuen Wohnung nahm er zunächst große Veränderun-
gen vor, ließ die Wände in lebhaften Farben anstreichen und
stellte altmodische Möbel auf, die er hatte aufarbeiten lassen. In
Morges plünderte er buchstäblich ein Geschäft mit Puppen und
altem Hausrat, das ihm empfohlen worden war, und als er
mich später in Genf besuchte, lief er von einem Antiquitätenge-
schäft zum andern. Er feilschte, handelte, bettelte und erhielt
zum Schluß immer alles, was er haben wollte, und zu dem
Preis, den er zahlen wollte. Nichts und niemand hat je seinen
Wünschen und seinem eisernen Willen widerstehen können.

Seine Wohnung war ein kleines Museum, seine Frau eine
bemerkenswerte Aquarellmalerin, die aber niemals ausstellte.
Seine Kinder beschäftigten sich von früh an mit dekorativen
Arbeiten, sie machten Papierklebearbeiten, malten und zeich-
neten, vom Vater angeleitet und überwacht.

---

[62] Ernest Ansermet/J.-Claude Piguet: *Gespräche über Musik*, München 1973, S. 38

Ansermet und Strawinsky spielten nun oft vierhändig Klavier, Sinfonien von Haydn und Schubert, oder sie studierten die *Brandenburgischen Konzerte* Bachs. Strawinsky, der bekanntlich am Klavier arbeitet, habe ein verblüffendes Talent besessen, Orchesterklangfarben mit seiner Stimme imitieren zu können. Musik sei für Strawinsky etwas *Konkretes, Faßbares* gewesen, das er mit dem ganzen Körper zu erleben wünschte. *So suchte er auch seine Rhythmen auf Trommeln und einem ganzen Schlaginstrumentarium zusammen, das er nach und nach erworben hatte.* Und Ansermet erzählte auch die hübsche Geschichte, wie Strawinsky dem berühmten, in einer Genfer Bar spielenden Zigeuner Aladar Racz ein Cymbalum abgekauft habe, um es dann in seinem *Renard* zu nutzen.

Und noch eine Begebenheit, über die Ansermet berichtet, charakterisiert Igor Strawinsky in jenen Exiljahren.

Auf unseren Reisen, bei denen wir oft in einem Hotelzimmer zusammen wohnten, und während meiner Besuche bei ihm in Morges, Nizza und anderswo, machten wir es uns zur Gewohnheit, unsere Morgengymnastik ebenfalls gemeinsam zu betreiben. Als er sich eines Morgens nach unseren Übungen zurückgezogen hatte, um Toilette zu machen, entdeckte ich, daß er in einem anderen Raum seine Übungen wieder aufnahm, nur um mir gegenüber im Vorteil zu sein.

Jean Claude Piguet, der diese Genfer Radio-Gespräche im Winter 1961/62 mit Ansermet führte, fragte den Dirigenten und jahrzehntelangen Freund Strawinsky zuletzt auch nach den Absichten oder geheimen Wünschen des Komponisten in jenen Jahren. Habe Strawinsky beispielsweise immer weniger russisch, dagegen immer entschiedener international werden wollen? Ansermet findet darauf folgende Antwort:

Ich würde eher sagen: entschieden kosmopolitisch. Der Kosmopolitismus[63] *ist wie der Turm zu Babel, in dem die Menschen zwar ihre nationalen Eigenheiten bewahren, aber auf einer Ebene miteinander leben, auf der diese nationalen Unter-*

---

[63] ebda., S. 40. In seiner *Musikalischen Poetik* formuliert Strawinsky eine ähnliche Einschätzung des *Kosmopolitismus* (S. 46): *Der »Universalismus«, dessen Wohltaten wir im Begriff sind zu verlieren, ist etwas ganz anderes als der »Kosmopolitismus«, der beginnt, uns zu gewinnen. Der Universalismus setzt die Fruchtbarkeit einer Kultur voraus, die sich nach allen Seiten hin ausbreitet und mitteilt, während der Kosmopolitismus weder Aktion noch Doktrin vorsieht und die teilnahmslose Passivität eines teilnahmslosen Nachahmertums zur Folge hat.*

schiedlichkeiten nicht mehr spürbar sind. Verhängnisvoller
Weise gerät damit das eigentlich Menschliche im Menschen
etwas in den Hintergrund. Dagegen bedeutete für Ramuz das
Beharren im Heimatlichen keinesfalls eine Verarmung, son-
dern ein Gewinn an Tiefe. In seiner Person und seiner Umge-
bung manifestierte sich eine Menschlichkeit, die für unsere
Landsleute bezeichnend ist.

Arbeit an *Les noces*, am *Renard*
und an der *Histoire du soldat*

Während die kompositorische Arbeit an *Les noces* (1914/17) und
am *Renard* (1915/16) sich überlagerte – Strawinsky unterbrach die
Komposition der *Bauernhochzeit*, um sich der Partitur des *Reineke*
widmen zu können –, entstand die *Geschichte vom Soldaten* (1918)
in einem knappen halben Jahr. Am 28. September 1918 hatte die
Histoire im Lausanner Théâtre Municipal unter der Leitung von
Ernest Ansermet bereits Premiere.

Die Abfolge dieser Musiktheater-Produktionen Igor Strawinskys bezeichnet einen überaus interessanten Differenzierungspro-
zeß, der sowohl seine kompositorische Handschrift, sein sich wan-
delndes Klangideal, wie auch seine musikdramaturgischen Absichten betrifft.

Während die *Bauernhochzeit* noch einmal jenes rituelle Klima[64]
zu beschwören versucht, das den *Sacre* auszeichnete – bereits im
Jahre 1912 dachte Strawinsky an die Komposition einer Tanz-
Kantate mit russischen Hochzeitriten als Sujet –, ist der *Renard*
virtuos geschriebene und sängerisch ungemein anspruchsvolle
Kammermusik für das Theater. Die *Geschichte vom Soldaten* aber
treibt diese kammermusikalische Neigung Strwainskys noch weiter, auf diese Weise zugleich an musiktheatralischer Effizienz wie
an musikalischer Konzentration und Originalität gewinnend.

Im Gegensatz zu den drei »russischen« Balletten, die mit opulen-
ten Orchester-Panoramen prunken, die alle Möglichkeiten des
großen spätromantischen Orchesters nutzen, beschränken sich alle

---

[64] White: *Stravinsky*, S. 252, erinnert daran, daß in den ersten beiden Szenen
– Zimmer der Braut, Zimmer des Bräutigams – die Gesänge der Braut und der
Mutter rituelle Lamentationen sind: über den Verlust der Jungfräulichkeit, über
den Verlust des Sohnes. Der Bräutigam und seine Freunde aber bitten in ritualisier-
ten Gebeten die Eltern, bitten Gott, die Jungfrau Maria und die Heiligen um ihren
Segen.

Kompositionen, die Strawinsky im Schweizer Exil schreibt, auf ein vergleichsweise kleines Instrumentarium. Das gilt auch für *Pulcinella* (1920).

So findet Strawinsky in *Les noces*, das in zwei Teile zu je drei Szenen und eine hochzeitliche Szene gegliedert ist, in den Jahren 1921/23 zu einer Instrumentation, die für seine Kühnheit zeugt: vier Klaviere und ein großes Schlagzeug-Ensemble akkompagnieren einen gemischten Chor sowie vier Solisten: Sopran, Mezzosopran, Tenor und Baß. Auf diese Weise wird die relative Statik der vokalen Linien wie auch die repetitive Tendenz der Melodik – im Ambitus einer Quarte in Dreiton-Gruppen rotierend – und andererseits die Monumentalität der vokalen Klangblöcke auf ebenso herbe wie intensive Weise akzentuiert.

Ursprünglich hatte Strawinsky *Les noces* ein monströses Orchester von 150 Spielern zugedacht, deren Instrumente er nach zwei Gesichtspunkten ordnen wollte: einerseits sollte Bläsermusik (zu der auch die Vokalpartien gehören) produziert werden und andererseits schlagbetonte Musik. Eine Orchestergliederung wurde damit favorisiert, wie sie sich auch heute noch in den Orchestern der Koreanischen Hofmusik findet. Auch dort werden die instrumentalen Ensembles grundsätzlich nach geblasenen und gestrichenen Klängen und solchen unterschieden, die durch Schlagen oder Anreißen entstehen.

Die Dramaturgie der *Bauernhochzeit*, jener russischen choreographischen Szenen, die Strawinsky auf der Basis bei Afanasiew und Kireievsky gefundener volkstümlicher Texte entwickelte, war eher simpel; von einer Simplizität freilich, die den schockierenden Eindruck einer nachhaltigen dramaturgischen Entschlackung des Genres bei den Zuschauern hinterließ.

Die Aufführung sollte nach meiner Idee den Charakter eines »Divertissements« haben, und so wollte ich das Werk auch nennen. Es kam mir nicht darauf an, die Gebräuche einer ländlichen Hochzeit genau nachzuzeichnen; ich hatte keinerlei Vorliebe für ethnographische Fragen. Ich wollte vielmehr selber eine Art szenischer Zeremonie erfinden, und ich bediente mich dabei ritueller Elemente aus jenen Gebräuchen, die in Rußland seit Jahrhunderten bei ländlichen Hochzeiten üblich sind. Diese Elemente jedoch dienten mir nur als Anregung, ich bewahrte mir durchaus die Freiheit, sie so zu verwenden, wie es mir paßte.

113

*Wie seinerzeit bei der »Geschichte vom Soldaten«, und auch
aus den gleichen Gründen, wollte ich den instrumentalen
Apparat wieder neben den Schauspielern (Tänzern) sichtbar
aufbauen und ihn gewissermaßen am Ensemble der szenischen
Aktion teilnehmen lassen. Deshalb sollte das Orchester auf der
Bühne spielen, und nur der restliche Raum sollte den Schauspielern vorbehalten bleiben. Daß die Bühnenkünstler russische Kostüme getragen hätten, während die Musiker im Frack
erschienen wären, hätte mich nicht im geringsten gestört, im
Gegenteil, das hätte genau meinem Plan des »Divertissements«
entsprochen: es hätte wie eine Maskerade gewirkt.[65]*

Doch die *Noces*, die er Diaghilew versprochen und gewidmet
hatte, wurden am 13. Juni 1923 im Pariser Théâtre de la Gaité
Lyrique nicht nach Strawinskys Vorstellungen realisiert, sondern
denen Diaghilews angepaßt. So entstand eine Produktion, die auch
für russisches Kolorit sorgte und weniger der Modernität des
Strawinsky-Konzepts gerecht wurde.

Im *Renard*, jener gesungen und gespielten Burleske, die von der
Eitelkeit des Hahns und der Schläue des Fuchses handelt, aber
auch davon, daß, wenn Katze und Ziege sich zusammentun, selbst
der Fuchs tödlich verwundbar ist – diese Burleske in einem Akt hat
Strawinsky für ein Kammerorchester konzipiert. Einem solistisch
besetzten Streichquintett fügt der Komponist fünf Holzbläser
sowie drei Blechbläser hinzu (Trompete und zwei Hörner) und
integriert das in einem Genfer Restaurant entdeckte Cymbalum in
ein großes Schlagzeug-Ensemble. Aber auch dieses Ensemble
übernimmt hier eine eher zurückgenommene Rolle.

In einem Vorwort, das Strawinsky der bei Chester erschienenen
Partitur des *Renard* beigab, äußert er sich auch über dessen
Dramaturgie:

*»Reineke« soll von Clowns, Tänzern und Akrobaten gespielt
werden, am besten auf einem Podest, mit dem Orchester
dahinter. Bei Aufführungen im Theater sollte man vor dem
Vorhang spielen. Die Spieler verlassen die Bühne nicht. Sie
treten während des kleinen Marsches, der als Einleitung dient,
gemeinsam auf, und ihr Abgang erfolgt in gleicher Weise. Alle
Spielrollen sind stumm. Die Singstimmen (zwei Tenöre und
zwei Bässe) sitzen im Orchester.*

---

[65] *Erinnerungen*, S. 102

Renard. Bühnenbildentwurf von Larionow

Man sieht, daß eine solche Trennung von schauspielerischer und sängerischer Aktion und der Gedanke, das Instrumentarium für jedermann sichtbar auf dem Podium zu placieren, in diesen Jahren zum musikdramaturgischen Repertoire Strawinskys gehört. Radikaler noch als Satie, der in *Socrate* (1918) auch das Zwiegespräch zwischen Sokrates und Phaidros von einer Stimme singen läßt, auf diese Weise jeden Versuch musikalischer Charakterisierung der Personen umgehend, vermeidet auch Strawinsky die Versuchung, zwischen einer Stimme und einer Person eindeutige Beziehungen herzustellen. Das gilt für den *Renard* ebenso wie für *Les noces*: dort äußert sich der Bräutigam beispielsweise einmal als Tenor und dann als Baß, und das Brautpaar singt einmal als Solisten-Trio und dann als Kombination zweier Frauenstimmen. Strawinskys Ästhetik der »offenen Karten«, wie man sie nennen könnte, sein Gespür für verborgene Sinnzusammenhänge in kühnen Arrangements visuell verschiedenartiger Elemente führte zwangsläufig zu einer »neusachlichen« Musiktheater-Konzeption, deren literarische, visuelle und musikalische Bausteine in der *Geschichte vom Solda-*

115

ten dann nurmehr locker aufeinander bezogen waren, der grundlegenden Konzeption so eine neue Qualität zuweisend.

Über die Wahl des Instrumentariums der *Histoire* hat Strawinsky in einer längeren Sequenz seiner *Erinnerungen* ausführlich Auskunft gegeben. Da der gesamte Apparat dieser Theaterproduktion im Kriegsjahr 1918 möglichst klein gehalten werden sollte – die *Histoire* sollte ja wie auf einem Thespis-Karren durch die Lande ziehen –, entschloß sich Strawinsky zu einer Lösung, deren Weg er in folgender Weise begründet[66]:

> *Das einfachste wäre gewesen, wenn ich ein polyphones Instrument, Klavier oder Harmonium gewählt hätte. Das letztere kam jedoch nicht in Frage, weil seine Dynamik so dürftig ist, daß sie keine klaren Akzente zuläßt. Das Klavier ist zwar als polyphones Instrument unendlich viel differenzierter, und besonders auf dem Gebiet des Dynamischen bietet es zahlreiche Möglichkeiten, aber auch auf dieses Instrument mußte ich verzichten, und zwar aus zwei Gründen: entweder hätte meine Partitur wie eine Klavierbearbeitung gewirkt, was einen ärmlichen Eindruck gemacht hätte – und das lag keineswegs in unserer Absicht –, oder ich hätte das Klavier als Soloinstrument behandeln und alle technischen Möglichkeiten ausnützen müssen, das heißt anders ausgedrückt, ich wäre gezwungen gewesen meine Partitur ganz klaviermäßig zu bearbeiten und aus ihr ein Virtuosenstück zu machen, um die Wahl des Instruments zu rechtfertigen.*
>
> *Ich sah also keine Lösung, als mich auf eine kleine Anzahl von Instrumenten zu beschränken, eine Besetzung, in der von den instrumentalen Gruppen jeweils die repräsentativen Typen, die hohen wie die tiefen, vertreten sind: von den Streichern als Violine und Kontrabaß; von den Holzbläsern die Klarinette – weil sie das größte Register hat – und das Fagott; vom Blech Trompete und Posaune und endlich Schlaginstrumente, soweit sie von einem Musiker bedient werden können, das alles, wohlverstanden, unter der Leitung eines Dirigenten.*[67]

---

[66] *Erinnerungen*, S. 75

[67] White: *Stravinsky*, S. 271, erinnert daran, daß Erik Saties Orchester für *Le piége de méduse* dem der *Histoire* ähnelt: Klarinette, Trompete, Posaune, Violine, Violoncello, Kontrabaß und Schlagzeug. Die *Falle der Medusa* wurde 1913 komponiert, aber erst 1921 uraufgeführt. Strawinsky wird diese Partitur ebenso wenig gekannt haben, wie die Besetzung der Jazzbands der Zeit, etwa der »Original Dixieland

Die Vorgeschichte der *Histoire* geht in das Jahr 1917 zurück, das für die Strawinskys ein schwieriges Jahr war. Im selben Jahr mußte Igor von seinem Bruder Gury Abschied nehmen, der an der Front in Rumänien dem Flecktyphus erlegen war, Abschied nehmen mußte er aber auch von Berta, der Kinderfrau, die im Verlauf der Jahrzehnte zu einer Vertrauten und Freundin der Familie geworden war[68].

1917 war aber auch das Jahr der russischen Oktober-Revolution, und diese Revolution hatte für Igor Strawinsky einschneidende Folgen. Von seinen ohnehin geringen Einnahmen, die ihn gelegentlich noch aus Rußland erreichten, war er nun gänzlich abgeschnitten. Und Strawinsky mußte unter allen Umständen versuchen, durch ein neues Projekt die Existenz seiner großen Familie zu sichern.

Freilich, auch seine Schweizer Freunde, unter ihnen Ansermet, der Maler Auberjonois und Ramuz, der Erzähler, hatten unter der zunehmenden, durch den fortdauernden Krieg bedingten Isolation der Schweiz zu leiden. So kamen Strawinsky und Ramuz eines Tages auf den Gedanken, *mit möglichst geringen Mitteln eine*

Jassband«, deren erste Platte 1917 bei *Victor* erschien und die typische Besetzung hatte: Klarinette, Cornett, Posaune, Klavier und Schlagzeug. – In *Dialogues and a Diary* (S. 54) erklärt Strawinsky unmißverständlich, daß Ansermet ihm im Jahre 1918, von einer Amerika-Tournee zurückkehrend, ein ganzes Bündel Ragtime-Musik mitgebracht habe: Klavierfassungen und Stimmen, die er zur Partitur zusammenfügte. Diese originalen Ragtime-Stücke vor Augen, habe er den Ragtime der *Histoire* und später den Ragtime für 11 Instrumente notiert. Erst im Jahre 1919 habe Strawinsky die ersten Jazzbands erlebt und herausgefunden, daß »jazz performance« sehr viel interessanter als Jazzkomposition sei. – In Grete Wehmeyers Buch über Erik Satie findet sich der zitierte Hinweis, daß Strawinsky im Jahre 1916 Satie Jazzschallplatten vorgespielt und so den Cakewalk in *Parade* und den *Ragtime du paquebot* angeregt habe. Aber der Cakewalk hatte Paris bereits im Jahr 1904 erobert, und Debussy portraitierte ihn 1905 in seinem Klavierzyklus *Children's corner*. Im gleichen Jahr wurde der Cakewalk durch den Tango als Modetanz abgelöst – verfolgt von seiner Eminenz Kardinal Amette, dem Erzbischof von Paris. Grete Wehmeyer: *Erik Satie*, Regensburg 1974, S. 179

[68] *Gespräche*, S. 10. *Wirklich nahe stand mir in meiner Familie nur mein Bruder Gury. Meiner Mutter gegenüber gab es für mich lediglich »Pflichten«, und meine Gefühle konzentrierten sich auf Berta, unsere Kinderwärterin. Berta stammte aus Ostpreußen und konnte fast kein Russisch, und so war Deutsch die Sprache meiner Kinderstube. Vielleicht sollte ich Berta vorwerfen, daß sie mich verwöhnte (so etwa wie Byron wohl durch May Gray in Aberdeen verwöhnt wurde), aber ich tue es nicht. Sie lebte lange genug, um auch noch meine Kinder zu pflegen, und sie war seit vierzig Jahren in meiner Familie, als sie schließlich in Morges starb. Ich habe mehr um sie getrauert als später um meine Mutter.*

Ramuz und Strawinsky 1918

Wanderbühne zu gründen, die man leicht von Ort zu Ort schaffen und auch in ganz kleinen Lokalen vorführen kann.

Ansermet sollte in diesem Unternehmen die Rolle des Kapellmeisters übernehmen, René Auberjonois die Kostüme und das Bühnenbild entwerfen. Als nach langem, entnervendem Suchen sich schließlich ein Mäzen für dieses Unternehmen fand, als der Winterthurer Industrielle Werner Reinhart durch seine Sympathie und Anteilnahme die Beteiligten ermutigte und das Projekt förderte, konnten Ramuz und Strawinsky an die Arbeit gehen.

Igor Strawinsky hatte im Frühjahr 1917[69] Afanasiews berühmte Anthologie russischer Märchen wieder in die Hand genommen und war auf einen Kreis von Erzählungen aufmerksam geworden, in denen über die Zeit Nikolaus I., die Zeit der russisch-türkischen

[69] White: *Stravinsky*, S. 265

Kriege und ihrer unmenschlichen Rekrutierungspraxis berichtet wird[70]. In allen diesen Erzählungen wird der Soldat, merkwürdig genug, mit dem Teufel konfrontiert.

So macht der Soldat den Teufel einmal betrunken, bietet ihm darauf eine Handvoll Schrot, und als der Teufel, der Kaviar in seinen Händen zu halten glaubt, die Schrotkugeln gierig herunterschlingt, muß er sterben. In einem anderen Legenden-Kreis geht die Sache freilich nicht so glimpflich ab, sondern die Geschichte eines Deserteurs endet allemal damit, *daß ihm der Teufel mit unfehlbarer Kunst stets die Seele abgewinnt.*

Strawinsky spürte hier eine Konstellation auf, ein intimes Drama, das ihn noch in seiner Oper *The Rake's Progress* beschäftigen wird. Dort allerdings verfällt Tom Rakewell nicht dem Teufel, sondern seine Seele verdämmert im Wahnsinn.

Charles Ferdinand Ramuz fühlte sich von diesem Legendenkreis um den Soldaten und den Teufel so angeregt, daß er sofort mit der Arbeit an der *Histoire du soldat* begann. Und da er ein begabter Romancier und kein Dramatiker war, gab es keinen Zweifel darüber, daß die *Histoire* epischen Charakter haben würde.

Ein Rezitator, für jedermann sichtbar auf der Bühne placiert, sollte die Geschichte des Soldaten erzählen und sie kommentieren, und die Rollen des Teufels und des Soldaten sollten zwei Schauspieler übernehmen, die entweder pantomimisch oder miteinander dialogisierend das Geschehen verdeutlichen und gelegentlich auch mit dem Erzähler in Verwicklungen geraten würden. Schließlich einigte man sich auch darauf, daß die Rolle der Prinzessin von einer Tänzerin dargestellt und als stumme Rolle gespielt und die getanzten Augenblicke der Rolle des Teufels einem Tänzer anvertraut werden sollten.

Ramuz entwarf eine Geschichte, die erzählt, gespielt und getanzt wird, und gliederte sie in zwei Teile zu je drei Szenen.

Die Szenen des ersten Teils spielen am Bach, an einem Kreuzweg auf offenem Feld und in einem Zimmer. Der Soldat ist auf dem

---

[70] Eberlein: *Musikanschauung*, S. 147. Strawinsky greift nicht nur das Motiv der Verdammnis des russischen zwangsrekrutierten Soldaten vor 1917 auf, sondern auch die hoffnungslose Rückkehr, die keine mehr sein kann, denn der Soldatendienst unter dem russischen Zaren Nikolaus I. kam einer 25jährigen Verurteilung als Strafgefangener gleich. Darum wollten die jungen Leute lieber Leibeigene bleiben. Aber immer wieder geschah das gleiche: der zum Militärdienst bestimmte Mann wurde hinterrücks und unerwartet von zwei Polizeisoldaten überrumpelt und festgenommen.

Weg in sein Heimatdorf, um dort einen vierzehntägigen Urlaub zu verbringen. Der Teufel spricht ihn an, und sie tauschen Geschenke aus: der Soldat verschenkt seine Fiedel und erhält ein Zauberbuch; schließlich bittet der Teufel ihn auch um eine kleine Gefälligkeit: könne man nicht drei Tage seines Urlaubs miteinander verbringen?

In der zweiten Szene entdeckt der Soldat, daß er drei Jahre fort war. Der Teufel erscheint und eröffnet ihm, daß das Zauberbuch ihn reich machen könne. In der dritten Szene will der reiche Soldat dem Teufel, der sich als Kramhändlerin verkleidet, die Fiedel wieder abkaufen. Aber er bringt keinen Ton mehr aus dem Instrument heraus und wirft beides von sich: Fiedel und Zauberbuch.

Die drei Szenen des zweiten Teils spielen im Palast, im Zimmer der Prinzessin und wiederum, wie in der zweiten Szene des ersten Teils, beziehungsvoll an einem Kreuzweg auf offenem Feld.

Der arme Soldat kommt in eine Stadt, dessen Prinzessin krank ist. Darum soll, wer ihr zu helfen vermag, sie heiraten dürfen. Im Städtchen trifft der Soldat den Teufel, der sich als Violinvirtuose verkleidet; der Soldat spielt mit ihm Karten, verliert, er macht den Teufel betrunken und gewinnt so seine Fiedel zurück.

Nun betritt der Soldat das Zimmer der Prinzessin und spielt auf seiner Fiedel vor. Aber als sie ihn glücklich umarmen will, erscheint der Teufel, und der Soldat muß um sein Leben geigen, so lange, bis der Teufel sich in Krämpfen windet und das Paar ihn zur Seite schleppen kann.

Das glückliche Paar heiratet. Der Soldat aber möchte beides, das neue Glück und das der Heimat miteinander versöhnen. So machen sich beide auf und geraten an jenen Kreuzweg, an jene Grenze, an der der Teufel lauert und den Soldaten davonträgt.

Zwischen den beiden Teilen der *Geschichte vom Soldaten* gibt es musikalisch eine gewisse Disproportion. Während die ersten drei Szenen mit insgesamt drei musikalischen Nummern haushalten müssen, entfaltet Strawinsky im zweiten Teil, in insgesamt acht Nummern, seine große Charakterisierungskunst. Eingeleitet werden beide Teile durch den Marsch des Soldaten.

So wird die Atmosphäre des Palastes durch einen *Königsmarsch* charakterisiert, auf den ein *Kleines Konzert* folgt. Prinzessin und Soldat begegnen sich bei *Tango*, *Walzer* und *Ragtime*, ein *Teufelstanz* schließt sich an. Und während die Liebenden sich umarmen, erklingt ein *Kleiner Choral*. Der Teufel interveniert mit einem Song, und der Vorhang der vorletzten Szene schließt sich beim

Die Geschichte vom Soldaten.
Gemälde von Auberjonois: Strawinsky, der Maler, Ramuz

Großen Choral, die sechste Szene wird mit dem *Triumphmarsch des Teufels* beendet.

Die insgesamt elf Musiken, die Strawinsky für die *Histoire* komponierte, sind aber nicht nur in sich abgeschlossene Nummern, von denen er später acht zu einer Instrumental-Suite zusammenfügte, sondern die einzelnen Sätze haben auch durchaus unterschiedliche Funktionen. So hat der *Marsch des Soldaten* beispielsweise die Funktion einer musikalischen Folie, in die hinein der Erzähler seinen Bericht spricht, die Tänze werden auch als Gebrauchsmusik genutzt, und andere Nummern eröffnen einen begrenzten Assoziationsraum (Szene am Bach – die beiden Choräle).

Ernest Ansermet[71] machte darauf aufmerksam, daß der *Walzer* aus der *Geschichte des Soldaten* beispielsweise *alle erforderlichen Eigenschaften eines Walzers à la Musette-Ball oder Erntefest* habe, *und beim Musette-Ball lösen die Spieler der Melodieinstrumente –*

[71] Ansermet: *Grundlagen*, S. 571

Violine, Klarinette, Piston – einander ab, sie spielen aus dem Gedächtnis und zuweilen nach Gutdünken, was ihnen gerade einfällt, wodurch die Begleitstimmen in Verlegenheit geraten und falsche Bässe und oder falsche Harmonien spielen, nur noch darauf erpicht, um jeden Preis den Takt zu halten.

Strawinskys *Walzer* sei die ästhetische Vision des ländlichen Walzers, die die ganze von außen her beobachtete Expressivität dieser Walzer wahrt, aber nicht die harmonische Gesetzmäßigkeit, noch auch die formale Symmetrie des durch das musikalische Bewußtsein von innen herausgehobenen Walzers.

Walzer

In diesem Sinne *ästhetische Visionen* musikalischer Formen sind aber nahezu alle elf Nummern aus denen die *Histoire* zusammengefügt ist. Strawinsky hatte keinen Grund, die gewählten Formen als Gattungsvertreter ernst zu nehmen, er wollte weder einen brauchbaren Militärmarsch schreiben, nach dem man marschieren kann, noch einen Choral, der im Gottesdienst gesungen werden könnte. Er schrieb Theatermusik, die sich in einem bestimmten szenischen Zusammenhang einfügen und ihn charakterisieren sollte, und darum ließen ihm die gewählten Formcharaktere auch einen gewissen interpretatorischen Spielraum. Diesen hat er zweifellos genutzt. Umgekehrt wären die komponierten Formen als Karikaturen der alten Charaktere völlig mißverstanden. Es sind wohl eher Porträt-Typen von Formcharakteren geworden. Hier sei dieser Terminus benutzt, weil der Komponist ihn einführte, um seinen *Ragtime für 11 Instrumente* (1918) zu charakterisieren.

Der Eindruck, den sie (die Jazzmusik) auf mich machte, schreibt Strawinsky in seinen *Erinnerungen*, war so lebendig, daß mir der

Gedanke kam, eine Art »Portrait-Typ« dieser neuen Tanzmusik zu entwerfen und ihm das Gewicht eines Konzertstücks zu geben, so wie es frühere Musiker zu ihrer Zeit mit dem Menuett, dem Walzer, der Mazurka gemacht haben.[72]

Ein Porträt-Typ ist aber auch der *Große Choral*. Seine Würde wird nicht allein durch das »festliche« Instrumentarium (Klarinette, Fagott, Kornett, Posaune, Violine und Kontrabaß) inszeniert, sondern durch die vielfältigen Fermaten, die üblicherweise von der Gemeinde erzwungen werden, wenn sie schleppend zur Ehre Gottes singt. Komponiert ist hier aber auch das Konglomerathafte vieler Kirchengesänge, komponiert sind gewisse typische Wendungen, etwa der aufsteigende chromatische Gang im Baß, komponiert ist auch der Nachhall des Kirchenraums: als Streichersüße.

Großer Choral

Die Vorlesungen der moralistischen Strophen erfolgt jeweils auf den ausgehaltenen Fermaten.

Doch wird der Choral als Ausdruck gläubigen Bekennens auf diese Weise keineswegs karikiert. Seine textlosen Phrasen sind vielmehr deutlich, mit einer gewissen zeitlupenhaften Übertreibung komponiert, wodurch das Stück sowohl als Choral wie auch in seiner Funktion als Theatermusik beobachtbar und analysierbar wird.

Die *Tango*, *Walzer*, *Ragtime* überschriebenen Stücke sind hier, wie schon erwähnt, keine Tänze mit wirklichem Gebrauchswert, sondern musikalische Konzentrate, die aus der Beobachtung zeitgenössischer Tänze entstanden und das Wesentliche der Modelle in intelligenten musikalischen Formulierungen zusammenziehen. So komponiert Strawinsky die Elegance und aristokratische Gelenkigkeit des *Tangos*, und am *Walzer* betont er jenes verhetzte Sich-Drehen, das unverwechselbar zum volkstümlichen Typus gehört. Harmonisch aber klappert der Walzer offenbar in den Scharnieren der ersten und fünften Stufe, und die verzweifelt überanstrengte Gestik des Tanzgeigers scheint mitkomponiert.

Auffallend an vielen Nummern der *Geschichte vom Soldaten* ist auch eine Tendenz zum *ostinato*[73]. Aber wie reich und charakterisierend ist dieses eher bescheidene musikalische Kunstmittel hier eingesetzt: als Impuls des Ausschreitens, des gelösten Heimwanderns im *Marsch des Soldaten*, als musikalische Figur der Unruhe und szenischen Spannung während der ersten Begegnung mit dem Teufel, als trocken geschlagene, hastige Zählzeit im *Walzer* und als Murky-Baß[74] im Chanson des Teufels, ebenfalls Dringlichkeit signalisierend.

Es ist, als ob vor den Augen des Zuschauers unabwendbar das Geschehen seinen Lauf nähme, allen Versuchen der Akteure zum Trotz. Aus solcher Unabänderlichkeit resultiert die ostinate Figur. Auch die Szene am Bach, die *Pastorale*, eines der wenigen Stücke der *Histoire*, das nicht durch sich unermüdlich wiederholende Gestik vorangetrieben wird, hält fest an der musikalischen Haltung der *Geschichte vom Soldaten*, an ihrem Gestus: die *Pastorale*, diese »Miniatur aus Tristesse«, atmet musikalisch nicht als espressive Entwicklung, auf diese Weise vielleicht eine Art momentaner

---

[73] *Gespräche*, S. 179. *Die Funktion des Ostinato ist statisch, d. h. der Entwicklung entgegengesetzt. Bisweilen benötigen wir einen Gegensatz zur Entwicklung. Irgendwie wurde jedoch ein verderblicher Kunstgriff daraus, den viele von uns zu häufig anwendeten.*

[74] nachschlagende Oktaven oder Quinten, hier ein ostinater c-e-g-Klang

Befreiung bewirkend, sondern erstarrt zu beobachtbaren Bildern von Trauer.

Das Erstaunliche an der *Histoire du soldat* ist nicht allein die musikalische Meisterschaft Strawinskys oder die vollendete Einrichtung der Erzählung durch Ramuz; faszinierend ist vor allem auch ihre Dramaturgie. Lange bevor Brecht seine Theorie des Epischen Theaters, seine nicht-aristotelische Dramaturgie ausarbeitete, praktizierte Strawinsky bereits Aspekte dieser augenscheinlich so neuen Darstellungsform auf dem Theater. In der Tat ist die Haltung des Brecht-Theaters dem chinesischen, dem ostasiatischen Theater nachgebildet, wie Brecht mehrfach zu erkennen gab[75].

Das Auseinander der dramaturgischen Elemente Erzählung, Darstellung und optischer Kommentar sowie die Präsenz des Instrumentalensembles auf der Bühne hat Brecht später, etwa in der *Mutter Courage*, realisiert. Die lockere Anordnung der Gesamtform durch die Reihung in sich selbständiger, auch als einzelne musikalische Gebilde sinnvoller Nummern wird Weill in seinen musiktheatralischen Arbeiten nutzen: in *Mahagonny* ebenso wie in der *Dreigroschenoper* oder in seinen Musical-Arbeiten für Hollywood oder den Broadway. Brecht, Weill und Strawinsky sind offenbar aber auch Erben Erik Saties, der in seinem Klavierauszug von *Parade* (1916/17) pointierend notiert: *Die Direktion behält sich das Recht vor, die Reihenfolge der Nummern der »Parade« zu ändern.* Geändert wurde allerdings nicht die Reihenfolge der Nummern, sondern mitunter lediglich deren Anzahl.

Es ist auffällig, daß in *Parade* nicht nur ein gewisser Vorgriff auf den Formenkanon Strawinskys in der *Histoire* zu beobachten ist – neben *Cakewalk* und *Ragtime* findet sich auch ein *Choral* – Cocteau's Szenario und Regie favorisiert auch die enge Verzahnung und Gleichberechtigung der dramaturgischen Mittel, wie sie bereits Fokin in einem Brief an die Londoner *Times* im Jahre 1914 gefordert[76] und Strawinsky bis zu einem gewissen Grad bereits in *Les noces* und *Renard* praktiziert hatte.

Aber Strawinsky befindet sich auch noch in einer gleichsam grundlegenden, die Elemente seiner Sprache betreffenden Schicht in Kontakt mit Brechts Ästhetik, deren Perspektivität sehr früh

---

[75] Bertolt Brecht: *Gesammelte Werke* 16, Frankfurt/M. 1967, S. 622, *Der Messingkauf. Verfremdungseffekte in der chinesischen Schauspielkunst: Dem westlichen Schauspieler kommt das Spiel der chinesischen Artisten vielfach kalt vor. Nicht als ob das chinesische Theater auf die Darstellung von Gefühlen verzichtet! Der Artist selbst stellt Vorgänge von großer Leidenschaftlichkeit dar, aber dabei bleibt sein Vortrag ohne Hitzigkeit. In Augenblicken tiefer Erregung der dargestellten Person nimmt der Artist eine Haarsträhne zwischen die Lippen und zerbeißt sie. Aber das ist wie ein Ritus, alles Eruptive fehlt ihm.*

[76] Wehmeyer: *Satie*, S. 194. *Das neue Ballett lehnt es ab, der Sklave der Musik oder des Bühnenbildes zu sein und erkennt die Zusammenarbeit der verschiedenen Künste nur unter der Voraussetzung ihrer vollkommenen Gleichberechtigung an. Damit gibt es sowohl dem Musiker wie dem Bühnenbildner seine wirkliche Freiheit* (Fokin, 1914, Brief an die Londoner *Times*).

126

sichtbar wurde[77]. Strawinsky mutet der einzelnen musikalischen Formulierung nicht zu, psychogrammatische Chiffre in einem expressionistischen Kontext zu sein; sein formarchitektonisches Konzept besteht nicht auf der Einzigartigkeit, der Originalität der einzelnen musikalischen Konstellation. Seine künstlerische »Biologie«, der Kontrolle eines gleichsam zweidimensionalen Klangkontinuums musikalischer Vorstellungen und Erfindungen ergeben, duldet kein Abheben in den Raum, kein Sich-Verlieren, kein Sich-Überlassen, keine Gestik der Sehnsucht oder der Angst, sondern besteht auf der Formulierung des Augenblicks durch das konzentrierende musikalische Wort.

In der künstlerisch konzentrierenden Darstellung von Charakteren und Atmosphären, in der präzisen gestischen Ausleuchtung visuell wahrnehmbarer Vorgänge oder Szenerien ist Strawinskys Musik unermüdlich. Selbst die musikalische Auseinandersetzung mit tradierten Formen geschieht aus der Perspektive seiner spezifischen Begabung, die jede formenspezifische oder stilspezifische Gestik von Musik kompositorisch zu pointieren und auf diese Weise ihre Essentia zum Sprechen zu bringen. Das ist das Geheimnis der überraschenden Authentizität seiner *Porträt-Typen*. Adornos vielzitierte Formel, Strawinsky schreibe Musik über Musik, trifft nicht den Kern des Verfahrens, das von der Paraphrase ebenso entfernt ist wie Strawinsky von musiksprachlicher Selbstaufgabe. Alle seine Kompositionen, die mit Modellen umgehen, bewahren ihre Individualität gerade darin, daß Strawinsky sie in sein musikalisches Weltbild integriert, in die Konkretion seines pulsierenden Zeitkontinuums, dem die musikalische Genußfähigkeit der »Belle Epoque« ebenso fremd ist wie Beardsley-Träume oder die Utopien des Expressionismus Schönbergscher Provenienz. Strawinskys kompositorische Hoffnung sagt: »jetzt«, sagt »hier«, sagt »in diesem Augenblick«. Darin hat seine Musik ihre

---

[77] Brecht, a. a. O., Bd. 15, S. 55 und 57. 1920: *Ich weiß nicht, warum die Jüngsten so krampfhaft an ihrem Material herumneuern und mit der Reform bei der Sprache anfangen, die doch recht eigentlich das Unbedachteste, Leichtwiegendste, Schwebendste sein soll und deren ganzer Reiz verblaßt, wenn sie absichtlich wirkt und willkürlich. [...] Wozu neue Steine wählen, wo die Architektur so unendlich viel Platz für neue Ideen hat. [...] – 1921: Ich beobachte, daß ich anfange ein Klassiker zu werden. Diese äußerste Kraftanstrengung, gewisse »banale oder rasch banal werdende« Inhalte mit allen Mitteln herauszuschleudern! Man rügt den Formendienst der Klassik und übersieht, daß es die Form ist, die dort Dienste leistet. [...]*

Unmittelbarkeit, ihre Faßlichkeit – nicht aber in der protokollier-
ten Hitze des Über-sich-hinauswachsen-Müssens.[78]

Die Lausanner Premiere der *Geschichte vom Soldaten*, die Strawinsky überaus zufriedenstellte – George und Ludmilla Pitoeff
hatten die Tanzszenen des Teufels und der Prinzessin übernommen, drei Lausanner Studenten die Rollen des Soldaten, des
Teufels und des Rezitators, Ansermet begeisterte durch seine hohe
Kunst musikalischer Nüchternheit der Darstellung –, blieb für
längere Zeit auch die letzte. In der Schweiz war die Spanische
Grippe ausgebrochen, und diese Epidemie bemächtigte sich nicht
nur der Protagonisten, der Musiker und des Managements, sondern raffte auch die potentiellen Zuhörer dahin. *So zerrannen
unsere schönen Pläne in nichts.*

Pulcinella

Die lange Reihe kammermusikalisch inspirierter Werke, die Igor
Strawinsky in seinem Schweizer Refugium in Morges am Genfer
See geschrieben hatte, wurde zuletzt, ein Jahr nur vor seiner
Übersiedelung nach Frankreich, mit einer Ballett-Partitur besie-
gelt, deren Eleganz und Eigenart zugleich auch Strawinskys kom-
positorische Zukunft erhellte.

Pulcinella, dieses einaktige Ballett mit Gesang, das am 20. April
1920 beendet und in einer bejubelten Premiere am 15. Mai im
selben Jahr vorgestellt wurde, schrieb Strawinsky nach kompositorischen Vorlagen des neapolitanischen Komponisten Giovanni
Battista Pergolesi, die Sergej Diaghilew in Neapel und London

---

[78] *Swadjebka (Les Noces): Eine Instrumentation*, in: Igor Strawinsky mit Robert
Craft: *Erinnerungen und Gespräche*, Frankfurt/M. 1972, S. 160. *Ich bin kein
Mystiker; ich muß Musik auch berühren, nicht nur denken, und deswegen war es in
diesem Falle notwendig, daß ich die Zymbalonschlägel gehandhabt, mich mit den
Registriermöglichkeiten des Harmoniums vertraut gemacht (es war ein zweimanuali-
ges Instrument: ich habe die Quittung über eine Jahresmiete noch), auf der kleinen
Trommel einfache Vor- und Randschläge probiert und sogar das Tamburin geschüt-
telt habe. So unzuverlässig mein Gedächtnis auch ist, was Daten und Orte betrifft,
weiß ich doch genau die Position von jedem Instrument dieses kleinen Orchesters in
meinem Zimmer. Das hat seinen Grund wohl darin, daß meine akustische Wirklichkeit – zweiseitig in meinem Fall, nicht kreisförmig, wie mir jedesmal klar wird, wenn
»räumliche Musik« mich in den Nacken schlägt – Teil meiner biologischen Wirklichkeit ist.*

entdeckt hatte[79]. Mit *Pulcinella* orchestrierte und bearbeitete Strawinsky aber nicht nur frühe Musik des 18. Jahrhunderts – einem alten Verfahren der Parodie[80] offenbar zuneigend – sie gänzlich neu disponierend und zu einem neuen Ganzen zusammenfügend; Strawinsky erfüllte Diaghilew und sich selbst auf diese Weise einen lang gehegten Wunsch. Seit Picasso und Strawinsky im Jahre 1917 einige Wochen des Einverständnisses in Rom und Neapel miteinander verbracht hatten – alten italienischen Aquarellen und den Bühnen der Commedia dell'Arte leidenschaftlich ergeben –, wartete der Komponist auf eine günstige Gelegenheit, mit Picasso künstlerisch zusammenarbeiten zu können. Schließlich gehörte er nicht erst seit der Aufführung von Saties *Parade*, dessen Kostüme und Bühnenbilder Picasso entworfen hatte, zu den Bewunderern des spanischen Malers.

Aber auch in einem ganz konkreten Sinne waren diese Wochen in Rom und Neapel, in denen Strawinsky vielen alten Freunden wiederbegegnete und mit den »Ballets russes« zusammenarbeitete, zu einer Art Ausgangspunkt für *Pulcinella* geworden. Denn

---

[79] V. Stravinsky/Craft: *Pictures*, S. 185. Strawinsky erhielt Kopien von Werken Pergolesis, die im Auftrag des Konservatoriums in Neapel von Prof. A. Ricci verkauft worden waren: Auszüge aus Opern Pergolesis – *Il Flaminio, Il Fratello Innamorato* –, aus der Cantata IV und einer Sinfonia für Violoncello und basso. Von anderen Kopien aus dem Bestand des Britischen Museums in London, die ihm E. van der Stracten zugänglich machte, einzelne Sätze aus den sogenannten 12 Sonaten Pergolesis – ihre Echtheit ist ja keineswegs erwiesen –, hat Strawinsky folgende genutzt: Sonate 1, Satz I – Sonate 2, Satz I + III – Sonate 3, Satz III – Sonate 8, Satz I – Sonate 12, *Presto*. Einer Sonata 7 pour clavecin entnahm Strawinsky ein *Allegro*. Die Herkunft eines weiteren Manuskripts mit Sinfonien und Concerti grossi sei unbekannt. Zu vergleichbaren Resultaten kommt auch White: *Strawinsky*, S. 285.

[80] Als musikwissenschaftlicher Terminus bezeichnet der Begriff »Parodie« ein kompositorisches Verfahren der Umformung eines bestehenden Tonsatzes oder eines ganzen Werkes – etwa einer Messe (Parodie-Messe) – zu einem neuen Ganzen: eine übliche Praxis bis zum 18. Jahrhundert, die oft tief in die parodierte Komposition eingreift, Stimmen ergänzt oder eliminiert, melodische, harmonische und rhythmische Dispositionen ändert, Teile neu komponiert, andere wegläßt.

Voraussetzung für dieses historische Verfahren der Parodie ist die stilistische Einheit der je zeitgenössischen Musik. Aus diesem Grunde ist es fraglich, ob Strawinskys Adaptionen der Partituren Gesualdos, Tschaikowskys oder Pergolesis – um nur die auffälligsten Beispiele zu nennen – sinnvoll unter diesen Begriff zu subsumieren sind. Strawinskys Eingriffe fügen sich den Vorlagen keineswegs geschmeidig ein, er komponiert auch nicht im »Alten Stil«, sondern in jedem Augenblick bleibt die Distanz zum historischen Modell spürbar. Die Vorlagen werden verfremdet, und dieses Verfahren bewirkt freilich auch einen neuen, zeitgenössischen Blick auf die adaptierten Werke.

hier hatte Strawinsky nicht nur seinen *Feuervogel* dirigiert und sein Orchesterstück *Feu d'artifice* zusammen mit den dekorativen Lichteffekten des italienischen Futuristen Balla aufgeführt, sondern in Rom und Neapel war auch die zweite choreographische Arbeit des jungen, von Diaghilew geliebten und protegierten russischen Tänzers Leonid Massine herausgekommen; ein Ballett nach der Musik Domenico Scarlattis, das der italienische Generationsgenosse Strawinskys, Vicenzo Tommasini, geschrieben hatte: *Le donne di buon umore* (1917). Diese Produktion der »Ballets russes« war nicht die einzige, die die Musik des 18. bzw. 19. Jahrhunderts als tänzerische Vorlage nutzte: Ottorino Respighi arrangierte 1919 für Diaghilew die Ballettmusik *Der Zauberladen* nach Themen Gioacchino Rossinis.

Als Diaghilew und Strawinsky sich im Frühjahr des Jahres 1919 nach mancherlei Querelen wiedersahen, erzählte Strawinsky dem alten Freund begeistert von seinem neuen Werk für das Musiktheater, von *L'histoire du soldat*. Diaghilew aber, verletzt und eifersüchtig reagierend, lehnte die Übernahme der *Geschichte vom Soldaten* in das Repertoire der »Ballets russes« ab. Stattdessen plante er, das verlorene Schaf Igor in den Schoß der Ballett-Compagnie durch eine Produktion von Strawinskys sinfonischer Dichtung *Der Gesang der Nachtigall* zurückzuführen. Henri Matisse sollte die Kostüme und Dekorationen entwerfen und Massine die Choreographie übernehmen. Strawinsky, der die *Nachtigall* für das Konzertpodium bestimmt hatte, konnte diesen Vorschlag zunächst nicht akzeptieren. Diaghilew, der hartnäckige und geniale Verführer, gewann Strawinskys Interesse schließlich mit dem Vorschlag, er solle ein Ballett nach Musik Pergolesis komponieren[81]:

> *Der Erfolg der »Gutgelaunten Frauen« nach der Musik von Scarlatti hatte ihn auf den Gedanken gebracht, ein neues Stück herauszubringen über die Musik eines anderen berühmten Italieners, den ich, wie er wußte, schätzte und bewunderte: Pergolesi. [...] Er wollte mich anregen, die Musik zu einem Ballett zu komponieren, dessen Stoff einer Sammlung verschiedener Erzählungen entnommen werden sollte, die die Liebesabenteuer Pulcinellas schildern. Ich war von dem Plan sehr entzückt. Die neapolitanische Musik Pergolesis, ihr volks-*

---

[81] *Erinnerungen*, S. 82

tümlicher und zugleich spanisch-exotischer Charakter hatten es mir seit jeher angetan. Picasso, den ich sehr schätzte, dessen Kunst mich besonders ansprach, und mit dem mich Erinnerungen an gemeinsame Spaziergänge in Neapel verbanden, sollte die Dekorationen und Kostüme entwerfen. Mit Vergnügen dachte ich an den Genuß, den mir die Choreographie von Massine für die »Gutgelaunten Frauen« bereitet hatte. [...] Das alles half mir, die Bedenken zu überwinden, die mich angesichts dieser Aufgabe überfielen.

Das Sujet des Balletts entnahmen die Autoren einem in Neapel aufgefundenen Manuskript aus dem Jahre 1700, in dem sich mehrere Komödien im Stile des volkstümlichen neapolitanischen Theaters fanden. Die ausgewählte Episode hieß: *Die vier gleichen Pulcinellas*.[82]

Für die acht Szenen des Balletts schrieb Strawinsky fünfzehn musikalische Nummern. Das fünfunddreißigminütige Werk wird mit einer Orchester-Ouvertüre eröffnet und breitet allmählich den Formenkanon der zeitgenössischen Kammer- und Kirchen-Sonate aus: Tanzsätze, eine Gavotte mit Variationen und ein Menuett finden sich ebenso wie konstrastierende *Allegro-Largo*-Gruppierungen. Integriert in den instrumentalen Zusammenhang werden Arien aus Opern Pergolesis für Sopran, Tenor und Baß, die das Geschehen kontrapunktieren und deren Texte im Stile der Schäferpoesie des Rokoko verfaßt sind. So beginnt die berühmte Arie *Se tu m'ami*, deren Komponist unbekannt ist, mit den Worten: *Gilt nur mir dein seufzend Klagen, lieblicher Schäfer, vermagst du's zu sagen? Deine Qual verdient mein Mitleid, deine Liebe macht mein Herz weit.*

Die Bearbeitung des historischen musikalischen Materials durch Igor Strawinsky für ein kleines Orchester – in Solo-Episoden und Tuttigruppen gegliedert, für Streicher, Trompete, Posaune und Holzbläser ohne Klarinette, um dem Klang des zeitgenössischen

---

[82] Alle jungen Mädchen sind in Pulcinella verliebt. Eifersüchtig entflammt, beschließen ihre Verlobten, Pulcinella zu töten. Sie kleiden sich wie Pulcinella, treten so vor ihre Mädchen und schlagen den vermeintlichen Pulcinella nieder, der indes seinen Platz mit dem Double Fourbo tauschte. Pulcinella verkleidet sich als Zauberer, erweckt sein Double zu neuem Leben und offenbart sich den verlobten Paaren gerade in dem Augenblick, als die jungen Männer glauben, ihren Rivalen nun endgültig beseitigt zu haben. Pulcinella verheiratet nun alle und nimmt selbst Pimpinella zur Frau mit dem Einverständnis von Fourbos, der ein Zaubergewand anlegt.

Orchesters am Beginn des 18. Jahrhunderts möglichst nahe zu sein – geschieht auf ebenso diskrete wie konsequente Weise.

In der Schicht der Harmonik finden sich nur die berühmten neapolitanischen Sexten[83], sondern auch andere Sekundbeifügungen sowie eine Tendenz zur Überlagerung von Tonika-Dominant-Klängen. Der zweistimmige Satz der Originale wird von Strawinsky nicht nur melodisch und harmonisch angereichert, sondern gelegentlich auch reduziert, »enthäutet«.

So wird im Vorspiel zur Arie *Contento forse* beispielsweise die Begleitstimme zur ostinaten Dreitonformel und in der nachfolgenden Arie zu ostinaten flächigen Akkorden zusammengezogen.

Ohne der innigen, gleichsam natürlich sich aussingenden Musik Pergolesis und anderer anonymer Komponisten an Glanz und Eleganz zu nehmen, besteht Strawinsky überraschend doch immer wieder auf seiner Kunst plötzlicher Asymmetrien, repetitiver Entwicklungen oder scheinbar leerlaufender tokkatenartiger Verläufe. Die Originale werden pointiert, so wie es seiner grundsätzlichen kompositorischen Haltung entspricht. Strawinsky lernt von Pergolesi und grundsätzlich durch die kompositorische Reflexion dieser kammermusikalischen Handschriften jenes Regelwesen des 18. Jahrhunderts schätzen, das ihn noch mehrere Jahrzehnte

---

[83] Neapolitanischer Sextakkord oder »Neapolitaner« und seine Verwendung in der Kadenz war für die Musik der neapolitanischen Operntradition des 18. Jh. typisch: der auflösungsbedürftige Sextklang d, f, b beispielsweise vertritt den eigentlichen Mollklang der vierten Stufe d, f, a.

Figurinen von Picasso

beschäftigen wird. In *Pulcinella* so scheint es, möchte er die Musik Pergolesis im rauhen Klima des 20. Jahrhunderts umhegen; sein Arrangement bemüht sich spürbar, die Identität der historischen Sprache zu bewahren. In den Partituren der zwanziger Jahre dann dient die Aneignung der Formen, Formprinzipien und des musikalisch-gestischen Repertoires des 18. Jahrhunderts nur der Ausarbeitung des singulären Werks – ohne Rücksichten gegenüber der Handschrift des gewählten, konkreten historischen Modells. Strawinskys Anrufungen der musikalischen Tradition folgen keinem definitiven kompositorischen Prinzip oder gar der Verpflichtung zu historischer Treue, sondern dienen einzig der kompositorischen Selbstverwirklichung.

Man weiß, daß die Entdeckung des Regelwesens der Zwölftontechnik durch Arnold Schönberg den Komponisten der zweiten Wiener Schule auch ermöglichte, wieder größere Formzusammenhänge zu gestalten. Vergleichbares erlebte Strawinsky durch die Adaption des musikalischen Sprach-Reservoirs des 18. Jahrhunderts und vor allem durch die schöpferische Anverwandlung kontrapunktischer Arbeit. Wie eine lang ersehnte Befreiung muß der Komponist die Möglichkeit erlebt haben, wieder größere Konzertpartituren, Ballette und Musiktheater-Projekte ausarbeiten zu können – in einer geschmeidigeren, weniger verkürzten Sprache. In diesem Sinne signalisiert *Pulcinella* den Beginn einer neuen kompositorischen Zukunft Strawinskys.

Die Zusammenarbeit mit Picasso und Massine am *Pulcinella*-Projekt – von Diaghilews eigenwilligen Vorstellungen nicht nur beflügelt – führte immer wieder zu unerwarteten Schwierigkeiten, die auch mit dem Arbeitsrhythmus Strawinskys zusammenhingen: er lieferte die Partitur in Schüben ab, Massine versuchte sie umzusetzen, ohne das Ganze zu kennen.

Meine Aufgabe war, eine Ballettmusik zu schreiben zu einem festgelegten Szenarium, in dem Szenen verschiedenen Charakters aufeinander folgen. Das erforderte zahlreiche Konferenzen mit Diaghilew, Picasso und Massine. Ich fuhr also von Zeit zu Zeit nach Paris, wo wir die Einzelheiten festlegten. Diese Zusammenkünfte verliefen nicht immer ruhig. Es gab häufige Verstimmungen, die sich manchmal in ziemlich gewittrigen Szenen entluden[84].

Bald entsprachen die Kostüme nicht mehr dem, was Diaghilew sich gedacht hatte, bald wurde seine Erwartung durch meine Orchestrierung enttäuscht. Massine entwarf seine Choreographie nach dem Klavierauszug, den ich stückweise schickte, jedesmal wenn wieder ein Abschnitt der Orchesterpartitur übertragen war. Das hatte ärgerliche Folgen, denn als man mir einige Tanzschritte und Bewegungen zeigte, die schon festgelegt waren, mußte ich zu meinem Entsetzen feststellen, daß sie nach Charakter und Bedeutung keineswegs zu dem bescheidenen Klangkörper meines Kammerorchesters paßten.[85]

[84] *Erinnerungen*, S. 84

[85] *Gespräche*, S. 76: *Picassos ursprünglicher »Pulcinella« war ganz anders als die reine Commedia dell'Arte, die Diaghilew im Auge hatte. Seine ersten Entwürfe zeigten Figuren der Offenbach-Zeit mit Backenbärten statt Masken. Als wir sie Diaghilew vorwiesen, war er sehr barsch. [...] Der Abend endete damit, daß Diaghilew die Zeichnungen auf den Boden warf, darauf herumstampfte und beim Hinausgehen die Türe hinter sich zuknallte. Am nächsten Tag bedurfte es Diaghilews ganzen Charmes, um den tief beleidigten Picasso zu versöhnen, aber am Ende brachte ihn Diaghilew tatsächlich dazu, einen Commedia dell'Arte-Pulcinella zu schaffen. Ich könnte noch hinzufügen, daß Diaghilew zuerst auch ebenso gegen meine Pulcinella-Musik war; denn er hatte eine peinlich gesittete Instrumentierung von etwas sehr Lieblichem erwartet.*

In den ersten Monaten des neuen Jahres reiste Strawinsky oft nach Paris, um die Sänger der Premiere auszuwählen oder mit ihnen zu üben oder aber um die Choreographie Massines zu beobachten oder sich mit Picasso über Details der Kostüme und Dekorationen zu verständigen. Ernest Ansermet hatte sich bereit erklärt, die musikalische Leitung des Balletts zu übernehmen, das schließlich zusammen mit Strawinskys *Petruschka* und dem *Gesang der Nachtigall* herauskam[86]:

»Pulcinella« gehört zu jenen seltenen Stücken, bei denen alles gut zusammenstimmt, und bei denen die einzelnen Elemente: Stoff, Musik, Choreographie und Ausstattung ein innig verbundenes und homogenes Ganzes bilden. Bis auf einige Episoden, die zu ändern nicht mehr gelingen wollte, war die Choreographie eine der besten, die Massine je geschaffen hat; so gut hatte er den Geist des neapolitanischen Theaters erfaßt. Die Art wie er selbst die Rolle des »Pulcinella« durchführte, war über alles Lob erhaben. Was Picasso geleistet hatte, war wundervoll, und ich kann schwerlich sagen, was mich mehr begeistert hat, die Farbe, die räumliche Gestaltung oder der staunenswerte Theaterinstinkt dieses außerordentlichen Künstlers.

Da ich von vornherein auf eine feindliche Aufnahme von seiten jener Leute gefaßt war, die sich selbst zu Hütern der Schultradition eingesetzt haben, so überraschte mich ihr Tadel nicht im geringsten. Ich war längst daran gewöhnt, auf diese musikalische Demimonde zweifelhafter Kompetenz nicht mehr zu achten. Um so wertvoller war mir die Haltung jener, die in meiner Partitur etwas anderes entdeckten als eine mehr oder minder gelungene Kopie im Stile des 18. Jahrhunderts.

[86] *Erinnerungen*, S. 86

Leben in Frankreich 1920–1939

Der geöffnete Horizont

Igor Strawinskys Aufbruch nach Frankreich beendete seine Schweizer Exilzeit, die freilich nie den Charakter einer strengen Klausur angenommen hatte. Wie in früheren Jahren reiste Strawinsky nach Frankreich und Italien, besuchte Spanien und bewegte sich frei in der Schweiz. Und nur einmal wurde der Komponist während seiner vielen Grenzübertritte durch einen Zwischenfall überrascht: in jenem Jahr der beginnenden Freundschaft zu Picasso, als das 1917 in Rom gezeichnete Porträt Strawinskys Zöllnern an der italienisch-schweizerischen Grenze den Charakter eines »Plans« anzunehmen schien und der russische Komponist sich allmählich in einen Spion verwandelte. Strawinsky mußte in Chiasso übernachten, der »Plan« seines Gesichts wurde

Die Strawinskys verlassen die Schweiz. Reisepaß-Foto von 1920

136

an die englische Botschaft in Rom übersandt, und Lord Berners, der Freund des »Russischen Balletts«, schickte das berühmte Porträt per Kurierpost nach Paris.

Einschneidend verändert hatte sich während des Krieges Strawinskys finanzielle Lage: Diaghilews Aktivitäten und die der »Ballets russes« waren eingeschränkt, und die Kriegssituation hatte sowohl die Kompositionsaufträge wie auch die Möglichkeit, aufgeführt zu werden, sehr reduziert.

Mit dem Beginn des neuen Jahrzehnts aber setzt Strawinsky nicht nur seine Karriere als Komponist fort, sondern beginnt sensationell eine neue als Pianist und Dirigent, als Interpret eigener Werke.

Die kompositorischen Probleme, denen er sich in den nächsten beiden Jahrzehnten stellt, und die Lösungen, die er mit jeder neuen Komposition vorlegt, zeugen nicht nur von der Vielschichtigkeit und Originalität seines großen Talents – sein Oeuvre wird in der Tat zu einem wesentlichen Kristallisationspunkt zeitgenössischer kompositorischer Tendenzen. Von Arnold Schönberg abgesehen, war kein Komponist der europäischen Avantgarde in der Lage, in seinen Werken ein vergleichbares Maß an Zeitfühligkeit, an Aktualität und Vielperspektivität mit einem solchen Niveau kompositorischer Souveränität und handwerklicher Solidität zu verbinden.

Während dieser zwanzig Jahre in Frankreich spinnt Igor Strawinsky vielfältige kompositorische Fäden. Vier musikalische Gattungen beschäftigen ihn vor allem, für die er neue und bisweilen exemplarische Lösungen findet.

Das ist zunächst die Gattung des Balletts, jene zeitgenössische Kunstform, die Strawinsky am höchsten achtet und für die er mit dem Streicher-Ballett *Apollon musagète* (1928) und mit der Tschaikowsky-Huldigung *Der Kuß der Fee* (1928) sowie den für New York und London bestimmten Balletten *Jeu de Cartes* (1936) und *Scènes de Ballet* (1938) nach den großen »russischen« Balletten nun neue Formulierungen aus klassizistischem Geiste findet.

Zu wahren Neuentdeckungen werden in seinem Gesamtwerk auch die Reihe der Solokonzerte, deren Tradition durch Vivaldi und Bach so einzigartig geprägt wurde und an deren Form-Modell Strawinsky sowohl seine drei Klavierkonzerte – Concerto für Klavier und Blasorchester (1924), *Capriccio* für Klavier und Orchester (1929), Concerto für zwei Klaviere (1935) – und sein *Violinkonzert in D* (1931) orientierte, das er in enger Zusammen-

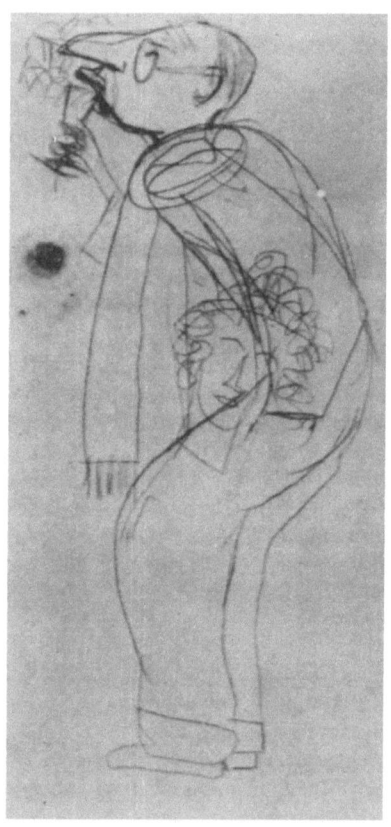

In einer Pariser Bar 1923. Zeichnung Larionow

arbeit mit dem amerikanischen Geiger Samuel Dushkin schrieb. Drei Jahre später, im Jahre 1938, entsteht das *Concerto in Es, Dumbarton Oaks* – Strawinskys Reflexion der *Brandenburgischen Konzerte* J. S. Bachs.

Die Reihe der französischen Kammermusikwerke Igor Strawinskys beginnt mit dem Concertino für Streichquartett (1920), das er im Jahre 1952 für 12 Instrumente instrumentieren wird, und 1920 entstehen auch die *Bläsersinfonien*, deren originäre Klangwelt er durch die Bläserchöre des Klavierkonzerts, aber auch durch das Oktett für Bläser (1923) differenzierte.

Das wiedererwachte Interesse an seinem Hauptinstrument bezeugt Strawinsky neben den Klavierkonzerten in diesen Jahren durch einen weiteren Zyklus leichter Klavierstücke, *Die fünf Finger* (1921), und durch die Sonate für Klavier (1924) sowie ein Jahr später mit der Komposition der *Serenade in A.*

In den zwanziger Jahren unternimmt Strawinsky auch zwei Versuche, sein Verhältnis zum zeitgenössischen Musiktheater zu definieren. Boris Kochno, der junge Sekretär und Protégé Diaghilews, schreibt für ihn ein Libretto nach der Novelle *Das kleine Haus in Kolomna* von Puschkin. Strawinsky widmet seine halbstündige Opera buffa *Mavra* (1922) dem Gedächtnis Puschkins, Glinkas und Tschaikowskys, den russischen Künstlern der Tradition, die er am höchsten schätzt.

Die zweite Arbeit für das Musiktheater ist *Oedipus Rex,* ein szenisches Oratorium, das aus der Zusammenarbeit mit Jean Cocteau herauswächst, jenem Schriftsteller, der neben Erik Satie in diesen Jahren mit den jungen Musikern der »Groupe des Six« lebte und ihre klassizistischen Träume mit neuen Utopien versorgte.

Den ersten Winter des neuen Jahrzehnts verbringen die Strawinskys im Haus Coco Chanels im Pariser Vorort Garches. Später zieht Strawinsky mit seiner Familie an die Atlantik-Küste, in die Nähe von Biarritz, und im Jahre 1925 ans Mittelmeer, nach Montboron nahe bei Nizza. Dort ist er Nachbar Jean Cocteaus, der nur wenige Kilometer östlich in dem Städtchen und Fischerflecken Villefranche lebt. In den dreißiger Jahren übersiedeln die Strawinskys dann nach Voreppe in Savoyen.

Freilich, diese dürren topographischen Notizen bedürfen der Ergänzung, denn sie vermitteln ein falsches Bild von der Lebenssituation des Komponisten und Interpreten, der in diesen zwei unruhigen französischen Jahrzehnten im Grunde nirgendwo mehr recht seßhaft wurde.

Wenn Strawinsky nicht gerade in Frankreich oder England, in Dänemark, Holland, Deutschland oder in der Schweiz, in Italien oder Spanien konzertierte oder dirigierte, dann lebte und arbeitete er vielleicht in seinem berühmten »Studio Pleyel« in Paris, das ihm die französische Klavierbaufirma zur Verfügung gestellt hatte. Im Frühjahr des Jahres 1925 unternimmt Strawinsky zudem eine erste, sehr erfolgreiche Konzerttournee durch die Vereinigten

Staaten und musiziert mit allen großen amerikanischen Orchestern in New York und Boston, in Chicago, Cleveland, Detroit und Philadelphia. Diesem ersten Kontakt mit dem amerikanischen Kontinent folgen Kompositionsaufträge und weitere Einladungen zu Tourneen.

Die Pleyels hatten Strawinsky angeboten, einige seiner Werke für die »Pleyela« zu bearbeiten, für das mechanische Klavier, und er hatte angenommen, *um jene gefährliche Freiheit der Auslegung zu begrenzen, die heutzutage so verbreitet ist, und die es dem Publikum unmöglich macht, die wahren Intentionen des Komponisten kennenzulernen. Dieses Mittel glaubte ich in den Walzen des mechanischen Klaviers gefunden zu haben, und das gleiche erhoffte ich einige Zeit später von der Grammophonplatte.*[87]

In der Tat schloß Strawinsky im Jahre 1928 mit der amerikanischen Gesellschaft *Columbia* einen Vertrag, der es ihm ermöglichte eigene Werke in authentischen und seine kompositorischen Absichten getreu verdeutlichenden Interpretationen darzustellen. Es scheint, daß Strawinsky diese bis heute erhaltenen Einspielungen auch späterhin noch als Maßstäbe setzende Produktionen gelten ließ und zukünftigen Interpreten seiner Werke als Modelle zum Studium empfahl; trotz der technischen Mängel der Aufnahmen und gelegentlich nicht zu überhörender Mängel an Koordination und Präzision.

Igor Strawinskys extravertiertes Reiseleben nahm nach der Komposition seines Concerto für Klavier und Blasorchester (1924) ganz ungewöhnliche Formen an. Kussewitzky, der die Premiere des Concertos dirigierte, hatte den Komponisten zuletzt zu überreden vermocht, den Solopart selbst zu spielen. Und so geschah es dann auch: die Generalprobe im Salon der Prinzessin de Polignac, mit dem Pariser Pianisten Jean Wiener am zweiten Klavier, war sehr erfolgreich. Am Premierenabend in der Pariser Oper aber, am 22. Mai 1924, hatte Strawinsky Mühe, sein Lampenfieber, seine Angst vor einem plötzlichen Versagen seines Gedächtnisses zu beherrschen. Eine begründete Angst, wie sich zeigte:

Der erste Satz meines »Concerto« war zuende, und nun sollte das Largo folgen, das mit einem Klavier-Solo anfängt. Da

---

[87] Später übernahm die englische Duo Art (Aeolian Company) alle Walzen und machte mit Strawinsky einen neuen Vertrag, so daß er öfter nach London reisen mußte.

Monte Carlo 1923. Ansermet und Strawinsky

*bemerkte ich plötzlich, daß ich den Anfang völlig vergessen
hatte. Ich flüsterte meine Not Kussewitzky zu, und er gab mir
mit leiser Stimme die ersten Noten an. Das genügte, um mich
ins Bild zu setzen.*[88]

Von nun an spielte Strawinsky das Concerto, dessen exklusive
Aufführungsrechte er sich für fünf Jahre vorbehalten hatte, mit
allen großen Dirigenten des zeitgenössischen Musiklebens: mit
Wilhelm Furtwängler und Wilhelm Mengelberg, mit Otto Klempe-
rer, Fritz Reiner und Ansermet. Und nachdem Strawinsky gelernt
hatte, seinen pianistischen Fähigkeiten wieder zu vertrauen – das
Studium der Etüden Czernys hatte seine Finger gelenkig gemacht,
und er hatte auf diese Weise den Komponisten Czerny als *blutvol-
len Musiker* entdeckt –, schuf er in den folgenden Jahren weitere

[88] *Erinnerungen*, S. 110

141

Klavierkompositionen für den unmittelbaren Gebrauch des Pianisten Strawinsky: die Sonate (1924) – der Prinzessin de Polignac gewidmet – und die *Serenade in A*, die er seiner Frau dedizierte. Nach dem *Capriccio* für Klavier und Orchester (1929) entstand im Jahre 1932 das *Duo concertant*, ein Werk, das er für gemeinsame Konzerttourneen mit Samuel Dushkin schrieb, den Interpreten seines *Violinkonzerts in D* (1931). Gebrauchsmusik in diesem konkreten Sinne ist auch das Konzert für zwei Klaviere (1935), das Strawinsky mehrfach mit seinem Sohn Soulima spielte, der zu einem ausgezeichneten Pianisten gereift war und beide Klavierkonzerte des Vaters bereits mehrmals erfolgreich interpretiert hatte.

Bildnis des Mannes

Igor Strawinskys wachsende Popularität, die Internationalität seiner musikalischen und gesellschaftlichen Beziehungen blieben nicht ohne Rückwirkungen auf seinen Lebensrhythmus. Noch in Morges, im Schweizer Exil, ist sein Leben um die tägliche kompositorische Arbeit und das Leben mit der Familie zentriert. Die Prinzessin de Polignac oder Ansermet, aber auch Nijinskij, wie in seinem Tagebuch zu lesen ist, erleben Strawinskys Haus als »russisch« geführt. Catherine Strawinsky war eine ebenso warmherzige wie geistreiche und gebildete Frau von offenbar bemerkenswert »ästhetischer« Ausstrahlung, und Igor, der zu allen Kindern schnell Kontakt fand, wird als ein Vater geschildert, der seinen Kindern zwar überaus zugetan war, andererseits aber auch Unterwerfung erwartete.

In den zwanziger Jahren, nachdem die Strawinskys in Frankreich eine neue Heimat gefunden hatten, änderte sich auch Igor Strawinskys privates Leben auf eine Weise, die ihn offenbar zugleich belastete wie beglückte.

Im Salon seiner langjährigen Freundin Misia Sert – sie waren sich in Strawinskys ersten Pariser Jahren begegnet – hatte er die bekannte Pariser Modeschöpferin Gabrielle Chanel kennengelernt, die ihm im Jahre 1920 half, eine weitere und wesentlich erfolgreichere Ballett-Produktion des *Sacre du printemps* zu realisieren – Leonid Massine gelang eine Choreographie, die Strawinsky zufriedenstellte. Während diese Affaire mit Coco Chanel noch für eine gewisse Zeit ihre Faszination behielt, lernte Strawinsky im Februar 1921 die russische Schauspielerin und Tänzerin

Vera Soudeikina, Strawinskys Gefährtin seit 1921

Vera de Bosset kennen, die zu dieser Zeit mit dem Maler Sergej Sudeikin verheiratet war. Im Hause der Sudeikins begegnet Strawinsky der Tänzerin Katinka und beginnt eine Beziehung, über deren Ende wir nichts erfahren. Zweifelsfrei überliefert aber ist, daß Vera Sudeikina im November 1921 Strawinskys Geliebte und seine ständige Gefährtin wird. Erst im amerikanischen Exil heirateten Vera und Igor einander, nachdem zuvor seine Tochter Ludmilla und am 2. März 1939 seine Frau Catherine an Tuberkulose gestorben waren, wenige Monate darauf auch seine Mutter.

Robert Craft wagt die kühne Hypothese[89], daß Strawinskys so auffällige Hinwendung zum russisch-orthodoxen Glauben, seine in den zwanziger Jahren wiederum intensivierte Beziehung zur Religion seiner Väter, wie allgemein zu Problemen religiösen Glaubens, in unmittelbarem Zusammenhang zu seinem Schuldkomplex gesehen werden müsse. Bis zum Tode seiner Mutter habe er gefürchtet, daß sie seine unorthodoxe Lebensführung entdecken könnte. Catherine selbst hatte offenbar ihren Frieden mit dieser Dreier-Konstellation gemacht und ließ Vera gelegentlich grüßen, wenn sie an Igor schrieb.

Auffällig sei auch, daß in den zwanziger und dreißiger Jahren ohne Auftrag geistliche Werke entstehen: etwa das *Pater noster* (1926), das Strawinsky mitten in der Arbeit am *Oedipus Rex* schrieb, oder auch sein *Credo* (1932) und ein *Ave Maria* (1934). Im Jahre 1930 entstand die *Psalmensinfonie* als Auftrag zum 50jährigen Bestehen des Boston Symphony Orchestra. An unvermuteter Stelle, etwa in Skizzenbüchern zum *Apollon* (1928), begegne man nun russisch-orthodoxen Kreuzen oder gar dem Eintrag: *Beichte und Kommunion*[90].

Im puren Gegensatz zu Strawinskys religiösen Einlassungen habe sein Familienleben weniger gute Züge angenommen. Der Komponist sei von lukrativen Konzertterminen gehetzt worden, habe ein unruhiges Leben zwischen den verschiedenen Domizilen seiner Familie am Atlantik, am Mittelmeer, im Gebirge in Voreppe und seinem Pariser Studio geführt. Darin offenbar seinem Vater Fjodor ähnlich, habe er den Kindern eine wirkliche emotionale Zuwendung verweigert, und erst im Alter sei es ihm möglich gewesen, seine gewöhnliche Kälte gegenüber den Kindern zu

[89] V. Stravinsky/Craft: *Pictures*, S. 211
[90] White: *Stravinsky*, S. 574

Paris 1923.
Fotografie von Vera

mildern. Durch die Vermittlung Veras habe er beispielsweise
seinen Kindern gelegentlich auch finanziell geholfen. Sie selbst
aber hätten nie gewagt, sich an ihren Vater mit einer Bitte zu
wenden. Ein »Zerr«-Bild des großen Mannes?

Neoklassizistische Abenteuer

Im Jahre 1925 wird Igor Strawinsky eingeladen, seine Sonate auf dem Festival der Internationalen Gesellschaft für Neue Musik in Venedig selbst zu spielen. Der leidenschaftliche Autofahrer Strawinsky – er besitzt seit einigen Monaten einen Renault-Sportwagen – dehnt seine üblichen Touren an der Cote d'Azur ein wenig aus und nutzt diese Einladung zu einer kleinen Autoreise durch Italien.

In Venedig wird Strawinsky gefeiert, aber er verpaßt die Gelegenheit, mit Arnold Schönberg ein zweites Mal zusammenzutreffen. Schönberg freilich hatte sich gerade auf seine vehemente Weise von Strawinsky, dem »Neoklassizisten« und »Möchtegern-Bach«, gründlich distanziert.[91]

Auf der Rückreise von Venedig, die ihn über Genua führte, entdeckt Strawinsky in einem Antiquariat Joergensens Studie über den Heiligen Franz von Assisi. Blätternd stößt er auf ein Problem, das ihn schon mehrfach beschäftigte: in welcher Sprache sollte das Heilige und Erhabene ausgedrückt werden? Und da Strawinsky nach dem Oktett und den Klavierkompositionen wieder an eine größere Arbeit gehen möchte, an die Komposition eines Oratoriums oder einer Oper, wird das Nachdenken über den Heiligen, wird die augenscheinlich zufällige Lektüre zum auslösenden Faktor einer neuen Arbeit, nämlich am *Oedipus Rex*.

Man weiß, schreibt Strawinsky in seinen *Erinnerungen*[92], *daß Italienisch die Muttersprache des Heiligen war, aber bei feierlichen Gelegenheiten, beim Gebet etwa, bediente er sich des Französischen (des Provencalischen? – seine Mutter war aus der Provence). Ich*

---

[91] Im Jahre 1925 komponierte Schönberg *Drei Satiren für gemischten Chor*, op. 28, auf eigene Texte, deren zweite, *Vielseitigkeit*, offensichtlich auf die Bachanrufungen der »Sonata« Strawinskys reagiert:
> *Ja, wer tommerlt denn da?*
> *Das ist ja der kleine Modernsky!*
> *Hat sich ein Bubikopf schneiden lassen;*
> *sieht ganz gut aus!*
> *Wie echt falsches Haar!*
> *Wie eine Perücke!*
> *Ganz (wie sich ihn der kleine Modernsky vorstellt),*
> *ganz der Papa Bach*

[92] *Erinnerungen*, S. 119

Strawinsky und die Prinzessin de Polignac in Venedig, 1925

war von jeher der Meinung gewesen, daß zu allem, was ans Erha-
bene rührt, eine besondere Sprache gehört, die nichts mit dem Alltag
gemein hat. Daher suchte ich jetzt nach einer Sprache für mein
geplantes Werk, und schließlich wählte ich das Lateinische. Es hat
den Vorzug Material zu sein, das nicht tot ist, aber versteinert,
monumental geworden und aller Trivialitäten entzogen.

Nur wenig später, mit der *Psalmensinfonie* (1930), deren Psalm-
texte der lateinischen Bibelübersetzung, der Vulgata, entnommen
werden, wird Strawinskys verblüffende Argumentation, die ja von
der Sprache des Erhabenen ihren gedanklichen Ausgang nimmt,
einen besseren Gegenstand gefunden haben als diese griechische
Tragödie. Andererseits wird wiederum erkennbar, wie tief die
Allergien Strawinskys verankert sind, die er gegen die Möglichkeit
seiner Kunst hegt, Medium von Ausdruck zu sein.

Als Strawinsky seine kurze Italienreise beendet und wieder in
Nizza eintrifft, verständigt er sich augenblicklich mit Jean Cocteau,
dem Freund der ersten Pariser Jahre.

Wiedergefunden habe ich mich mit Strawinsky in umgekehrter
Richtung: als er sich latinisierte und ich mich entlatinisierte (um
irgend ins Freie zu gelangen).

147

1925. *Cigarettes are good for you.*
Cocteau, Picasso, Strawinsky und Olga Picasso in Juan-les-Pins

Aus dieser Begegnung erwuchs »Oedipus Rex«! Ich wohnte damals in Villefranche, Strawinsky und seine Familie in Montboron bei Nizza. Igor hatte sich latinisiert bis zu dem Wunsch, dem griechischen Drama eine lateinische Version zu geben. Der Abbé Daniélou kam mir dabei zu Hilfe; ich war nämlich immer ein schlechter Lateiner. Strawinsky nahm sich vor eine Musik zu schreiben, »gelockt wie der Bart des Zeus«. Sie kennen dieses Werk, dessen musikalische Locken pures Gold sind. Abends fand ich Strawinsky in Montboron, zu Fuß pilgerte ich dann bis Villefranche zurück. Im Februar darauf unternahmen wir eine Reise in die Berge. Unser Fahrer sprach in Orakeln. Wir nannten ihn Tiresias. Sie sehen, diese Zusammenarbeit stellt sich mir als eine Freundschaft dar, die ganz aus dem Werk erstand, ähnlich der Freundschaft zwischen Strawinsky und Ramuz.

Zur Zeit des »Petruschka« erschien mir das Russische Ballett noch ein prächtiges Feuerwerk. Gerade den »Petruschka« hielt ich für eine Art Laboratorien- und Studienstück. Ich brachte Picasso hin, und wir machten »Parade«. »Le Sacre« und »Parade« wurden damals oft zusammen aufgeführt.

1925. »Les Six« mit Jean Cocteau am Flügel:
Darius Milhaud, Georges Auric (Zeichnung), Arthur Honegger,
Germaine Tailleferre, Francis Poulenc und Louis Durey

Das eine entwurzelte Bäume, denen stoßweise der Saft entstieg, das andere symbolisierte das Wahrste des Wahren, jenen sur-realen Realismus, der meine Methode, mein Evangelium wurde.[93]

Jean Cocteau hatte im Jahre 1922 eine komprimierte Fassung der *Antigone* des Sophokles hergestellt, einen *Versuch, Griechenland aus dem Flugzeug zu fotografieren*, wie er kokettierend erklärte. Strawinsky hatte Gefallen an diesem Versuch gefunden, und nun sollte der Dichter auf vergleichbare Weise den Mythos vom König Oedipus kondensieren, den Sophokles zur Grundlage seiner Tragödie gewählt hatte.

Zwei Monate arbeiteten Komponist und Poet intensiv zusammen, und am Beginn des neuen Jahres hielt Strawinsky die ersten Episoden des *Oedipus Rex* in Händen, die von Daniélou ins Lateinische übertragen worden waren.

---

[93] Jean Cocteau: *Meine Liebe zu Strawinsky und Picasso*, in: *Musik der Zeit*, Bonn 1952, S. 7

Das war die Grundkonzeption des *Oedipus*, die Cocteau für die oratorische Oper gefunden hatte, ein Komprimat, *ein lebendes Monumentalbild der Geschehnisse*, wie der Autor es im Prolog formulierte.

In sechs Szenen und zwei Akte ist das Drama um Jokaste und Ödipus gegliedert. Die Protagonisten tragen Masken, können nur den Kopf und die Arme bewegen, gleichen belebten Statuen. Gleichsam in die Anonymität verbannt scheint auch das Volk von Theben, das durch einen Männerchor repräsentiert wird, von dem nur die Köpfe sichtbar sind.

Théodore Strawinsky, der älteste Sohn des Komponisten, entwirft ein reliefartiges Bühnenbild mit der Absicht, das Geschehen möglichst im Vordergrund zu halten. Jede Szene, jede Episode soll zuvor in der jeweiligen Landessprache des Aufführungsortes von einem Sprecher erläutert werden: einem Mann im Frack, der wie ein Conferencier mit liebenswürdig teilnahmsloser Stimme die Stationen der Tragödie beschreibt.

Das deutsche Publikum hört im Prolog zur ersten Szene folgende Nachrichten über das Geschehen:

Verehrtes Publikum!
Man wird Euch eine lateinische Version des »König Ödipus«
vorführen. Eure Aufmerksamkeit und Euer Gedächtnis sollen
jedoch nicht unnötig angestrengt werden. Auch gibt die oratori-
sche Oper gewissermaßen nur ein lebendes Monumentalbild
der Geschehnisse. Deshalb will ich Euch das Drama des
Sophokles in die Erinnerung zurückrufen:
Ohne sich dessen bewußt zu sein, kämpft Ödipus gegen die
Mächte, die uns aus dem Jenseits bedrohen. Seit seiner Geburt
haben sie ihn mit Schlingen umgarnt, die sich jetzt – vor Euren
Augen – vollends zusammenziehen werden.
Theben ist demoralisiert. Auf die Sphinx folgt die Pest. Von
Ödipus erfleht der Chor Errettung der Stadt. Ödipus, der die
Sphinx besiegte, gelobt zu helfen.

Man sieht, auch der *Oedipus* folgt einer Dramaturgie, deren verfremdende, Distanz und Nachdenklichkeit erheischende Wirkungen Strawinsky bereits in der *Geschichte vom Soldaten* erprobt hatte. Die Katharsis der Betrachter soll durch Beobachtung und Reflexion der Sache, nicht aber durch Identifizierung oder gar Propagierung und Überredung bewirkt werden. Die Musik, die sich der oratorischen Formen der Arie, des Duetts und der Chor-

Oedipus Rex. Bühnenbildentwurf von Théodore Strawinsky

nummer bedient, brilliert zwar in strenger Pracht, aber überwältigt weder in den Arien des Schmerzes oder der Anklage noch in den Volkschören. Strawinskys monumentaler Klassizismus beugt sich dem Diktat Apollons: die schöpferische Erregung wird gemeißelt, sie darf sich nicht an die Launen der Phantasie verlieren.

In einer Kollektiv-Kritik – bald beendetes Experiment der Musikzeitschrift *Melos* am Ende der zwanziger Jahre – haben Mersmann, Schultze-Ritter, Strobel und Windsperger den Eindruck der Berliner Premiere des *Oedipus* auf eine Weise zusammengefaßt, die das Werk zugleich vortrefflich charakterisiert[94]:

> *Im Gegensatz zu der kantabilen Sprache der Singstimmen ist der Chorsatz überwiegend von psalmodierender Monotonie. Er ist der Träger der rhythmischen Kräfte. Die Beschränkung auf die Männerstimmen gibt ihm einen stumpfen, unsinnlichen Klang. Kurze rhythmische Zwischenrufe stellen sich gegen die Einzelgesänge und begrenzen die Formkomplexe.*

[94] *Melos* Jg. 7, H. 1, 1928

Der Orchesterklang gehört zu den überraschendsten Zügen des Werkes. Das Partiturbild ist klar und durchsichtig, fast nüchtern. Wie das Orchester auf jede klangliche Wirkung verzichtet, so hält es sich in der Melodik frei von aller thematischen Entwicklung. Die Motive tragen in stilisierter Unbeweglichkeit die einzelnen Teile des Formablaufs. Zu den Merkmalen des Orchesterstils gehört vor allem das Übergewicht sämtlicher Blasinstrumente über die Streicher.

Trotz der absoluten Geschlossenheit des ganzen Werkes kann man nicht von einer stilistischen Einheit reden. Der schöpferische Wille Strawinskys bindet Stilwerte aus den entgegengesetztesten Zonen (Gregorianik, russische Volksmusik, auch italienische Oper). Klassizistische Einfachheit bewirkt das Vorherrschen einer neuen, gereinigten Tonalität. Sie überwindet die Spannungen der harmonischen Funktionen und gelangt zu absoluten Kadenzierungen: Chromatik wird als Spannung ausgeschaltet und tritt nur ornamental oder als reine bewegende Kraft in Erscheinung: Das Zusammenwirken der hier gekennzeichneten stilistischen Merkmale ergibt ein Kunstwerk, das über alles Experiment hinaus von der Antike aus zu der denkbar gegenwärtigsten Lösung des Opernproblems gelangt und Endgültigkeit in sich trägt.

Die Hoffnungen, die Strawinsky in Cocteaus Arbeit gesetzt hatte, waren glänzend erfüllt worden, und auch die Wahl der lateinischen Sprache erwies sich als eine richtige Entscheidung. Denn *so wird der Text für den Komponisten zu einem rein phonetischen Material. Er kann ihn nach Belieben zerstückeln und sich nur mit den einfachsten Elementen beschäftigen, aus denen er besteht: den Silben. Und haben nicht auch die alten Meister des strengen Stils den Text auf diese Weise behandelt?*

Jean Cocteau und Igor Strawinsky hatten am *Oedipus* abgeschirmt gearbeitet, denn mit diesem Werk sollte Sergej Diaghilew geehrt werden, der im Jahre 1927 sein 20jähriges Bühnenjubiläum feierte. Am 14. März beendete Strawinsky die Partitur des *Oedipus Rex*, seine erste Partitur seit dem *Sacre*, in der er die Möglichkeiten des großen Orchesters nutzt und in der, ein Novum seit *Mavra* (1922), auch die Farben der Streicher wieder eine Funktion übernehmen, wenn auch keine dominierende oder luxurierende – das wäre dem neuen Monumental-Stil des Werkes nicht gemäß gewesen.

Die öffentliche Aufführung des Opern-Oratoriums im Pariser Théâtre Sarah Bernhardt war keineswegs erfolgreich. Das Werk mußte als Oratorium präsentiert werden, weil die szenische Realisierung noch mehr Zeit und noch mehr Geld verschlungen hätte. Eingezwängt zwischen Jubiläums-Ballett-Präsentationen der »Ballets russes«, erweckte das einstündige Opern-Oratorium eher Befremden, und das, obwohl Strawinsky dirigierte, Cocteau conferierte und die Einstudierung insgesamt respektabel war.

Igor Strawinskys nächste Arbeit, das Ballett *Apollon musagète* (1928), ein Auftragswerk der amerikanischen Mäzenin Elisabeth Sprague Coolidge für das Washington Festival of Contemporary Music, wurde ein »ballet blanc«[95] für Streicherorchester und geriet zu einer Huldigung an die Möglichkeiten des Streicherklangs.

Apollon ist aber auch ein interessantes Zeugnis für die traumwandlerische Sicherheit, mit der Strawinsky seinen schöpferischen Instinkten folgt: für Kontinuität im scheinbar Diskontinuierlichen Sorge tragend.

Einerseits setzt Strawinsky das Abenteuer der Analyse und Darstellung antiker Legenden fort. Auf *Oedipus* folgt nun *Apollon*, und im Jahre 1934 wird *Persephone* entstehen, ein Projekt der Zusammenarbeit mit dem Schriftsteller André Gide. Andererseits ist kaum zu übersehen, daß Strawinsky anläßlich seines Oktetts in einem Aufsatz die Vorzüge der Bläserbesetzung pries, ihre Fähigkeit, kontrapunktische Verläufe zu verdeutlichen und ein überaus plastisches Bild kompositorischer Strukturen zu zeichnen. Das ist erst vier Jahre her.

Nun, während der Arbeit an *Apollon*, ist Strawinsky vom Klang des lange Zeit mißverstandenen und mißbrauchten Streicherensembles fasziniert. Seine anti-romantisch-grimassierenden »Gesichtszüge« glätten sich. Aus dem Eiferer gegen die diffusen warmen Streichinstrumente wird ein Liebhaber ihrer Schmiegsamkeit und klanglichen Delikatesse.

Zwar bleibt Strawinskys Neigung zu inventionsartigen Linien auch im *Apollon* spürbar, und der Prolog des Balletts ist den Ouvertüren in französischer Manier nachgebildet, mit denen Bach seine Orchestersuiten einleitet. Darauf verweisen sowohl die drei-

---

[95] Das »Weiße Ballett« ist der Vorläufer des abstrakten Balletts, in dem die tänzerische Handlung fehlt oder auf ein Minimum reduziert wird zugunsten der puren tänzerischen Aktion. Im 19. Jahrhundert wurde der zweite Akt des romantischen Balletts - in *Giselle*, in *Schwanensee* beispielsweise - als »ballet blanc« bezeichnet.

teilig gegliederte Form als auch die charakteristisch punktierte Gestik der langsamen Formteile. Die kompositorische Basis seines ballet blanc aber ist zweifellos klangbetonter und melodiebezogener denn je in seinem kompositorischen Oeuvre.

Die melodische Kunst des 19. Jahrhunderts, argumentiert Strawinsky in seinen *Erinnerungen*, sei zuletzt in Formelwesen erstarrt, darum habe man allen Geschmack an melodischen Ausdruckswerten verloren. Nun aber, im Falle seines *Apollon*-Balletts, locke es ihn, eine Musik zu komponieren, in deren Mittelpunkt das melodische Prinzip stehe. *Welche Freude, sich wieder dem vielstimmigen Wohllaut der Saiten hinzugeben und aus ihm das polyphone Gewebe zu wirken, denn durch nichts wird man dem Geist des klassischen Tanzes besser gerecht, als wenn man die Flut der Melodien in den getragenen Gesang der Saiten ausströmen läßt.*

Das Thema dieses ballet blanc ist Apollon. Der Gott unterweist die drei Musen Kalliope, Polyhymnia und Terpsichore in ihrer Kunst. Diese drei von insgesamt neun Musen aber wählte Strawinsky, weil sie die Kunst der Choreographie am trefflichsten darzustellen vermögen: denn Kalliope, die Muse der Dichtkunst, wacht auch über die rhythmischen Gesetze, Polyhymnia ist die Muse der beredten Geste und Terpsichore, Rhythmus und Gestik in sich vereinend, offenbart der Welt den Tanz.

Im September 1927 besuchte Sergej Diaghilew die Strawinskys in Montboron und erkundigte sich nach dem Fortgang der Arbeit am *Apollon*. Die Freunde sahen sich jetzt nicht mehr so oft, Strawinsky hatte zunehmend Allergien gegen Diaghilews »Modernismus um jeden Preis« entwickelt, gegen seine geistige Eitelkeit. Aber dieses Treffen verlief überaus harmonisch. In einem Brief an Sergej Lifar, den späteren Protagonisten des Balletts, hat Diaghilew das Zusammentreffen mit dem Komponisten beschrieben. Der Brief vom 30. September 1927 ist zugleich ein Dokument, das Diaghilews Talent der Charakterisierung bezeugt und das hohe Niveau seines künstlerischen Urteils[96]:

Unser Wiedersehen war höchst erfreulich. Nach dem Mittagessen spielte er mir die erste Hälfte des neuen Balletts vor. Es ist, wie zu erwarten war, ein erstaunliches Werk von ungewöhnlicher Ruhe und Klarheit, wie er sie bis jetzt noch nicht erreicht hat; durchsichtige, deutlich profilierte Themen sind von einem

[96] Eric Walter White: *Strawinsky*, Hamburg o. J., S. 152

Alexandra Danilova, Fleia Dubrowsky und Serge Lifar
in *Apollon musagète*

*kontrapunktischen Filigran umgeben; alles in Dur. Die Musik
ist nicht von dieser Welt, sondern von irgendwoher oben.
Dieser ganze erste Teil ist im langsamen Tempo gehalten, aber
merkwürdigerweise entspricht er dennoch vollkommen den
Erfordernissen des Tanzes.*

 *In ihrer ersten Variation gibt es einen kurzen schnellen Satz
– eine zweite Variation wird für sie erst noch entstehen – und
der Anfang wird zu einem unbegleiteten Violin-Solo getanzt.
Sehr bedeutend!*

 *Das Adagio hat ein breites Thema, das unseren Vorstellun-
gen genau entspricht; es vereinigt vier verschiedene Tempi
gleichzeitig, dennoch gibt es den Gesamteindruck beglücken-
der Harmonie. Ich umarmte ihn und er sagte: »wie man das
alles richtig herausbringt, das ist Deine Sache. Ich stelle mir für
Lifar alle möglichen Schnörkel und Verzierungen vor«.*

Apollon musagète, 1928 beendet, hatte Strawinsky mit Bedacht
nicht für ein Streichorchester, sondern für ein Streicherensemble

155

geschrieben, das um eine Violoncello-Gruppe erweitert war. Wie sehr die Darstellung dieser Streichermusik von der internen Balance des Ensembles abhing, erfuhr er später, in einer Probe Klemperers, der an der Berliner *Apollon*-Premiere arbeitete. Das große Ensemble Klemperers mußte rigoros reduziert werden[97].

Die europäische Premiere des *Apollon musagète* im Pariser ›Théâtre Sarah Bernhardt‹ am 12. Juni 1928 wurde ein großer Erfolg für Strawinsky. Er leitete das Orchester selbst und war außerordentlich zufrieden mit der Arbeit des jungen russischen Choreographen Georges Balanchine, der in St. Petersburg Musik studiert hatte und sich nun als erfahrener Musiker bewährte.

Balanchine, der in Strawinskys amerikanischer Zeit zu einem der engsten Mitarbeiter des Komponisten wurde, hatte sich vollkommen die Ästhetik des ballet blanc zu eigen gemacht und eine klassizistisch strenge Choreographie realisiert. Nur Diaghilew, stets auf der Suche nach neuen künstlerischen Handschriften, hatte mit dem jungen, zur naiven Malerei tendierenden französischen Bühnenbildner André Bauchant keinen guten Griff getan. Optisch litt die *Apollon*-Produktion unter der Süße der bildnerischen Handschrift.

Das Jahr 1929: Abschied von Sergej Diaghilew

Der große Erfolg der Pariser *Apollon*-Premiere wurde durch ein Zerwürfnis Strawinskys mit Diaghilew überschattet. Gegen die ausdrücklichen Absichten des Komponisten hatte der Impresario die Variation der Terpsichore eliminiert, da sie ihm unnütz lang schien, und erst der Protest Strawinskys und mehrerer Beteiligter führte dazu, daß Diaghilew die Variation wieder in den *Apollon* einfügen ließ. Als diese Kontroverse ausgetragen wurde, hatte Strawinsky bereits den Werbungen Ida Rubinsteins nachgegeben und sich verpflichtet, für ihre Ballet-Compagnie, die sich gerade bildete, eine größere Arbeit zu übernehmen.

Ursprünglich wollte Ida Rubinstein den *Apollon* in ihr Repertoire übernehmen. Als sie aber erfuhr, daß Diaghilew die europä-

---

[97] *Erinnerungen, S. 133: Sein Ensemble bestand aus 16 ersten und 14 zweiten Geigen, 10 Bratschen, 4 ersten und 4 zweiten Celli und 6 Kontrabässen. Die neue Zusammenstellung sah so aus: 8 erste und 8 zweite Violinen, 6 Bratschen, 4 erste und 4 zweite Celli und 4 Kontrabässe. Nun ergab sich sogleich der gewollte Eindruck; alles wurde deutlich und klar.*

ischen Rechte des Balletts besaß, schickte sie Alexander Benois, der für sie tätig war, zu Strawinsky, um ihm zwei Projekte vorzuschlagen. Eines war als Huldigung an Tschaikowsky konzipiert, dessen 35. Todestag im Jahre 1928 feierlich begangen werden sollte.

Igor Strawinsky war von der Idee eines Tschaikowsky-Balletts überaus fasziniert und sah sich in der Literatur des 19. Jahrhunderts um. So stieß er auch wieder auf die Märchen Hans Christian Andersens, die ihm seit der Arbeit an der *Nachtigall* besonders vertraut waren und deren Ausdruckswelt der Tschaikowskys verschwistert schien: seinen Balletten *Dornröschen* beispielsweise oder *Nußknacker* oder *Schwanensee*.

Als ich Andersens Märchen, die mir sehr vertraut waren, wieder durchblätterte, stieß ich auf eine Erzählung, die ich völlig vergessen hatte, und die, wie mir schien, meinem Plan besonders gut entgegenkam. Das war das schöne Märchen von der Schneekönigin. Aus ihm entnahm ich das Thema und ich entwickelte daraus folgende Handlung:

ein Kind wird bei seiner Geburt durch den Kuß einer Fee gezeichnet; sie trennt es dadurch von seiner Mutter. Zwanzig Jahre später, als der junge Mann den Augenblick des höchsten Glücks erlebt, gibt sie ihm wieder den Schicksalskuß und entzieht ihn so dem irdischen Dasein, um ihn auf ewig in höchster Glückseligkeit zu besitzen. Da es meine Absicht war, dem Werk Tschaikowskys ein Gedenken zu weihen, schien mir dieser Stoff besonders geeignet, denn ich sah in ihm eine Allegorie: in gleicher Weise hatte die Muse ihn durch ihren Schicksalskuß geweiht, dessen Mal auf mysteriöse Art in der ganzen musikalischen Schöpfung des großen Künstlers zu spüren ist.[98]

In seinem neuen Ballett *Der Kuß der Fee* »gedenkt« Strawinsky des verehrten Musikers auf bemerkenswert vordergründige Weise. Nicht weniger als sechzehn Kompositionen Tschaikowskys integriert Strawinsky in das 45minütige Ballett, das er in vier Szenen gliedert. Und Eric Walter White verweist in seiner Strawinsky-Biographie darauf, daß im Ballett *Der Kuß der Fee* die kurzen Salonstücke und Lieder Tschaikowskys zu Modellen langwieriger, großer musikalischer Entwicklungen erhoben werden, zu denen

---

[98] ebda., S. 137

sie nicht taugen.[99] Besonders deutlich würde die geringe musikalische Substanz des Balletts in der Fassung als Konzert-Suite, als »Divertimento«, das dem Vergleich mit anderen Ballett-Suiten Strawinskys nicht standhalte[100].

Von April bis zum Oktober 1928 arbeitet Strawinsky an der Ballett-Partitur. Aber obwohl der Komponist die Premiere in der Pariser Oper am 27. November selbst dirigiert, wird die Tschaikowsky-Huldigung kein Erfolg. Die Partitur krankt an einer symphonischen Attitude, die sie nicht zu füllen vermag, ihre musikalische Sprache ist weder mit dem *Apollon* oder mit dem nachfolgenden *Capriccio* an Originalität und Konzentration vergleichbar, das Klangbild der Streicher ist unterentwickelt und undifferenziert. Nirgendwo vorher sind die Gefahren des musikalischen Klassizismus deutlicher geworden als in diesem Ballett, das über weite Teile hin uninspiriert nachgesprochener Tschaikowsky ist, Konservatoriumsarbeit, eher akademischem Geiste entsprungen als der Vitalität einer Musiksprache, die sich zu Recht ihrer neoklassizistischen Brechungen und schöpferischen Anverwandlungen der Historie rühmen konnte. *Der Kuß der Fee* ist ein bedenklicher Absturz Strawinskys in die pure Konvention. Ein Absturz, den er erstaunlich gut überlebte und mit dem *Capriccio* und der *Psalmensinfonie* in kürzester Zeit vergessen machte.

Sergej Diaghilew, der Zeuge dieser Ballett-Produktion der neuen Ballett-Compagnie Ida Rubinsteins war, rechnet noch am Premierenabend in einem Brief an Sergej Lifar mit Strawinskys neuem Ballett ab[101]:

Eben komme ich aus dem Theater und habe böse Kopfschmerzen von dem schrecklichen Zeug, das ich gesehen habe. Das Ballett von Strawinsky war das einzige Neue. [...] Es ist schwer zu sagen, was es darstellen sollte, langweiligen, weinerlichen, schlecht gewählten Tschaikowsky, von Igor angeblich meisterhaft instrumentiert. Ich sage »angeblich«, denn es klang fad und dem ganzen Arrangement fehlt die Vitalität. Was auf der Bühne geschah, ist nicht zu beschreiben. Es mag genügen, wenn ich sage, daß die erste Szene Schweizer Berge zeigt, die

---

[99] P. H. Lang: *Stravinsky – a new appraisal of his work*, 1963. Hier findet sich eine ausführliche Diskussion der Strawinskyschen Zitier-Praxis durch Lawrence Norton, S. 47.

[100] White: *Strawinsky*, S. 161

[101] ebda., S. 162

Diaghilew 1921. Zeichnung von Igor Strawinsky

zweite ein Schweizer Dorf an einem Festtage, dazu Schweizer Volkstänze, die dritte Szene eine Schweizer Mühle und die letzte endlich wieder Berge und Gletscher. Bronia Nijinska zeigte keinen Funken von einem Einfall, keine einzige Bewegung war wirklich durchdacht.

Nach jenem Premierenereignis trafen die Freunde noch einmal zusammen, als Lifar eine Neuinszenierung von Strawinskys *Renard* vorstellte. Das war im Frühjahr 1929. Der Zufall fügte es, daß Igor Strawinsky am Ende der Saison Diaghilew auf der Pariser Gare du Nord beobachtete, den gleichen Zug nach London besteigend. Sechs Wochen später, in der Nacht des 19. August, erlag Sergej Diaghilew seiner langjährigen Zuckerkrankheit, die er immer wieder verdrängt und gegen die er tapfer gelebt und gear-

1932. Blumen für Diaghilews Grab in San Michele

beitet hatte, ohne sich je ernsthaft in ärztliche Behandlung zu begeben. Er starb in einem Venezianischen Hotelzimmer, umgeben von seinen Freunden Kochno und Lifar; und Misia Sert war bei ihm, die einen widerstrebenden Priester bat, dem russisch-orthodoxen Diaghilew die Absolution zu erteilen.

In seinen *Erinnerungen* gedenkt Igor Strawinsky der schwierigen Freundschaft mit Diaghilew in großer Dankbarkeit[102]:

Er war der erste, der zu mir kam, er ermutigte mich bei meinen Anfängen und unterstützte mich in seiner wirksamen fördernden Weise. Er liebte meine Musik, er hatte Vertrauen in meine Entwicklung, und darüber hinaus wandte er alle seine Energie daran, meine Gaben der Öffentlichkeit zugänglich zu machen. [...] Diese freundschaftliche Gesinnung und der Feuereifer, der ihn beseelte, erweckten ganz natürlich auch in mir Gefühle der Dankbarkeit, tiefer Zuneigung und der Bewunderung für

---

[102] *Erinnerungen*, S. 143

seine verstehende Empfindsamkeit, seine glühende Begeiste-
rung und die ungestüme Kraft, mit der er alle Pläne verwirk-
lichte.[103]

Das Jahr 1929 wird aber nicht nur zum Jahr des Abschieds von Diaghilew und seinem Lebenswerk, den »Ballets russes«, es ist auch das Jahr der erfolgreichen Premiere seines zweiten Klavierkonzerts, das er nun zukünftig in vielen Konzertsälen der Welt spielen wird: des *Capriccio* für Klavier und Orchester (1929). Unter der Leitung Ernest Ansermets wird das *Capriccio* am 6. Dezember in der Pariser Salle Pleyel uraufgeführt, und Strawinsky ist der gefeierte Solist.

Im gleichen Jahr begegnet Strawinsky dem Chef des Musikverlages B. Schott's Söhne in Mainz, Willy Strecker, der ihn mit dem amerikanischen Geiger Samuel Dushkin bekannt macht. Die beiden Männer finden Gefallen aneinander und beginnen bald darauf eine enge Zusammenarbeit, aus der Strawinskys *Violinkonzert in D* (1931) hervorgeht sowie das *Duo concertant* und eine Reihe von Bearbeitungen früherer Werke Strawinskys für Geige und Klavier.

1929 ist auch das Jahr, in dem des Komponisten alter Freund Sergej Kussewitzky – inzwischen Chefdirigent des Boston Symphony Orchestra – die Komposition der *Psalmensinfonie* anregt (vgl. S. 144), die Strawinsky zur Ehre Gottes schreibt und den »Bostonern« widmet:

Cette symphonie composée à la gloire de DIEU est dédiée au
»Boston Symphony Orchestra« à l'occasion du cinquantenaire de
son existence.

Arbeit an der *Psalmensinfonie* und am Violinkonzert

Serge Kussewitzkys Auftrag an Strawinsky traf den Komponisten nicht gänzlich unvorbereitet, denn seit längerem hatte ihn der Gedanke beschäftigt, ein größeres Werk von sinfonischem Umfang zu schreiben. Und auch in diesem Falle – man denke an seine Sonate, an die *Serenade* oder an das Streicher-Ballett *Apollon musagète* – ging der eigentlichen kompositorischen Arbeit und endgültigen Formulierung der Partitur ein differenzierter Refle-

---

[103] vgl. den Brief Walter Nouwels vom 30. August 1930 an Strawinsky, abgedruckt in den Dokumenten, S. 294

xionsprozeß voraus, der Strawinskys Allergie gegen die Formvor-
stellungen des 19. Jahrhunderts nur allzu deutlich bezeugt.[104]

Die übliche Form der Symphonie ist im 19. Jahrhundert ausge-
bildet worden, in einer Epoche also, deren Sprache und deren
Gedanken uns heute um so weniger liegen, als wir selbst aus
dieser Zeit hervorgegangen sind. Daher fand auch ich in dieser
Form der Symphonie nicht viel, was mich hätte reizen können.
Wie bei meiner »Sonate« wollte ich ein organisches Werk
schaffen, ohne mich an die gebräuchlichen Muster zu halten.
Zugleich sollte mein Werk aber die Ordnung des Satzbaues
bewahren, durch den sich die Symphonie von der Suite unter-
scheidet, die ihrerseits nichts weiter ist als eine Folge von
Stücken verschiedenen Charakters.

Ich überlegte mir, aus welchem Klangmaterial ich mein
symphonisches Gebäude aufführen sollte. Mir schwebte eine
Symphonie mit großer kontrapunktischer Entwicklung vor,
und so mußte ich auch die Mittel vergrößern, um in diesen
Formen arbeiten zu können. Ich entschloß mich daher ein
Ensemble zu wählen, das aus Chor und Orchester zusammen-
gesetzt ist und bei dem keines der Elemente dem anderen
übergeordnet, beide also völlig gleichwertig sind. Meine
Ansicht über die Beziehungen zwischen den vokalen und
instrumentalen Gruppen glich also genau dem Verfahren, das
die alten Meister kontrapunktischer Musik anwandten. Auch
sie behandelten Chor und Orchester gleich und beschränkten
weder die Rolle des Chors auf homophonen Gesang noch die
Funktion des Orchesters auf die Begleitung.

Interessant ist, daß Strawinsky behauptet, die *übliche Form der*
Symphonie sei im 19. Jahrhundert ausgebildet worden, obwohl
längst deutlich ist, daß an ihrem Entstehungsprozeß im Verlauf des
18. Jahrhunderts mehrere Einflüsse beteiligt waren – italienische,
solche aus Mannheim und Wien ebenso wie die Arbeit von Kom-
ponistenpersönlichkeiten außerordentlichen Ranges. Die »übliche
Form« der Sinfonie ist um 1780 bei Haydn und Mozart oder
C. Ph. E. Bach gänzlich ausgeprägt. Was das 19. Jahrhundert
leistete, hatte Beethoven begonnen: die Individualisierung und
wohl auch Monumentalisierung der Gattung. Strawinsky
behauptete also als Selbstverständlichkeit, was sich in seinem

---

[104] *Erinnerungen*, S. 149

Bewußtsein als groß und folgenschwer und wohl auch nicht überbietbar konzentriert hatte: das Bild der sinfonischen Tradition Beethovens, Tschaikowskys und Glasunows. Diese Tradition galt es zu unterwandern.

Die *Psalmensinfonie* wurde ein Werk der Integration all der musikalischen Mittel, die Strawinsky in diesem ersten französischen Jahrzehnt entdeckt und genutzt hatte. So blickt das Orchester der Sinfonie – 4 Flöten, 4 Oboen, 4 Fagotte und andere Holzbläser, 4 Hörner, 5 Trompeten, 3 Posaunen, 1 Tuba – zurück auf das Klangideal des Oktetts aus dem Jahre 1923. Die Linien der *Psalmensinfonie* sollen gleichsam wie mit dem Silberstift gezeichnet werden. Und auch die Teile der Partitur, die weniger intensiv polyphon ausgearbeitet sind – der erste Satz, mehrere Formteile des letzten Satzes –, erreichen allein durch das Instrumentarium, durch dieses große, sensibel instrumentierte Bläserorchester, ein ungewöhnliches Maß an Durchsichtigkeit und Sinnfälligkeit der musikalischen Struktur.

Andererseits ist nicht zu leugnen, daß die Leuchtkraft dieser vokal-instrumentalen Partitur nicht zuletzt in jenen Augenblicken sich konzentriert, in denen die Bläserchöre einen eigentümlich irisierenden Charakter annehmen und die Zeichnung der Stimmen sich dem Gesetz der Permeabilität beugt, der Durchlässigkeit musikalischer Linien füreinander, und so eine neue, klangbetonte Qualität gewinnt. Das ist beispielsweise in einem der letzten Formteile des letzten Satzes der Fall. Der Chor intoniert in auffällig zeitlupenhafter Bewegung *Laudate Eum in cymbalis bene sonantibus*, und die Bläser setzen dagegen ihre Klangbänder. Musikalische Klangkomplexe leuchten auf, Farben bilden sich, deren Schönheit der alter Kirchenfenster vergleichbar ist.

Daß zu Strawinskys ästhetischem Konzept dieser Sinfonie in der Tat die Deutlichkeit der kontrapunktisch geworbenen vokal-instrumentalen Linien gehört, ist auch aus seinem Hinweis zu ersehen, die Sopran- und Altstimmen des vierstimmigen Chorsatzes sollten möglichst mit vibratolosen Knabenstimmen besetzt werden. Von den Streichern werden nur die tiefen – Violoncello und Kontrabaß – zugelassen sowie die Harfe und zwei Klaviere in das dreifach besetzte Schlagzeug integriert.

Dem dreisätzigen Werk liegen Texte des 38., des 39. und des 150. Psalms zugrunde. Der erste Satz der *Psalmensinfonie* hat den Charakter einer Bitte um Erbarmen: »Höre mein Gebet, Herr, und mein Flehen.« Aber es ist ein Gebet des Kollektivs, eines, das in ritueller Haltung gesprochen wird. Schneidende Akzente des Orchesters gliedern rollende Akkordbrechungen, und der erste Einsatz des Chores im Alt wird wie im Responsorium chorisch durch die Gemeinde beantwortet. Dieser erste Einsatz des Alts – *Exaudi orationem meam* – dreht sich gleichsam geduckt um die kleine Sekunde e′–f′. Der Chor aber, die Gemeinde, singt allmählich in größer ausschreitenden Intervallen und in größeren Phrasierungen. Am Ende wird die hoffende Gemeinde in eine Musik hineingerissen, die sich dynamisch bis zum dreifachen *forte* steigert.

Der zweite Satz – »Ich harrete des Herrn« – ist eine groß konzipierte Doppelfuge. Das fünftaktige Fugenthema wird zunächst vierstimmig von den Flöten und Oboen durchgeführt. Der Kopf dieses Themas besteht aus 4 Tonschritten – c″, es″, h″, d″ –,

die sich als zwei ineinander verschränkte Terzen interpretieren lassen, eine intervallische Konstellation, die als Kern der gesamten musikalischen Entwicklung der *Psalmensinfonie* bezeichnet wurde.[105]

Die nachfolgenden Takte des Themas sind streng aus diesem Kopf entwickelt. Ihre unruhige intervallische Bewegung bildet zugleich Sekundgänge aus – es″, d″, des″, c″, h″ –, die als Material für Kontrapunkte genutzt werden.

Das nachfolgende Fugenthema des Chorsatzes ist durch die fallende Quart und im vierten Takt – *Dominum* – durch einen melodisch farbigen Sextausbruch charakterisiert. Kontrapunktiert wird dieser erste Einsatz der Chorfuge durch das erste Fugenthema in den Streichern.

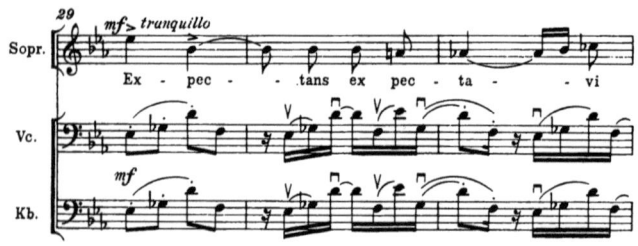

[105] White: *Strawinsky*, S. 168

Diese Chorfuge schließt Strawinsky mit einer Engführung, und der musikalische Prozeß des Satzes wird durch eine Engführung des ersten, des instrumentalen Themas fortgesetzt. Nach einer Generalpause beginnt der ouvertürenartig punktierte Einsatz des Instrumental-Themas und darüber eine neue Entwicklung des Chors. Immer wieder finden sich in den Instrumenten kurze Einsätze mit dem Material des ersten Themas.

Ungewöhnlich in seinen Proportionen und in seinem Charakter ist der weit gesponnene dritte Satz der *Psalmensinfonie*, der Hymnus: *Alleluia. Laudate Dominum in sanctis eius.*

Igor Strawinsky setzt die *Alleluia-* und *Laudate*-Rufe zunächst in das milde Licht gänzlich unekstatischer *pianissimo*-Phrasen. Erst in einem zweiten Formteil, der mit einer fanfarenartigen auftaktigen Sechsachtel-Geste beginnt, bricht die Gemeinde mit großer Wärme in das Lob Gottes aus. Hier finden sich auch im *fortissimo* dreinfahrende Orchesterausbrüche, deren Dramatik lediglich durch ihre Wiederholung gemildert scheint. Der dritte Satz der *Psalmensinfonie* klingt schließlich mit einer Coda aus, die zum schönsten gehört, was Strawinsky kompositorisch je vollbrachte.

Während das *Laudate* zunächst noch im imitatorischen Wechsel erklingt, so, als ob eine Fuge aufgebaut würde, mündet das zweistimmige Gewebe plötzlich in eine Bewegung ein, die wie das Wehen des Geistes anmutet. Die Soprane des Chors intonieren eine zart schwebende Melodie, die sich aus den Tönen es″, d″, c″ bildet und nach vier Takten jeweils chromatisch gefärbt und abgeschlossen wird.

Die Dreihalbe-Bewegung des Chorsatzes aber wird kontrapunktiert durch eine Quarten-Phrase der Klaviere und der Harfe, deren

es-b-f-b-Einsätze immer wieder andere Taktteile akzentuieren, so
daß eine polymetrisch schwebende Klangstruktur entsteht.

Die *Psalmensinfonie* schließt mit der rituellen Schlußformel in
äußerster dynamischer Zurückgenommenheit: *Alleluia. Laudate.*
Es ist die gleiche Formel, mit der dieser dritte Satz auch eingeleitet
worden war.

Am 13. Dezember des Jahres 1930 wurde Igor Strawinskys
Psalmensinfonie im Brüsseler Palais des Beaux Arts unter der
Leitung von Ernest Ansermet uraufgeführt, und zur gleichen Zeit
fand auch die Bostoner Premiere des Werks unter Serge Kusse-
witzkys Leitung statt. Freunde Strawinskys – er selbst spielte an
diesem denkwürdigen Abend sein *Capriccio* für Klavier und
Orchester – waren aus Paris nach Brüssel gereist, um sein neues
Werk zu hören, und das Auditorium bereitete der Sinfonie einen
warmherzigen Empfang. Der Komponist aber war vom hohen
Standard der Interpretation Ansermets entzückt und von der
Aufnahme seines Werks zutiefst angerührt.

In der Zwischenzeit hatte Strawinsky im Wiesbadener Haus
Willy Streckers den amerikanischen Geiger Samuel Dushkin kennengelernt. Seine anfängliche Skepsis, daß Dushkin der Typ des
Violinvirtuosen sei, dem es vor allem um die Vorführung der
eigenen brillanten technischen Möglichkeiten gehe, war sehr bald
der beruhigenden Erkenntnis gewichen, daß Samuel Dushkin ein
überaus aufgeschlossener, vielfältig interessierter Geiger von
hoher musikalischer Kultur sei.

Meeting in Berlin.
Schott-Verleger Willy Strecker (Mitte) und seine Komponisten
Igor Strawinsky und Paul Hindemith

Dushkin war in früher Jugend von dem amerikanischen Komponisten Blair Fairchild adoptiert worden und hatte seine musikalische Ausbildung in der Geigenklasse Leopold Auers vollendet[106].
Als Strawinsky zu Anfang des Jahres 1931 mit der Arbeit an seinem
Violinkonzert begann, das noch im gleichen Jahr, im Oktober
1931, in Berlin uraufgeführt wurde, war Dushkin in seiner Nähe.
Zunächst in Nizza, später in Voreppe en Isère trafen sich der
Komponist und der Geiger beinahe täglich. Diskutiert wurde vor
allem über Probleme, die mit den spieltechnischen Möglichkeiten
des Instruments zusammenhingen. Strawinsky hatte auch in früheren Werken die Violine solistisch genutzt – in seinen *Drei Stücken
für Streichquartett*, in der *Geschichte vom Soldaten* oder in seinem

---

[106] Fairchild (1877–1933) war zunächst Kaufmann, dann Diplomat und lebte schließlich als Komponist abwechselnd in New York und Paris. Der ungarische Geiger
Auer (1845–1930) war Schüler Joseph Joachims, war Violinprofessor in St. Petersburg, in Dresden und zuletzt in New York. Neben Dushkin gehörten Elman,
Hansen, Heifetz und Milstein zu seinen berühmten Schülern.

Solist und Dirigent des Violinkonzerts: Dushkin und Strawinsky

Ballett *Apollon* –, es fehlte ihm aber doch an Erfahrung, das Instrument in den großen Proportionen eines viersätzigen Werkes interessant und charakteristisch einsetzen zu können. Paul Hindemith, dessen Rat als Streicher Strawinsky eingeholt hatte, ermutigte ihn zur Komposition des Violinkonzerts mit dem richtigen Hinweis, daß gerade der Mangel an im engeren Sinn geigerischer Routine Strawinsky zu fruchtbaren Lösungen des Problems Violinkonzert inspirieren werde.

Samuel Dushkin hatte die Aufgabe, Strawinsky darüber zu beraten, wie seine kompositorischen Ideen auf adäquate Weise den Möglichkeiten des Streichinstruments angepaßt werden können[107]. Wann immer der Komponist einen der Vorschläge des Geigers annahm, begann Strawinsky die Grundlagen des bisher

---

[107] vgl. Dushkins Schilderung in den Dokumenten dieses Buches, S. 327

Geschriebenen neu zu überdenken. *Er handelte dabei wie ein Architekt, der beim Fundament beginnen mußte, um die Proportionen seines ganzen Baus zu erhalten, wenn von ihm verlangt wurde, einen Raum im dritten Stock zu verändern.*

In seinen Erinnerungen an die Arbeit und Zusammenarbeit mit Igor Strawinsky in jenen Jahren, berichtet Samuel Dushkin auch über Probleme des kompositorischen Schaffensprozesses[108]:

Wenn Strawinsky arbeitet, ist er überempfindlich. Alles, was sich ereignet, scheint vergrößert. Zuerst war ich erstaunt, wie langsam er arbeitet. Er komponiert oft am Klavier, stark konzentriert, grunzend und sich abmühend, die Töne und Akkorde zu finden, die er zu hören scheint. Die Vorstellung, daß eine so verwickelte Partitur wie die des »Sacre du Printemps« auf diese Weise komponiert wurde, war höchst erstaunlich. [. . .] Wenn die Arbeit qualvoll langsam voranging, pflegte Strawinsky, der ein tief religiöser Mensch ist, zu mir über den Glauben zu sprechen. »Sie müssen Glauben haben«, sagte er dann wohl. »Als ich jünger war und die Einfälle ausblieben, fühlte ich mich verzweifelt und dachte, alles wäre zuende. Aber jetzt habe ich den Glauben und weiß, daß die Ideen kommen werden. Das angstvolle Warten ist ein Preis, den man bezahlen muß.«

Einmal, als wir in seinem Garten spazieren gingen, sagte Strawinsky: »Die ersten Gedanken sind sehr wichtig; sie kommen von Gott. Und wenn ich nach Arbeit, Arbeit und nochmals Arbeit zu ihnen zurückkehre, dann weiß ich, sie sind gut.«

Auch das Violinkonzert Strawinskys arbeitet mit Formkonzeptionen, die denen seines Klavierkonzerts vergleichbar sind. Von der »französischen« Introduktion abgesehen, die hier eliminiert ist, tendiert Strawinsky in der einleitenden Toccata ebenfalls zu einer dreiteiligen Formanlage, deren dritter Teil reprisenartig gestaltet ist. Auffällig ist im später entstandenen Violinkonzert allerdings die deutlichere Unterscheidung nach Ritornellen oder Tuttipartien und Solo-Episoden.

Wiederum, darin der *Psalmensinfonie* vergleichbar, ist die Instrumentation des Violinkonzerts durch den Klang der dominierenden Bläser geprägt, obwohl Strawinsky den Bläsern ein Streich-

---

[108] ebda., S. 82

quintett beifügt. Jeder der vier Sätze wird durch den dreitönigen »Paß« d, e, a in weiter Lage eröffnet und entweder virtuos, wie in den beiden Außensätzen *Toccata* und *Capriccio* oder aber arios, wie in den mittleren Sätzen *Aria I* und *Aria II* fortgesetzt.

Der Eröffnungssatz des Violinkonzerts beginnt mit einem jener staunenswerten Strawinsky-Motive, deren lapidare, eher beiläufige Gestik zu einem konzentrierten Mikrokosmos ausgearbeitet werden. Hier ist es ein auftaktiges siebentöniges Motiv, das sich um den Zentralton D dreht, das verlängert und schließlich zu einem 11taktigen thematischen Satz fortgesponnen wird.

Darauf folgt die erste Solo-Episode, die das Motiv echoend aufnimmt und die Fortspinnung anderen Instrumenten überläßt. Solistisch wird der zweite Gedanke eingeführt: eine Dreiton-Geste springt den C-Dur-Dreiklang hinauf, während die Flöten das initiale Ritornell-Thema akzentuieren.

Wenig später wird das Verhältnis der Klanggruppen umgekehrt: die Solovioline intoniert das Thema des Ritornells, und die Blechbläser spielen den Geigengedanken. Mit äußerster Ökonomie wird in diesem Satz also das Material eingesetzt, wird umgebildet und mit neuen Gedanken konfrontiert. Und dennoch, trotz aller Dichte der musikalischen Beziehungen gelingt es Strawinsky, jene Gestik zu zitieren, die ins Weite greift und unverwechselbar zum Wesen des Konzertierens und des Konzerts gehört.

Die Uraufführung des Violinkonzerts am 23. Oktober 1931 in der Berliner Philharmonie wurde ein großer Erfolg für Igor Stra-

Oktober 1931 in Berlin. Strawinsky dirigiert das Rundfunk-Orchester

winsky, der das Orchester des Berliner Rundfunks leitete, und für seinen Solisten Samuel Dushkin. Merkwürdig genug, gewann das Konzert zunächst keine größere Popularität. Erst nach dem Zweiten Weltkrieg wurde Strawinskys Violinkonzert ebenso wie die Violinkonzerte von Alban Berg und Bela Bartók in das Repertoire der öffentlichen Konzerte integriert.

Abschied aus Europa

Im Jahre 1934 wird Igor Strawinsky französischer Staatsbürger, und im gleichen Jahr ziehen die Strawinskys ein letztes Mal als Familie um: vom Gebirge in die Stadt Paris, von Voreppe en Isère in die rue Faubourg St. Honoré 125. Strawinsky scheint entschlossener denn je, die Integration seiner kompositorischen Arbeit in das französische kulturelle Leben anzustreben und das Land Frankreich, das ihn und seine Familie so generös aufgenommen hatte, zu seiner zweiten Heimat zu erwählen. Freunde, unter ihnen

Paul Valéry, raten Strawinsky, sich um den ehrenvollen Platz in der Académie Française zu bewerben, der durch den Tod Paul Dukas' freigeworden war. Aber er verliert die Wahl, man entscheidet sich für den Freund aus den ersten Pariser Jahren, für den Komponisten und Musikkritiker Florent Schmitt.

Igor Strawinsky beginnt mit der Arbeit an seinen Memoiren, die er in Zusammenarbeit mit Walter Nouwel schreibt und die 1935 und 1936 in zwei Bänden als *Chroniques de ma vie* erscheinen. Während der erste Band auf Strawinskys Kindheit zurückblickt, auf die Zusammenarbeit mit seinem Lehrer Rimskij-Korsakow, auf die ersten Erfolge in Paris und die Schweizer Emigration, ist der zweite seiner neuen Heimat Frankreich gewidmet. Die letzte Eintragung äußert sich reserviert über die Arbeit an der *Persephone*.

Die *Erinnerungen* Strawinskys sind ein staunenswertes Dokument des zweiundfünfzigjährigen Komponisten. Igor Strawinsky vermeidet jede Polemik und verbietet sich jede Konfession. Mit ungewöhnlicher Nüchternheit, die nur gelegentlich Ablehnung oder Anteil nehmende Wärme zu erkennen gibt, zeichnet er die Linien seines Lebens nach; eines Lebens, das in seiner Darstellung vor allem um die kompositorische Arbeit konzentriert ist. Die vielen Namen der Freunde und Mitarbeiter, Legionen von Menschen, denen er begegnete, mit denen er lebte, die er aus den Augen verlor, werden lediglich in Werkzusammenhängen zitiert. Kaum, daß Strawinsky sich gestattet, Sympathie oder Antipathie zu zeigen; eher schon befleißigt er sich einer Contenance, die vor allem die Vorzüge des Porträtierten zu beweisen scheint. Bemerkenswert ist auch die Zurückhaltung, die er sich in den Kommentaren zu seinen eigenen Werken auferlegt. Zwar fehlt es nicht an ausführlichen Notizen über die Auftraggeber seiner Werke, über den langwierigen Schaffensprozeß, über die Absichten des Komponisten, die schließliche Realisierung des Werkes und die Qualität der Aufführung. Analytische Anmerkungen zu seinen Kompositionen fehlen in den *Erinnerungen* aber ebenso wie etwa kritische Kommentare zu seinem Werk. Nur selten unterbricht der Komponist seinen chronologischen Bericht und nimmt zu Problemen des musikalischen Ausdrucks Stellung oder zu solchen der Interpretation, zu ästhetischen Fragen also, die hartnäckig und bisweilen auch mit großer Schärfe diskutiert werden.

Rimskij-Korsakow, Strawinskys verehrter Lehrer, schloß seine Memoiren mit der Konfession: *Die »Chronik meines musikalischen Lebens« ist zuende. Sie ist ungeordnet, nicht überall gleich ausführ-*

Zusammentreffen 1933 in Wiesbaden: André Gide und Strawinsky

lich, in schlechtem Stil geschrieben, oft sogar sehr trocken. Dafür enthält sie die reine Wahrheit und darin besteht ihr Wert.[109] Von Strawinskys *Chroniques de ma vie* ließe sich sagen, daß sie weder trocken noch in schlechtem Stil geschrieben ist – aber ihre Ordnung scheint nicht geheuer, und ihre Wahrheit verbeugt sich allzu offensichtlich und artig vor der Höflichkeit. Dennoch, als zeitgeschichtliches und autobiographisches Dokument sind die *Erinnerungen* von unschätzbarem Wert.

---

[109] Rimskij-Korsakow: *Chronik*, S. 439

Am 30. April des Jahres 1934 findet in der Pariser Oper die Premiere des Melodrams *Persephone* statt, einer Komposition, die aus der Zusammenarbeit mit dem französischen Dichter André Gide entstanden war. Strawinskys Memoiren sprechen mit auffälliger Diskretion über dieses wenig erfolgreiche Opernereignis – um so beredter gibt der Komponist in seinen *Gesprächen* Auskunft über die Probleme, die der Dichter mit dem Komponisten hatte[110]:

> *Worte verlieren durch die Verbindung mit Musik etwas von den rhythmischen und klanglichen Beziehungen, die sich beim ausschließlichen Gebrauch als Worte einstellen; oder vielmehr: an Stelle dieser Beziehung treten andere – eben eine neue »Musik«. Ihr Sinn bleibt zweifellos der gleiche, aber neben ihrem Sinn haben sie auch eine magische Bedeutung, und diese Magie verwandelt sich durch die Verbindung mit der Musik.*
> *[...]*
> *Gide verstand indessen von alledem wenig oder nichts, oder wenn er etwas verstand, war er jedenfalls anderer Meinung. (Daß Gide ganz allgemein keine Ahnung von Musik hatte, dürfte jedem, der seine »Notes sur Chopin« gelesen hat, klar sein.)*
> *Er hatte erwartet, daß der Persephone-Text mit genau den gleichen Betonungen gesungen werden sollte, wie er sie sich bei einer Rezitation vorstellte. Er glaubte, meine musikalische Aufgabe bestünde darin, die Wortprägungen nachzuahmen oder zu unterstreichen: ich sollte lediglich die Tonhöhe für die Silben finden, da er der Meinung war, er selbst habe ja den Rhythmus bereits komponiert. Die Tradition von poesia per musica sagte ihm nichts. Und da er nicht verstand, daß Dichter und Komponist zusammenarbeiten, um die »eine« Musik zu schaffen, war er nur entsetzt über die Widersprüche zwischen seiner und meiner Musik.*

Diesem »Entsetzen« gab Gide auf eine ebenso noble wie beredte Weise Ausdruck: er blieb der Premiere der *Persephone*, die Strawinsky dirigierte, ohne jeden weiteren Kommentar fern. Nur ein kurzer Brief Gides, den er einen Monat nach dem Ereignis an Strawinsky schickte, läßt erkennen, daß die beiden Kollaborateure sich gegeneinander auf bemerkenswerte Weise neutralisiert hatten.

---

[110] *Gespräche*, S. 113

Gide schreibt am 28. Mai 1934 an Strawinsky[111]:

Mein lieber Strawinsky,

ich hoffe nichtsdestoweniger, daß sie meine Zuneigung zu Ihnen und meine Bewunderung für Ihr Werk nicht deshalb in Frage stellen, weil ich den Proben Ihrer, unserer »Persephone« nicht beiwohnte! Oder haben Sie sonst etwas gegen mich auf dem Herzen, wovon ich nichts weiß?

Da ich gar keinen Grund zu irgendwelcher Klage gegen Sie habe, werde ich fortfahren, Ihr herzlich ergebener Freund zu sein.

André Gide.

In der Tat haben sich Gide und Strawinsky nach der *Persephone* nicht mehr gesehen – offenbar, ohne ernsthaft böse aufeinander zu sein.

Persephone war der zweite Auftrag Ida Rubinsteins an Igor Strawinsky. Sie selbst übernahm die Rolle der Protagonistin *Persephone*, die Rolle der Erzählerin, und neben ihr agierte der Priester Eumolpos (Tenor) sowie ein gemischter Chor, der zuletzt durch Knabenstimmen verstärkt wird. Gides große Dichtung war bereits vor dem Ersten Weltkrieg entstanden; sie berichtete über die Entführung von Demeters Tochter in die Unterwelt. Hier wird sie durch Merkur versucht, beißt in einen Granatapfel, und Sehnsucht nach der verlorenen Welt ergreift sie. Im dritten Bild schließlich wird Persephone wiedergeboren und in den ewigen Kreislauf der Jahreszeiten eingefügt: immer wieder muß sie hinab in die Unterwelt, die nach dem Gleichnis der griechischen Mythologie zugleich Tod und Frühling symbolisiert.

Die große, 45 Minuten dauernde Partitur für Bläser und Streicherensembles, denen ein großes Schlagzeugarsenal sowie zwei Harfen und Klavier zugeordnet sind, ist wesentlich lockerer als *Les noces* oder die *Psalmensinfonie* geformt; aber das thematische Material ist konsequent durchgeführt. Mit *Persephone* setzt Strawinsky seine mythologischen Erkundungen in einer Musiksprache fort, die in ihren besten Augenblicken die Höhe der *Oedipus*-Partitur erreicht. Die bemerkenswerte Unsicherheit, die den Komponisten in diesen Jahren vor seiner Emigration nach Amerika immer wieder einmal heimsucht, die schwankende Einschätzung

---

[111] ebda., S. 142

175

seines Erfolges als Komponist, äußerte sich vor der Premiere der *Persephone* in einem harschen Manifest, das er im *Excelsior* erscheinen ließ. Darin heißt es[112]:

> *Diese Partitur, so wie sie geschrieben ist, und wie sie in den musikalischen Archiven unserer Zeit bleiben muß, bildet ein unlösliches Ganzes mit den Bestrebungen, die ich in meinen früheren Werken immer wieder verfolgte. Sie ist die logische Fortsetzung von »Oedipus Rex«, der »Psalmensymphonie« und einer ganzen Reihe von Werken, deren musikalische Eigengesetzlichkeit durch das Fehlen einer Bühnenhandlung in keiner Weise beeinflußt wird. [...] All dies ist keineswegs eine Laune von meiner Seite. Ich bin auf einem vollkommen sicheren Weg. Daran ist nichts zu diskutieren oder zu kritisieren. Man kritisiert nicht jemand, der seine Funktion erfüllt. Eine Nase ist nicht gemacht – sie ist einfach da. So auch meine Kunst.*

Einen Tag später beendet der Freund Paul Valéry eine aufmunternde Notiz an Strawinsky mit dem Satz: *Lang lebe Ihre Nase!*

Aber ist Strawinskys Artikel im *Excelsior* nicht doch eher der Ausdruck seiner verborgenen Angst, daß Kunst, daß auch seine Kunst in der modernen Gesellschaft keine Funktion mehr haben könnte und in den Augen des schnellebigen und verwöhnten Pariser Publikums die augenscheinlich so solide, natürlich gewachsene und jedenfalls keineswegs zu übersehende Nase Strawinskys womöglich doch nur aus Pappmaché besteht?

Im Jahre 1935 wird Igor Strawinsky zu einer zweiten Tournee durch Amerika eingeladen. Seine Reputation als Dirigent eigener Werke hat sich gefestigt. Er gilt als autoritärer, aber trotz seiner tickhaften Präzisions-Manie auch als überaus fähiger Dirigent. Und nicht zuletzt eine Reihe von Kammermusik-Abenden, die er zusammen mit Samuel Dushkin gibt, befördern sein Prestige in den Vereinigten Staaten auf folgenreiche Weise. In den folgenden Jahren wird er mehrere überaus ehrenvolle Kompositionsaufträge von amerikanischen Mäzenen erhalten.

Aus Amerika zurückgekehrt, beginnt Strawinsky mit der Arbeit an einem Konzert für zwei Klaviere. Diese Komposition soll ihm in mehrfacher Hinsicht nützlich sein.

---

[112] White: *Strawinsky*, S. 184

Dirigent in Amerika: Konzert mit dem
Los Angeles Philharmonic Orchestra 1935

Soulima Strawinsky, der 24jährige Sohn Strawinskys – er studierte unter anderem bei Nadia Boulanger –, war zu einem ausgezeichneten Pianisten gereift. Nachdem Soulima in den Jahren 1933 und 1934 beide Klavierkonzerte des Vaters erfolgreich gespielt hatte, sollte nun ein Werk entstehen, mit dem beide Pianisten der Familie in Europa ohne orchestralen Aufwand, im Rahmen von

177

Kammermusikabenden, Konzerttourneen bestreiten konnten. Im November folgen die Strawinskys einer Einladung der Université des Annales und geben ein Recital in der Pariser Salle Gaveau. Als Uraufführung ist das neue Konzert für zwei Klaviere (1935) von Igor Strawinsky zu hören, eine hinreißende, in vier Sätze – *Con moto*, Notturno, Vier Variationen, Präludium und Fuge – gegliederte Komposition, die von der verblüffenden Meisterschaft Strawinskys zeugt.

Besonders der erste Satz des Konzerts, *con moto*, brilliert mit einer ganzen Reihe von neuen Charakteren, die sich freilich unter der kühlen Haut eines überaus virtuos gehandhabten Klavierklangs eher verbergen als unmittelbar zu erkennen geben.

Auffällig zunächst die Ungeniertheit, mit der Strawinsky seine frühe, »barbarische« *ostinato*-Technik ausspielt, sie radikalisierend auf jenen kritischen Punkt treibt, wo die Technik ins Leere der klirrenden Klavierformel gerät und so den gesamten Satz in

1935. Sympathie auf beiden Seiten:
Späße und Pläne mit Chaplin

178

eine neue Qualität überführt, von der die Cage-Schule später träumen wird: Klang zu sich selbst kommen lassen. Wohl keine Musik Strawinskys aus den dreißiger und vierziger Jahren verweigert auf vergleichbare Weise jedes Telos, gerinnt so zur bloßen Struktur.

Strawinskys Material-Disposition für die beiden Klaviere führt oft genug zu Konstellationen, in denen die Strukturen kaum variiert nur ausgetauscht werden. Das Resultat sind Achsen, sind Symmetriebildungen zwischen den beiden Klangkörpern, die nicht nur das Klang-Aroma mit Anton von Weberns nahezu gleichzeitig komponierten, freilich zwölftönigen Variationen für Klavier op. 27 (1936) gemeinsam haben, sondern auch die symmetrische Disposition als musikalisches Formungsgesetz.

Die Registerbehandlung des Klavierklangs, aber auch die bemerkenswert ausdrucksneutrale Qualität der von der Montage kleiner Taktgruppen geprägten musikalischen Substanz begünstigt musikalische Eindrücke, die an erste Begegnungen mit den *Structures* für zwei Klaviere von Pierre Boulez denken lassen.

Im zweiten Satz des Konzerts, kaum weniger genial komponiert, zieht sich Strawinsky auf seine musikalische Porträtkunst zurück. Das Notturno unterhält nahezu einen ganzen Satz lang als Begleitformel jene pointierten Impulse, die an Weills Songbegleitungen erinnern, aber auch an Jazzatmosphäre und Banjos. Porträtiert wird in vielfältigen Brechungen und Anspielungen die Musik der Music Halls oder des Cabaret oder allgemein Großstadt-Musik der Zeit. Den vier Variationen stellt Strawinsky kein Thema voran, sondern vertraut es der linken Hand des ersten Klaviers an, exponiert es zunächst nicht. Von komplementären Ergänzungen der intervallischen Struktur und von rhythmischen Veränderungen abgesehen, gleicht es dem Fugenthema. Ohne thematisches Entree gestaltet auch Webern seine Variationen – die Möglichkeiten seiner zugrunde liegenden Reihe nutzend.

Die Fuge selbst aber ist ein Meisterwerk kontrapunktischer Arbeit. Als durchgehaltenen Kontrapunkt muß sie die Bürde einer Repetitionsfigur in Sextolen tragen, ein musikalisches Element von hoher Fliehkraft, das alle polyphone Arbeit immer wieder in die sausende Fahrt des Perpetuum mobile zu treiben scheint.

Im Winter des Jahres 1935/36 folgt Strawinsky der Einladung seiner Freundin, der französischen Komponistin Nadia Boulanger, mit ihr zusammen an der Pariser Ecole normale de musique Kompositionskurse abzuhalten. Freilich, der Maestro erscheint zu diesen

179

Kursen gewöhnlich nur einmal im Monat und analysiert dann seine letzten Partituren: *Persephone* und das Konzert für zwei Klaviere.

Im Juni des Jahres 1936 erreicht Strawinsky der erste einer Reihe von interessanten amerikanischen Kompositionsaufträgen. Edward Warburg und Lincoln Kirstein hatten wenige Monate zuvor das »American Ballet« gegründet und bitten Strawinsky nun um ein Ballett für ihre neue Compagnie. Er sagt gern zu, weil er weiß, daß George Balanchine die Choreographie seiner Komposition übernehmen wird. Als Sujet für die Arbeit wählt er das Kartenspielen, eine Neigung, der Strawinsky zeitlebens leidenschaftlich ergeben war. Dem Konzept eines Pokerspiels in drei Runden folgt auch die Musik von *Jeu de Cartes* (1936).

Jede der Runden wird mit einer marschähnlichen Introduktion eröffnet, die einem Concerto grosso Händels entsprungen sein könnte. Während dieser Einleitung werden die Karten gemischt und die Erwartungen der Spieler ausgetauscht. Dann nimmt die Partie auch musikalisch ihren bunten Verlauf.

Strawinskys Partitur wurde nicht zuletzt wegen ihrer virtuosen Kunst des Zitierens berühmt, die Léo Delibes und Rossini, Johann Strauß oder Tschaikowsky oder Ravel zu musikalischen Verläufen zusammenzwingt oder aber mit den eigenen, freilich eher formelhaften Einfällen Strawinskys nahtlos verbindet. Die im 18. Jahrhundert so beliebten musikalischen »Würfelspiele« lebten von der Reihung musikalischer Formeln, die zu Taktgruppen organisiert und tonal zurechtgestutzt waren. Auf diese Weise ließen sich grundsätzlich auch größere Formzusammenhänge bauen. An dieses zweifelhafte und ein wenig rohe Verfahren, mit Musik umzugehen, erinnert ein wenig auch dieses Ballett Strawinskys. Wenn das musikalische Zitat, wenn die zitierte musikalische Geste die Funktion einer Pointe haben soll, dann muß sich diese gleichsam geistesgegenwärtige Formulierung aus einer lebendigen musikalischen Gesamtsituation geistvoll abheben. *Jeu de Cartes* aber lebt wesentlich aus einer atemlos gestikulierenden Musik, die von Augenblick zu Augenblick weitertreibt, ohne zu wirklichen Gestalten oder musikalischen Gravitationen zu finden. Darum heben sich die Zitate hier auch eher seltsam verloren ab, anstatt dem Ganzen Lichter aufzustecken.

Jeu de Cartes ist zweifellos nicht das einzige Werk Strawinskys, das in den kommenden beiden Jahrzehnten sich seiner Haut wehrt, so gut es gehen mag, und das musikalische Funktionen zu übernehmen versucht, die Strawinsky ihm oktroyierte. Divertierende

Musiken wie das *Concerto in Es* (1938) oder das *Concerto in D* (1946) enthalten manche verblüffende Schönheit, ohne als Werk doch wirklich überzeugen zu können. Zu fruchtlos ist die Entwicklung der musikalischen Gedanken zumeist, zu auffällig der von den Selbstzitaten ausgedörrte Boden der musikalischen Verläufe, und zu schmerzhaft ist es, an einem Prozeß hörend teilhaben zu müssen, der nur mehr Strawinskys Getrieben-Sein, seine Angst, versagen zu können reflektiert, nicht aber mehr die Möglichkeiten der Musik selbst.

Im November 1936 beendet Igor Strawinsky die Arbeit an *Jeu de Cartes* und reist dann sehr bald selbst nach New York, um Balanchine wiederzutreffen und mit ihm zusammen an der Choreographie zum *Kartenspiel* zu arbeiten. Lincoln Kirstein hat einen sehr anschaulichen Bericht über diese Zusammenarbeit formuliert[113]:

Strawinsky erschien pünktlich zu jeder Probe und blieb sechs Stunden lang. Abends nahm er den Korrepetitor mit nach Hause und arbeitete die Tempi mit ihm durch. Er war immer mit größter Sorgfalt gekleidet, in Wildlederschuhen und wundervollen karierten Anzügen mit schönen Krawatten, der vollendete Dandy, eine elegante Pariser Ausgabe englischer Schneiderkunst. Während des Durchprobierens pflegte er wie ein Metronom den Takt auf seinen Knien für die Tänze zu schlagen; dann plötzlich bat er um Unterbrechung und schlug eine Änderung vor, indem er heftig gestikulierte, um sich verständlich zu machen. Diese Vorschläge machte er nie versuchsweise, sondern aus dem Gefühl eines Menschen, dessen Autorität keinen Widerspruch duldet, weil er es besser weiß. So entschied Strawinsky zum Beispiel am Ende der ersten Runde, wo Balanchine eine fächerartige Entfaltung der Tänze geplant hatte, um eine Handvoll Karten darzustellen, daß die choreographische Konzeption überladen sei. Er zog einer solchen Variabilität der Bilder eine Wiederholung der wirkungsvollsten Gruppierungen vor. [. . .] An einer anderen Stelle komponierte er noch etwas dazu, um der Choreographie die Möglichkeit weiterer Entfaltung zu geben.

Am 27. April 1937 wird *Jeu de Cartes* in der New Yorker Metropolitan Opera unter der Leitung des Komponisten uraufgeführt:

---

[113] White: *Strawinsky*, S. 190

zusammen mit den Balletten *Der Kuß der Fee* und *Apollon musagète*, deren Choreographien ebenfalls George Balanchine entworfen hatte. Die zukünftige Zusammenarbeit dieser beiden russischen Künstler wurde an diesem New Yorker Ballettabend zum erstenmal manifest, wurde zum Ereignis.

Während dieses dritten Amerika-Aufenthaltes gelangte Igor Strawinsky bis nach Hollywood und begegnete dort auch Charlie Chaplin. In Washington D. C. machte er die Bekanntschaft des Ehepaars Bliss, das ihn in ihr Haus einlädt, um ihm die urwüchsige Landschaft von Dumbarton Oaks zu zeigen. Mr. und Mrs. Bliss sind als großzügige Förderer der Künste überaus geschätzt und bitten Strawinsky, gegen ein Honorar von 2500 Dollar ein »Concerto« zu ihrem 30. Hochzeitstag zu komponieren.

Als Strawinsky im Frühjahr 1938 sein *kleines Concerto im Stil der Brandenburgischen Konzerte* beendet und das dreisätzige Werk, für ein Ensemble von 15 Instrumenten geschrieben, von Nadia Boulanger uraufgeführt wird, erwartet den Komponisten bereits ein weiterer Auftrag der Bliss-Familie. Diesmal soll Strawinsky für die fünfzigste Konzertsaison des Chicago Symphony Orchestra im Winter 1940/41 eine Sinfonie schreiben. Durch die Vermittlung von Nadia Boulanger wendet sich außerdem Edward W. Forbes, der Vorsitzende des Professorenkommitees der Harvard Universität, an Strawinsky mit der Bitte, den berühmten und hochdotierten »Charles Eliot Norton Lehrstuhl« für Poetik zu übernehmen. Igor Strawinsky wird eingeladen, von Oktober 1939 bis Mai 1940 in Cambridge oder Boston zu leben, er darf zwei Monate lang seinen Konzertverpflichtungen nachgehen und erhält die beachtliche Summe von 10000 Dollar. Es wird von ihm erwartet, daß er sechs Vorlesungen über musikalische Probleme hält, die er in französischer Sprache absolvieren darf, und daß er mit einer gewissen Regelmäßigkeit vor einer kleinen Gruppe von ausgewählten Studenten intensiver als üblich kompositorische Verfahren, Techniken und Probleme diskutiert.

Igor Strawinsky ist jetzt, 1939, siebenundfünfzig Jahre alt. Nach dem Tode seiner Frau begibt er sich für 5 Monate in das Sanatorium Sancellmoz, in dem auch Catherine zuletzt vergeblich Heilung von ihrem Tuberkulose-Leiden gesucht hatte. Strawinsky ist zunehmend irritiert, er ißt wenig und schläft kaum. Die politische Situation Europas, die Hektik der Ereignisse und das nahende Chaos lähmen seine Arbeitskraft. Zudem: der unpolitische Komponist hat mit Besorgnis notiert, daß in der Düsseldorfer Ausstel-

1938. Dinner bei Misia Sert, der Freundin und Mäzenin:
Jacques Février, Sergej Lifar, Vicomtesse de Noailles, Strawinsky, Vera
Sudeikina, Gabrielle Chanel

lung *Entartete Kunst* auch seine eigene kompositorische Arbeit
angegriffen wurde. Die Proteste des französischen Konsuls in Berlin, M. François-Poncet, hatten selbstverständlich nichts bewirken
können. Je mehr Igor Strawinsky über seine Möglichkeiten nach-
denkt, in Europa sich weiterhin ungestört seiner kompositorischen
Arbeit widmen zu können, um so deutlicher sieht er ihre Gefähr-
dung. Als das amerikanische Professorenkommitee ihn nach Cambridge bittet, sagt er zu. Kurz nach dem Ausbruch des Zweiten
Weltkriegs geht er an Bord des Passagierdampfers S. S. *Manhattan*
und entflieht Europa. In seinem Gepäck befinden sich die beiden
ersten Sätze seiner Sinfonie.

Komponist in Amerika 1939–1971

Neue Konzeptionen, erprobtes Handwerk

Am 30. September erreichte Igor Strawinsky an Bord des Passagierdampfers S. S. *Manhattan* New York und begab sich unmittelbar darauf nach Cambridge, Massachusetts, wo er zunächst im Hause Edward Forbes' lebte, dem angesehenen Harvard-Professor und Initiator der Einladung an Strawinsky.

Seine sechsteilige Vorlesung hält Igor Strawinsky in der neuen Lecture Hall der Universität vor einem großen Auditorium. Für die Studenten in Harvard, deren Französisch-Kenntnisse begrenzt sind, wird jede der Vorlesungen zuletzt in Englisch resümiert. Zwei Jahre später erscheint die Vorlesungsreihe Strawinskys in der Original-Sprache. Später folgen Übersetzungen ins Englische und Deutsche[114].

Während die *Erinnerungen* Igor Strawinskys durch den Anspruch geprägt sind, eine unbestechliche Chronik der Ereignisse zu sein, diskutiert der Komponist in der *Musikalischen Poetik* ausgewählte Aspekte des zeitgenössischen Musiklebens gelegentlich auch mit unverhohlen polemischer Schärfe. Nicht nur Modeerscheinungen, wie etwa gewisse Tendenzen der russischen Musik in der Sowjetunion, sondern auch Komponisten der Historie, wie Beethoven oder Wagner und der grassierende Avantgarde-Snobismus werden vehement kritisiert.

Die erste Vorlesung beginnt mit einer »Fühlungnahme«, die zunächst den begrifflichen Ausgangspunkt der gesamten Vorlesungsreihe und damit auch zugleich Strawinskys »poetischen« Standort bestimmt: *Das Verbum* ποιειν *(poiein), von dem das Wort Poetik sich herleitet, bedeutet nichts anderes als »machen«. Die Poetik der antiken Philosophen enthielt keine lyrischen Ergüsse*

---

[114] *Poetique Musicale: sous forme de six leçons*, Cambridge, Harvard University Press, 1942. Die englische Übersetzung der Vorlesungen – von Arthur Knodel und Ingolf Dahl – erscheint mit einem Vorwort von Darius Milhaud in der Harvard Press im Jahre 1947. Heinrich Strobels deutsche Übersetzung wird 1949 im Schott-Verlag Mainz publiziert.

über die natürlichen Anlagen und das Wesen des Schönen. Das eine Wort τεχνη *(techné) umschloß für sie die schönen Künste und das Handwerk und bezog sich auf die Kenntnis und das Studium gewisser festumrissener Werkregeln. Deshalb kommt die »Poetik« des Aristoteles dauernd auf die Begriffe persönliche Arbeit, Ordnung und Konstruktion zurück.*

Diese erste »Fühlungnahme« mit seinen Zuhörern mündet zuletzt in die Vorstellung der gesamten Vorlesungsreihe durch den Autor ein. So wird sich die zweite Vorlesung, *Über das musikalische Phänomen,* Problemen der Konsonanz und Dissonanz, der ontologischen und psychologischen Zeit zuwenden. Die dritte Vorlesung wird der *Musikalischen Komposition* gewidmet sein und der genaueren Bestimmung der Begriffe Erfindung, Phantasie, Eingebung. Die vierte Vorlesung wird von Problemen des musikalischen Stils handeln: *Ich werde im Verlauf dieser Stunde auf sehr aktuelle Fragen eingehen: sie betreffen das Publikum, den Snobismus, das Mäzenat, die bürgerliche Denkweise; den Modernismus und den Akademismus und das ewige Problem von Klassik und Romantik.* In der fünften Vorlesung wird Strawinsky an die beiden russischen »Krankheiten« erinnern, *an die konservative und an die revolutionäre Krankheit. Endlich werde ich über den Neo-Folklorismus der Sowjets und über die Entartung der musikalischen Werte sprechen*[115]. In der sechsten Vorlesung, *Über die Wiedergabe der Musik,* wird der Autor zeigen, *wodurch sich die Interpretation von der Wiedergabe im strengen Sinn unterscheidet, und bei dieser Gelegenheit werde ich von den Ausführenden und ihren Hörern, von der Aktivität und Passivität des Publikums sprechen, sowie von dem so wichtigen Problem des Urteils oder der Kritik.* In einem *Epilog* schließlich wird der Komponist versuchen, *die tiefere Bedeutung der Musik zu umreißen, und ihren eigentlichen Sinn, der darin beruht, die Verbindung, die Vereinigung des Menschen mit seinem Nächsten und mit dem höchsten Wesen zu fördern.*

Neben diesen Vorlesungen hielt Igor Strawinsky während seines Cambridge-Aufenthalts auch Kontakt mit einem kleinen Kreis ausgewählter, avancierter Harvard-Studenten der Komposition. Er diskutierte ihre Werke und analysierte, wie zuvor schon in seinem Kursus an der Pariser Ecole normale de musique, eigene

---

[115] Diese Vorlesung, die den Charakter einer Abrechnung mit der sowjetrussischen Musik annimmt, wurde in der Pariser Ausgabe der *Poétique Musicale,* die J. B. Janin 1945 publizierte, kommentarlos gestrichen.

Just married. Igor und Vera 1940 in Mexiko

Werke: *Jeu de Cartes* und das *Concerto in Es* oder *Dumbarton Oaks*.

Am 13. Januar 1940 traf Vera de Bosset, von Genua kommend, in Amerika ein. Vera und Igor waren bekanntlich seit dem Jahre 1921 eng befreundet und heirateten am 9. März in Bedford, Massachusetts, im Hause des russischen Harvard-Professors Taracuzio. Nachdem der Komponist seine Charles Eliot Norton Lectures beendet hatte, reiste das nunmehr verheiratete Paar zunächst nach New York und von dort nach Los Angeles weiter: in die Stadt, die Strawinsky aus klimatischen Gründen allen anderen Möglichkei-

Igor glücklich in 1260 North Wetherly Drive, Hollywood

ten vorgezogen hatte – wann immer er mit dem Gedanken an ein Leben in Amerika umgegangen war.[116]

In Hollywood lebten die Strawinskys während der ersten Kriegsjahre zunächst im engen Kontakt mit ihren Freunden aus der literarischen und musikalischen Szene der Filmstadt: mit den

---

[116] White: *Stravinsky*, S. 116, teilt in einer Anmerkung die Adressen der Häuser mit, in denen die Strawinskys wohnten, bevor sie im Mai 1941 ihr endgültiges Haus in North Wetherly Drive, Hollywood, bezogen: 124 South Swall Drive, Beverly Hills, Mai–November 1940; Chateau Marmont, Hollywood, März–April 1941.

Schriftstellern Aldous Huxley und Franz Werfel, dem Schauspieler Vladimir Sokoloff und mit den Musikern Nadia Boulanger und Alexander Tansman. Aber es blieb auch nicht aus, daß Strawinskys Ruhm die Filmstudios erreichte, die Neugierde der Produzenten erweckte und der Komponist der Adressat von mehreren finanziell höchst attraktiven Film-Musik-Angeboten wurde, die sich sämtlich zerschlugen, weil die künstlerischen Bedingungen seiner Mitarbeit für ihn nicht akzeptabel waren.

Begonnen hatte seine gescheiterte Film-Karriere noch in Europa. Im Jahre 1938 meldete sich Walt Disney mit der Nachricht, daß er beabsichtige, Teile aus Strawinskys Ballett *Sacre du printemps* prähistorischen und »dinosaurischen« Sektionen seines Films *Fantasia* zu unterlegen. Die Anfrage enthielt zugleich die diskrete Andeutung, daß man in jedem Falle seine Musik benützen würde, ob der Komponist nun zustimmte oder nicht – schließlich sei sein Werk in den USA ungeschützt; er solle darum die angebotenen 5000 Dollar besser nicht ausschlagen. Als Strawinsky Weihnachten 1939 zusammen mit George Balanchine in Disneys Studio erschien, um sich die »Sektionierung« seiner Musik anzuhören, wollte ihm ein musikalischer Helfer die Partitur des Disney-*Sacre* überreichen. Der im Umgang mit Hollywood-Größen noch unerfahrene Komponist hatte seine eigene Taschenpartitur dabei und lehnte ab. Darauf der Helfer: *But it is all changed.* Ein Satz, der nichts als die Wahrheit formulierte. Strawinsky erkannte seine Partitur nicht mehr wieder und war für weitere Hollywood-Abenteuer, die auf ihn zukamen, immerhin bestens vorbereitet.

In seinen Gesprächen mit Robert Craft erinnert sich der Komponist auch an folgende Stationen seiner gescheiterten Film-Zukunft [117]:

In zwei Fällen habe ich sogar angefangen zu komponieren, freilich keine »Filmmusik«, die nur das Ohr kitzelt, als gefühlsmäßige Untermalung der Szenerie, sondern Musik für den Filmgebrauch. Meine »Vier Norwegischen Impressionen« waren ursprünglich einem Film über die Nazi-Invasion Norwegens zugedacht, und mein »Scherzo à la Russe« wurde als Musik zu einem Kriegsfilm, diesmal mit russischem Hintergrund begonnen. Beide Partituren sind für den Konzertgebrauch unverändert geblieben, nur das Scherzo habe ich später einmal für die Paul Whiteman-Kapelle neu instrumentiert. Ich

---

[117] *Gespräche*, S. 223

Freunde:
Maria und Aldous Huxley

Ein 5000-Dollar-Geschäft mit Walt Disney

konnte Musik für Filme nur als Gelegenheitsmusik auffassen, und die beiden Stücke sind auch nicht mehr als das. [...]

Es machte mir übrigens Spaß, mit Filmleuten zu verhandeln; denn sie versuchen ihre wahren Absichten nur selten mit dem Gerede über Kunst zu verbergen. Sie wollen meinen Namen haben, nicht meine Kunst – man hat mir sogar 100000 Dollar angeboten, falls ich bereit sei, einen Film mit Musik zu polstern, und als ich ablehnte, bedeutete man mir, ich könne das Geld auch dann haben, wenn ich nur den Namen gebe und die Arbeit einem anderen überlasse.

Die schönste Hollywood-Geschichte betrifft aber nicht mich, sondern Schoenberg. Der große Komponist, dem seine Werke fast nichts einbrachten, wurde aufgefordert, die Musik zu »Die gute Erde« zu liefern, und zwar für ein Honorar, das ihm wie das Vermögen eines Krösus vorkommen mußte, aber verknüpft mit künstlerisch unmöglichen Bedingungen. Er verzichtete mit dem Ausspruch: »Ihr tötet mich, um mich vor dem Hungertod zu retten.« Übrigens ist Schoenbergs »Begleitmusik zu einer Lichtspielszene« die bei weitem beste Filmmusik, die je geschrieben wurde, und zwar – Triumph der Ironie! – für einen Film, der nur in der Einbildung existiert.

Die viersätzigen *Norwegischen Impressionen* (1942) waren eine Hommage an Grieg und eine artige Verbeugung vor der norwegischen Volksmusik, und das *Scherzo à la russe* (1944) nahm den munteren Ton wieder auf, den Strawinsky in jener *Circus Polka* (1942) angeschlagen hatte, jener Gebrauchsmusik für die Elefanten des Zirkus Barnum & Bailey, die 425mal überaus erfolgreich gespielt worden war. In einem »Secco-Telefonat« hatte sich Strawinsky vor der Arbeit an der Polka zuvor vergewissert, daß es sich um junge Elefanten handele, die nach seiner Musik tanzen werden[118].

Weitere Filmmusik-Angebote Hollywoods scheiterten stets an den schlechten künstlerischen Bedingungen. So bat Orson Welles den Komponisten um die Musik zu dem Film *Jan Eyre*. Die Jagdszene, die bereits komponiert war, fügte Strawinsky als zweiten Satz seiner *Ode* (1943) ein, die er dem Gedächtnis Natalie Kussewitzkys widmete. Franz Werfel hatte ihn um die Musik zum

---

[118] White: *Stravinsky*, S. 412. *»What kind of music?«, asked the composer. »A Polka.« »For whom?« – »Elephants«. »How old?« »Young.« »If they are young, I'll do it.«*

Film *Das Lied von Bernadette* gebeten, der Kontrakt war nicht akzeptabel, aber die Musik zur *Erscheinung der Jungfrau*, die Strawinsky geschrieben hatte, arbeitete er schließlich in den dritten Satz seiner *Sinfonie in drei Sätzen* (1945) ein.

Im Jahre 1944 erhielt der Komponist den Auftrag für ein 15minütiges Ballett, das in die erfolgreiche Broadway-Revue Billy Roses, *The seven lively Arts*, integriert werden sollte. Aber auch in diesem Fall entstanden Probleme mit der schließlichen Realisierung der Partitur. Strawinsky hatte durch Ingolf Dahl, einen befreundeten Musiker, der auch an der englischen Übersetzung der *Musikalischen Poetik* Strawinskys mitgearbeitet hatte, eine Klavierfassung seiner Partitur für die Probenarbeit herstellen lassen. In dieser Form hatten die *Scenes de Ballet* (1944) auch die Zuneigung Billy Roses gefunden. Als der Broadway-Produzent aber mit der Instrumentalfassung des Balletts konfrontiert wurde, schlug er dem Komponisten vor, die Instrumentierung durch einen erstklassigen, »professionellen« Instrumentator ausführen zu lassen[119]. In der Tat wurden dann nur Teile des Balletts in die New Yorker Revue eingefügt.

Im gleichen Jahr vollendet Strawinsky auch seine Sonate für zwei Klaviere (1944). Das dreisätzige Werk – *Moderato*, Thema mit vier Variationen, *Allegretto* – ist weniger großräumig angelegt als das Konzert für zwei Klaviere (1935); die Eleganz aber, mit der Strawinsky den Klaviersatz behandelt, die originäre Verknüpfung kantabler und polyphoner Strukturen, der kompositorische Konzentrationsgrad ist dem Konzert ebenbürtig. Im Gegenteil: Die Sonate hat eine unüberhörbar kristallinische Qualität hinzugewonnen.

Um diese Zeit erreichen den vielbeschäftigten Komponisten in Hollywood zwei weitere Einladungen. Die New York Philharmonic Symphonic Society erwartet von Igor Strawinsky eine Sinfonie, und er wird gebeten, für die Jazz-Band Woody Hermans, die er sehr schätzt, eine Komposition zu schreiben.

Für den sinfonischen Auftrag der New Yorker Philharmoniker erinnert Strawinsky sich an Skizzen, die bis in das Jahr 1942 zurückreichen: damals hatte er mit der Arbeit an einem weiteren

---

[119] ebda., S. 421 findet sich der Inhalt des Rose-Telegramms nach der Philadelphia Voraufführung: *Your music great success stop could be sensational success if you would authorise robert russel bennett retouch orchestration stop bennett orchestrates even the works of cole porter.* Strawinsky telegrafierte zurück: *Satisfied with great success.*

Klavierkonzert begonnen. Diese frühen Skizzen arbeitet er nun in den ersten Satz der Sinfonie ein. Für den zweiten Satz wählt Strawinsky Partien seiner Filmmusik für Franz Werfel, in denen eine konzertierende Harfe eingesetzt ist. Diese Rückgriffe auf frühere musikalische Entwürfe geben der Sinfonie ihren eigentümlichen Mischcharakter, der zwischen den Gattungen Sinfonie und Konzert reizvoll changiert.

Wesentlich langwieriger war der schöpferische Prozeß, der schließlich zur Ausarbeitung des *Ebony Concertos* (1945) für Woody Herman führte. Immer wieder hörte Strawinsky in die Aufnahme der Herman-Band hinein – seine Favoriten waren damals die Nummern *Bijou*, *Goosey Gander* und *Caldonia* –, auf diese Weise sich in die gestischen und klanglichen Aspekte des Jazz neu einarbeitend. Zuletzt entschied er sich für ein Orchester, dessen Bläser-Sektion aus fünf Saxophonen, fünf Trompeten, drei Posaunen, einem Waldhorn, einer Baßklarinette und der Solo-Klarinette Woody Hermans bestand, während er die Rhythmus-Gruppe neben dem Klavier, dem Kontrabaß und dem Schlagzeug plus Tom-toms noch mit einer Harfe und dem geliebten Cymbal bestückte.

Die Form dieses *Concerto* dachte er mit der barocken des Concerto grosso zusammen, und zum Zentrum seines dreisätzigen Werks sollte der Mittelsatz, ein Blues werden. Daß Strawinsky auch im *Ebony Concerto* versuchte, wie zuvor schon in seinem *Ragtime für 11 Instrumente* (1918) eine Art Porträt-Typ des zeitgenössischen Big-band-Jazz zu schreiben, beweist allein der Ehrgeiz, mit dem er sich diesem Projekt zuwandte. Auf der Schwelle zwischen Bebop und Cool Jazz entwirft der Komponist im Grunde das Porträt des beginnenden Cool Jazz. Drei Sätze lang löst sich der Sound des Stücks kaum aus jener introvertierten Kühle, die durch den Klang der gestopften Trompete und durch das nahezu vibratolose Spiel der Bläser suggeriert wird. Die melodischen Linien der Instrumente tendieren eher zu bizarr-eckigen Entwicklungen als zu swingenden, pulsierenden Jazz-Exkursionen. Jazz ist das *Ebony Concerto* ohnehin nicht, sondern ein Zyklus von brillant instrumentierten Jazzstücken, der typische Jazzgesten, beispielsweise riffartige figurative Repetitionen zu eisigen Klangblöcken einzuschmelzen scheint. *Allegro moderato*, *Andante*, *Moderato con moto* – die drei Sätze des *Concerto* sind komprimierte, jazzartige Musik, in der es nirgendwann Raum für die improvisatorische Entfaltung der Instrumentalisten gibt.

Amerikanischer Staatsbürger –
Zusammenarbeit mit George Balanchine: *Orpheus*

Am 28. Dezember 1945 wechselte Igor Strawinsky zum zweiten Mal seine Staatsbürgerschaft und wurde Bürger der Vereinigten Staaten von Amerika. Bald darauf traf er Ralph Hawkes, den New Yorker Vertreter des bekannten englischen Musikverlags Boosey & Hawkes, und unterzeichnete einen Vertrag, der ihn zukünftig an diesen Verlag binden würde. Von größter Bedeutung für Strawinsky aber war vor allem eine Fußnote dieses Vertrags: Boosey & Hawkes verpflichteten sich, den »historischen« Strawinsky zu übernehmen, sämtliche Partituren, die einst im Russischen Musikverlag erschienen waren. Auf diese Weise wurde es Strawinsky nun möglich, in einem mehrjährigen Prozeß nicht nur seine Partituren gewissen Revisionen zu unterwerfen; die revidierten Fassungen seiner alten Werke waren nun endlich auch urheberrechtlich in Amerika und in Europa abgesichert. Von *Sacre* abgesehen, revidierte Strawinsky nahezu alle Werke, die zwischen *Petruschka* und *Persephone* entstanden waren. Es hat nicht an kritischen Kommentaren gefehlt, die Strawinskys Revisionsarbeit als inadäquat bezeichneten und auf die große Zeitspanne verwiesen und damit auf das gänzlich veränderte musikalische Bewußtsein Strawinskys – auch sein Genie sei nicht in der Lage, mehrere Jahrzehnte einfach zu überbrücken. Die Revisionen wurden als schlechte apollinische Arbeit charakterisiert, die seine ursprünglichen kompositorischen Absichten weniger konzentrierten als unzutreffend verkürzten.

Das erste Werk, das Boosey & Hawkes von Strawinsky übernimmt, ist das sogenannte »Basler Konzert«, eine Auftragskomposition des Schweizer Dirigenten und Mäzens Paul Sacher, das *Concerto in D* (1946). Es ist in einer Sprache geschrieben, die sich der des früheren *Concerto in Es* (1938) annähert, ohne es etwa an Inspiration und Frische zu übertreffen. Die nächste Arbeit führt Strawinsky wiederum mit George Balanchine zusammen. Im Jahre 1948 drucken Boosey & Hawkes sein Ballett *Orpheus* (1947).

Igor Strawinsky und George Balanchine kannten sich seit dem Jahre 1925, als der junge russische Musiker und Tänzer für Diaghilews »Ballets russes« Strawinskys *Gesang der Nachtigall* choreographiert hatte. Im Jahre 1928 arbeiteten beide erfolgreich an der Produktion von *Apollon musagète*, und in Amerika hatte Balanchine bisher zwei Ballette Strawinskys neu herausgebracht: *Jeu de*

193

Orpheus-Probe mit George Balanchine

Cartes im Jahre 1937 und *Danses concertantes* (1942) im Jahre 1944. Das neue *Orpheus*-Ballett entstand in intensiver Zusammenarbeit zwischen dem Komponisten und dem Choreographen.

In *Orpheus* verzichteten Balanchine und Strawinsky auf die ausführliche Darstellung der bekannten Legende. Ihr Ballett, das sie in drei Szenen und 14 Nummern gliederten, kommentierte die Tragödie der Liebenden mit szenischen Ballett-»Stichworten«.

In der ersten Szene beklagt Orpheus den Tod Eurydikes, der Todesengel tritt auf und führt Orpheus schließlich in den Hades hinab. In der großen zweiten Szene besänftigt Orpheus die Furien und rührt Hades durch seinen Gesang. Die Furien verbinden Orpheus die Augen und geben ihm Eurydike zurück. Orpheus und Eurydike tanzen miteinander, er reißt sich die Binde von den Augen, Eurydike stürzt zu Tode, und Orpheus wird von den Furien in Stücke gerissen. In der kurzen dritten Szene schließlich, der Apotheose des Orpheus, erscheint Apollon, nimmt aus den

Händen des Toten die Lyra und erhebt seinen Gesang zum Himmel.

In einem Aufsatz über diese tänzerische Musik Strawinskys aus dem Jahre 1947 hat Balanchine auch versucht, die Essenz ihrer faszinierenden Zusammenarbeit zu formulieren[120]:

> *Ich kann von mir nur sagen, daß Strawinskys Musik mich restlos befriedigt. Sie macht mich glücklich. Wenn ich ein Stück von ihm höre, so treibt es mich – ich kann das Wort inspirieren nicht leiden – zu versuchen, nicht nur Rhythmus, Melodie und Harmonie, sondern sogar die Klangfarben der einzelnen Instrumente sichtbar zu machen. Denn wenn ich Musik schreiben könnte, so würde ich sie mir so wünschen. [...]*
>
> *Strawinsky als Mitarbeiter reduziert jede Aufgabe auf das wesentliche. Er denkt zuerst – und manchmal auch zuletzt – an die zeitliche Dauer, wie lange Zeit man für die Introduktion, den Pas de deux, die Variationen, die Coda braucht. Viel Zeit zu haben, bedeutet ihm nichts. »Wenn ich weiß, wie lang ein Stück sein muß, dann reizt es mich.«*

In der ersten Szene des Balletts steht der weinende Orpheus reglos mit dem Rücken zum Publikum. Freunde schreiten an ihm vorüber und grüßen ihn voller Sympathie. Die Musik der zarten Streicherakkorde wird dominiert von der absteigenden phrygischen Skala der Harfe: Strawinsky huldigt mit dieser musikalischen Geste dem Sänger Orpheus, aber auch dem Gott Apollon, dessen Würde und gemessene Gelassenheit auch diese Partitur prägt.

Air de Danse und *L'Ange de la mort et sa danse* – die beiden folgenden Nummern konfrontieren die Vitalität und Lebensfreude des Orpheus mit jener Todessphäre, der seine Sehnsucht gilt. Soli der Posaune und der Trompete zerschneiden stählern die nicht geheuren *tremoli* der Streicher: so erscheint das Reich des Todes, in das Orpheus nun hinabsteigt.

Nach der Eröffnung der ausgedehnten zweiten Szene durch den Tanz der Furien ertönt der Gesang des Orpheus, der Hades, den Gott des Totenreiches, rührt. Strawinsky schreibt einen jener *Grave*-Sätze, deren barockisierende Anmut nach einem Rezitativ der Harfe vor allem dem Zwiegesang der Oboen anvertraut wird. Der Pas de deux der Liebenden hebt mit einer *unisono*-Geste der

---

[120] White: *Strawinsky*, S. 218

Streicher an, deren erste Töne nur wenig später zu einem großen kontrapunktisch gearbeiteten Komplex polyphonen Gesangs aus-gearbeitet werden. In einem Mittelteil führt die Musik die Lieben-den in eine C-Dur-Inszenierung allmählichen Aufatmens und Sich-Erkennens. Und bevor Eurydike endgültig in die Generalpause des Todes stürzt, beginnt die Wiederaufnahme jenes Gesangs, der dann abbricht. Die Furien sammeln sich in einem *Interlude*, das Strawinskys Monteverdi-Studien in dieser Zeit zu erkennen gibt und wie eine Sinfonia Gabrielis in alternierende Streicher und Bläserensembles gegliedert ist.

Die dritte Szene ist zugleich Epilog und Verherrlichung des Sängers Orpheus. Das kurze Stück scheint dem Beginn des Balletts zu gleichen. Die Harfe steigt zunächst im phrygischen Modus vor einem Hintergrund webender Streicherklänge hinab; aber sie steigt in der dorischen Skala wieder herauf. Diese Umkehrung der Bewegungsrichtung der Harfenskala und ihre andere modale Fär-bung begleitet eine Trauerpolyphonie, eine Fuge der beiden Hör-ner, die durch einen cantus firmus schmerzlich grundiert wird.

Nikolas Nabokov, der langjährige Freund Strawinskys, der sich zu Weihnachten 1949 im Hause des Komponisten aufhielt, berich-tet in seiner Studie auch über einen Nachmittag im Studierzimmer Strawinskys, der sich um die *Orpheus*-Partitur zentrierte und um den Epilog des Balletts[121]:

> *Er setzte sich ans Klavier, putzte sorgfältig seine Brille und schlug die Orchesterpartitur des »Orpheus« auf. Einen Augen-blick später, und wir waren ganz gefangen genommen davon.*
>
> *Ich stand hinter ihm und beobachtete die kurzen nervigen Finger, die über die Tasten glitten, die vorgeschriebenen Inter-valle suchten und fanden und die weiträumigen Akkorde und die charakteristischen Strawinskyschen Melodiesprünge zum Klingen brachten. Mit Nacken, Kopf und ganzem Körper betonte er die geniale rhythmische Anlage der Musik durch ruckartige Bewegungen. Er grunzte, summte und hielt gele-gentlich an, um hier und da eine Erklärung zu geben.*
>
> *»Sehen Sie die Fuge hier«, sagte er beispielsweise und zeigte auf den Beginn des Epilogs. »Die beiden Hörner führen sie durch, während Trompete und Violine eine langgezogene Melodie, eine Art cantus firmus vortragen. Klingt das nicht wie*

[121] Nikolas Nabokov: *Christmas 1949 mit Strawinsky*, in: *Strawinsky in Amerika, Musik der Zeit* H. 12, Bonn 1955, S. 12

1948 Maria Tallchief und Nicholas Magallanes in *Orpheus*

eine mittelalterliche Vielle? Hören Sie...« Und wieder husch-
ten seine Finger über die Tastatur. Als er dann zu einer Stelle
des Epilogs kam, an der ein Harfensolo die lange Fugenent-
wicklung unterbricht, hielt er inne und erzählte: »Hier, sehen
Sie, zerschnitt ich die Fuge wie mit einer Schere«, und er
durchschnitt die Luft mit den Fingern. »Ich führte diese kurze
Harfenepisode wie zwei Takte einer Begleitung ein. Dann
fahren die Hörner mit ihrer Fuge fort, als sei nichts passiert. Ich
wiederhole das in regelmäßigen Abständen, hier und da wie-
der.« Strawinsky fügte mit seinem bekannten Lächeln hinzu:
»Sie können diese Harfensolo-Einschübe weglassen, die Teile
der Fuge zusammenfügen und werden ein vollständiges Stück
haben.«

Begierig zu erfahren, warum er das Harfensolo einführte,
fragte ich: »Was ist der Zweck einer solchen Fugenunterbre-
chung?«

Er lächelte vielsagend als wollte er mich in eines seiner
privaten Geheimnisse einweihen: »Aber hören Sie es nicht?
Das Harfensolo ist einem anderen Satz entnommen.« Er wen-
dete die Seiten bis zur Mitte der Partitur zurück. »Es ist eine

Erinnerung an Orpheus Gesang«, und gedankenvoll folgerte
er: »Hier im Epilog klingt es wie eine Art Zwang, wie etwas
Unaufhaltsames. [. . .] Orpheus ist tot, das Lied ist verklungen,
aber die Begleitung geht weiter.«

Nach der erfolgreichen Uraufführung des Balletts durch die Ballet
Society in New York im April 1948 gerät Strawinskys künstlerische
Biographie allmählich an die Grenze jenes künstlerischen Wende-
punkts, der in die Auseinandersetzung mit der Zwölftontechnik
Arnold Schönbergs führen wird. Im Jahr 1948 vollendet Strawinsky die Komposition seiner Messe (1948), an der er, immer
wieder unterbrochen von anderen Arbeiten, seit dem Jahre 1942
gearbeitet hatte. *The Rake's Progress*, Strawinskys einzige abendfüllende Oper, wächst in einem Prozeß freundschaftlicher Zusam-

menarbeit zwischen Strawinsky und den beiden Freunden H. W. Auden und Chester Kallman. Anteil an dieser Arbeit nimmt auch Robert Craft, der junge amerikanische Dirigent, mit dem Strawinsky in den kommenden Jahrzehnten reisen und zusammenarbeiten wird.

The Rake's Progress

The Rake's Progress (1951) ist die musikalisch-szenische Darstellung der schrecklichen Karriere eines jungen Mannes, der auf Fortuna baute und im Wahnsinn endet. Es ist eine Karriere in drei Stationen.

Sie beginnt mit der Liebe Toms zu Ann, der Nachbarstochter, auf dem Lande. Von Nick Shadow angeleitet und verführt, einem nicht allzu fernen Verwandten des Teufels aus der *Geschichte vom Soldaten*, begibt sich Tom nach London, um eine Erbschaft anzutreten, die wahrhaftig des Teufels ist. Initiiert von der Puffmutter Goose, vergnügt sich der junge Mann in Londoner Bordellen, treibt in die Hochzeit mit einem »Freak«, mit der Türken-Baba, und erlebt sich als Menschheitsbeglücker, der aus Stein Brot macht. Die »Brotmaschine«, die Nick Shadow ihm vorführt, scheint nicht nur uralte Schuld von den Menschen zu nehmen und sie von dem Fluch zu befreien, im Schweiße ihres Angesichts arbeiten zu müssen, sie verspricht Audens Opernhelden auch eine gute finanzielle Zukunft.

Aber Tom, der Junge vom Lande, verspielt in Jahresfrist nicht nur sein gepumptes Geld, sondern auch sein Leben. Was ihm am Ende bleibt, ist ein Kartenspiel und die Liebe des Mädchens Ann. In der letzten Runde des Kartenspiels, in der seine Höllenfahrt der hohe Einsatz ist, suggeriert der Gedanke an sie die entscheidende Karte: die Herz Königin. Nick Shadow, von Panik ergriffen und die eigenen höllischen Leiden vor Augen, vermag Toms Seele nicht zu gewinnen, aber er schlägt ihn mit Wahnsinn. Im Wahn, als Adonis seine Venus liebend und in den treuen Armen Anns, stirbt Tom im Irrenhaus.

Inspiriert wurde die neunteilige Szenenfolge der Oper durch einen Zyklus von acht Bildern des englischen Malers und Kupferstechers William Hogarth. Hogarths Bilder, die er selbst in Kupfer stach und 1735 publizierte, sind sozialkritische Momentaufnahmen, sind der von den Zeitgenossen hochgeachtete Versuch, die

Irrenhaus in Bedlam
Letztes Blatt des Hogarth-Zyklus *A Rake's Progress*

Mißstände der englischen Gesellschaft – die Verhältnisse in den Gefängnissen, der Mißbrauch mit Ehekontrakten, die törichte Sucht der Bürger, den adeligen Lebensstil zu imitieren – durch konzentrierende Darstellung der schonungslosen Kritik zu öffnen. Igor Strawinsky sah Hogarths Zyklus mit dem Titel *A Rake's Progress* im Jahre 1947 während eines Besuches im Chicago Art Institute. Aldous Huxley, Strawinskys Nachbar und Freund in Hollywood, empfahl ihm H. W. Auden als den Dichter, mit dem er zusammenarbeiten sollte, wenn ihm an einer Versoper gelegen sei. Strawinsky schrieb an Auden und erhielt in einem Brief vom 12. Oktober 1947 folgende Antwort[122]:

Dear Mr. Strawinsky,

vielen Dank für Ihren Brief vom 6. Oktober, der heute morgen hier eintraf. Wie Sie sagen, ist es schrecklich ärgerlich, wenn man Tausende von Meilen voneinander weg ist, aber wir müssen uns behelfen so gut es geht.

Da (a) Sie es sind, der sich bereits seit einiger Zeit mit »The Rake's Progress« befaßt hat, und es (b) die Aufgabe des Textautors ist, den Komponisten zufriedenzustellen, nicht anders herum, wäre ich Ihnen äußerst dankbar, wenn Sie mich irgendwelche Gedanken wissen lassen könnten, die Sie sich bereits über Personen, Handlung usw. gemacht haben mögen.

Ich denke, das Irrenhaus-Finale tönt ausgezeichnet, aber zum Beispiel: wenn er dann Geige spielt, möchten Sie die Geige durch die ganze Geschichte ziehen?

Sie sprechen von »free verse preliminary«. Möchten Sie Arien und Ensembles endgültig in freien Versen haben oder nur als Grundlage zur Auseinandersetzung über die Form, die sie dann wirklich haben sollen? Wenn Sie gesprochen würden, müßten sie nach dem Stil des 18. Jahrhunderts natürlich in Reimen sein, aber ich weiß, wie anders es ist, wenn die Worte in Musik gesetzt werden. [. . .] Ich brauche kaum zu sagen, daß die Möglichkeit, mit Ihnen zusammenzuarbeiten, die größte Ehre meines Lebens ist.

Ihr sehr ergebener Wystan Auden

Igor Strawinsky lud den großen, langbeinigen, sehr sanften »blonden intellektuellen Bluthund«, wie er ihn liebevoll-direkt charak-

[122] *Gespräche*, S. 145

1951. Auf einer Probe zum *Rake* mit H. W. Auden

terisiert, ein, in sein Haus nach Kalifornien zu kommen. Und am 10. November 1947 traf H. W. Auden bei den Strawinskys ein, und es begann ein zehntägiger Arbeitsprozeß, der schließlich zu einem ersten Szenarium für den *Rake* führte. Später beteiligte sich auch Audens Freund, Chester Kallmann, an der gemeinsamen Arbeit. Von ihm stammen mehrere Szenen und Szenen-Fragmente in allen drei Akten – auch das Kartenspiel im dritten Akt. In seinen Gesprächen mit Craft berichtet Strawinsky über die ersten Stunden und Tage der stets faszinierenden Zusammenarbeit mit dem Dichter[123]:

Früh am nächsten Morgen begannen wir, gestärkt durch Kaffee und Whisky, an »Rake's Progress« zu arbeiten. Beginnend mit einem Helden, einer Heldin und einem Bösewicht und auf Grund eines Beschlusses, daß diese Leute ein Tenor, ein Sopran und ein Baß sein sollten, gingen wir dazu über, eine

---

[123] ebda., S. 147

Reihe von Szenen zu erfinden, die zum letzten, in unserer Vorstellung bereits verankerten Bild in Bedlam hinführten. Wir hielten uns zunächst eng an Hogarth, bis unsere eigene Geschichte eine andere Bedeutung anzunehmen begann.

Mother Goose und die Häßliche Herzogin waren Audens Beitrag, aber die Handlung und das Schema ihres Ablaufs wurden von uns gemeinsam Schritt für Schritt ausgearbeitet. Wir versuchten auch, das dramatische Schema mit einer provisorischen Anordnung der Musiknummern wie Arien, Ensembles und Chören in Übereinstimmung zu bringen. Auden sagte immer wieder: »Let's see, now ... ah, ah, ah ... let's see ... ah ... ah ...«, und ich ließ mich entsprechend auf Russisch vernehmen, aber nach zehn Tagen hatten wir die Umrisse festgelegt, die sich nicht wesentlich von der Anlage des endgültigen Textbuches unterscheiden.

Auden faszinierte und entzückte mich von Tag zu Tag mehr. Wenn wir nicht arbeiteten pflegte er mir Versformen zu erklären und dafür, so schnell er nur schreiben konnte, Beispiele zu improvisieren; ich besitze noch ein solches Muster für eine Sestine und einen leichten Vers, den er für meine Frau kritzelte ...

Nikolas Nabokov, der die Strawinskys zum Weihnachtsfest 1949 besuchte, wenige Wochen, nachdem Auden mit der Arbeit am Libretto begonnen hatte, führte in seinem Gepäck auf eine Bitte Igor Strawinskys hin neben einigen Flaschen Genever alle Händel-Opern mit sich, derer er hatte habhaft werden können. Er erzählt, daß Strawinsky in jenen Wochen unmittelbar vor der Komposition des *Rake* Toscanini-Aufnahmen von Verdi-Opern hörte. Er schätzte besonders *La Traviata* und *Aida*, während *Othello* und *Falstaff* ihn weniger interessierten. Von Mozart hörten die beiden Komponisten-Freunde *Don Giovanni*. *Hören Sie doch auf die Schönheit dieser Linien, wie warm sie sind; welcher Atem, welche Klarheit*, habe Strawinsky beim Anhören der Aufnahme, die bei den Glyndebourner Festspielen entstand, ausgerufen. Strawinsky selbst gesteht später, daß vor allem Mozarts Buffo-Oper *Cosi fan tutte* für seine Opernpläne eine Rolle gespielt habe. Ein kleines Orchester, ein kleiner Chor, wenige Hauptpersonen, Kammermusik habe ihm vorgeschwebt.

In einem dreijährigen Prozeß entstand Strawinskys einzige abendfüllende Oper, die *Carriera d'un Libertino*, wie der italienische Titel von *The Rake's Progress* lautet; in dem venezianischen Kammertheater, dem Teatro la Fenice von Carl Ebert inszeniert und vom Komponisten dirigiert, wurde die Uraufführung des Werkes im September 1951 ein großer Erfolg. Seither gilt Strawinskys letzte neoklassizistische Partitur zwar als respektable Opern-Partitur – daß *The Rake's Progress* den Rang eines großen Kunstwerks besitze, wurde aber immer wieder bestritten. Erst kürzlich hat Vergil Thompson, der amerikanische Musikkritiker und Komponist, erklärt, daß Strawinsky zwar manches geglückt sei, nicht aber, die Oper zu meistern.

Igor Strawinskys Orchester für den *Rake* ist mit dem Orchester für Mozarts *Cosi fan tutte* identisch: das Quartett der Holzbläser ist zweifach besetzt, ebenso wie die Hörner, die Posaunen und Pauken. Mozarts Streichquintett wird im *Rake* durch ein Cembalo ergänzt, dem die wesentliche Funktion zukommt, die Sphäre Nicks zu charakterisieren. Auch die Besetzung der Vokalpartien ist mit *Cosi* vergleichbar: Tom Rakewell (Tenor), Nick Shadow (Bariton), Anne (Sopran) und Türken-Baba (Mezzo-Sopran) sind die Protagonisten der Oper. Die Nebenrollen: Truelove (Baß), Mother Goose (Mezzo-Sopran), Sellem (Tenor), Wärter des Irrenhauses (Baß) werden ergänzt durch Diener, Chöre der Huren und Buben, der Bürger und Irren.

Daß Igor Strawinsky auf Mozarts Orchester zurückgreift, bedeutet allerdings nicht, daß er Mozarts musikalische Gestik kopierte. Dieses instrumentale Ensemble ermöglicht es ihm aber, die Partitur durchsichtig zu halten und der Oper insgesamt ein hohes Maß an Textverständlichkeit zu sichern.

Igor Strawinskys musikalische Gestik ist im *Rake* weit gefächert. So ist sehr bald ein barocker Stilbereich dechiffrierbar, der entweder relativ rein oder aber in staunenswerten Integrationsformen auftritt. Toms erstes Rezitativ und Arie in der ersten Szene der Oper, *Since it is not by merit / We rise or we fall, / But the favour of Fortune*, übernimmt die große, ins Weite ziehende Gestik Händels, und in einem barockisierenden Arioso verbreitet Nick Shadow über einem instrumentalen Menuett die falsche, teuflische Botschaft von der angeblichen Erbschaft Toms. Wenn die Türken-Baba nach der Heirat mit Tom ins herrschaftliche Londoner Haus einzieht, die Stufen zum Portal hinaufgeführt wird, erklingt im Orchester eine prächtige Sarabande. Und die große zweite Szene des dritten Akts, die Kirchhof-Szene, ist ein erschütterndes neobarockes Dokument.

Andererseits, eine der ergreifendsten Nummern des *Rake*, Toms Kavatine *Love too frequently betrayed / For some plausible desire* und vor allem der sich anschließende Chor der Huren, *How sad a song*, nehmen unüberhörbar Verdi-Kolorit in sich auf. Aber Toms Geständnis in der Kavatine, daß er weinend vor dem verletzten Bild der Geliebten kniee, wird musikalisch überhöht durch Sekundreibungen der Oboen, die aus J. S. Bachs *Johannes-Passion* hinüber in die Passion Toms formuliert sind.

Terzengänge der Oboen und Flöten, aber auch solche Sekundformulierungen ziselieren mehrfach schmerzlich die vorherrschende »Passions-Sphäre«, eine der schwankenden, zu Tode betrübten Hoffnung: etwa in der Kirchhofs-Szene und in der großen Londoner Szene Anns im zweiten Bild des zweiten Akts, aber auch das todessüchtige Duett der beiden Liebenden am Ende der Oper: *In a foolish dream, in a gloomy labyrinth I hunted shadows, disdaining thy true love.*

Igor Strawinsky ist freilich ein zu empfindlich, zu reaktionsstark reagierender Komponist, um seine musikalische Zeit an ausgedehnte Stilzitate zu verschwenden. Seine kompositorische Technik der Charakterisierung des szenischen Augenblicks ist vielmehr dialektisch. Strawinsky produziert die gemeinte Atmosphäre nicht in direktem Zugriff, indem er ihren Affekt oder ihre Farbe musikalisch originär zu inszenieren sucht, sondern er treibt sie hervor durch Konfrontation. Seine originäre musikalische Sprache sucht immer wieder die Konfrontation mit typischen Ausdrucksklischees, wie sie sich im Verlauf einer mehr als dreihundertjährigen Operntradition gebildet haben, und bringt so während des musikalischen Zeitprozesses die Musik, die Szene zum Sprechen.

Zwei Beispiele aus dem *Rake* für dieses Verfahren:

In der dritten Szene des ersten Akts – es ist Herbst geworden, Tom ist aus London nicht zurückgekehrt, Ann hat von ihm nichts gehört – leitet Strawinsky das Rezitativ und die folgende Arie Anns mit einem schmerzlich konzentrierten Vorspiel ein. Die Holzbläser intonieren wie in Holz geschnitzte Phrasen, diskret zurückgestaute Aufschreie der Hoffnungslosigkeit, die an die Sprache der *Histoire du Soldat* erinnern. In der Arie Anns aber befreit sich der Gesang im ⅝-Rhythmus Verdis, und ihre Trauer singt sich in die kolorierenden Figuren Mozartscher Arien hinein. Wenig später nur, in der Kabaletta, macht sich Ann mit Mozarts Arien-Typ wilder Entschlossenheit Mut.

Die Angst, daß Tom sie vergessen habe, wird durch ihre Liebe zu ihm überformt, Anns Trauer und Resignation wird durch ihre Hoffnung überlagert: *It can not be thou art / A colder moon, a colder moon upon a colder heart.*

Im musikalischen Zeitprozeß wird die seelische Erstarrung, werden die musikalischen Chiffren der Angst des Beginns allmählich mit den kleinen Zeichen musikalischer Hoffnung, die in der Arie gesetzt werden, verwoben. So treibt die Dialektik des Gestaltens das Dritte hervor, die eigentlich gemeinte differenzierte Bewußtseinslage Anns. Sie aber wird nicht im musikalischen Zugriff erobert, sondern wächst aus der Anlage dieses gegliederten Opern-Augenblicks heraus.

III. Akt, 2. Szene. Die nicht geheure Partnerschaft zwischen Tom und Nick kulminiert in dieser Szene, treibt der Katastrophe zu. Nick Shadow präsentiert dem jungen Lebemann nach einem Jahr die Rechnung – Toms Seele: *Tis not your money but your soul.* Tom wird aufgefordert, zwischen vier Todesarten zu wählen, Dolch, Gift, Pistole und Strang liegen bereit. Um Mitternacht schlägt die Uhr auf den immer noch ängstlich Schwankenden ein. Beim achten Schlag hält Nick die Zeit an und offeriert dem Zitternden in alter Kollegialität und Freundschaft ein Intermezzo: Nick Shadow werde drei Karten auswählen und Tom solle ihre Bilder erraten. Gelingt's, so sei seine Seele gerettet.

Bis dahin hat Strawinsky bereits einzigartige musikalische Charakterisierungsarbeit geleistet. Die Kirchhof-Szene wird durch ein fahles, vibratoloses *Prélude* der Streicher eingeleitet. Solo-Violoncello und Solo-Bratsche inszenieren ein chromatisches Feld b, a, c und des, das bald zu b, a, c, h und um as, g, ges erweitert wird. Die kleine Sekund und der abgeschiedene Klang der Instrumente werden zum eigentlichen Ausdruckscharakter dieses Vorspiels.

In den tiefen Streichern beginnt nun jene typische gemessene barocke Punktierung, über die Strawinsky seine Passions-Signale, die Terzen der Flöte, setzt. Und in das g-Moll-Arioso Toms bricht Shadow mit einem forciert munteren G-Dur-Liedchen ein. Nick Shadow reißt aber auch die barocken Akzentuierungen an sich, wendet sie nach Dur und führt Tom so seinen nahen Höllentod vor Augen. Tom antwortet in wilder Verzweiflung, zu der die fanfarenartigen repetierten Dreiklänge des Opernbeginns zitiert werden. Die Zwielichtigkeit der Szene kulminiert schließlich in einer weit ausgesponnenen bitonalen – zwischen F-Dur und fis-Moll zunächst changierenden – Cembalo-Partie, über deren unsicherem Boden Toms und Nicks Kartenspiel-Dialoge ausgetragen werden.

Premierenfeier mit Nikolas Nabokov, Vera und Auden

Als Nick Tom hintergeht und die bereits erratene und fortge-
legte Karte der Herz Königin dem Spiel in einem unbeobachteten
Augenblick wiederum beimischt, antwortet das Cembalo, das
Symbolum des Teufels, jetzt mit fanfarenartigen Klängen des
Sieges.

Die Liebe selbst hilft zuletzt Tom. Ann singt mit dem Verzwei-
felnden und setzt so ein Zeichen. Tom wählt erneut die Herz
Königin und sinkt taumelnd vor Freude zu Boden. Nick Shadow
aber beginnt eine groß angelegte barocke Lamentatio, an deren
Ende er Tom flucht und mit Wahnsinn schlägt: *To reason blind,
shall be your mind.*

Auch in dieser großen, weit gesponnenen Szene entgeht Strawinsky der Versuchung, die Atmosphäre teuflischer Bedrohung
und des Todes musikalisch auf einen Ton zu stimmen und sie
gleichsam expressionistisch zu gebären.

Mit dem Vorspiel wird eine Klangfolie der Abgeschiedenheit,
wird die Reglosigkeit des Todes, das Beharrungsvermögen tiefen

209

Schmerzes gesetzt. In diesen Klanghintergrund hinein schreibt Strawinsky seine ausdrucksvollen musikalischen Chiffren: Passions-Formeln für Tom, auftrumpfende volkstümliche Melodik für Nick Shadow. Tom steigert sich zum verzweifelten Schrei, und Nick Shadow adaptiert das barocke Pathos, um seiner Todesforderung Nachdruck zu geben. Im »spinnenbeinigen« Spiel der Dur-Moll gefärbten Cembalo-Linien reiben sich Tom und Nick atemlos aneinander, in äußerster, zurückgenommen inszenierter Spannung. Die Gesamtanlage der Szene also verschweißt die Bausteine zum Ganzen und treibt ihren grundlegenden Affekt hervor. Strawinskys Technik der strukturellen Montage und der Einschmelzung des stilistisch Heterogenen gehorcht einer empfindlichen Balance. Nirgendwo sonst in solchen Opern-Augenblicken wird so deutlich, wie sehr der Musiker Igor Strawinsky in der Tat als zeitbewußter Musiker denkt und formuliert.

Tom stirbt im Irrenhaus, stirbt in dem Wahn, als Adonis die Göttin Venus zu lieben – in den Armen der treuen Ann. Aber die Oper endet nicht mit dieser anrührenden Liebes-Szene, sondern mit einem Epilog: *Good people, just a moment.* Und der Epilog endet mit einer Moral, der man nicht unbedingt bescheinigen möchte, daß sie für zukünftige Generationen einen sicheren Wall gegen die Ausschweifung errichten wird: *For idle hands / And hearts and minds / The Devil finds / A work to do.*

Igor Strawinsky aber, nahezu siebzig Jahre alt, legt nach dem großen Erfolg seiner Oper weder die Hände in den Schoß, noch folgt er der Versuchung, ein zweites Mal und mit vergleichbaren neoklassizistischen Mitteln die Zusammenarbeit mit Auden und Kallman zu suchen. Er begibt sich auf die Suche nach neuen Aspekten seines kompositorischen Handwerks und analysiert Schönbergs Zwölftontechnik vor allem dort, wo sie ihn zunächst am intensivsten interessierte, im abgeschlossenen kompositorischen Oeuvre Anton von Weberns.

Neue kompositorische Zukunft

Wenige Monate, bevor Igor Strawinsky im November 1947 zum ersten Mal mit H. W. Auden zusammentraf, um mit ihm das Hogarth-Projekt *The Rake's Progress* zu realisieren, wandte sich noch im Sommer des gleichen Jahres ein junger, unbekannter amerikanischer Dirigent an den berühmten Maestro und bat um

Freundschaftliche Zusammenarbeit mit Robert Craft

eine Partitur von dessen *Bläsersinfonien,* die in diesen Nachkriegsjahren unerreichbar war. Der dreiundzwanzigjährige Dirigent
hieß Robert Craft, unterhielt mit schwankendem Erfolg ein kleines
New Yorker Konzertunternehmen, die Chamber Art Society, die
sich mit allen Konsequenzen der neuen und neuesten Musik ver-
schrieben hatte. Im März 1948 wurde Craft durch Auden, der bei
dieser Gelegenheit sein vollständiges Libretto überreichte, Strawinsky in Washington vorgestellt, und die beiden Musiker gingen
daran, ihr erstes gemeinsames Konzert zu planen, in dem Strawinsky die *Bläsersinfonien* und seine *Danses Concertantes* und
Craft selbst die *Symphonie in C* und das *Capriccio* dirigieren
würde. Das Konzert fand am 11. April 1948 im New Yorker
Rathaus statt.

Crafts schrankenlose Bewunderung für Strawinsky fand zudem
eher unerwartete Resonanz durch eine Geste des Komponisten,
der ihn in sein Haus nach Hollywood einlud mit der Bitte, mehrere
Koffer mit alten Manuskripten zu sichten, die eben aus Paris

eingetroffen waren.[124] Craft übernahm auch die Rolle des Vorlesers und Deuters mancher Strawinsky unverständlicher idiomatischer Wendungen des Auden-Manuskripts, und allmählich entstand so eine enge Zusammenarbeit am *Rake*, die sich vor allem um Probleme des englischen Sprachrhythmus und der Sprachmelodie drehte. Craft gesteht freilich ein, daß Strawinsky auftretende Probleme eher durch typische Strawinsky-Kompromisse, also eigenwillig, löste, als auf Anregungen einzugehen. Ein Charakterzug des Komponisten wird hier sichtbar, über den bereits der Geiger Samuel Dushkin, Strawinskys Mitarbeiter am Violinkonzert, diskret geklagt hatte.

Tief beeindruckt, geradezu erdrückt von Strawinskys Persönlichkeit, von seiner selbstverständlichen Selbstsicherheit, von der kosmopolitischen Atmosphäre des Hauses, in dem neben russisch und englisch selbstverständlich auch französisch und deutsch gesprochen wurde, kehrte der nur des Englischen mächtige junge Mann nach New York zurück, um sich seinen Konzertverpflichtungen zu widmen. Aber Strawinsky hatte Gefallen an dem jungen Musiker gefunden, und so geriet Craft wiederum nach Hollywood und übernahm nun bis zum Tode Strawinskys vielfältige Aufgaben als Musikolog und Sekretär, als Helfer bei der Vorbereitung von Strawinskys ausgedehnten Konzertreisen und in späteren Jahren auch als aufmerksamer, akribischer Gesprächspartner des Komponisten, wie die vielfältigen Publikationen der Gespräche der beiden Musiker erkennen lassen. Sie wurden mit den 1957 erschienenen *Antworten auf 35 Fragen* begonnen und bis ins Jahr 1969 mit *Retrospectives and Conclusions* fortgesetzt. In Hollywood widmete sich Craft aber auch der in Los Angeles angebotenen Konzertreihe »Evenings-on-the-Roof«, die neben Kompositionen der klassischen Neuen Musik (Strawinsky, die Schönberg-Schule) auch neueste Arbeiten von Boulez und Stockhausen anbot. Später wurde diese Konzertreihe durch die »Monday-Evening-Concerts« abgelöst.

Kein Zweifel, Crafts engagiertes Interesse an einem umfassenden Spektrum der Neuen Musik führte Strawinsky allmählich auch an jene Barriere heran, die seit den frühen zwanziger Jahren, seit der publizistisch vehement geführten Diskussion über neoklassizistische und zwölftontechnische Musik, unüberwindbar schien.

---

[124] Craft erarbeitete *A Catalogue of Manuscripts (1904–1952) in Stravinskys Possession*, der sich als *Appendix C* in White: *Stravinsky*, abgedruckt findet.

212

Craft hat Strawinsky nicht in die Zwölftontechnik eingeführt – die wesentlichen Prinzipien der Schönbergschen kompositorischen Entdeckung dürften Strawinsky seit Jahrzehnten vertraut gewesen sein. Das tägliche Miteinander der beiden Musiker stimulierte indes Strawinskys Interesse am Oeuvre Anton von Weberns, so daß er, beginnend mit dem Quartett op. 22, das Strawinsky im Februar 1952 mehrmals gehört hatte, in mehrjährigen analytischen Studien bis 1955 nahezu das gesamte Werk Weberns kennenlernte. *Ganz allmählich gelangte Strawinsky zu der Überzeugung*, schreibt Craft in seinem Aufsatz *Zehn Jahre mit Strawinsky*, *daß das serielle*[125] *System ein brauchbares Kompositionsmittel sei, das man benutzen könne.* Und er fügt hinzu: *Bisher hat er nur horizontale Reihen verwendet, wenn auch Teile aus dem »Canticum« (Surge, aquilo) und dem »Agon« zeigen, daß er die Idee der Reihen in allen Richtungen begriffen hat, so nämlich, daß die Vertikale nicht mehr eine Tiefe, sondern ein anderer Aspekt der Zeit ist, Zeit im Nullpunkt eingefroren. Deshalb ist es unmöglich, Webern in Programmen mit anderen Werken zu spielen, in denen die Zeit rechtwinklig und nicht konzentrisch verläuft.*[126]

Es ist überaus interessant, daß auch Strawinsky, wie die jungen Komponisten, denen er sehr bald begegnete, wie Pierre Boulez, Karlheinz Stockhausen und Luigi Nono, der Faszination von Weberns Musik erlag – weniger dem nahezu abgeschlossenen Werk Arnold Schönbergs[127].

Als die kompositorischen Möglichkeiten der Zwölftontechnik in der Nachkriegszeit erkundet wurden und eine ganze Generation von jungen Komponisten die Perspektiven der Zwölftontechnik in die Zukunft der Seriellen Musik verlängerte, waren die Grundlagen dieser Zukunft in der Auseinandersetzung mit kompositorischen Verfahren Olivier Messiaens und Weberns gelegt worden.

---

[125] »Seriell« bedeutet hier reihentechnisch oder zwölftontechnisch, ist unpräzis übersetzt, hat mit der »Seriellen Musik«, in der weitere Dimensionen wie Tondauer, Tonstärke, Tonfarbe reihenmäßig organisiert werden, nichts zu tun.

[126] Robert Craft: *Strawinsky*, München o. J., S. 47

[127] ebda., S. 45 zitiert der Autor eine Notiz Strawinskys zu Schönbergs Violinkonzert: *Die Pathetik stammt aus dem vorigen Jahrhundert, und da Pathetik aus der Sprache kommt, ist auch die aus dem vorigen Jahrhundert. Harmonisiert den zweiten Satz im Stil von Brahms (dazu braucht ihr nur ein paar Töne umzustellen), und das Thema kehrt mit Freuden in seinen natürlichen Rahmen zurück. Schönberg bildete den Mittelpunkt einer musikalischen Entwicklung, jedoch nur einige Jahre lang, und die liegen weit vor dem »Violinkonzert«.*

Schönbergs Werk galt den Jüngeren als romantisch fermentiert, als Ausdruckskunst, in der noch sehr viele eigentlich unnütze Elemente der alten rhetorischen Tradition des 19. Jahrhunderts eine Heimat gefunden hatten. Die Extension der großen zwölftönigen Werke Schönbergs, etwa der Orchestervariationen oder der Streichquartette oder der Oper *Moses und Aron*, hatte der Komponist nicht zuletzt durch die Einbeziehung traditioneller entwickelnder Verfahren bezahlen müssen.

Entscheidender noch als diese traditionsreichen kompositorischen Ingredienzien des Schönbergschen Satzes war der besondere Ausdruckshorizont, der durch Schönbergs Musik gesetzt wurde: Gesten musikalischer Bezwingung, ja der Gewalttätigkeit, schienen die einzelne Komposition zu pressen, ein gewaltiger Strom der Ausdrucksbesessenheit schien Schönbergs Musik atemlos fortzutreiben, eine musikalische Landschaft blitzender Affekte die Werke heimzusuchen – Eigenschaften von Musik, die in diesen Nachkriegsjahren tiefsitzenden Allergien begegneten. Die junge Komponisten-Generation hatte noch das Gebrüll, die totalitäre »Musik« mehrerer europäischer Diktatoren in den Ohren und ihre übersteigerte, ohnmächtige Rhetorik, die Monumentalisierung Beethovens und Wagners und jeder Art von Musik, die heroisierbar war, und begab sich darum gern in den Dialog mit intimeren musikalischen Partnern. Weberns Kunst beispielsweise galt als ebenso innig wie diskret, und die Analyse seiner Werke, seiner kristallinischen Strukturen, seiner wie mit Drähten verspannten Tonkonstellationen, seine pathoslose Kunst schien ein unauslotbares Faszinosum. Schönbergs epochale integrative Leistung, seine gleichsam napoleonische Verfügung über die Tradition fand zunächst wenig Sympathien. *Schoenberg est mort*, schrieb Boulez in jenen Jahren – ein Diktum, das freilich keine prophetische Kraft besaß.

Daß Igor Strawinsky nach der Vollendung seiner Oper *The Rake's Progress* und nach Schönbergs Tod im Jahre 1951 diesen wesentlichen Schritt zu einer neuen kompositorischen Orientierung wagte, hatte vielschichtige Gründe.

Mit *Orpheus* und *Rake* waren ihm noch einmal zwei große Werke gelungen, die auf so verblüffende wie faszinierende Weise die Fruchtbarkeit jener neoklassizistischen Denkweise bewiesen, eines kompositorischen Verfahrens, das längst und mehrfach totgesagt worden war. Und selbst Strawinsky konnte nicht erhoffen, auf der Basis dieser stilistischen Haltung noch einmal Vergleichba-

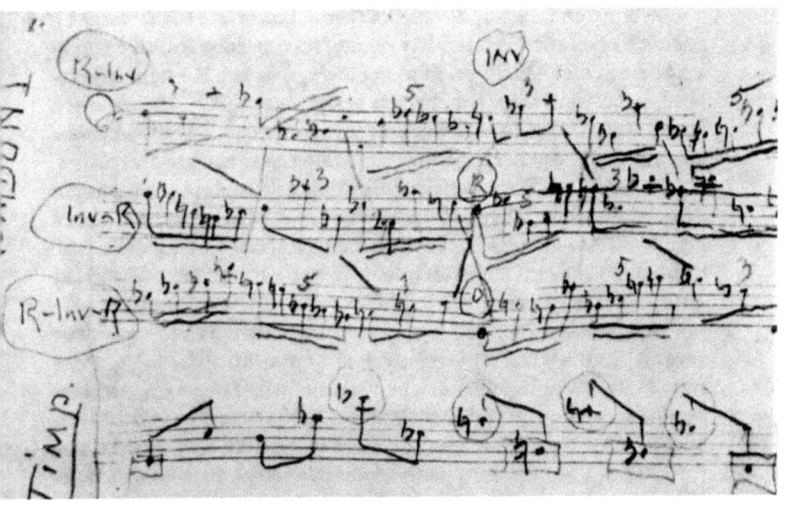

Arbeit mit Reihen

res zu schreiben[128]. So lag es nahe und war seiner Charakterdisposition auch gemäß, das kompositorische Handwerk und damit auch die eigenen musiksprachlichen Möglichkeiten noch einmal und in der Tat ein letztes Mal von Grund auf zu überdenken. Denn an Courage, kompositorisch gleichsam radikal neu zu beginnen, hat es ihm, wie sein Werk ausweist, zeitlebens nie gemangelt. Die Perspektiven seiner kompositorischen Zukunft freizulegen, mag also einer der Beweggründe gewesen sein, Webern zu studieren – neben Werken Schönbergs und Bergs.

---

[128] Igor Stravinsky/Robert Craft: *Themes and Episodes*, New York 1966, S. 23: *I have had to survive two criseses as a composer, though as I continued to move from work to work I was not aware of either of them as such, or, indeed, of any mentious change. The first – the loss of Russia and its language of words as well as of music. [...] Crisis number two was brought on by the natural outgrowing of the special incubator in which I wrote »The Rake's Progress« (which is why I did not use Auden's beautiful »Delia« libretto; I could not continue in the same strain, could not compose a sequel to the »Rake«, as I would have had to do). The period of adjustement was only half as long this time, but as I look back on it I am surprised at how long I continued to straddle my »styles«. Was it because one has to unlearn as well as to learn, and at seventy the unlearning is more difficult?*

Die Hinwendung zur Zwölftontechnik bedeutete für Strawinsky zugleich aber auch, Methoden zu entdecken und selbst zu entwikkeln, die seiner Musik einen wesentlich größeren Konzentrationsgrad sicherten, wie er mehrfach selbst bezeugte[129]. So gesehen hatte Strawinskys Auseinandersetzung mit der Zwölftontechnik alle nur denkbare Folgerichtigkeit für sich, war ein weiterer Schritt der Selbstentschlüsselung, der Selbstentdeckung und einverständigen Ausbeutung latenter kompositorischer Möglichkeiten, seiner eigenen *Diamanten-Minen*, um eine Metapher aufzugreifen, die Strawinsky in einer ehrfürchtigen Notiz zum zehnten Todestag Anton von Weberns im Jahre 1955 verwendete. Die Zwölftontechnik ermöglichte ihm nicht nur, jener seit den frühen zwanziger Jahren, vom Oktett an favorisierten kompositorischen Ausarbeitung kontrapunktischer Beziehungen intensiver denn je nachzugehen oder jener grundsätzlichen Methode korrespondierenden anstatt kontrastierenden musikalischen Bildens. Zwölftontechnik forderte ihn heraus, bereits während der Disposition seines musikalischen Materials die vielfältigen Beziehungen einzukalkulieren, die das Netzwerk der motivischen Relationen im Verlauf des kompositorischen Prozesses eingehen würde. Und da Strawinsky bisher grundsätzlich »selektiv« gearbeitet hatte, aus der Fülle des kompositorisch Möglichen auswählend, keineswegs einer grundsätzlich und ein für allemal festgelegten kompositorischen Idee sklavisch ergeben, mag die zwölftontechnische Organisation und ihr Zwang, die musikalische Form intensiver als bisher bis ins Detail zu bedenken, auf Strawinsky einen besonderen Reiz ausgeübt haben. Er selbst freilich betonte in den fünfziger Jahren stets, daß er *wie bisher* komponiere.

Die ersten zwölftönigen Arbeiten, die entstehen, sind das Septett (1953), die *Shakespeare-Lieder* (1953), *Canticum sacrum* (1955), dem Heiligen Markus gewidmet und im Markus-Dom in

---

[129] *Gespräche, S. 177: Die Anwendung der Reihentechnik zwingt mich zu größerer Disziplin. Die Musik von der Sie sprechen (Canticum sacrum), ist harmonisch sicherlich schwieriger zu hören als meine frühere Musik. Dies gilt aber für jede serielle (s. Anmerkung 125) Musik, weil sie vertikal gehört werden soll.*
Die Regeln und Einschränkungen der seriellen Komposition unterscheiden sich wenig von der Strenge der großen alten kontrapunktischen Schulen. Dabei erweitern und bereichern sie den harmonischen Gesichtskreis: man hört plötzlich mehr und anders als früher. [...] Meine vergangenen und gegenwärtigen Zeitbegriffe können nicht dieselben sein. Ich weiß, daß Teile meines »Agon« dreimal soviel Musik enthalten wie manches andere meiner Werke von gleicher Dauer.

Venedig uraufgeführt, und das bereits im Jahr 1953 begonnene und 1957 vollendete Ballett *Agon*, für das New York City Ballett und Lincoln Kirstein komponiert; alle diese Werke sind eher Annäherungen an einen zwölftönigen Strawinsky-Stil, weniger bereits konsequent gearbeitete Zwölfton-Kompositionen. Strawinsky arbeitet in diesen Werken mit vier- oder fünftönigen oder wie im Falle der Gigue des Septetts mit achttönigen Reihen oder aber komponiert nur einzelne Sätze der Werke zwölftönig. Grundsätzlich ist ohnehin beobachtbar, daß sein kompositorischer Stil, daß seine kompositorische Handschrift erst allmählich Konsequenzen aus der anderen musikalischen Material-Disposition zieht. Die Charakterisierung dieser frühen Werke als Kompositionen, die durch die Reihentechnik des Diatonikers geprägt sind, besteht also völlig zu Recht. Erst mit *Threni: Id est lamentationes Jeremiae Prophetae* (1958) und den *Movements* (1959) für Klavier und Orchester, die er der Pianistin Margrit Weber widmete, legt Igor Strawinsky ein eindeutiges Bekenntnis zur Zwölftontechnik ab. Das heißt konkret: alle kompositorische Entwicklung ist aus der zwölftönigen Grundreihe, ihren Umkehrungs- und Krebsformen und deren Transpositionen abgeleitet.

In seinen *Gesprächen* mit Robert Craft äußert sich Strawinsky aber auch über einige kompositorische Aspekte der *Movements*, die sein Interesse an der Tonhöhenorganisation überschreiten und erkennen lassen, wie einschneidend Strawinskys Entscheidung für die Zwölftontechnik auch die anderen Dimensionen seiner Schreibweise, die Behandlung des Rhythmus und der bei Strawinsky so bedeutungsvollen Klangfarbe berührte[130]:

Wenn ich schon von meinem neuen Werk spreche, so sollte ich auch erwähnen, daß ich mich auch in der Sprache der Rhythmik weiter als bisher vorgewagt habe; vielleicht mögen einige Hörer sogar hier eine Auswirkung der Reihentechnik wahrnehmen. Meine polyrhythmischen Kombinationen sind indessen so zu verstehen, daß sie, ungleich denen einiger meiner Kollegen, vertikal gehört werden sollten. [...]

Jeder Teil der »Movements« hat seinen besonderen Instrumentalcharakter (ein weiterer Anklang an die Reihentechnik?), aber die Sätze sind mehr durch das Tempo miteinander verbunden als durch Unterscheidung von Farbe, »Stimmung«

---

[130] ebda., S. 137

*(»mood«), Charakter und dergleichen; in der Spanne von 12
Minuten würde der Gegensatz eines Andante zu einem Allegro
nicht recht zur Geltung kommen; Kontraste müssen hier durch
Konstruktion ersetzt werden.*

*Die wichtigste Neuerung in den »Movements« besteht aber
wohl in der Tendenz zur Anti-Tonalität – trotz der langen
Orgelpunkte (wie dem C des ersten Schlusses), trotz der Klari-
nettentriller am Ende des dritten Satzes und der Streicherhar-
monien im vierten Satz. Ich bin darüber selbst verwundert, gibt
es doch in »Threni« einfache Dreiklangsbeziehungen in jedem
Takt.*

Strawinskys *Movements* für Klavier und Orchester sind ein extre-
mes Beispiel einer in den späten Reihenkompositionen grundsätzlich bemerkbaren Tendenz zum Komprimat, zur komprimierten,
eigentümlich konstellativ abgesicherten kompositorischen Setzweise. Momente, musikalische Augenblicke von aphoristischer
Kürze zumeist werden gleichsam gereiht, und nur eine gewisse
Übereinstimmung in der musikalischen Gestik scheint dem einzelnen Satz die einheitliche Auffaßbarkeit zu sichern. Das ist jedenfalls besonders augenfällig in den fünf Sätzen dieses »Klavierkonzerts«, die jeweils durch vier kurze Zwischenspiele – oft nur wenige
Takte lang – eingeleitet werden. Fraglich ist freilich, ob es sich hier
in der Tat um ein letztes Klavierkonzert Strawinskys handelt, denn
der Klavierpart ist weitgehend in das grundsätzlich kammermusikalisch behandelte Orchester integriert.

In Veras Atelier

Nicht nur diese kammermusikalische Behandlung des großen
Orchesters erinnert an Webern. Die symmetrische Gliederungs-
weise mancher Instrumentalfiguren, die Technik atmender Pausen
zwischen den Konstellationen ist Weberns späten zwölftönigen
Kompositionen ebenso abgelauscht, wie einzelne Augenblicke [131]

[131] etwa Satz III, Takte 85–91, oder Satz IV, Takte 136–140

die Handschrift der frühen Webernschen Orchesterstücke op. 6 und op. 10 zu zitieren scheinen: die Aura des Verdämmerns und die der Emphase. Grundsätzlich hat Strawinsky freilich recht, wenn er sich mit aller Entschiedenheit in einem *Gespräch* mit Robert Craft von den dynamischen Verfahrensweisen Stockhausens oder Weberns distanziert[132]:

Ein Beispiel für die uns vorschwebende dynamische Verwendungsart findet sich in Stockhausens »Zeitmaßen«. In Takt 187 dieses Stückes wird ein Akkord in allen fünf Instrumenten ausgehalten. Die Intensitäten der einzelnen Instrumente verändern sich jedoch fortlaufend während der Dauer des Akkords. [...] Die Modifizierungen eines sich beständig verändernden dynamischen Registers sind meiner Musik fremd. Ich atme nicht bei jeder Phrase in Ritardandi und Accelerandi, in Diminuendi und Crescendi. Unendlich feine Abstufungen – Pianissimi an und jenseits der Hörgrenze – sind mir verdächtig. Die Struktur meiner Musik stützt sich nicht auf Dynamik, obwohl meine »Expression« davon Gebrauch macht. In diesem Punkte unterscheide ich mich gründlich von Webern.

Im vierten Satz der *Movements* finden sich auch gleichsam grundierende Phrasen aus gehaltenen Streicherklängen, die auf verblüffende Weise den Klang asiatischer Hoforchester zu adaptieren scheinen. In der Tat zeigt ein Blick auf den Reisekalender Igor Strawinskys, der in seinem letzten Lebensjahrzehnt noch einmal hektische Aktivitäten signalisiert, daß die Strawinskys im April des Jahres 1959 Ost-Asien bereisten, Hongkong sowie Tokyo und Kyoto besuchten. Die Partitur der *Movements* aber beendete Strawinsky am 30. Juli 1959.

Das letzte Jahrzehnt

Neben diesen großen Arbeiten entstehen in Strawinskys letzten Lebensjahrzehnten eine ganze Serie von Trauermusiken, von »Epitaphen«, Freunden gewidmet oder Persönlichkeiten, denen Strawinsky freundschaftlich verbunden war, wie dem Prinzen Max Egon zu Fürstenberg oder John F. Kennedy. Nicht zuletzt diese

---

[132] *Gespräche*, S. 236

»Trauerarbeit« erinnert Strawinsky daran, daß er ins biblische Alter eingetreten ist.

Eine dieser Musiken, die musikalische Elegie auf den Tod von Dylan Thomas, bewahrt nicht nur das Gedächtnis an den hochbegabten irischen Dichter, den Strawinsky kurz vor dessen Tod durch die Vermittlung Audens im Mai 1953 kennengelernt hatte. Mit Thomas hatte er vereinbart, an ein neues Opern-Projekt zu gehen. Darum war Dylan Thomas am 19. Oktober 1953 in New York eingetroffen, und die Strawinskys hatten ihren »Dining-Room« um einen kleinen Anbau erweitert, in dem Dylan Thomas ungestört sollte arbeiten können. Am 9. November aber hielt Strawinsky ein Telegramm in Händen, das die Nachricht vom Tod des Dichters überbrachte. Mit dieser schmerzlichen Todesnachricht zerbrachen auch Strawinskys so intensiv gehegte Hoffnungen, eine neue große abendfüllende Oper schreiben zu können. Bedenkt man allerdings den eingreifenden Wandel seiner kompositorischen Handschrift, der in den fünfziger Jahren sichtbar wurde, dann scheint es fraglich, ob Strawinsky dieses neue Projekt mit seinen neuen musiksprachlichen Mitteln in der Tat hätte realisieren können.

Bis zum Jahr 1966, in dem Igor Strawinskys letzte originale Komposition entsteht, *The Owl and the Pussy Cat*, eine Ballade für Sopran und Klavier, die er seiner Frau widmete, arbeitet der Komponist kontinuierlich an neuen Werken. Edward Lears Verse erzählen die Geschichte einer Liebe zwischen der Eule und der Katze, die schließlich in eine glückliche Heirat einmündet: es waren die ersten englischen Verse, die Vera je gelernt hatte.

Im Jahre 1962 komponiert der achtzigjährige Maestro *A Sermon, A Narrative and A Prayer*, eine Kantate auf einen Text des Apostels Paulus, sowie *The Flood*, ein musikalisches Spiel, das um die endzeitliche Geschichte Noahs zentriert ist. *Abraham and Isaac* (1963), eine Ballade für Bariton und Kammerorchester auf den hebräischen Genesis-Text komponiert, widmet Strawinsky dem Staat Israel, seine *Variations* für Orchester dem Gedächtnis Aldous Huxleys. Im Jahre 1966 entstehen auch die *Requiem Canticles*, deren ursprünglicher Titel – an Brittens *War Requiem* erinnernd – *Sinfonia da Requiem* war. Mit einem *Requiem* und einer Sopran-Ballade schließt Strawinsky sein kompositorisches Werk ab.

In den Zäsuren zwischen der eigentlichen kompositorischen Arbeit oder auch parallel dazu bearbeitet Strawinsky mehrere

Werke Bachs und von Carlo Gesualdo di Venosa und schreibt zuletzt eine Instrumentation zweier Gesänge von Hugo Wolf aus dem *Spanischen Liederbuch*: *Herr, was trägt der Boden hier* und *Wunden trägst du*. Diese Instrumentation beendet Strawinsky im Jahre 1968. Sein über 70 Jahre währender musikalischer Schaffensprozeß findet mit dieser Wolf-Bearbeitung ein endgültiges Ende.

Robert Craft interpretiert diese letzte Arbeit Strawinskys als seinen Versuch, etwas über den Tod zu sagen. Da er es nicht selbst formulieren konnte, bediente er sich der Vermittlung der Wolf-Lieder. Eine Diskretion wird hier spürbar, die Strawinskys kompositorische Arbeit stets auszeichnete.

Eher nahm er es auf sich, die Handschrift eines anderen Komponisten zu interpretieren, als im Namen jenes »Müssens«, das ihm stets verdächtig war, einer Kunst mit Emphase zu dienen. Kunst, das ist Arbeit unter dem Gesetz Apollons, wie er es in der

Seiner Frau Vera gewidmet
Igor Strawinskys letzte originale Komposition, die er im Oktober 1966
beendete (Übertragung von der ersten Notenseite)

Arbeit an den *Requiem-Canticles*

1962. Selbstporträt

Musikalischen Poetik formulierte, ist gemeißelte, gehärtete Mitteilung, und Komponieren ein täglich praktiziertes, vielschichtiges
geistiges Abenteuer, das nur mit äußerster Disziplin und künstlerischem Ordnungssinn zu bewältigen und fruchtbar zu machen war.

Daß Igor Strawinskys bemerkenswerter Kosmopolitismus, sein
Appetit, seine weitverzweigte Orientierungslust bis ins hohe Alter
ungebrochen blieben, davon zeugt nicht zuletzt die geradezu hektische Reisetätigkeit, die er neben der kontinuierlichen Arbeit an
seinen Kompositionen in einer seltsamen Mischung aus Be-
schwerde und lustvollem Dabeisein auf sich nahm.

Immer intensiver arbeiteten nun Strawinsky und Craft zusammen, bewältigten die Strapazen einer Schallplatten- oder Radio-
aufnahme oder einer Serie von Konzerten gemeinsam. Oft genug
geschieht es, daß Strawinsky die erste Konzerthälfte dirigiert und

1966. Craft, Strawinsky, Balanchine

Craft die zweite Hälfte übernimmt. Zuletzt bleibt Strawinsky die Position des »back-stage-Beobachters«, der nach dem Konzert vor das Auditorium tritt. Ihre gemeinsam unternommenen Konzertreisen führen sie im letzten Lebensjahrzehnt Strawinskys nicht nur immer wieder durch Amerika oder Europa, sondern auch nach Südamerika und Ost-Asien – *Kabuki, formidable*, ruft Strawinsky in Tokyo aus[133] – und sogar in die Heimat der Strawinskys, in die Sowjetunion.

Im Juni 1961, als Chrennikow, der Vorsitzende des russischen Komponistenverbandes, begleitet von Komponisten und Instrumentalisten, das Internationale Musik-Festival der Universität Kalifornien in Los Angeles besuchte, überbrachte er auch eine Einladung an Igor Strawinsky, anläßlich seines achtzigsten Geburtstags in die Heimat zurückzukehren und dort ein Konzert mit

[133] und bezieht sich damit auf das japanische Kabuki-Theater

226

eigenen Werken zu dirigieren. Strawinsky zögerte, die Einladung anzunehmen, besprach sich in der Sache mit alten Freunden, etwa mit Pierre Suwtschinsky, denn er fürchtete, in der UdSSR jenes Klima der Unduldsamkeit vorzufinden, jene anti-avantgardistische Haltung, die ihm aus den zwanziger Jahren und aus der Stalin-Ära bekannt war. Schließlich, nachdem seine Einladung bereits in den Zeitungen diskutiert worden war, sagte er zu. Nach einer monatelangen Tour, die ihn über Toronto, Brazzaville, Johannesburg, Rom, Hamburg auch nach Israel geführt hatte, traf Igor Strawinsky am 21. September 1962 in Moskau ein: mehr als fünfzig Jahre nach seinem letzten Rußland-Besuch im Kriegsjahr 1914.

Der Moskauer Empfang war überwältigend und nahm nach dem ersten Konzert triumphale Formen an. Strawinsky hatte seine *Ode* und sein Ballet *Orpheus* dirigiert, und Craft beendete das Konzert mit *Sacre du printemps*, mit jener Komposition, die Strawinsky noch in Ustilug, in Wolhynien, vollendet hatte. Als Zugabe wählte Strawinsky sein Arrangement des Liedes der Wolgaschiffer. Eine etwas heikle und eher anachronistische, »vorrevolutionäre« Wahl. Als er sich zuletzt von seinem begeistert applaudierenden Auditorium verabschiedete, sagte er: *Sie sehen einen sehr glücklichen Menschen.* Und dieser Satz drückte präzise den Zustand aus, in dem der heimgekehrte Maestro sich befand: das Wohlbehagen geschenkten Glücks genießend.

Kammermusikaufführungen mit Werken Strawinskys folgten, das Leningrader Ballett hatte Aufführungen von *Petruschka*, *Orpheus* und *Feuervogel* einstudiert, und es gab eine Unzahl von Empfängen mit Musikern und Komponisten und jungen Musikstudenten. Auf einem erschien auch für vierzig Minuten der damalige Ministerpräsident Nikita Chruschtschow zusammen mit mehreren Persönlichkeiten der Parteispitze, unter ihnen die Mitglieder des Zentralkomitee Kossygin und Suslow. Moskau, so schien es, war vom Strawinsky-Fieber ergriffen.

Nach einigen Tagen, die die Strawinskys zusammen mit Craft in Leningrad verbrachten, alten Freunden begegnend – so Wladimir Rimskij-Korsakow, dem Sohn seines Kompositionslehrers, dem er sich entfremdet hatte und der nun in Tränen ausbrach, als er den Jugendfreund wiedersah –, beendete Strawinsky seine zwanzigtägige russische Reise, die den Charakter eines großen Abenteuers angenommen hatte. Strawinsky war zutiefst erregt worden, war überwältigt worden von der Wärme und der Energie eines Lebensgefühls, von dem er so lange hatte getrennt leben müssen. Rußland, das sei mehr gewesen als eine Reise, schrieb Craft in sein Tagebuch, nichts hätte Strawinsky auf ihren vielfältigen Reisen je mehr ergriffen.

Die letzten Jahre Igor Strawinskys wurden immer intensiver überschattet von Perioden der Krankheit, die er entweder im Hospital oder in seinem Haus in Hollywood oder zuletzt, nachdem die Strawinskys im Jahre 1969 nach New York übersiedelt waren, in Appartements verbrachte.

Strawinsky litt an Geschwüren, wurde immer wieder das Opfer von Thrombosen oder kämpfte mit der Insuffizienz seiner Lunge. Und obwohl er mit dem grimmen Humor eines Beamten, der wild entschlossen ist, auch seinen Tod zu protokollieren, wenn es sein muß, diese Krankheitsphasen, diese »Unordnung« in seinem Leben anging, war selbst er solchen Perioden der Bettlägerigkeit nicht gewachsen. Strawinsky führte mit unverändertem Gleichmut ein Krankentagebuch, in das nicht nur alle eingenommenen und sonstwie erwähnenswerten Medikamente eingetragen wurden, sondern auch Krankheitssymptome. Besucher aber, die in ihrer teilnehmenden, freundschaftlichen Unschuld wagten, nach seinem Befinden zu fragen, wurden gelegentlich harsch bedacht oder es wurde ihnen gar, wie es Nikolas Nabokov geschah, barsch die Tür gewiesen. Strawinsky war ein ungeduldiger »Patient«, besessen allerdings von dem Gedanken, gesund werden zu wollen. Und tatsächlich gab es Monate in diesen Jahren, in denen er scheinbar genas, in denen die Ärzte ihn freigaben und ihn sogar reisen ließen: noch einmal nach Paris und zuletzt, im Sommer des Jahres 1970, nach Evian an den Genfer See. Dort empfing er Freunde und seinen ältesten Sohn Théodore, der im nahen Genf lebte.

Strawinskys Arbeitszimmer verwaiste, Anton von Weberns Foto, das auf dem Regal stand wie einst Debussys Foto auf seinem Schreibtisch, blickte ins Leere. Strawinsky schrieb keine Musik mehr, aber er erfreute sich hörend an Musik. Beethovens Musik, die er in früheren Jahren eher skeptisch kommentierte, wird nun für ihn zu einem außerordentlichen Hörerlebnis. Besonders Beethovens Quartett-Kunst fasziniert ihn. Noch im September 1968 erscheint in der *New Yorker Review of Books* ein ausführlicher Beitrag Strawinskys, der sich nicht nur auf pointierende Weise des eben erschienenen Buchs von Kerman[134] über Beethovens Streichquartette annimmt, sondern auch interessante und unor-

---

[134] nämlich Joseph Kerman: *The Beethoven Quartets*, London 1967

thodoxe Beobachtungen zu den späten Quartetten Beethovens enthält. Eine Tagebuch-Notiz Crafts, die ein Jahr zuvor niedergeschrieben wurde, reflektiert freilich bereits das hohe Maß an Einsamkeit, an Isolation, das die Strawinskys in diesen letzten Jahren umgibt. Sie leben wie Gefangene ihrer eigenen Zukunft: gebannt an den Rhythmus der immer wieder aufflackernden Krankheiten, die nicht mehr abzuschütteln sind, verlassen von den vielen Freunden, die verstarben und damit auch als Leuchtfeuer eines kulturellen Bewußtseins von großer Tradition erloschen. Die Strawinskys werden anachronistisch. Für einen Komponisten der Avantgarde eine zwiespältige, zutiefst unbefriedigende Situation[135]:

Die I. S.'s nach auch nur kurzer Trennung wiederzusehen, rührt mich heutzutage fast mehr, als ich ertragen kann. Sie sind die zwei wunderbarsten Menschen auf der Welt, die letzten Überlebenden einer reicheren und besseren Menschheit, sie sind für sich genommen ein ganzer Erdteil. Doch jetzt sind sie alt und knarrend zerbrechlich, und so furchtbar einsam. Sie wissen genau, wann mein Flugzeug startet und wann sie mich zu erwarten haben. Sollte ich mich verspäten, werden sie immer wieder ans Fenster gehen und ihre Patiencen noch besorgter legen. Mir erscheinen sie, besonders nach dieser Fahrt durch das Gerümpel und den Dreck von Los Angeles, so verzweifelt fehl am Platz und unzeitgemäß, denn ich neige dazu, wenn ich verreist bin, sie mir so vorzustellen, wie sie in der Vergangenheit waren.

Am 6. April 1971, in den Morgenstunden des neuen Tages, verstarb Igor Strawinsky in seinem New Yorker Appartement. Sein Leichnam wurde nach Venedig überführt, in die Stadt, in die er zuletzt immer wieder heimgekehrt war, sei es, um den triumphalen Erfolg seines *Rake* zu erleben oder aber den stilleren des *Canticum sacrum*. Am 15. April wird hier die Totenmesse gehalten und der Sarg von den Gondolieri zur kleinen Insel San Michele gebracht. Man bettet ihn neben das Grab des Freundes, neben Sergej Diaghilew. Eine Skulptur Giacomo Manzùs erinnert dort an den Komponisten.

---

[135] Igor Strawinsky mit Robert Craft: *Erinnerungen und Gespräche*, Frankfurt/Main 1972, S. 295

Dokumente

Gespräche Igor Strawinskys

Igor Strawinsky begegnete dem amerikanischen Dirigenten Robert Craft im Jahre 1948. Etwa zehn Jahre später publizierten die beiden Musiker ihre erste Gesprächsrunde unter dem Titel *Antworten auf 35 Fragen*. Weitere Publikationen folgten. Im Jahre 1961 unternahm der Atlantis-Verlag in Kooperation mit dem Schott-Verlag den Versuch, einige dieser zunächst englisch publizierten Gespräche in einer deutschen Ausgabe zusammenzufassen. Diesen *Gesprächen* folgt unsere Auswahl.

Strawinsky erinnert sich an seinen Lehrer Rimskij-Korsakow und versucht, ein ausführliches Porträt dieses bedeutenden St. Petersburger Kompositionslehrers zu entwerfen. Abgedruckt sind auch Kommentare zu anderen russischen Komponisten, mit denen er zwischen 1900 und 1910 Kontakt hatte, sowie eine ausführliche Charakterisierung des Tänzers Nijinskij, der wesentlichen Anteil an seiner Arbeit genommen hat. Schließlich finden sich in diesem ersten Teil auch Anmerkungen zu den Komponisten der zweiten Wiener Schule, zu Schönberg, Berg und Webern, sowie zu Bartok. Es folgt eine Charakterisierung der Musik von Pierre Boulez – einem Musiker, dem Strawinsky mehrfach begegnete und den er schätzte.

Der zweite Teil der Gespräche (S. 258 ff.) diskutiert im weitesten Sinne des Wortes Probleme des musikalischen Handwerks. Strawinsky äußert sich zu Schwierigkeiten, seine Werke aufzuführen, über seinen Umgang mit volkstümlichen Melodien und über Instrumentation. Schließlich entwirft er in wenigen Sätzen eine Geschichte der zeitgenössischen Musik zwischen 1910 und 1955. Dieser Gesprächsteil der Dokumentation wird abgeschlossen mit einem Interview, das Strawinsky Emilia Zanetti gewährte (S. 271 ff.). Strawinsky erläutert einige Aspekte seiner Oper *The Rake's Progress*. Das Interview erschien im Strawinsky-Heft der Reihe *Musik der Zeit*, 1952.

Über Zeitgenossen

Was empfinden Sie heute über **Rimsky-Korsakow**, persönlich und sonst? Und entsinnen Sie sich des *Chant Funèbre*, den Sie ihm zum Gedächtnis komponierten?

Jetzt, nach fünfzig Jahren, ist es nicht mehr möglich, zwischen persönlichen und unpersönlichen Erinnerungen zu unterscheiden. Alle Erinnerungen sind persönlich, aber die meinen sind von der Person so weit entfernt, daß sie nur noch auf eine ganz unpersönliche Weise erzählt werden können. Es kann nur wenige Menschen gegeben haben, die Rimsky so nahe standen wie ich, besonders nach dem Tod meines Vaters, als er für mich wie ein Pflegevater war. Wir versuchen, über unsere Eltern nicht zu urteilen, und doch tun wirs, und oft ungerecht. Möge ich nicht ungerecht sein, wenn ich von Rimsky spreche!

Der Rimsky der Autobiographie, den die Welt kennt, war sehr verschieden von dem Rimsky, der mein Lehrer war. Die Leser seines gut geschriebenen, sehr sachlichen Buches stellen sich ihn vor als jemand, der seine Sympathie nicht leicht verschenkte und der sich nicht gerade durch Großmut oder Güte auszeichnete. Überdies ist der Künstler, den uns die Autobiographie zeigt, bisweilen peinlich oberflächlich in seinen künstlerischen Zielen. Mein Rimsky aber war voller Teilnahme, er war wahrhaft großmütig, ohne etwas davon herzumachen, und seine Güte verließ ihn nur gegenüber den Bewunderern Tschaikowskys. Was die Oberflächlichkeit anbelangt, vermag ich darauf freilich nichts zu entgegnen, denn Tiefe war weder in Rimskys Persönlichkeit noch in seiner Kunst vorhanden.

Ich verehrte Rimsky, aber ich hatte nichts übrig für seine »Mentalität«, mit der ich seinen fast bourgeoisen Atheismus (er hätte gesagt: Rationalismus) meine. Sein Geist war jeder religiösen oder metaphysischen Idee verschlossen. Wenn die Unterhaltung eine religiöse oder philosophische Frage berührte, weigerte er sich einfach, irgendetwas im Lichte der »Offenbarungsreligion« zu betrachten.

Ich war gewohnt, nach meinem Unterricht bei der Familie Rimsky-Korsakow zum Essen zu bleiben. Wir tranken zusammen Wodka und aßen Sakusky, dann begann die Mahlzeit. Ich pflegte neben Rimsky zu sitzen, und häufig wurde die Diskus-

sion irgend eines Problems aus der vorangegangenen Stunde fortgesetzt. Die andern Plätze rund um den Tisch wurden von Rimskys Söhnen und Töchtern eingenommen. Der zweite Sohn, Andrei, hatte in Heidelberg Philosophie studiert, und er brachte oft einen Studienfreund namens Mironow mit. Aber Rimsky duldete es nicht, daß die jungen Leute ihre philosophischen Anliegen in seiner Anwesenheit diskutierten. Als einmal jemand das Tischgespräch auf »Auferstehung« brachte, zeichnete Rimsky eine Null aufs Tischtuch und sagte: »Es gibt nichts nach dem Tod, mit dem Tod ist alles zu Ende.« Daraufhin war ich so verwegen anzudeuten, daß dies vielleicht doch nur einer von verschiedenen möglichen Gesichtspunkten sei; ich bekam es aber für einige Zeit zu spüren, daß ich besser den Mund gehalten hätte.

Ich hatte geglaubt, in Rimskys jüngern Söhnen Freunde zu finden, erschienen mir doch diese beiden jungen Herren in dem provinziellen St. Petersburg als Leuchttürme der Aufklärung. Andrei, der drei Jahre älter als ich war und das Violoncello mit einigem Talent spielte, verhielt sich besonders nett zu mir, aber sein freundliches Verhalten dauerte nur solange sein Vater lebte; nach dem Erfolg des »Feuervogels« im Jahre 1910 stellte sich nicht nur er, sondern die ganze Familie Rimsky-Korsakow gegen mich ein. (Dies mag freilich mehr musikalische als persönliche Gründe gehabt haben. Meine Musik war zu »modern« für sie, ihr Liebling war Glasunow. Andrei schrieb sogar für eine russische Zeitung eine Kritik über »Petruschka«, den er als »russischen Wodka mit französischen Parfums« bezeichnete. Sein Bruder Wladimir war ein fähiger Violinist; ihm verdanke ich meine ersten Kenntnisse über Fingergriffe bei der Geige.)

Rimskys Töchter Sophie und Nadeschda standen mir weniger nahe; meine »Pastorale« schrieb ich in Gedanken an Nadeschdas Stimme, und sie ist auch ihr gewidmet. Mein letzter Kontakt mit der Familie Rimsky-Korsakow erfolgte durch Nadeschdas Gatten Maximilian Steinberg, der 1924 nach Paris gekommen war und mich dort mein Klavierkonzert spielen hörte. Aber Sie können sich seine Reaktion auf dieses Werk vorstellen, wenn ich Ihnen sage, daß er auch zu »Feu d'artifice« (das ihm und Nadeschda gewidmet ist) nur die Achsel zucken konnte. Nach dem Konzert wollte er mich über meine ganze verfehlte Laufbahn belehren. Ich verzichtete dar-

*auf, ihn zu sehen, und er kehrte tief beleidigt nach Rußland
zurück.*

*Rimsky war hochgewachsen, wie Berg, oder wie Aldous
Huxley, und wie Huxley hatte er schwache Augen. Er trug eine
dunkelblaue Brille und hatte bisweilen noch eine zweite auf die
Stirne geschoben, eine Gewohnheit, die ich von ihm übernommen habe. Beim Dirigieren steckte er den Kopf in die Partitur,
blickte kaum je auf und schwenkte seinen Stab in der Richtung
seiner Knie. Es fiel ihm derart schwer, die Noten zu sehen, und
er war so durch das Hören in Anspruch genommen, daß er dem
Orchester fast keine Weisungen gab. Wie Berg litt er an
Asthma. In seinem letzten Lebensjahr ließen seine Kräfte unter
der Wirkung dieser Krankheit plötzlich rapid nach, und
obwohl er erst 64 Jahre alt war, konnten wir nicht im Zweifel
sein über das baldige Ende. Im Januar 1908 erlitt er eine Reihe
schwerer Anfälle. Jeden Morgen kamen telephonische Anrufe
von seinem Haus zu dem unsrigen, und jeden Morgen wartete
ich in der Ungewißheit, ob er noch am Leben sei.*

*Rimsky war ein strenger Mann und ein strenger, wenn auch
gleichzeitig sehr geduldiger Lehrer. (Er pflegte während unserer Unterrichtsstunden immer wieder zu sagen: »ponimjete,
ponimjete«, verstehst du, verstehst du?) Seine Kenntnisse
waren genau, und was immer er wußte, vermochte er sehr klar
mitzuteilen. Sein Unterricht war ausschließlich »technisch«.
Aber während er über wertvolle Detailkenntnisse in Harmonielehre und Instrumentierung verfügte, ließ das, was er über das
Komponieren selbst zu sagen hatte, einiges zu wünschen übrig.
Als ich zu ihm in die Lehre kam, war er für mich als Musiker
»sans reproche«, aber es ging nicht lange, bis ich mich nach
jemand sehnte, der vielleicht weniger tadellos war, dessen
Musik aber meinen aufkeimenden Idealen mehr entsprach. Die
Wiedergeburt der Polyphonie und die Erneuerung der Form,
die in Wien genau im Todesjahr Rimskys eintraten, waren den
Bemühungen der Rimsky-Schule gänzlich fern. Ich bin
Rimsky dankbar für viele Dinge, und ich möchte ihn nicht
tadeln für das, was er nicht wußte; aber die wichtigsten Grundlagen für meine Kunst mußte ich doch für mich selbst entdecken. Rimsky war zur Zeit meines Unterrichts bereits
zum Reaktionär geworden, der aus Prinzip alles ablehnte,
was neu war und was aus Frankreich oder Deutschland kam;
diese Haltung war für mich um so überraschender, als er*

außerhalb der Künste ein radikaler, antizaristischer Fortschrittler war.

Rimsky hatte Geist und Sinn für Humor, er hatte seinen eigenen literarischen Stil, und doch war sein literarischer Geschmack hinterwäldlerisch, und das im schlimmsten Sinne. Die Texte zu seinen Opern sind, mit Ausnahme von »Snegurotschka« (Ostrowsky) und »Mozart und Salieri« (Puschkin) im ganzen erbärmlich schlecht. Ich machte ihn einmal auf einen Anachronismus in einer dieser beiden aufmerksam: »Aber, lieber Meister, glauben Sie wirklich, daß man im 15. Jahrhundert einen solchen Ausdruck verwendet hat?« »Er ist heute üblich, und mehr braucht uns nicht zu kümmern.«

Rimsky konnte Tschaikowsky nur als »Rivalen« auffassen. Tschaikowsky hatte mehr Einfluß in Deutschland erreicht als Rimsky, und dieser war eifersüchtig (mir scheint, daß Tschaikowsky einen ausgesprochenen Einfluß auf Mahler hatte – hören Sie nur auf Takt 16 bis 21 im vierten Satz von Mahlers Erster Symphonie und von Takt 21 an im fünften Satz der Zweiten Symphonie). Er pflegte zu sagen, und er wurde nicht müde, es zu wiederholen, »Tschaikowskys Musik zeugt von schlechtem Geschmack«, und wenn man dies auch vielfach von ihr sagen kann, so hätte Rimsky sich doch dessen bewußt sein sollen, daß seine eigene Musik dieselbe Ehrung verdiente. Gleichwohl war Rimsky stolz, auf den in seinem Arbeitszimmer aufgehängten Silberkranz hinweisen zu können, den ihm Tschaikowsky nach der Erstaufführung von »Capriccio Espagnol« geschickt hatte. Tschaikowsky hatte der Hauptprobe beigewohnt und war von der Pracht der Musik so begeistert, daß er Rimsky nächsten Tages dieses Zeichen seiner Bewunderung zukommen ließ.

Rimsky war ein großer Englandfreund. Er hatte während seines Dienstes als Marineoffizier Englisch gelernt, und wenn ich auch nicht mehr sagen kann, wie gut er es sprach, so habe ich doch auf jeden Fall diese Sprache zum erstenmal aus seinem Mund gehört. Er liebte es, kleine Nebenbemerkungen auf Englisch zu machen. So war eines Tags ein junger Komponist gekommen, um ihm eine Partitur zu zeigen, aber in seiner Aufregung hatte er das Manuskript in der Droschke liegen lassen. Rimsky knurrte etwas von Enttäuschung, aber flüsterte mir zu: »The heavens are merciful.«

Rimsky hat mich in seiner Autobiographie nicht erwähnt, weil er mich nicht vor andern auszeichnen wollte; denn er hatte viele Schüler und vermied sorgfältig jede Günstlingswirtschaft. Mein Bruder Gury allerdings wird genannt, weil er in einer Kantate sang, die ich für Rimsky komponiert hatte und die in seinem Haus aufgeführt wurde. Nach dieser Veranstaltung schrieb Rimsky meiner Mutter einen reizenden Brief voller Anerkennung für unser beider Begabung.

Rimsky besuchte meine beiden ersten Premieren mit mir zusammen. Das erste dieser Stücke, die Symphonie in Es, ist ihm gewidmet (das Manuskript ist noch im Besitz seiner Familie). Die Aufführung fand am 27. April 1907 in St. Petersburg statt – ich entsinne mich des Datums, weil Onkel Jelatschitsch mir zur Erinnerung eine Medaille schenkte. Rimsky, der neben mir saß, machte von Zeit zu Zeit kritische Bemerkungen: »Das ist zu schwerfällig; sei vorsichtig, wenn du Posaunen in den mittleren Lagen verwendest.« Da es sich um ein Mittagskonzert mit freiem Eintritt handelte, kann ich nicht beurteilen, ob der Beifall als Erfolg zu werten war. Die einzige schlimme Vorbedeutung brachte Glasunow, der nachher zu mir kam und sagte: »Sehr hübsch, sehr hübsch!« Der kaiserliche Kapellmeister Warlich, ein General in Uniform, dirigierte.

Meine zweite Premiere, »Der Faun und die Schäferin«, fand später im gleichen Jahr in einem von Beljajews Russischen Symphoniekonzerten statt und wurde von Felix Blumenfeld dirigiert. Rimsky fühlte sich offenbar in seinem Konservatismus beleidigt, so unglaublich das uns heute auch erscheinen mag; er fand das erste Lied »seltsam« und meine Verwendung von Ganzton-Fortschreitungen verdächtig »debussystisch«. »Da sehen Sie«, sagte er mir nach der Vorstellung, »ich habe es gehört, aber wenn ich es in einer halben Stunde nochmals zu hören hätte, müßte ich mich an all das wieder aufs neue gewöhnen.« Rimskys eigener »Modernismus« beruhte in dieser Zeit auf ein paar dürftigen enharmonischen Einfällen.

Der »Chant Funèbre« für Bläser, den ich zu Rimskys Gedächtnis komponierte, wurde kurz nach seinem Tod in einem von Blumenfeld dirigierten Konzert in St. Petersburg aufgeführt. Ich entsinne mich dieses Stückes als meines besten Werks vor »Feuervogel«, nie war ich zuvor in der chromatischen Harmonie so weit gegangen. Die Orchesterstimmen sollten sich noch in irgendeiner der St. Petersburger Orchester-

bibliotheken vorfinden; ich wünschte mir, daß irgend jemand in Leningrad einmal danach suchte, denn es würde mich selbst wundernehmen zu sehen, was ich unmittelbar vor dem »Feuervogel« komponiert habe. Ach, die einzige Ehrung, die ich Rimsky seither zuteil werden ließ, bestand darin, daß ich 1935 in New York seine Tondichtung »Sadko« dirigierte (nicht die Oper; die Tondichtung ist interessanter) – unter allen seinen Werken schien mir dies am ehesten eine Wiederauferstehung zu verdienen.

Ich besitze keine Briefe Rimskys mehr; in Ustilug muß ich deren fünfzig oder mehr gehabt haben. Dies tut mir sehr leid, denn er hat mir manche reizende Karte vom Gardasee geschickt, wo er den Sommer zu verbringen pflegte. Ich habe auch kein Manuskript mehr von seiner Hand, obwohl er mir die ersten fünfzig Seiten der Partitur seiner »Snerutschka« (Schneeflöckchen) gab. So habe ich denn überhaupt keine Handschrift Rimskys mehr – was hier zur Information jener Person gesagt sei, die mir regelmäßig eingeschriebene Briefe von irgendwo in Brasilien schickt und um ein Autograph Rimskys bittet.

Wie waren Ihre Beziehungen zu Anatol **Liadow** – besonders nachdem Sie den Auftrag zum *Feuervogel*, an dem er gescheitert war, erhalten hatten?

Liadow war ein lieber Kerl, so sympathisch und reizend wie seine »Musikalische Schnupftabakdose«. Wir nannten ihn den »Grobschmied«, aber ich kann mir nicht denken warum, es sei denn, weil er so weich und sanft und so gar nicht wie ein Grobschmied war. Er war klein, mit einem anziehenden, etwas schiefen Gesicht und wenig Haaren auf dem Kopf. Er trug stets irgendwelche Bücher unter dem Arm – Maeterlinck, E. T. A. Hoffmann, Andersen: er liebte zarte, phantastische Sachen. Er war ein kurzatmiger Pianissimokomponist, und er wäre nie imstande gewesen, ein langes lärmiges Ballett wie den »Feuervogel« zu schreiben. Und so vermute ich, daß er auch mehr erleichtert als beleidigt war, als ich den Auftrag übernahm.

Ich mochte Liadows Musik gern, besonders die Klavierstücke »Kikimora« und »Baba-Yaga«. Er hatte einen guten Begriff von Harmonie und Sinn für die richtige Instrumentation. Vielleicht hatte ich sogar irgendwie seine »Musikalische

Schnupftabakdose« im Sinn, als ich ein ähnliches Stück
schrieb, nämlich den Eisverkäuferwägelchen-Walzer in meiner
Zweiten Suite für kleines Orchester. Ich habe öfters mit Liadow
zusammen Konzerte besucht; auch wenn wir uns nur zufällig
im Saal trafen, lud er mich regelmäßig ein, mit ihm zusammen
die Partitur nachzulesen. Ich weiß nicht, ob er später den
»Feuervogel« gehört hat, aber ich bin gewiß, daß er, wäre dies
der Fall gewesen, sich auch dafür eingesetzt hätte. Er war der
fortschrittlichste Musiker seiner Generation und ist schon für
meine ersten Werke eingetreten. Zu Beginn von Skriabins
Laufbahn, als ein weiteres Publikum noch allgemein gegen
diesen Komponisten eingestellt war, bezeichnete jemand in
Liadows (und meiner) Gegenwart Skriabin als einen Narren,
worauf Liadow bemerkte: »Solche Narren hab ich gern.«

Wenn ich an Liadow denke, erinnere ich mich noch an einen
andern Musiker, und da Sie nicht darauf verfallen werden,
mich nach ihm zu fragen, will ich ihn selbst nennen: Joseph
Wihtol, Komponist und Lehrer – er hatte in einem oder zwei
Werken mit Rimsky-Korsakow zusammengearbeitet und war
Liadows Kollege in jenem schrecklichen Musikgefängnis, das
sich St.-Petersburger Konservatorium nannte – war gut zu mir
wie Liadow und half mir, wo er konnte. Er war ein jovialer
Mann mit rundem Gesicht und hatte weiche Händchen wie
Katzenpfoten. Er lebte später in Riga, und als ich diese Stadt
1934 auf einer Konzerttournee besuchte, bewirtete er mich
fürstlich und liebevoll.

Wie waren Ihre Beziehungen zu **Skriabin**, in St. Petersburg
und auch später, als sich Diaghilew für ihn interessierte? Hat
er Sie irgendwie beeinflußt?

Ich weiß nicht mehr, wann ich ihm zum ersten Mal begeg-
net bin; es muß im Haus von Rimsky-Korsakow gewesen sein,
auf jeden Fall haben wir uns dort während meiner Lehrzeit
öfters gesehen. Aber er war persönlich so ungeschickt, und
seine Art, mich und Rimskys andere Schüler von oben herab
zu behandeln, war derart unangenehm, daß ich nie das Be-
dürfnis nach seiner Gesellschaft empfand. Rimsky mochte
ihn auch nicht; er pflegte von ihm nur als vom »Narziß« zu
sprechen. Rimsky hatte auch keine sehr hohe Meinung von
Skriabins kompositorischem Talent: »mais, c'est du Rubin-

stein!« (»Anton Rubinstein« war für ihn zu jener Zeit ein Schimpfwort wie »merde«.)

Als Schüler Tanejews hatte Skriabin eine solidere Grundlage in Kontrapunkt und Harmonielehre als die meisten Russen – er war in dieser Beziehung weit besser ausgerüstet als beispielsweise Prokofiew, der vielleicht der Begabtere von beiden war. Er ging teilweise von Liszt aus, wie es jener Zeit entsprach. Ich hatte nichts gegen Liszt, aber Skriabins Art, ständig die Linie Chopin-Liszt gegen die deutsche Tradition auszuspielen, war mir nicht sympathisch. Ich habe bereits einmal geschildert, wie schockiert er war, als ich meiner Bewunderung für Schubert Ausdruck gab. Schuberts herrliche f-moll-Fantasie für Klavier vierhändig war für Skriabin »musique pour les jeunes demoiselles«. Und seine meisten Musikurteile waren nicht klüger. Zum letzten Mal habe ich ihn in Ouchy kurz vor seinem Tod gesehen: sein Vater war russischer Konsul in Lausanne, und ich war wegen meines Passes dorthin gefahren. Er sprach mit mir über Debussy und Ravel und über meine eigene Musik. Er war ohne jede Einsicht: »Ich kann Ihnen zeigen, wie man diese Art französischer Grimasse zustande bringt. Nehmen Sie irgendwelche offene Quinten, lösen Sie sie mit einem übermäßigen Quartsextakkord auf und fügen Sie einen Turm von Terzen hinzu, bis Sie genug Dissonanz beisammen haben, und wiederholen Sie dann die ganze Sache in einem andern ›Schlüssel‹, so können Sie so viel ›Debussy‹ und ›Ravel‹ fabrizieren, wie Sie wollen.« Er sagte mir nicht, was er zu andern über meine Musik geäußert hatte, nämlich, daß auch er über »Le Sacre« entsetzt war; aber da er schon für »Petruschka« und »Feuervogel« kein Verständnis hatte aufbringen können, hatte ich keinen Grund, überrascht zu sein.

Skriabin kam um 1905 in St. Petersburg in Mode. Ich führte dies mehr auf seine phänomenalen Fähigkeiten als Pianist als auf irgendwelche neuen Momente in seinen Kompositionen zurück, aber was auch immer die Ursache war, man interessierte sich plötzlich allgemein für ihn, und er wurde als »originell« gefeiert, wenigstens in Kreisen der »avant-garde«.

Um auf Ihre Frage zurückzukommen: vielleicht hat mich Skriabin wirklich beeinflußt, und zwar bei der Behandlung des Klaviers in meinen Etüden op. 7. Aber man läßt sich nur durch das beeinflussen, was man liebt, und ich vermochte sicherlich nie auch nur einen Takt seiner bombastischen Musik zu lieben.

Was Skriabins kurze Laufbahn bei Diaghilew anbelangt, weiß ich nur den Grund, warum sie kurz war: Skriabin war, was Diaghilew »morbid« zu nennen pflegte; Diaghilew hatte aus Versehen das Gegenteil angenommen und beschlossen, ihn nach Paris mitzunehmen, wobei er mir sagte: »Ich werde den Parisern Skriabins Musik vorführen.« Die Vorführung scheint auf jeden Fall kein Erfolg gewesen zu sein.

Skriabin war literarisch eingestellt. Villiers de l'Isle Adam, Huysmans und die ganze Gesellschaft der »Dekadenten« waren sein Schwarm. Es war die Zeit des Symbolismus, und in Rußland waren er und Konstantin Balmont seine Götter. Er war auch ein Anhänger von Madame Blawatzky und selbst ein seriöser, angesehener Theosoph. Ich habe das nicht begriffen, denn in meiner Generation war Madame Blawatzky bereits sehr »démodée«, aber ich hatte Achtung für seine Überzeugungen. Skriabin sah arrogant aus, mit dichtem blondem Haar und einer blonden »barbiche«. Sein Tod erfolgte tragisch und vorzeitig, und ich habe mich bisweilen gewundert, was für eine Art von Musik ein solcher Mann geschrieben hätte, wäre er noch in den zwanziger Jahren am Leben gewesen.

Welches sind Ihre persönlichen Erinnerungen an **Prokofiew**, und was haben Sie beide gegenseitig von Ihrer Musik gehalten?

Ich lernte Prokofiew im Winter 1906/7 in St. Petersburg kennen. Er war damals erst siebzehn oder achtzehn, aber man hatte ihm bereits einen Teil eines Konzerts der von Walter Nouvel veranstalteten »Abende für zeitgenössische Musik« zur Vorführung einer Serie seiner Klavierstücke eingeräumt. Die Aufführung verdiente alle Achtung – ich hörte ihn immer gern seine eigene Musik spielen –, und die Musik hatte persönlichen Ausdruck. Ich weiß nicht mehr, ob Rimsky damals dabei war, doch entsinne ich mich einer Unterhaltung mit ihm, in der er sich recht skeptisch über Prokofiew äußerte. Dafür war ja auch Prokofiew Liadows, nicht Rimsky-Korsakows Schützling gewesen. Ich habe Prokofiew erst einige Jahre später, während des Kriegs in Mailand, näher kennengelernt. Diaghilew bemühte sich eifrig, ihn bei den Futuristen und in »Linkskreisen« einzuführen. Diaghilew wünschte, daß er sich unter andere Künstler mische, mit ihnen Ideen austausche, aber

Versuche dieser Art schlugen bei Prokofiew immer wieder fehl,
weil er, wie er mir in einem Brief schrieb, voller Hemmungen
gegenüber Leuten mit überlegener Bildung war – und von
solchen gab es eine ganze Menge. Während dieses Mailänder
Aufenthaltes bildete das »Sacre du Printemps« fast seinen
einzigen Gesprächsstoff. Er bewunderte »Le Sacre« und
konnte sich jahrelang nicht von seinem Bann befreien.

Prokofiew war das Gegenteil eines musikalischen Denkers.
Er war in Wahrheit erstaunlich naiv in Sachen des musikali-
schen Satzbaus. Er hatte sich eine gewisse Technik angeeignet,
und es gab Dinge, die er ausgezeichnet zu bewältigen ver-
mochte, aber was wichtiger ist: er war eine Persönlichkeit, in
jeder seiner Bewegungen war das zu spüren – lassen Sie es uns
biologische Persönlichkeit nennen. Seine musikalischen
Urteile beschränkten sich meist auf Gemeinplätze und waren
nicht selten falsch. Einmal saß er neben mir während einer
Aufführung von »Petruschka«, und im vierten Bild, auf dem
Höhepunkt der russischen Tänze, drehte er sich zu mir und
sagte: »Hier hätten Sie aufhören sollen!« Dabei müßte doch
jeder verständige Musiker merken, daß die besten Seiten in
Petruschka die letzten sind.

Prokofiew war stets sehr russisch eingestellt und auf eine
primitive Art antiklerikal. Aber nach meinem Dafürhalten
hatten diese Ansichten wenig zu tun mit seiner Rückkehr nach
Rußland. Er folgte dabei der Hurengöttin Erfolg, nichts ande-
rem. Er hatte in den Vereinigten Staaten und in Europa wäh-
rend mehrerer Jahre kein Glück gehabt, währenddem sein
Besuch in Rußland zu einer Triumphfahrt wurde. Als ich ihn
1937 zum letztenmal in New York sah, war er verzweifelt über
sein materielles und künstlerisches Schicksal in Frankreich. Er
war politisch naiv und hatte nichts vom Beispiel seines guten
Freundes Miakowsky gelernt. So kehrte er denn nach Rußland
zurück, und als er die dortige Situation richtig begriff, war es zu
spät. Einige Wochen vor seinem Tod erhielt einer meiner
Freunde in Paris von ihm einen Brief, in dem er sich nach mir
erkundigte, und das hat mich tief gerührt.

Ich weiß nicht, was er von meiner Musik außer den russi-
schen Stücken, besonders »Le Sacre«, »Renard«, »Noces«,
mochte, aber ich bezweifle sehr, ob er viel von dem kannte, was
ich in den dreißiger Jahren schrieb, und ich bin ziemlich sicher,
daß es ihm nicht zugesagt hätte. Daß wir musikalisch nicht

miteinander übereinstimmten, spielte aber scheinbar keine Rolle. Wir standen immer sehr gut zueinander, nie hat ein Zwischenfall unser Verhältnis getrübt, und ich glaube, er hat mich so gern gehabt wie irgend einen seiner Musikerfreunde. Aber man konnte Prokofiew tausendmal sehen, ohne daß eine tiefere Beziehung entstand, und wir haben nur selten über Musik gesprochen, wenn wir uns trafen. Ich hatte den Eindruck, daß Prokofiew nur mit seinem Innersten dabei sei, wenn er Schach spielte. Er war ein Meisterspieler; er hat mit allen Berühmtheiten und auch mit meiner Frau Vera gespielt.

Diaghilew dachte eine Zeitlang, Prokofiew würde sich zu einem großen Komponisten entwickeln. Schließlich aber vertraute er mir an, er halte ihn nachgerade für »dumm«. Ich habe auch einen Brief Diaghilews, in dem er sich über Prokofiew äußert:

Grand Hotel, Rom, 8. März 1915

Lieber Igor, viele Fragen, aber zuallererst Prokofiew. Gestern spielte er im Augusteo und mit etwelchem Erfolg, aber darauf kommt es nicht an. Worauf es ankommt: er brachte mir etwa ein Drittel der Musik seines neuen Balletts. Die Vorlage ist ein St.-Petersburger Machwerk; es wäre gut gewesen fürs Mariinsky-Theater vor zehn Jahren, aber es ist nichts für uns. Die Musik sucht nicht, wie er sagt, betont »russische« Effekte, es ist nichts als Musik. Eben, nichts als Musik, und sehr schlecht. Nun müssen wir wieder von vorne anfangen, darum sind wir auch nett mit ihm gewesen und haben ihn zwei oder drei Monate lang bei uns gehabt. Ich zähle auf Deine Hilfe. Er ist begabt, aber was kannst Du von ihm erwarten, wenn der kultivierteste Mensch, mit dem er verkehrt, Tscherepnin ist und ihm dieser durch seinen »avant-gardisme« (!) imponiert. Er läßt sich sehr leicht beeinflussen, und es scheint mir, er ist ein viel netterer Mensch, als wir ursprünglich nach seinem arroganten Aussehen befürchtet hatten. Ich will ihn zu Dir bringen. Er muß ganz geändert werden, sonst verlieren wir ihn für immer ...

Von den Balletten, die Prokofiew für Diaghilew schrieb, habe ich »Chout« vorgezogen, obwohl »L'Enfant prodigue« von Balanchine choreographisch am schönsten herauskam. Aber

ich möchte Prokofiew nicht kritisieren: Ich sollte still sein,
solange ich über einen solchen Mann nichts Gutes zu sagen
weiß. Prokofiew hatte zweifellos seine Verdienste, und jenes
seltene Ding: den unverkennbaren Stempel der Persönlichkeit.
Es war auch nichts billig an ihm – denn Leichtigkeit ist nicht
dasselbe wie billig. Nur hätte er leider kaum verstanden, was
Mallarmé antwortete, als ihn jemand zu einer »so klaren« Rede
beglückwünschte: »Dann muß ich noch einige Schatten hinzu-
fügen.«

c/o Haensel and Jones
33 West 42nd St., New York
den 10. Dezember 1919

Lieber Strawinsky,

Mit Vergnügen erzähle ich Ihnen das Folgende. Gestern
wurden Ihre »Pribaoutki«-Lieder zum erstenmal in Ame-
rika aufgeführt. Vera Janacopulos sang, eine sehr begabte
Sängerin. Ihr Verständnis dafür war höchst liebevoll, und
sie sang sie wunderschön, mit Ausnahme vielleicht von
»Onkel Peter«, was ihr zu tief lag. Der Erfolg war sehr groß,
und alle vier Lieder mußten wiederholt werden. Viele Zuhö-
rer lachten, aber fröhlich, nicht entrüstet. Ich saß neben
Fokine, und wir schrien Bravo so laut wir konnten. Die
Instrumentalisten spielten gut und mit Verständnis. Nur die
Viola und der Baß mögen sich über ihre Aufgabe geärgert
haben. Der Flötist, der bereits die »Japanischen Lieder«
gespielt hatte, war seiner sehr sicher, keine Schwierigkeit
konnte ihn erschrecken. Ich ging zu den Proben und ver-
suchte ihnen zu erklären, was ihnen nicht verständlich war.
Persönlich habe ich am liebsten: 1. »Onkel Peter«. Oboe
und Klarinette sind wie das Gurgeln einer sich entleerenden
Flasche. Sie schildern Trunkenheit mit Ihrer Klarinette mit
der Begabung eines echten Trunkenboldes; 2. die ganze
»Nataschka«, aber besonders die letzten fünf Takte mit dem
entzückenden Brummen der Bläser; 3. »Der Oberst«, das
Ganze, doch vor allem das Oboegeflatter und den Höhe-
punkt auf den Worten »Paea propala«, etc.; 4. Vieles im
letzten Lied, am meisten die Coda: das G-A der Klarinette
und das As des Englischhorns sind äußerst gut und äußerst
frech. Ich schicke Ihnen meine herzlichen Grüße und

*beste Wünsche. Ich werde mich sehr freuen, von Ihnen
zu hören.*

Ihr S. Prokofiew.

Könnten Sie dem, was Sie bereits über Waslaw **Nijinsky**
geschrieben haben, noch weitere Erinnerungen beifügen?

*Als Diaghilew mich Nijinsky vorstellte – das war 1909 in
St. Petersburg – stand ich sogleich unter dem Eindruck einer
außergewöhnlichen körperlichen Erscheinung. Ich bemerkte
auch merkwürdige Züge von Geistesabwesenheit. Ich mochte
seine scheue Art und seinen weichen polnischen Akzent, und er
war sofort sehr offen und herzlich zu mir – aber so war er
immer. Später, als ich ihn besser kannte, fand ich ihn impulsiv
und verwöhnt wie ein Kind. Und ich lernte seine Gedankenlük-
ken als eine Art von Stigmata zu verstehen, aber ich konnte
nicht ahnen, daß er so bald und so tragisch an ihnen zugrunde
gehen würde. Ich denke oft an Nijinsky in seinen letzten
Jahren: ein Gefangener seines eigenen Geistes, tödlich getroffen in seiner wunderbaren Gabe, sich in der Bewegung auszudrücken, erstarrt.*

*Nijinsky war bereits eine Berühmtheit, als ich ihn kennen-
lernte; aber er sollte bald darauf noch berühmter werden, und
zwar duch einen Skandal. Diaghilew hatte es selbst übernommen, ihn zu kostümieren – sie lebten zusammen –, mit dem
Ergebnis, daß Nijinsky im Kaiserlichen Theater mit dem engsten Trikot erschien, das je zu sehen war (athletisch gepolstert
mit Taschentüchern) und nicht viel anderem. Die Zarin-Mutter
war in der Vorstellung und fühlte sich schockiert. Diaghilew
und Fürst Wolkkonsky, der Direktor des Theaters, die beide
ähnliche Neigungen hatten, wurden beschuldigt, sich gegen die
öffentliche Sittsamkeit verschworen zu haben. Der Zar selbst
war entrüstet. Er machte im Gespräch gegenüber Diaghilew
eine entsprechende Andeutung, erhielt aber nur eine knappe
Antwort, und Diaghilew war seither offiziell nicht mehr gut
angeschrieben. Ich bekam das selbst zu spüren, als ich für
Diaghilew bei Botschafter Iswolsky vorstellig werden sollte,
um für ein militärpflichtiges Mitglied der Tanztruppe einen
Paß zu erhalten. Sobald Iswolsky gewahr wurde, in wessen
Auftrag ich kam, wurde er diplomatisch kühl. (Aber ich war
später häufig Diaghilews Botschafter, besonders sein Finanz-*

Botschafter oder, wie er mich nannte, seine Steuereinneh-
mer.)

Um auf den Theaterskandal zurückzukommen: Der Exhibi-
tionist war natürlich in Wahrheit Diaghilew, nicht Nijinsky.
Nijinsky selbst war immer sehr seriös und idealgesinnt, und ich
bin überzeugt, daß er sich nicht bewußt war, wie die Sache für
Diaghilew aussah. Eine Bestätigung dafür fand ich später, als
Nijinsky in Paris »L'Après-Midi d'un Faune« tanzte. Die
dramatische Darstellung des Liebesaktes in diesem Ballett war
ganz Diaghilews Idee, aber Nijinskys Darbietung war derart
wundervoll konzentrierte Kunst, daß nur ein Narr schockiert
werden konnte – wenigstens dann, wenn er vom Ballett selbst so
hingerissen war wie ich.

Nijinsky war ein Mensch ganz ohne Arg. Mehr als das: er
war ganz naiv – erschreckend naiv-aufrichtig. Er hat nie
verstanden, daß man unter Menschen nicht immer so spricht,
wie man denkt. Auf einer Gesellschaft in London, es war einige
Zeit vor der Premiere des »Sacre du Printemps«, schlug Lady
Ripon eine Art Spiel vor, in dem wir alle zu sagen hätten,
welchen Tieren wir am ehesten glichen – ein gefährliches Spiel.
Lady Ripon begann selbst damit, indem sie erklärte: »Diaghi-
lew sieht wie eine Bulldogge aus und Strawinsky wie ein Fuchs.
Nun, Herr Nijinsky, wem, finden Sie, gleiche ich?« Nijinsky
dachte einen Augenblick nach, dann sagte er die schreckliche
nackte Wahrheit: »Vous, Madame – chameau« – nichts als
diese drei Worte, denn er konnte ohnedies nicht viel Franzö-
sisch. Lady Ripon hatte das natürlich nicht erwartet, und wenn
sie auch ausrief »Ein Kamel? Wie amüsant! Wirklich? Ein
Kamel?«, so blieb sie doch den ganzen Abend sichtlich be-
troffen.

Mich selbst hat Nijinsky dadurch enttäuscht, daß er musika-
lisch ein Analphabet war. Er vermochte musikalische Metren
nie recht zu verstehen, und sein Sinn für Tempo war nicht
verläßlich. Sie können sich unter diesen Voraussetzungen das
rhythmische Chaos vorstellen, das bei »Le Sacre du Prin-
temps« entstand, und besonders das Chaos im letzten Tanz, wo
die arme Mademoiselle Piltz, die Opferjungfrau, nicht einmal
den Taktwechsel gewahrte. Nijinsky machte auch keinen Ver-
such, meine eigenen choreographischen Vorstellungen vom
»Sacre« zu verstehen. Im Tanz der Jünglinge zum Beispiel
hatte ich mir die Tänzer fast bewegungslos aufgereiht gedacht,

*Nijinsky aber machte aus dieser Nummer ein großes Wett-
hüpfen.*

*Ich behaupte nicht, daß es Nijinsky an Reichtum der Erfin-
dung gefehlt hat, im Gegenteil, er hatte nur fast zu viel davon.
Worauf es ankam war die Tatsache, daß er nichts von Musik
verstand, und deshalb stellte er sich die Beziehung von Tanz
und Musik viel zu primitiv vor. Bis zu einem gewissen Grad
hätte sich dies wohl durch Erziehung bessern lassen, denn
selbstverständlich war er von Natur musikalisch. Aber zur
Zeit, als er zum ersten Choreographen des Balletts ernannt
wurde, war er ahnungslos über die Funktion der Musik. Er
glaubte, daß die Choreographie den Schlag und die Form der
Musik betonen müsse und ständig damit koordiniert sein solle.
Auf diese Weise beschränkte er in Wahrheit den Tanz auf die
rhythmische Verdoppelung der Musik und machte ihn so zur
bloßen Nachahmung. So wie ich Choreographie auffasse,
sollte sie aber ihre eigene Form zu finden wissen, eine von der
musikalischen Form unabhängige, obgleich auf das musikalische Maß zugeschnittene Form. Ihr Aufbau sollte auf irgendwelchen Beziehungen beruhen, die dem Choreographen seine
Phantasie eingibt, aber es darf sich nicht um ein bloßes Nach-
zeichnen der musikalischen Linien und Akzente handeln. Ich
kann nicht einsehen, wie man ein rechter Choreograph sein
kann, ohne, wie Balanchine, in erster Linie Musiker zu sein.*

*Wenn Nijinsky also auch der musikalisch am wenigsten
fähige meiner Choreographen war, so lag eben seine Begabung
auf anderem Gebiet – und das eine Talent, das er hatte, ist
wahrhaft für einen Menschen genug. Dabei darf man ihn nicht
bloß als Tänzer bezeichnen, denn noch größer war er als
dramatischer Künstler. Sein schönes, wenn auch sicherlich
nicht im landläufigen Sinne hübsches Gesicht konnte zur groß-
artigsten tragischen Maske werden, die ich je gesehen habe,
und als Petruschka war er das aufregendste Geschöpf, das mir
je auf der Bühne begegnet ist.*

*Ich habe kürzlich einen Brief von Nijinsky wiedergefunden,
den er nach Rußland adressierte, der mir aber in die Schweiz
nachgeschickt wurde, wo ich damals lebte. Es ist ein Dokument
einer derart verblüffenden Unschuld, das ich mir, wäre es nicht
von Nijinsky geschrieben, nur noch als Äußerung einer Figur
von Dostojewsky vorstellen könnte. Ich vermag es auch heute
noch kaum zu fassen, wie man gegenüber der Politik, den*

sexuellen Eifersüchteleien und den persönlichen Motiven in der
Truppe derart nichtsahnend sein konnte wie er. Ich habe
Nijinsky seit »Le Sacre du Printemps« nie mehr gesehen, und
so habe ich ihn tatsächlich nur während vier Jahren gekannt.
Aber diese vier Jahre waren die große Zeit des Balletts, und ich
war damals fast jeden Tag mit ihm zusammen. Ich entsinne
mich nicht, was ich ihm geantwortet habe, aber Diaghilew war
damals nach Rußland zurückgekehrt, und als ich ihn während
seiner nächsten Reise nach Paris sah, war Massine bereits an
die »Stelle« des armen Nijinsky getreten.

Dienstag, 9. Dezember 1913
1 Hidegkuti ut 51 (Budapest)

Lieber Igor: Ich kann Dir nicht verheimlichen, was mit mir
in diesen letzten Monaten geschehen ist. Du weißt, daß ich
nach Südamerika ging und während vier Monaten nicht in
Europa war. Diese vier Monate kommen mich teuer zu
stehen, an Geld und Gesundheit. Mein Zimmer mit Pension
kostet 150 Francs pro Tag. Ich habe dieses Geld aber nicht
bei Serge verdient und war gezwungen, es von meinem
Kapital zu nehmen. Was tat Serge in all der Zeit, während
wir in Südamerika waren? Ich weiß es nicht. Ich habe ihm
öfters geschrieben und nie eine Antwort erhalten. Und ich
benötigte eine Antwort auch deshalb, weil ich an zwei neuen
Balletten arbeitete – Joseph und Potiphar von Strauss und
ein anderes mit Musik von Bach. Ich hatte alle Vorarbeit für
diese Ballette gemacht und konnte mit den Proben beginnen.
In Amerika war es unmöglich, Proben abzuhalten, denn wir
sind an der schrecklichen Hitze fast zugrunde gegangen.
Wie ich die Aufführungen bis zum letzten Abend durch-
stand, weiß ich selbst nicht. Aber obwohl ich in Amerika
Glück hatte, war ich nun hier zwei Monate lang krank. Jetzt
bin ich wieder in Ordnung.
Ich habe Dir keine Einladung zu meiner Hochzeit
geschickt, weil ich wußte, daß Du nicht kommen würdest,
und ich habe Dir nicht geschrieben, weil ich viel zu tun hatte.
Entschuldige bitte. Ich ging mit meiner Frau ins Haus ihrer
Eltern nach Budapest und schickte Serge von dort aus sofort
ein Telegramm mit der Frage, wann wir uns sehen könnten.
Als Anwort erhielt ich einen Brief von Grigoriew mit der

Mitteilung, man würde mich nicht um die Einstudierung
irgendeines Balletts in dieser Spielzeit ersuchen, und ich
würde auch als Künstler nicht benötigt.
　　Bitte schreibe mir, ob dies wahr ist. Ich kann nicht
glauben, daß Serge so gemein zu mir ist. Serge schuldet mir
eine Menge Geld. Zwei Jahre lang habe ich nichts erhalten,
weder für mein Tanzen noch für die Regie von »Faune«,
»Jeux« und »Sacre du Printemps«. Ich habe ohne Vertrag
für das Ballett gearbeitet. Wenn es wahr ist, daß Serge nicht
mehr mit mir arbeiten will, dann habe ich alles verloren. Du
begreifst, in welcher Lage ich bin. Ich kann mir nicht
vorstellen, was passiert ist und was ihn zu seinem Benehmen
veranlaßte. Bitte frage Serge, was los ist, und schreib mir
darüber. In allen Zeitungen von Deutschland, Paris und
London etc. wird berichtet, daß ich nicht mehr mit Diaghi-
lew zusammenarbeite. Aber die ganze Presse ist gegen ihn
(einschließlich die »feuilletons«). Sie behaupten auch, daß
ich eine eigene Truppe zusammenstelle. Tatsächlich erhalte
ich Anträge von allen Seiten, und der größte kommt von
einem sehr reichen Geschäftsmann, der mir eine Million
Francs für die Organisation eines neuen russischen Diaghi-
lew(!)-Balletts offeriert – sie wollen, daß ich die alleinige
künstlerische Leitung haben soll, mit großen Summen Gel-
des, um Bühnenbilder, Musik etc. in Auftrag zu geben.
Aber ich werde nicht endgültig antworten, bevor ich von Dir
Nachricht habe.
　　Meine vielen Freunde schicken mir Briefe voller Empö-
rung und Wut gegen Diaghilew – und Vorschläge, um mir zu
helfen und bei meinen neuen Unternehmen mitzumachen.
Ich hoffe, Du wirst mich nicht vergessen und meinen Brief
sogleich beantworten.

　　　　　　　　　　Dein Dich liebender
　　　　　　　　　　　　　　Waslaw
Grüße an Deine Frau und an alle, die ich kenne. W.

Erzählen Sie bitte von Ihrer Begegnung mit **Schönberg** 1912
in Berlin. Sprachen Sie deutsch mit ihm? War er herzlich oder
in seinem Kreis sehr reserviert? War er ein guter Dirigent
seines *Pierrot*? Bei den Berliner Proben zu *Pierrot* war
Webern anwesend; können Sie sich an ihn erinnern? Sie
haben über die Instrumentierung des *Pierrot* geschrieben,

aber nicht über seine strenge kontrapunktische Technik und
seine atonale Polyphonie; was hielten Sie damals von diesen
Neuerungen?

*Diaghilew lud Schönberg ein, meine Ballette »Feuervogel« und
»Petruschka« zu hören, und Schönberg wiederum forderte uns
auf, seinen »Pierrot lunaire« zu hören. Ich weiß nicht mehr, ob
Schönberg, Scherchen oder Webern die Proben dirigierte,
denen ich beiwohnte. Diaghilew und ich sprachen deutsch mit
Schönberg, der sehr freundlich und herzlich war. Ich hatte das
Gefühl, daß ihn meine Musik interessierte (vor allem
»Petruschka«). Es ist schwierig, sich Eindrücke, die fünfund-
vierzig Jahre zurückliegen, ins Gedächtnis zurückzurufen.
Aber an etwas erinnere ich mich sehr genau: die instrumentale
Substanz des »Pierrot lunaire« beeindruckte mich außerordentlich. Unter »instrumental« verstand ich damals nicht nur
die Instrumentierung dieser Musik, sondern die gesamte kontrapunktische und polyphone Struktur dieses glänzenden
instrumentalen Meisterwerks. Leider kann ich mich an Webern
nicht erinnern – falls ich ihn überhaupt traf.*

Wurde Ihre Meinung über Schönberg und seine historische
Stellung durch die jüngsten Veröffentlichungen seiner unvollendeten Werke beeinflußt?

*Schönbergs Reichweite wird durch sie beträchtlich erweitert,
aber ich glaube, seine Stellung bleibt dieselbe. Doch wird jedes
neuentdeckte Werk eines Meisters das Urteil über ihn in einzelnen Punkten wieder herausfordern – wie Eliot sagt, daß Dantes
weniger bedeutende Werke Interesse verdienen, weil sie eben
von Dante sind, so ist auch alles von Schönberg, sei es nun ein
Frühwerk, wie das Streichquartett von 1897, oder ein Arrangement, wie die Fassung des »Barbiers von Sevilla« für zwei
Klaviere (1900), für uns deshalb von Interesse, weil es von
Schönberg ist.*
*Am interessantesten unter den unvollendeten Werken sind
die 1911 komponierten drei Stücke für ein Ensemble von
Soloinstrumenten. Sie zwingen uns, aufs neue zu bedenken,
wie sehr Webern hinsichtlich des instrumentalen Stils und der
Dimension des kurzen Stückes Schönberg verpflichtet ist. Die
»Modernen Psalmen« von 1950/51, das zuletzt geschriebene*

der unvollendeten Werke, zeigen, daß Schönberg bis zu seinem Tode unablässig nach neuen Wegen forschte und nach neuen Gesetzen in der seriellen Musik suchte. Unter den nachgelassenen Veröffentlichungen ist »Moses und Aron« eine Kategorie für sich: während die anderen Werke unvollendet sind, ist »Moses und Aron« zwar ebenfalls unvollendet, aber vollständig – wie gewisse Erzählungen von Kafka, deren Vorwurf einen Schluß im üblichen Sinne unmöglich macht. »Moses und Aron« ist das umfangreichste Werk des reifen Schönberg, gleichzeitig auch das letzte, das er in Europa schrieb. Es verändert jedoch nicht unsere Ansicht über seine historische Stellung. »Die Jakobsleiter« bzw. die etwa sechzig aufführbaren Takte dieses Werkes könnten dies vielleicht noch tun: sie entstanden in Schönbergs wichtigster Übergangsperiode und sind tatsächlich die einzige bezeichnende Komposition aus den Jahren 1915–1922.

Schönbergs Gesamtwerk hat zuviel schwache Seiten, als daß wir es als Ganzes erfassen könnten. So sind z. B. fast alle seine Texte erschreckend schlecht, manche davon in solchem Maße, daß man entmutigt wird, die Musik aufzuführen. Auch seine Orchestrationen von Bach, Händel und Brahms unterscheiden sich von typisch kommerziellen Orchestrationen nur durch die Überlegenheit des handwerklichen Könnens: Schönbergs Absichten sind nicht besser. In der Tat zeigt seine Händel-Bearbeitung deutlich, daß er nicht in der Lage war, Musik von »begrenztem harmonischen Bereich« zu würdigen, und man hat mir erzählt, daß er die englischen Virginalisten, ja überhaupt jede Musik ohne »harmonische Entwicklung« für primitiv hielt. Sein Expressionismus ist mehr als naiv, beispielsweise in den Anmerkungen für Beleuchtungseffekte in der Partitur der »Glücklichen Hand«. Seine späten tonalen Werke sind so langweilig wie die von Reger, denen sie ähnlich sind, oder die von César Franck. Das viertönige Motiv in der »Ode an Napoleon« könnte von César Franck sein. Seine Unterscheidung zwischen »inspirierter Melodie« und ausschließlicher »Technik« ist (Gegenüberstellung von »Herz« und »Verstand«) gekünstelt, und das Beispiel, das er für die erste Kategorie angibt – das Unisono-Adagio im vierten Streichquartett – macht mich schaudern.

Wir – und damit meine ich die Generation, die heute sagt »Webern und ich« – sollten uns nur der vollkommenen Wer-

ke erinnern: »Fünf Stücke für Orchester« (sie ausgenom-
men, könnte ich auf die ersten neunzehn Opuszahlen verzich-
ten), »Herzgewächse«, »Pierrot«, »Serenade« und »Orchester-
variationen«. Dank dieser Werke zählt Schönberg zu den
großen Komponisten. Noch lange Zeit werden sich die Mu-
siker an ihnen orientieren. Sie bilden zusammen mit einigen
wenigen Werken nicht allzuvieler Komponisten die wahre
Tradition.

In welcher Achtung steht bei Ihnen heute die Musik von
Berg?

Wäre ich in der Lage, die Schranke des Stils zu durchdringen
(nämlich Bergs überaus fremdartiges emotionelles Klima), ich
glaube, er würde mir als der begabteste Formkonstrukteur aller
Komponisten des Jahrhunderts erscheinen. Er übertrifft selbst
sein eigenes, sehr offensichtliches Modell. Tatsächlich ist er der
einzige, dem eine Größenentwicklung von Formtypen gelang,
ohne jegliche Andeutung »neoklassizistischer Heuchelei«. Sein
Vermächtnis enthält jedoch wenig, um darauf aufzubauen.
Aber er steht am Ende einer Entwicklung (auch sind Form und
Stil keine so unabhängigen Gewächse, als daß wir vorgeben
könnten, das eine zu verwenden und das andere wegzulegen),
während die »Sphinx« Webern ein ganzes Fundament zeitge-
nössischer Sensibilität und Stilistik hinterlassen hat.
Bergs Formen sind thematisch (in dieser Hinsicht, wie auch
in manch anderer, steht er im Gegensatz zu Webern). Sie
bilden die Essenz seines Werkes und sind für die Unmittelbar-
keit der Formen verantwortlich. Wie komplex oder »mathema-
tisch« auch ihre Struktur sein mag, immer sind es »freie«
thematische Formen, geboren aus »Expression« und »reinem
Gefühl«. Um dies zu studieren, sind die »Drei Stücke für
Orchester« das vollkommene Werk. Ich halte sie zusammen
mit dem »Wozzeck« für die wesentlichste Komposition, um
seine Musik überhaupt kennenzulernen. In diesen Stücken
zeugte Bergs Persönlichkeit von Reife, und sie scheinen mir ein
freier und reicherer Ausdruck seines Talents zu sein als seine
seriellen Zwölftonkompositionen. Zieht man ihr frühes Entste-
hungsjahr in Betracht – 1914, Berg war 29 –, so haben sie etwas
von einem Wunder an sich. Ich möchte gerne wissen, wie viele
Musiker sie erst jetzt, 43 Jahre später, entdeckt haben.

An vielen Stellen deuten sie den späteren Berg an. Zum Beispiel ist die Musik im 44. Takt des »Reigens« sehr ähnlich dem Todesmotiv im »Wozzeck«, das man erstmalig in der Arie der Marie hört. Ebenfalls gleicht in der Oper die Musik beim Ertrinken Wozzecks dem Takt 162 im »Marsch«. Der Walzer und die Musik bei Ziffer 50 im »Reigen« sind wozzeckartig (Wirtshausgarten, 2. Akt); ebenfalls hat die Trillerstelle, mit welcher der »Reigen« endet, Ähnlichkeit mit dem berühmten Orchestertriller am Ende des 1. Aktes von »Wozzeck«. Das Violinsolo Takt 168 im »Marsch« deutet die letzten Partitursei- ten des »Wozzeck« an, wie auch die rhythmische Polyphonie des Motivs bei Takt 75 im selben Stück fast ein Zitat aus der Oper sein könnte. Das Werk enthält außerdem Vorwegnahmen aus dem »Kammerkonzert«, z. B. die Nebenstimmen-Figur im 55. Takt des »Reigens« sowie in der nachfolgenden Sologeige und Holzbläserstelle. Alle drei Akte von »Lulu« schließen mit demselben Rhythmus in Akkorden, wie er gegen Ende des »Reigens« benützt wird. Beim »Marsch« dominiert Mahler eher zuviel, doch wird selbst dieses Stück durch einen herrli- chen (unmahlerischen) Schluß gerettet. Dieser Schluß ist in dramatischer Hinsicht (ich hoffe, man vergibt mir diese Andeutung) dem Schluß von »Petruschka« nicht unähnlich. Eine Klimax, gefolgt von Ruhe, nach wenigen unterbrochenen Phrasen in den Soloinstrumenten ein abschließender Protest der Trompeten. Der letzte Trompetentakt ist eine der vortreff- lichsten Stellen, die Berg überhaupt geschrieben hat. Zufällig trifft das, was ich bereits über die Notwendigkeit einer »vollen- deten Aufführung« des »Kammerkonzerts« gesagt habe, auch für die »Drei Stücke für Orchester« zu. Sie erfordern das strikteste »freie Rubato«, andernfalls mißlingen sie vollkom- men.

Man muß die »Drei Stücke« als ein Ganzes sehen. Sie sind ein dramatisches Ganzes, und alle drei sind thematisch mitein- ander verwandt (z. B. die glänzende Wiederkehr des »Prälu- dium«-Themas im »Marsch«). Ebenso ist die Form jedes ein- zelnen Stückes dramatisch. Meiner Beurteilung nach ist von allen drei Stücken das »Präludium« in Konzeption und Ver- wirklichung das vollkommenste. Die Form steigt und fällt und ist, ohne sich zu wiederholen, rund. Das Schlagzeug steht am Anfang und am Ende; die ersten Noten der Pauke sind bereits thematisch. Flöte und Fagott stellen dann das rhythmische

Hauptthema auf, gewissermaßen als Vorbereitung für die Alt-
posaune, einer der prächtigsten Klänge, die man von Berg oder
von anderen je im Orchester gehört hat.

Bergs orchestrale Vorstellung sowie seine orchestrale Kunst-
fertigkeit sind phänomenal, besonders wenn er Orchester-
blöcke (ich verstehe darunter das Ausbalancieren des ganzen
Orchesters auf mehrere polyphone Ebenen) errichtet. Eines
der bemerkenswertesten Geräusche, die er sich je ausgedacht
hat, ist bei Takt 89 im »Reigen«, doch gibt es noch andere
auffallende klangvolle Erfindungen, so der Einsatz der Tuba
im 115. Takt des »Reigens«, Takt 49 im »Präludium« und Takt
144 im »Marsch«.

Eine Photographie mit Berg und Webern hängt bei mir an
der Wand. Sie stammt ungefähr aus der Entstehungszeit der
»Drei Orchesterstücke«. Berg ist groß, vollkommen gelöst, fast
zu schön; sein Blick ist nach draußen gerichtet. Webern dage-
gen ist klein, starr, kurzsichtig zum Boden blickend. Berg
offenbart sich selbst durch seine wallende Künstlerkrawatte;
Webern trägt schmutzige Bauernschuhe – was mir etwas sehr
Tiefgründiges enthüllt. Schaue ich auf die Photographie, so
werde ich sofort daran erinnert, daß beide Menschen nur
wenige Jahre nach dieser Aufnahme vorzeitig eines tragischen
Todes sterben mußten, nach Jahren der Armut, musikalischer
Vernachlässigung und schließlich der musikalischen Verban-
nung im eigenen Land. Ich sehe Webern mit ruhigem Blick zu
den Bergen auf dem Friedhof von Mittersill stehen, den er, laut
seiner Tochter, in den letzten Monaten häufig besuchte und auf
dem er auch später begraben wurde; und ich sehe Berg, der in
den letzten Monaten ahnte, daß seine Krankheit tödlich sein
könnte. Ich vergleiche das Schicksal dieser Menschen, die nicht
auf einen Anspruch der Welt achteten und die eine Musik
schufen, durch die unser halbes Jahrhundert in Erinnerung
bleiben wird, im Vergleich zu den »Karrieren« von Dirigenten,
Pianisten und Geigern, alles nichtige Auswüchse! Dann richtet
diese Photographie von zwei großen Musikern, von zwei
echten Geistern, beides herrliche Menschen, mein auf dem
tiefsten Punkt stehendes Gerechtigkeitsgefühl wieder auf.

(Zwei Jahre später)

Haben Sie seither Ihre Ansicht über **Webern** irgendwie geändert?

Nein. Webern ist der Entdecker eines neuen Abstands zwischen dem musikalischen Objekt und uns, und damit eines neuen Maßes der musikalischen Zeit – schon dadurch ist er für uns äußerst wichtig. Weberns Bedeutung wird heute sogar von den großen Pultvirtuosen erkannt. Ein berühmter Dirigent, der neulich eines der beiden einzigen Werke Weberns, die als einigermaßen verständlich gelten, aufführte, ließ sich in einem Interview zu der Bemerkung herab, »Webern hat einen Einfluß auf die Musik« – eine Feststellung, die sich in der Politik etwa mit Eisenhowers Endeckung, daß es in China Kommunisten gibt, vergleichen läßt.

Wir können nun Webern auch als Persönlichkeit besser erkennen, seitdem seine Briefe an Berg, Humplik und Jone veröffentlicht sind. Der Webern dieser Briefe ist vor allem tief religiös, und zwar nicht nur im rituellen und institutionellen Sinn (es ist immerhin merkwürdig, daß er die sechs Sätze seiner zweiten Kantate mit einem Kyrie, einem Gloria, einem Credo, einem Benedictus, einem Sanctus und einem Agnus Dei vergleicht), sondern auch in der schlichten Frömmigkeit gegenüber allem Wesen, das ihm als Idee Gottes galt (eine Blume, ein Berg, »Schweigen«). Musik ist ihm ein Mysterium, etwas Wunderbares, das keiner Erklärung bedarf. Dabei gibt es für ihn nichts Sinnvolles außerhalb der Musik. Er steht vor dem Parthenonfries und bewundert die »Konzeption« des Bildhauers, die er mit seiner eigenen »Kompositionsmethode« vergleicht: ». . . immer dasselbe in tausendfältiger Erscheinung« (in einem andern Brief: ». . . während ich diesen Sinn – und er bleibt ewig der gleiche – mit unseren Mitteln zu erfüllen trachte«). Darüber hinaus versucht er nie etwas zu erklären, und in einem Brief gesteht er sogar, wie sehr es ihn plage, wenn er etwas erklären sollte: »Unterrichten ist mir zeitweise eine Tortur.«

Er gleicht darin einem Dorfpfarrer, daß seine Welt nicht über sein Dorf hinausreicht – wahrhaftig eine Welt, die von der meinigen eine Million Meilen entfernt scheint. Auch seine Art, sich zu geben, war ganz »villageois« und . . . priesterlich. Der

Fachjargon über technische Fragen ist seinem Vokabular fremd (an Berg: »Kunst muß einfach sein«), und er kümmert sich nicht um Ästhetik (».. . habe ich nie verstanden, was ›klassisch‹, ›romantisch‹ und dergleichen ist«). Er ist grenzenlos geduldig; natürlich scheut er keinerlei Mühe, dabei ist Komponieren für ihn das Natürlichste von der Welt. (Daß ihm seine Musik schreckliche Geburtswehen verursacht hat, steht für mich außer Zweifel. Die wenigen Notenbeispiele in seinen Briefen zeigen, wie intensiv ihn bei seinen späteren Werken die Beziehungen der Notenwerte zur musikalischen Substanz – und Tempo, Metrum, Schlag – beschäftigt haben, und allein schon dieses Problem ihn dazu veranlaßte, dasselbe mehrfach umzuschreiben.)

Er hat nicht das Herz eines Revolutionärs – die Musiktradition, in die er hineingeboren ist, nimmt er kritiklos hin, und er betrachtet sich keineswegs als ein Neuerer. Er war das, was er war, ganz fern vom sogenannten Zeitgeist. Dieser Webern wird den »Webernisten« nicht passen. Sie werden erröten über die »Naivität« und den »Provinzialismus« ihres Meisters. Sie werden seine Blöße verdecken und ihren Blick abwenden. Und mit diesem Wegsehen wird eine Reaktion gegen seine Musik einsetzen (zugunsten von Berg; allenthalben heißt es jetzt, Weberns Reihen seien zu symmetrisch, in seiner Musik sei das Zwölftonprinzip zu auffällig, und man sagt: »la structure sérielle chez Berg est plus cachée«). Aber für mich ist Bergs Musik im Vergleich zu der von Webern wie eine alte Dame, von der man sagt: »Wie schön muß sie gewesen sein, als sie jung war.« Webern war zu original – d. h. zu rein nur er selbst. Natürlich mußte alle Welt ihn nachahmen, natürlich ist sie daran gescheitert, natürlich soll Webern an ihrem Mißerfolg schuld sein. Aber das spielt keine Rolle. Die verzweifelten Kunstgriffe der Musik, die heute vielfach seinem Namen aufgebürdet werden, können weder seine Kraft beeinträchtigen noch seine Vollendung überschatten. Er ist ein fortwährendes Pfingstfest für alle, die an Musik glauben.

Kannten Sie **Bartók** persönlich?

Ich traf ihn wenigstens zweimal in meinem Leben, einmal in den zwanziger Jahren in London, später, Anfang der vierziger Jahre, in New York. Beide Male hatte ich keine Gelegenheit, ihn näher kennenzulernen. Ich wußte, daß er ein bedeutender Musiker war, hatte erstaunliche Dinge über die Sensibilität seines Gehörs erfahren und beugte mich zutiefst vor seiner Religiosität. Jedoch konnte ich nie seine lebenslängliche Vorliebe für die ungarische Folklore teilen. Diese Hingabe war gewiß echt und rührend, aber ich konnte nicht umhin, den großen Musiker zu bedauern. Sein Tod in wirklicher Not erschien mir stets als eine der Tragödien unserer Gesellschaftsordnung.

Allerlei über Musik

Welches Werk eines Komponisten der jüngeren Generation hat Sie am meisten beeindruckt?

»Le Marteau sans Maître« von Pierre Boulez. Der Durchschnittsmusiker hat Mühe, Komponisten wie Boulez und Stockhausen zu beurteilen, da er ihre Wurzeln nicht sieht. Diese Komponisten sind bereits als fertige Persönlichkeiten an die Öffentlichkeit getreten. Weberns Ursprung beispielsweise verfolgen wir bis in die musikalischen Traditionen des 19. Jahrhunderts und früheren Epochen zurück. Aber der Durchschnittsmusiker kennt Webern nicht. Er fragt etwa: »Was für eine Musik würden Boulez und Stockhausen schreiben, wenn man sie aufforderte, tonal zu komponieren?« Es wird beträchtliche Zeit dauern, bevor man die Bedeutung des »Marteau sans Maître« erkennt. Einstweilen werde ich meine Bewunderung dafür nicht erläutern, sondern Gertrude Steins Antwort auf die Frage, warum sie Picassos Bilder liebe – «Es macht mir Freude, sie anzuschauen« – so variieren: »Es macht mir Freude, Boulez anzuhören.«

Was »hören« Sie wirklich vertikal bei einer Musik wie den Strophes oder dem *Marteau sans Maître* von Boulez?

»Hören« ist ein sehr kompliziertes Wort. Im rein akustischen Sinne höre ich alles, was gespielt wird oder tönt. Auch in anderem Sinne werde ich alles gewahr, was gespielt wird. In Wirklichkeit meinen Sie aber, was für tonale Beziehungen ich bewußt höre, was mein Ohr analysiert, und ob es die Tonhöhen der einzelnen Töne filtert?

Ihre Frage besagt, daß Sie noch danach trachten, die Töne in eine tonale Verbindung zu bringen. Die Tatsache, daß Sie nach einer »Tonart« suchen, ermächtigt Sie zu dieser Handlungsweise (wie Hardys Jude, der sich einbildete, daß Griechisch nur eine verschiedene Aussprache des Englischen sei). Doch alles, was das Ohr in diesem Sinne gewahr werden kann, ist Dichte (niemand unter dreißig, und nur vereinzelte vorsintflutliche Menschen über dreißig, wie ich, benützen noch das Wort »Harmonie«; dafür sagt man »Dichte«). Und die Dichte ist zu einer streng seriellen Angelegenheit geworden, ein Element, das, wie jedes andere, variiert und permutiert werden kann. Entsprechend dem eigenen System kann man in vertikaler Anhäufung von zwei bis zwölf Tönen auffassen (ist das mathematisch? Natürlich ist es das, nur komponiert der Komponist die Mathematik).

Dies alles geht zurück auf Webern, der das ganze Problem der variablen Dichte verstand (eine so bemerkenswerte Tatsache, daß ich gerne wissen möchte, ob Webern selbst wußte, wer Webern war). Aber die Frage des harmonischen Hörens ist natürlich eine viel ältere. Jeder gewöhnliche Zuhörer (wenn es irgendein solch ungewöhnliches Geschöpf gibt) geriet beim harmonischen Hören der Musik der Wiener Schule, von etwa 1909 an – bei der »Erwartung« zum Beispiel –, in Verlegenheit. Er hört all die Töne akustisch, kann aber ihre harmonische Struktur nicht analysieren. Der Grund ist natürlich, daß diese Musik nicht in derselben Art harmonisch ist (was die Schallplattenaufnahme der »Erwartung« betrifft, so gibt es auch noch einen anderen Grund: Der Vokalpart ist die meiste Zeit falsch intoniert).

Höre ich die akkordliche Struktur dieser nichtharmonischen Baßakkorde? Es ist schwer, genau zu sagen, was ich höre. Erstens ist es eine Frage der Praxis (inzwischen ist es vielleicht nicht mehr ganz eine Frage der Praxis). Aber wie auch immer die Grenzen des Hörens und des Bewußtwerdens sein mögen, ich möchte sie lieber nicht definieren müssen. Wir hören bereits sehr viel mehr bei der Harmonie dieser im nichttonalen System geschriebenen, harmonischen Kompositionen. Zum Beispiel höre ich nun den ganzen ersten Satz von Weberns Symphonie tonal (und nicht nur die berühmte c-moll-Stelle), und, vom melodischen Standpunkt aus gesehen, glaube ich, daß ihn heute jeder nahezu tonal hört. Auch sind junge Menschen, die mit dieser Musik geboren sind, fähig mehr davon zu hören als wir.

Die Musik von Boulez? Teile des »Marteau sans Maître« sind ohne Schwierigkeiten aufzunehmen; z. B. der Satz »bourreaux de solitude«, der dem ersten Satz von Weberns Symphonie ähnlich ist. Bei einem Stück wie »après l'artisanat furieux« jedoch folgt man der Linie eines einzelnen Instruments und ist zufrieden, die anderen »gewahr zu werden«. Vielleicht wird man später mit der zweiten oder dritten Linie vertraut, doch soll man nicht versuchen, sie in tonal-harmonischem Sinne zu hören. Was ist »gewahr werden«? Die Instrumentalisten stellen oft die Frage: »Wenn wir dieses oder jenes Stückchen weglassen, wer merkt das schon?« Die Antwort lautet: Man merkt es schon.

Viele Leute sind heute oft zu schnell dabei, einen Komponisten zu verdammen, »daß er nicht in der Lage sei, zu hören, was er geschrieben hat«. In der Tat, ist es ein wirklicher Komponist, so hört er immer, wenigstens durch Kalkulation, alles, was er schreibt. Tallis errechnete die vierzig Teile seines »Spem in alium«, er hörte sie nicht; und selbst bei zwölfstimmiger Polyphonie wie bei Orlando hören wir vertikal nur vierstimmige Musik. Ich möchte auch gerne wissen, ob bei der komplizierten Polyphonie der Renaissance die Sänger wußten, wo sie in Beziehung zueinander standen – was wiederum zeigt, wie gut ihre rhythmische Ausbildung gewesen sein muß, um so unabhängig zu bleiben.

Was betrachten Sie als die hauptsächlichsten Aufführungsprobleme Ihrer Musik?

Der Kardinalpunkt ist das Tempo. Meine Werke können fast alles überstehen, nur kein falsches oder unsicheres Tempo (um Ihrer nächsten Frage zuvorzukommen: ja, ein Tempo kann zwar metronomisch falsch, im Geiste aber richtig sein, obwohl augenscheinlich dabei der metronomische Spielraum nicht sehr groß sein kann). Das gilt natürlich nicht nur für meine Musik. Was hilft es, wenn die Triller, die Ornamentik und die Instrumente selbst bei der Aufführung eines Bach-Konzerts korrekt sind, solange das Tempo sinnwidrig ist?

Ich habe oft gesagt, daß meine Werke »gelesen«, »ausgeführt«, aber nicht »interpretiert« werden sollen. Ich sage es noch immer, denn ich finde nichts in ihnen, was eine Interpretation erfordern würde (ich versuche, unbescheiden zu sprechen, nicht bescheiden). Aber Sie werden einwenden, daß stilistische Fragen in meiner Musik durch die Notation nicht endgültig angegeben sind; mein Stil erfordert Interpretation. Dies ist wahr, und es ist auch der Grund, warum ich meine Schallplattenaufnahmen als unerläßliche Ergänzungen zu den gedruckten Noten betrachte. Doch ist dies nicht die Art »Interpretation«, die meine Kritiker meinen. Was sie gerne wissen möchten, ist zum Beispiel, ob die repetierten Töne der Baßklarinette am Ende des ersten Satzes meiner Symphonie in drei Sätzen als »Gelächter« interpretiert werden können. Zufällig stimmt es, ich bin damit einverstanden, es ist als »Gelächter« gemeint; doch welchen Unterschied könnte dies für den Ausführenden machen? Noten sind immer unfaßbar, sie sind noch immer nicht Symbole für irgend etwas, sondern für Musik.

Das stilistische Aufführungsproblem in meiner Musik ist ein Problem der Artikulation und der rhythmischen Diktion. Die Nuance hängt von diesen ab. Artikulation ist hauptsächlich Trennung. Ich kann kein besseres Beispiel geben für das, was ich damit meine, als den Leser auf die Schallplattenaufnahme dreier Gedichte von W. B. Yeats hinzuweisen. Yeats pausiert am Ende jeder Zeile, er verweilt eine genaue Zeit auf und zwischen jedem Wort – man könnte seine Verse ebenso leicht in musikalischen Rhythmen notieren wie in dichterischen Metren skandieren.

Fünfzig Jahre lang habe ich mich bemüht, den Musikern beizubringen, für ♩ in gewissen stilistisch bedingten Fällen sf ♪ ♪ ♪ ♪ zu spielen. Auch habe ich sie mit viel Mühe gelehrt, die synkopierten Noten zu akzentuieren und dies durch vorheriges Phrasieren zu erreichen (die deutschen Orchester sind dazu genau so unfähig, wie die Japaner nicht in der Lage sind, ein »l« auszusprechen). Bei Aufführungen meiner Musik nehmen solch simple Fragen wie diese die Hälfte meiner Probenzeit weg: Wann werden die Musiker lernen, die hineingebundene Note aufzugeben, sich von ihr wegzuheben und nachher bei den Sechzehntel-Noten nicht zu eilen? Dies sind elementare Dinge, doch befindet sich das Solfeggio noch immer auf einer Anfangsstufe. Und warum sollte Solfeggio überhaupt gelehrt werden, wenn es als eine vom Stil getrennte Sache gelehrt wird? Werden nicht deswegen Mozart-Konzerte so gespielt, als wären sie Tschaikowsky-Konzerte?

Das Hauptproblem von Aufführungen zeitgenössischer Musik ist rhythmischer Art. Ein Werk wie Dallapiccolas »Cinque Canti« enthält keine Intervallprobleme und keine Probleme der instrumentalen Technik (seine Kreuzformen in der Art von George Herbert sind Probleme für die Augen, den Ohren jedoch bieten sie keine Schwierigkeiten; musikalisch geformte Kreuze hört man nicht). Die Schwierigkeiten sind ausschließlich rhythmischer Art, und der Durchschnittsmusiker muß ein solches Stück Takt für Takt lernen. Er ist noch nicht über »Le Sacre du Printemps« hinausgekommen, wenn er überhaupt so weit ist. Er kann nicht einmal einfache Triolen spielen, geschweige denn Unterteilungen davon. Schwierige zeitgenössische Musik müßte in den Schulen studiert werden, selbst wenn auch nur als Leseübungen.

Ich als Dirigent? Nun, die Kritiker haben mir seit vierzig Jahren diese Fähigkeit abgesprochen, trotz meiner Schallplattenaufnahmen, trotzdem ich besonders dafür qualifiziert bin, weil ich weiß, was der Komponist will, und trotzdem ich vielleicht tausendmal größere Erfahrung beim Dirigieren meiner Musik habe als sonst jemand. Vor zwei Jahren bezeichnete die »Time« meine Aufführung des Canticum Sacrum in der Markuskirche als »Mord im Dom«. Nun, ich habe nichts dagegen einzuwenden, daß meine Musik vor Gericht gestellt wird; will ich meine Stellung als vielversprechender junger Komponist aufrechterhalten, so muß ich das akzeptieren. Aber wie könnte die »Time« oder sonst irgend jemand wissen, ob ich ein Werk, das nur ich allein kenne, gut oder schlecht dirigiert habe? (Kurz nach dieser Episode mit der »Time« war ich in London bei Mr. Eliot zum Tee eingeladen. Durch eine Geschichte von ihm dazu gezwickt, fragte meine Frau diesen freundlichsten, weisesten und vornehmsten aller Männer, ob er wisse, was er mit mir gemein hätte. Mr. Eliot prüfte seine Nase; er betrachtete mich, dachte dann über sich selbst nach, groß, gekrümmt und mit amerikanischer Haltung; er dachte über die möglichen Gemeinsamkeiten unserer Künste nach. Als meine Frau dann »Mord im Dom« nannte, wurde der große Dichter so aus der Fassung gebracht und gab mir zu verstehen, daß er lieber dieses Opus theatricum nicht geschrieben hätte, als daß sein Titel zu einer Beleidigung gegen mich benützt würde.)

Wie kamen Sie dazu, die Melodie *Jambe en bois* in *Petruschka* zu verwenden?

Ein Leierkasten spielte sie jeden Nachmittag unter meinem Fenster in Beaulieu (bei Nizza), und da mir die Melodie gerade passend schien für die Szene, an der ich arbeitete, habe ich sie übernommen. Ich dachte nicht daran, daß der Komponist noch leben oder die Musik urheberrechtlich geschützt sein könnte, und Maurice Delage, der mir damals Gesellschaft leistete, meinte, es müsse sich um eine »sehr alte« Weise handeln. Aber einige Monate nach der Uraufführung wurde Diaghilew davon unterrichtet, die Melodie stamme von einem Mister Spencer, einem noch sehr lebendigen, in Frankreich wohnenden Herrn. So geht denn seit 1911 ein Anteil der Tantièmen für »Petruschka« an Mr. Spencer oder seine Erben. Ich erwähne dies nicht, um mich zu beklagen; denn es ist ganz in Ordnung, wenn ich für die Benutzung dessen bezahle, was einem andern gehört. Hingegen scheint es mir nicht fair, daß ich von allen Einnahmen aus Konzertaufführungen von »Petruschka«, selbst aus der Aufführung einzelner Teile wie dem »Russischen Tanz«, ein Sechstel dem Mitverfasser des Szenariums abliefern muß.

Die Ungerechtigkeiten, die beim Schutz oder Nichtschutz der Urheberrechte passiert sind, würden meine Lebensgeschichte um ein kompliziertes Kapitel bereichern und auch eine neue Beurteilung eines Teils meiner kompositorischen Tätigkeit erfordern. Wer da glaubt, meine Werke machten mich reich, vergißt, daß alles, was ich vor 1931 schrieb – 1934 wurde ich Franzose, und dies verschaffte mir auch für die drei vorangehenden Jahre das mit meiner neuen Staatsangehörigkeit verbundene Urheberrecht – in den Vereinigten Staaten ungeschützt war und es auch heute noch ist, haben doch weder die USA noch die Sowjetunion die Berner Konvention unterzeichnet. So erhalte ich keine Aufführungstantièmen von »Feuervogel«, der mich als eines der meistgespielten Musikwerke unseres Jahrhunderts zum »Millionär« gemacht hätte – wenn ich auch im Interesse meines Seelenheils keineswegs solche Ambitionen habe.

Der »Feuervogel«, »Petruschka« und »Le Sacre du Printemps« wurden in den USA während der letzten 35 Jahre nach Belieben geplündert und konnten frei aufgeführt werden. Ich versuchte, die Musik, die ich nach diesen drei Balletten schrieb, dadurch zu schützen, daß ein Amerikaner als Herausgeber genannt wurde – ein demütigender Notbehelf, obwohl Albert Spalding, der seinen Namen liebenswürdigerweise zur Verfügung stellte, offensichtlich kein Bearbeiter war. Diese Kriegslist schützte jedoch nur jene weniger oft gespielten Werke der zwanziger Jahre, deren Nachdruck sich für die Piraten nicht lohnte.

Als ich 1945 Bürger der USA wurde, machte ich von fast allen Kompositionen, die vor 1931 entstanden sind, neue Bearbeitungen. Diese Fassungen variieren von einer gänzlichen Umarbeitung wie bei »Petruschka« und den »Symphonies of Wind Instruments« bis zur bloßen Berichtigung von Druckfehlern, wie bei »Capriccio« und der »Psalmensymphonie«. Aber die drei erfolgreichen und einträglichen frühen Ballette werden immer noch weit häufiger nach den alten unautorisierten Nachdrucken gespielt.

Es gibt folgende nette Geschichte von Schönberg und einem seiner frühen Werke, das ebenfalls nicht geschützt war: Jemand schlug ihm vor, die Partitur etwas zu ändern, indem er beispielsweise eine halbe Note in zwei gebundene Viertel umschrieb, so daß das ganze als Neufassung in den Genuß des Copyright käme. Schönbergs Antwort: Ich kann gar nichts ändern, es ist bereits vollkommen.

Der Fall »Jambe en bois« hätte sich später für mich wiederholen können mit der Melodie »Happy Birthday« in »Greetings Prelude«; dieses Werk entstand 1956 zum 80. Geburtstag von Pierre Monteux, war aber schon 1950 für eine andere, unaufgeführt gebliebene Komposition skizziert worden. Ich muß der Meinung gewesen sein, die Melodie gehöre zum musikalischen Volksgut und ihre Herkunft sei auf jeden Fall nicht mehr feststellbar. Wie es sich dann herausstellte, war der Komponist noch am Leben, verzichtete aber liebenswürdigerweise auf eine Entschädigung.

Wie weit haben Sie in Ihren russischen Werken, besonders in *Renard* und *Les Noces*, Motive aus der Volksmusik benutzt?

Im »Renard« habe ich mit Bewußtsein überhaupt keine volkstümlichen Melodien verwendet, und in »Les Noces« ist nur ein Thema aus einer Vorlage abgeleitet:

es handelt sich aber bei diesem weniger um ein Volkslied als um einen Gesang der Arbeiter, eine Proletariermelodie. Das Motiv wurde mir übrigens von meinem Freund Stepan Mitusow mitgeteilt, und zwar mindestens zehn Jahre, bevor ich davon im letzten Bild von »Les Noces« Gebrauch machte. Ich kannte natürlich die ausgezeichneten Sammlungen russischer Volkslieder von Tschaikowsky und von Liadow und die mehr oder weniger gute von Rimsky-Korsakow, und wenn ich bei diesem musikalischen Volksgut auch keine direkten Anleihen machte, so hat es mich doch zweifellos beeinflußt. Das Lied »Down St. Peter's Road« in »Petruschka« (St. Petersburg hieß auf dem Lande kurzweg »Peter« – »Gehst du zu Peter?«) stammt aus der Sammlung von Tschaikowsky. Auch im »Feuervogel« kommen drei volkstümliche Melodien vor, nämlich die beiden »Khorowod«-Themen

und

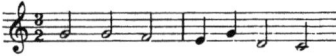

und das Thema des Finale

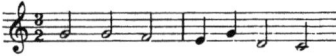

das im Original einen punktierten Rhythmus hat. Es ist mir entfallen, welche der drei Sammlungen ich in diesen Fällen benutzt habe.

Im »Sacre du Printemps« geht nur die einleitende Fagottmelodie auf musikalisches Volksgut zurück, und zwar auf eine – damals neue – Anthologie litauischer Volksweisen, die mir in Warschau in die Hände gekommen war; das Motiv ist also nicht von Borodin oder Cui, wie man schon vermutet hat. Dagegen habe ich in keinem meiner russischen Lieder – »Pribaoutki«, »Vier russische Lieder«, »Berceuses du Chat« – Anleihen an Volkslieder gemacht, und wenn das eine oder andere doch so klingt, so geschieht es wohl nur deshalb, weil beim schöpferischen Vorgang irgendwelche im Unterbewußtsein schlummernden Erinnerungen angerührt wurden; aber in *jedem dieser Fälle wurde die Musik durch die Worte und Silben des Textes bestimmt. Auch die Melodie der »Balalaika« in meinen »Pièces Faciles« stammt von mir selbst, wenn sie auch wie ein Volkslied tönt. In einem meiner andern Werke, freilich keinem »russischen« und deshalb nicht zur gleichen Kategorie gehörend, habe ich reichlich Volksmusik verwendet, nämlich in den »Vier norwegischen Impressionen« (Norwegian Moods): alle Themen sind hier einer Sammlung norwegischer Volksweisen entnommen, die meine Frau bei einem Buchantiquar in Los Angeles aufgestöbert hatte – sie stammen also nicht von Grieg, wie einige Autoren meinten.*

Was ist eine gute Instrumentation?

Wenn man nicht merkt, daß es eine Instrumentation ist. Das Wort selbst ist eine Glosse. Es täuscht vor, daß man Musik zuerst komponiert und dann orchestriert. Dies stimmt tatsächlich insofern, als die einzigen Komponisten, die Instrumentatoren sein können, diejenigen sind, welche Klaviermusik schreiben, um sie nachher für Orchester zu transkribieren. Das mag bei einer Anzahl von Komponisten heute noch üblich sein, wenn ich danach urteile, wie oft ich um meine Meinung gefragt wurde, welches Instrument ich für Passagen, die der Komponist mir am Klavier vorspielte, am besten geeignet halte. Wie man weiß, ist wirkliche Klaviermusik (und das ist es, was diese Komponisten gewöhnlich spielen) am schwersten zu instrumentieren. Selbst Schönberg, der immer ein Meister der Instrumentation war (vom ersten Lied in op. 22 bis zur Oper »Von heute auf morgen« könnte man eine sehr nützliche Anthologie instrumentaler Praxis in seiner Musik mit ihrem außerordentlichen Schlagzeug, dem Klavier und der Mandoline machen), selbst Schönberg strauchelte bei dem Versuch, Klavier-Arpeggien von Brahms für Orchester zu übertragen.

Es ist überhaupt kein gutes Zeichen, wenn man die Instrumentation eines Werkes als erstes bemerkt: die Komponisten, bei denen wir dies zuerst bemerken – Berlioz, Rimsky-Korsakow, Ravel – sind nicht die besten Komponisten. Beethoven, der größte orchestrale Meister von allen (in unserem Sinne), wird selten wegen seiner Instrumentation gepriesen; seine Symphonien sind in jeder Hinsicht zu gute Musik dafür, und das Orchester ist ein viel zu integraler Teil von ihnen. Wie albern klingt es, wenn man von dem Trio des Scherzos in der Achten Symphonie sagt: »Welche herrliche Instrumentation« *– dennoch, welch ein unvergleichlicher instrumentaler Gedanke ist es!*

Berlioz' Ruf als Instrumentator schien mir immer höchst verdächtig. Ich wuchs mit seiner Musik auf. Im St. Petersburg meiner Studentenjahre wurde sie ebensoviel wie sonst irgendwo auf der Welt gespielt, so daß ich dies zu allen literarisch gesonnenen Leuten, die für die Blüte seiner Musik verantwortlich sind, zu sagen wage. Selbstverständlich war er ein großer Neuerer, und er hatte auch eine vollkommene Vorstellung von jedem neuen Instrument, das er verwendete, ebenso wie er auch seine Technik kannte. Doch war die Musik, die er zu instrumentieren hatte, oftmals, harmonisch gesehen, armselig konstruiert. Keine noch so orchestrale Geschicklichkeit kann die Tatsache verbergen, daß die Bässe bei Berlioz manchmal unsicher und die inneren harmonischen Stimmen unklar sind. Das Problem der orchestralen Verteilung ist deswegen unübersteigbar, und das Gleichgewicht wird oberflächlich durch die Dynamik reguliert. Das ist zum Teil der Grund, warum ich den kleinen Berlioz dem grandiosen vorziehe.

Viele Komponisten vergegenwärtigen sich noch immer nicht, daß unser Hauptinstrumentalkörper heute, das Symphonieorchester, die Schöpfung der harmonischen, dreiklängigen Musik ist. Sie scheinen nicht zu bemerken, daß das Anwachsen der Holzbläser-Besetzung von zwei auf drei, auf vier, auf fünf, eine Art Parallele zu dem harmonischen Anwachsen bildet. Es ist äußerst schwierig, für diesen harmonischen Körper polyphon zu schreiben, weshalb Schönberg in seinen polyphonen Variationen gezwungen war, die Linie zu verdoppeln, zu verdreifachen und zu vervierfachen. Auch der Baß in den Variationen ist akustisch und harmonisch äußerst schwierig herauszubringen, weil er lediglich die unterste Linie ist und keinen baßhaften Charakter hat.

Ist das Standardorchester vielleicht auch noch nicht ein Anachronismus, so kann es doch nicht länger normal benützt werden, außer von anachronistischen Komponisten. Fortschritte in der instrumentalen Technik modifizieren auch die Verwendung des Orchesters. Wir komponieren heute alle für Soloinstrumente, und instrumentale Quellen werden noch immer entdeckt. Zum Beispiel bestanden die Harfenstimmen *bis zu Ravel meistens aus Glissandi oder Akkorden. Die Harfe kann massenhaft glissandieren und arpeggieren, aber so wie ich sie in meiner Symphonie in drei Sätzen verwendet habe, kann sie nicht en masse spielen. Und ein anderes Beispiel: wir sind gerade dabei, den orchestralen Gebrauch der Flageolette zu entdecken, besonders die des Kontrabasses (zufällig einer meiner Lieblingsklänge; strafft man die Kehle und öffnet man den Mund einen halben Zoll, so daß die Haut des Halses zum Trommelfell wird; schnellt man dann mit dem Finger dagegen, so entsteht der Klang, den ich meine).*

Welche Instrumente ich gerne habe? Ich wünschte, es gäbe mehr gute Spieler für Baßklarinette und Kontrabaßklarinette, für die Altposaune (meine Threni und Bergs Altenberg-Lieder), für Gitarre, für Mandoline und für das Cymbal. Habe ich eine Abneigung gegen irgendwelche Instrumente? Nun, die zwei auffallendsten Instrumente des Lulu-Orchesters, das Vibraphon und Altsaxophon, habe ich nicht so gerne. Doch gestehe ich, daß das Vibraphon erstaunliche kontrapunktische Fähigkeiten besitzt. Das jugendlich-verbrecherische Wesen des Saxophons, das über die ungeheure Dekadenz der Lulu ausströmt, ist der wirkliche Kern der Faszination dieser Oper.

Werden Sie von irgendwelchen neuen Instrumenten gefesselt – seien es elektrische, orientalische, exotische oder die des Jazz?

Natürlich fesseln mich viele Instrumente, die nicht zu den herkömmlichen Orchesterinstrumenten gehören, besonders Schlaginstrumente. Aber auch Saiteninstrumente, wie z. B. jenes japanische, das ich in Los Angeles gehört habe, und dessen Stege beim Spielen bewegt werden. Wir wollen auch nicht die Tatsache vergessen, daß Instrumente des traditionellen Symphonieorchesters, wie Trompete und Posaune, nicht dieselben sind, wenn sie von Jazzmusikern gespielt werden. Letztere beweisen eine größere Varietät in der Artikulation und Klangfarbe. Auf einigen Instrumenten, z. B. auf der Trompete, scheinen sie in höheren Lagen heimischer zu sein als die Musiker der Symphonieorchester – man denke nur an die hohen Lippentriller des Jazztrompeters.

Wir vernachlässigen nicht nur Instrumente anderer Völker, sondern auch jene, für die unser größter europäischer Kompo-

nist geschrieben hat. Aus diesem Grund werden Bachs Kanta-
ten, die den Mittelpunkt unseres Repertoires bilden sollten
(wenn wir überhaupt ein Repertoire haben müssen), verhält-
nismäßig wenig aufgeführt. Wir haben einfach nicht die Instru-
mente für diese Werke. Wo wir heute nur noch einzelne Instru-
mente kennen, standen Bach ganze Familien zur Verfügung:
die Familien der Trompeten, Posaunen und Oboen sowie
Familien aller Streichinstrumente. Wir besitzen Vereinfachun-
gen und größere Resonanz: hatte er die Laute, vielleicht das
vollkommenste und sicherlich das persönlichste aller Instru-
mente, so haben wir die Gitarre. Ich selbst ziehe Bachs Streich-
orchester mit seinen Gamben, seiner Violine und dem Piccolo-
cello unserem gewohnten Streichquartett vor, dessen Cello
nicht zur selben Familie wie Bratsche und Baß gehört. Wären
Oboe d'amore und Oboe da caccia noch allgemein verbreitet,
so würde ich für sie komponieren. Wie unvergleichlich ist
Bachs instrumentale Schreibweise. In seinen Geigenpartien
kann man das Harz riechen, in seinen Oboenstellen das Rohr
schmecken.

Sehen Sie irgendwelche Ähnlichkeit zwischen den jetzigen
»revolutionären« (Nachkriegs-) Jahren des »Suchens« auf
musikalischem Gebiet und der Zeit vor dem Ersten Weltkrieg? Und wenn ja, sehen Sie dann einen Rückgang dieser
»radikal experimentellen« Bewegung voraus – einen Rückzug
auf feste Formeln (formulation), wie man ihn vielleicht schon
in den späten zwanziger und in den dreißiger Jahren im
Vergleich zur Vorkriegszeit feststellen könnte?

Ich bin kaum in der Lage, eine Entwicklung einzuschätzen, zu
der ich selbst noch beitrage. Es scheint mir heute, als ob die
Jahre unmittelbar vor 1914 die musikalisch reichsten dieses
Jahrhunderts gewesen seien, besonders 1912, denn in dieses
Jahr fallen »Pierrot lunaire«, »Jeux«, die Altenberg-Lieder
und »Le Sacre du Printemps«.
(»Le Sacre du Printemps« wird in der Regel 1913 datiert, war
aber schon ein ganzes Jahr vor der Uraufführung vollendet.)
Die »Altenberg-« oder »Ansichtskartenlieder« (Alban Berg)
gehören, obwohl noch verhältnismäßig wenig bekannt, zu den
vollendetsten Werken dieses Jahrhunderts und halten dem
Vergleich mit jedem Werk von Webern und Schönberg bis zu

jenem Zeitpunkt stand. Nebenbei bemerkt, scheint es mir, daß sie Webern sehr nahe kommen, in der Form wie auch in der Instrumentation, ja selbst – trotz ihres Wagnerismus – in ihrer Empfindsamkeit. Was für feine Stücke sind das doch, besonders die Passacaglia »Hier tropft Schnee leise in Wasserlachen . . .«!

Da ich gegenüber »Jeux« (Debussy) bereits meine Vorbehalte anmeldete – die musikalische Substanz scheint mir zu gering für die musikalische Ausarbeitung –, sollte ich heute wohl eher sagen, warum ich sie hochschätze. Ihre Vorzüge sind französisch, vielleicht sogar besonders französisch, und sie sind neu. Der Einfluß des Werkes auf Boulez ist deshalb wohl verständlich – ebenso wie der Mangel an Einfluß auf mich; denn seine schlagfreien, losen Taktstriche sind grundverschieden von meiner rubatoarmen, streng taktbetonten Musik. Und so bin ich auch immer noch versucht, die »Jeux« dekadent zu nennen, wenn auch nur in bezug auf meine eigene Entwicklung.

Auch die Jahre, die unmittelbar auf den Höhepunkt von 1912 folgten, waren herrlich reich und womöglich noch vielgestaltiger, nur könnte man vielleicht von einem Nachlassen an Originalität und explosiver Kraft sprechen, wenigstens gegenüber »Le Sacre« und »Pierrot«. Weberns Lieder mit Instrumenten gehören zu dieser Periode, auch »Wozzeck«, Schönbergs »Serenade« und seine »Fünf Stücke« op. 23, von mir selbst »Renard«, »Noces«, »Soldat« und die »Symphonies of Wind Instruments«. Es war noch eine Zeit des Suchens und Entdeckens. Was Sie den Rückzug auf feste Formeln (formulation) nennen, setzte erst in den späten zwanziger Jahren ein, mit dem Auftreten des sogenannten Neoklassizismus – dem von Schönberg, Hindemith und mir selbst. Während der anderthalb Jahrzehnte von 1930 bis 1945 bewegten sich diese drei »neoklassischen« Schulen immerhin in aufsteigender Richtung, und schon allein die Tatsache, daß man dabei von Schulen spricht, zeigt den Beginn fester Regeln (formulae). Die Schönberg-Schule, oder, wie man sie heute nennt, die Schule der Dodekaphonisten, war bei all ihren großen Verdiensten besessen von dem künstlichen Bedürfnis, jede Andeutung der Dreiklang-»Tonalität« zu verleugnen – was recht schwer zu verwirklichen ist. Und sonderbarerweise war ihre Musik fest verwurzelt in einem höchst schwülstigen und anmutslosen Brahms.

*Was meine eigenen Nachahmer anbelangt, meine »Schule«,
wenn Sie so wollen, war der Haken bei ihnen, daß sie nicht so
sehr meine Musik als das Persönliche in meiner Musik imitier-
ten. Sie wurden bekannt für ihre Rhythmen, ihre Ostinati, ihre
»unerwarteten« Akzente, ihre diatonischen »Linien«, ihre
»Dissonanzen«, und ihre C-dur-, mit einem H oder einem A
gewürzten Schlußakkorde.*

*Die Kennzeichen der Hindemith-Schule waren ihre unauf-
hörlichen ⅛-Tempi, ihre endlosen Quarten und ihre Fugen mit
32 Takte langen Themen.*

*Es gab natürlich noch andere Schulen – die vom Broadway,
die Appalachiasche, die Neoneanderthalsche (Orff), die
»arrière-garde« usw. –, aber jene drei waren die wichtigsten
und bekanntesten.*

*Die drei Schulen waren zu einem gewissen Stillstand gekom-
men, als 1945 mit Kriegsende eine neue Epoche des Suchens
und des Umsturzes einsetzte, und zwar genau mit der Wiederentdeckung der Meisterwerke von 1912, vor allem der Musik
Weberns. Repräsentativ für die ersten Nachkriegsjahre sind die
Kantaten von Boulez. Sie stammen nach Gehalt und Stil von
den Liedern Weberns ab, sind aber anspruchsvoller in der
Faktur. (Mit ihnen verschwindet nun wirklich das Ideal der
dünnen, neoklassischen Linie.) Das bis jetzt einzige wirklich
bedeutende Werk dieser neuen Zeit des Suchens ist Boulez' »Le
Marteau sans Maître« (1954).*

*Die nächste Stufe dieser Entwicklung ist bereits sichtbar: sie
wird musikelektronische Mittel verwenden müssen, akustische
Spiegeleffekte ausnutzen und gesetzte mit improvisierten
Bestandteilen mischen.*

*Doch genug der Wahrsagerei. Ich bin selber Komponist,
und ich muß meinen eigenen Garten bestellen.*

»Strawinsky hat gesagt . . .«

Sie haben bereits erklärt, Meister, daß Sie seit Jahren den
Wunsch hatten, eine Oper in englischer Sprache zu komponieren. Was war das Anziehende, welche Probleme sind
Ihnen in dieser Sprache aufgefallen, die noch als antimusikalisch gilt?

Nachdem ich russische, französische, lateinische Texte kom-
poniert hatte, kam ich dazu, mich für die englische Prosodie zu
interessieren. Und da ich die Sprache kenne, kann man sich
leicht einen Begriff von der Fülle der Probleme machen, vor
deren Lösung ich mich gestellt sah. Nichtsdestoweniger,
warum sollte denn das Englische eine antimusikalische Spra-
che sein? Jede Sache ist so viel wert, als man von ihr zu sein
verlangt. Wenn ich eine klingende, ebenmäßige und süße
Sprache gewollt hätte, würde ich mich natürlich dem Italieni-
schen zugewandt haben. Das Englische hat andere musikali-
sche Quellen. Aber es als antimusikalisch betrachten, ist nichts
anderes, als in einem Vorurteil verharren, das, früher als von
mir, von zwei Jahrhunderten englischer Vokalmusik, dem 17.
und 18. Jahrhundert, und von einem Künstler wie Purcell
widerlegt wird.

Welcher Art Anruf, »provocatio«, kam ihnen aus den Stichen
Hogarths? War er visueller oder logisch-dramatischer Art?

Bühnenmäßiger Art vor allem. In der Kunst Hogarths berührte
mich vor allem der Charakter des Theatermäßigen, der sich
wunderbar auf die Bühne übertragen läßt; ein Charakter, der
sich in jener Neigung zur Erzählung mittels einer Reihe von
Bildern mit einer bestimmten Moral offenbart, die ich wahren
wollte; deshalb habe ich nicht nur den ursprünglichen Titel der
von mir ausgewählten Bilderreihe beibehalten, sondern ich
habe dafür auch die beste italienische Übersetzung gesucht:
»La carriera d'un libertino«. Karriere für »progressa« wahrt
die Ironie Hogarths mehr als »Fortschritt«; denn es ist tatsäch-
lich eine Karriere, allerdings was für eine Art von Karriere.

Aber Hogarth hatte mir noch anderes zu sagen. In ihm habe
ich die Quintessenz jenes eigenartigen englischen Settecento
wiedererkannt, das ich in Musik setzen wollte. Das London
dieser Epoche, welches gar nichts mit Louis XV. zu tun hat, die
Farbe, die Gesellschaft dieser Zeit: lauter Elemente zu einem
musikalischen Gebärdespiel. (Was Auden großartig begriffen
hat, indem er sich altenglischer Redewendungen bediente, auf
die ich meinerseits mit entsprechenden musikalischen Stilmit-
teln antwortete.)

Sind die Änderungen an der Geschichte Hogarths von Ihnen oder von den Textdichtern vorgenommen worden? Wie ging Ihre Zusammenarbeit mit Auden vonstatten?

Nachdem ich in den Stichen Hogarths einmal mein Sujet erkannt hatte, beriet ich mich mit meinem lieben Freund Aldous Huxley über die geeignetste Person, die Aufgabe des Textbuches zu übernehmen. »Auden, niemand besser als er«, erklärte mir Huxley. Ich teilte die Sache dem Verleger Hawkes – von Boosey & Hawkes – mit, der sich begeistert darüber zeigte. Und es begann die Verwirklichung des Projektes. Ich nützte die Anwesenheit Audens in New York und lud ihn telegrafisch ein, zu mir nach Hollywood zu kommen. In einer Woche schrieb er mir den Entwurf der Handlung; auch die Varianten zur Handlung Hogarths sind ihm zuzuschreiben. Er war es ebenfalls, der die Mitarbeit von Kallman vorschlug. Ausmaß und Art dieser Mitarbeit sind mir nicht bekannt. Ich hatte jedoch die Möglichkeit, die Ernsthaftigkeit dieses jungen Mannes schätzen zu lernen, und ich kann mir vorstellen, daß er vor allem seine Theatererfahrung beigetragen hat. In drei Monaten war das Libretto fertig. Sie wissen, welcher Wertschätzung sich Da Ponte mit Recht für sein Textbuch des »Don Giovanni« erfreut. Nun gut, das Ergebnis der Arbeit von Auden und Kallman ist meiner Ansicht nach ebenso gut, wenn nicht besser. Ich kannte bereits das dichterische Werk Audens, und ich bewunderte ihn auch wegen seiner Mitarbeit an gewissen Filmen. Aber diese Bewunderung ist während unserer gemeinsamen Arbeit noch gewachsen. Er ist ein Dichter in des Wortes ursprünglichster Bedeutung, das heißt in dem antiken Sinn der Griechen – Poesie, das heißt to make, das konkrete »Machen«, eher als das unbestimmte »Tun« des to do, heißt Schaffen in der vollen, absoluten Herrschaft der Technik über die Materie. Seine Versifizierung bewährt sich in jeder Hinsicht, so wie bei einer guten Fuge (hier verschränkte Strawinsky die Hände ineinander, kehrte sie um und zeigte dabei die Festigkeit und Biegsamkeit des Griffs). *Man wird die Tugend der »Technik« nie genug loben, man wird nie eindringlich genug darauf dringen, wie wesentlich und entscheidend das Band ist, das sie mit der Kunst verbindet. Statt dessen von Inspiration zu sprechen, ist verdächtig. Es gibt Fehlgeburten von genialen Einfällen, aus Mangel oder Schwäche der Tech-*

nik, nicht umgekehrt. Sehen Sie nach bei den Malern. Monet, Manet, Cézanne, Picasso sind große Maler, weil sie große Handwerker sind. Und was mich betrifft, ich fange mit der Technik an und ende mit der Inspiration.

Dachten Sie von Anfang an an eine Oper von normaler Dauer?

Da muß man sich über das »normal« einigen, denn normal ist auch die »Finta Giardiniera«. Meinen Sie damit eine Oper, die einen ganzen Abend füllt? In diesem Fall kann ich Ihnen sagen, daß ich sie als solche vom ersten Augenblick an geplant habe. Ich wollte ein »très grand bateau« haben.

Können Sie, Meister, ein Motiv oder einen Akkordkeim oder auch den Anfang einer musikalischen Idee benennen, aus dem heraus sich das Werk allmählich entwickelt hat? (Wie z. B. *Le Sacre* vom Akkord der »Augures printaniers«.)

Jede Aufgabe hat die ihr eigenen Lösungen. Für »The Rake« kam mir der erste Einfall vom Gesamtbild, von der klanglichen Dimension her, in der – so verstand ich es von allem Anfang an – die Oper Gestalt annehmen mußte: ein kleines Orchester, wenige Hauptpersonen, ein kleiner Chor. Kurz gesagt »Kammermusik«, so wie – um ein Beispiel zu nennen – »Cosi fan tutte«. Das erklärt, wieso und warum ich besonderen Wert darauf gelegt hatte, daß die Welturaufführung in einem Rahmen erfolge, wie ihn das Teatro Fenice besitzt, anstatt in der Metropolitan, die zuerst die Oper von mir verlangt hatte, oder in der Scala. Nachher kann sie natürlich auch in den größten Theatern aufgeführt werden, und es steht ihr frei, ihren Weg zu machen. Aber ihre Taufe mußte sie in Gemäßheit des Bildes erhalten, nach dem sie geschaffen wurde.

Was die zeitliche Folge der Komposition betrifft, sie war genau die gleiche wie in der Oper. Ich habe mit den ersten Takten begonnen, mit denen sie anfängt – nicht Ouvertüre, nicht »gewichtiges« Vorspiel, sondern einfach in der Bedeutung eines »on va commencer« – die letzten Takte waren die, die sie jetzt auch abschließen.

Was zieht Sie an dem Vorbild der italienisch-mozartischen Opern mit ihrer auf geschlossenen Nummern aufgebauten Struktur an?

Die Oper hat mich immer interessiert, während ich dem Musik-drama keinen Geschmack abgewinne und noch weniger daran glaube. Moussorgsky beispielsweise ist unleugbar ein großer Künstler, aber während ich Glinka und seine Opern bewun-dere, sagt mir »Boris Godunow« gar nichts.

Und der *Pelléas und Mélisande* von Debussy?

Noch weniger. Das Musikdrama kann keine Tradition schaf-fen. Es ist das totale Fehlen der Form. Und: Kunst ohne Kanon hat für mich keinerlei Interesse. On doit toujours se borner, se donner des limites. Was auch Vorbedingung dafür ist, wirklich frei zu sein; man erlangt die Freiheit nicht, wenn man keine Beschränkungen annimmt, wenn man nicht innerhalb fest bestimmter Grenzen arbeitet, zwischen einem Anfang und einem Ende. Das Vage, Unbestimmte ist verdächtig. Schauen wir etwa selbst auf Verdi. Im »Othello« und im »Falstaff«, als er sich auf den Weg des Musikdramas begab, hat er sich selbst verloren; welch bewundernswerte Oper dagegen die »Tra-viata« und vor allem der »Troubadour«. Kein Wunder; in beiden stützt sich die Schönheit auf eine klare musikalische Architektur.

Das ist der katholischen Auffassung der Freiheit sehr ähnlich.

Der römisch-katholischen, gewiß. Aber das ist nicht erstaun-lich. Ich bin in der tiefen Bewunderung des Katholizismus aufgewachsen, wozu mich sowohl meine geistige Erziehung als auch meine Natur gebracht haben (ich bin viel mehr Abendlän-der als dem Osten zugehörig). Die orthodoxe Religion, die ich bekenne, steht im übrigen dem Katholizismus nahe genug. Und es wäre nicht zu verwundern, wenn ich eines Tages katholisch würde.

Um zu Ihrer Kunst zurückzukehren, Meister, es ist doch so, daß die Liebe zur Form Ihre Kunst keineswegs hindert, eine ursprüngliche Ausdruckskraft zu besitzen und zu entwickeln?

Natürlich nicht, nur daß der Ausdruck sich nicht selbständig machen, daß er nicht vom Wesen des künstlerischen Schaffens-vorgangs getrennt werden kann, daß er eine Folge der guten

Kunst ist und ihr nicht etwa voraufgeht. Verfährt man im Gegenteil, legt man ihn als primus fest, gelangt man – in gutem oder schlechtem Glauben – dahin, ihn mit der Improvisation zu verwechseln, in der gleichen Weise, wie die meisten Menschen Freiheit mit Leichtfertigkeit verwechseln. Erste Bedingung einer guten Kunst ist immer und vor allem eine gute Machart. On doit passeder l'objet. Das Ungenaue ist nur verdächtig.

Dürfen wir in dem Glauben, den Sie wiederholt zu *The Rake's Progress* geäußert haben, auch ein Glaubensbekenntnis zur Oper in der Zukunft erblicken, oder das Glaubensbekenntnis des Künstlers, der, frei und einsam, die Blüte einer Kultur feiert?

Ich halte viel auf diese echte Oper, während ich – ich wiederhole es – an das Musikdrama nicht glaube. Deshalb, meine ich, sollte man sie aufmerksam betrachten und auf diesem Weg nur fortfahren.

Briefe der Freunde*

Igor Strawinsky hat neben seiner kompositorischen Arbeit einen überaus regen Briefwechsel mit Freunden und Mitarbeitern unterhalten. Die ausgewählten Briefe der Freunde an den Komponisten beginnen mit Briefen Sergej Diaghilews und enden mit einigen Briefen H. W. Audens aus der Zeit ihrer Zusammenarbeit an der abendfüllenden Oper *The Rake's Progress* (1951).

Briefe aus den ersten Pariser Jahren Strawinskys, von Debussy und Ravel, bezeugen die selbstverständliche Freundschaft dieser beiden einflußreichen französischen Musiker. Alexander Benois, mit dem Strawinsky das Scenario zu *Petruschka* verfaßte, diskutiert in seinen Briefen die Ausstattung der Strawinsky-Oper *Die Nachtigall*. Gide war er während der Arbeit an der *Persephone* näher gekommen, Nouwel gehört zu den Gründern der St. Petersburger »Abende für zeitgenössische Musik«.

Sergej Diaghilew

Firenze, Viale Torricelli
1. November 1914

Du schreckliches Schwein, ich telegraphiere Dir, daß ich den amerikanischen Vertrag unterzeichnet habe und daß Mestrowitsch mir antwortete, er erwarte mich im November in Rom. Und von Dir kein Wort. Du zwingst mich, einen alten Mann, zur Feder Zuflucht zu nehmen. Wir sind bis zum 10. November hier, dann gehen wir nach Rom. Wir waren in Ravenna und waren überwältigt von diesem prächtigen Friedhof. Ich habe ein verrücktes Telegramm von Misia erhalten, worin sie sagt, sie wolle nicht weg von Paris, weil das jetzt die schönste Stadt der Welt sei. Ich habe auch ein Telegramm von Nijinsky bekommen. Er hat im Augenblick keine Erlaubnis, Budapest zu verlassen, wegen des Krieges. Prokofiew arbeitet mit Goro-

---

* den *Gesprächen* entnommen

277

*detzky, und es scheint, daß er bald sein Klavierkonzert been-
det. Kussewitzky geht nach Rom zum Dirigieren, und ich
werde ihn sehen. Ich erhielt von Deinem Mr. Fokine eine
liebenswürdige Erkundigung nach meinen Geschäften. Die
Fokines sind in Biarritz. So, und Du, bei welchem Bild von
»Noces« bist Du angelangt? Schreib, Hund.*

Dein Serioscha.

Grand Hotel, Roma
25. November 1914

Lieber Igor,
*unser Konzert – funktionierte nicht, weil im letzten Augenblick
etwas dazwischen kam. Als ich es ursprünglich San Martino
[dem Präsidenten von Santa Cecilia] vorschlug, sprang er in
Zuständen von seinem Diwan auf und schrie: »Aber mit vier
Händen nehme ich Strawinsky!« Als ich ihn dann das nächste
Mal sah, sagte er mir, wie gut es doch sei, als absoluter Zar
walten zu können, und er prahlte, daß er Dich einladen könne,
ohne irgend jemand fragen zu müssen. Alle Einzelheiten waren
geregelt und das Konzert auf den dritten Januar angesetzt, als
ich plötzlich einen Brief mit Folgendem bekam: ». . . was das
Honorar anbelangt, können Sie sich denken, in welch peinli-
cher Lage sich die Akademie in einer Spielzeit wie dieser
befindet, wo sie so wenige Mittel hat. Auf der andern Seite ist
Strawinsky doch jung, und da er nicht versucht, eine normale
Dirigentenlaufbahn einzuschlagen, hoffe ich, daß er sich mit
einer sehr bescheidenen Summe von etwa sechs- bis siebenhun-
dert Francs zufriedengeben könnte.« Ich eilte zu San Martino
und erklärte ihm, daß das Bahnbillett 240 Francs koste und
Dein Aufenthalt in Rom sieben Tage zu 50 Francs, also 350, id
est 600 Francs: die von ihm vorgeschlagene Summe. Alles, was
ich tun kann, Dich einzuladen, in Rom bei mir zu wohnen,
damit Du die Auslagen sparst, und Dir zuzureden, Dich mit
1200 Francs zufriedenzugeben. Er war einverstanden und
sagte, er müsse, um das Geld zu erhalten, sein Budget (!!)
reduzieren (er hat auch Strauss, Debussy, und Kussewitzky
aus Moskau und andere eingeladen), damit das Konzert
zustande komme. Ich besprach sogar mit ihm und ihrem
Kapellmeister die Programmfolge, und ich bestand darauf,
daß man Dir zwölf Proben gebe. Daraufhin erhielt ich von ihm*

folgenden Zettel: »Mein lieber Freud, was Strawinskys Kon-
zert anbelangt, bedaure ich sehr, daß ich es absagen muß, aus
Gründen, die ich Ihnen mündlich nach meiner Rückkehr
darlegen werde.«

Er ging für drei Tage nach Turin, und ich werde ihn im
Sonntagskonzert sehen. Ich will ihm Folgendes vorschlagen:
Deine Reisespesen meinerseits zu übernehmen und ihn ersu-
chen, Dir 1000 Francs zu zahlen. Wenn auch das nicht geht,
dann zum Teufel mit ihm.

Wir müssen uns unbedingt sehen. Du mußt für zwei Wochen
hierher kommen – am besten etwa vom 20. Dezember an.
Wenn Du Deine Ferien hier verbringst, kannst Du in unserer
Wohnung ein kleines ruhiges Zimmer haben, und man ißt nicht
schlecht hier. Aber Du mußt kommen: unser Plan mit Mestro-
witsch macht Fortschritte. Mestrowitsch ist ein ängstlicher
Mann mit einer übertriebenen »amour-propre« und voller
Mißtrauen gegen alles, was man macht. Er hat Genie bei der
Arbeit, aber seine Ratschläge sind mittelmäßig. Er ist stets voll
guten Willens, und er läßt sich durch Ideen mitreißen.
Dadurch, daß Du so weit weg bist, wird alles unmöglich
schwierig. Ich arbeite mit ihm und Massine zusammen; sapper-
lot, ich will, daß Massine dieses Ballett macht!

Nijinsky benimmt sich einfältig. Er beantwortet nicht einmal
meinen ausführlichen und meiner Ansicht nach fairen Brief,
und auf mein bescheidenes Telegramm, in dem ich – »Antwort
bezahlt« – um Bestätigung des Empfangs bat, erwiderte er
lediglich: »Brief erhalten. Kann nicht kommen.«

Ich bin sicher, daß seine Frau eifrig daran ist, ihn zum
Ballettmeister der Budapester Oper zu machen. Was »Noces«
anbelangt, brauchst Du Dich nicht zu beunruhigen. Ich werde
ihm einen zweiten, weniger zahmen und weniger vernünftigen
Brief schreiben, und dieser elende Kerl wird begreifen, daß wir
jetzt nicht mit uns spaßen lassen. Die Erfindung der Tänze für
»Noces« ist zweifellos Nijinksys Sache, aber ich möchte das
noch für einige Monate nicht mit ihm besprechen. Was Massine
anbelangt, ist er noch jung, aber von Tag zu Tag wird er mehr
der unsrige, und das ist wichtig. Ich gehe jetzt nicht auf
Einzelheiten ein, ich will Dir nur sagen, daß ich eine Auffüh-
rung der Messe in sechs oder sieben kurzen Bildern im Sinn
habe. Das Zeitkolorit wird byzantinisch sein, und Mestro-
witsch wird das auf seine Art lösen. Die Musik sollte aus einer

*Reihe von A-cappella-Sakralchören bestehen, vielleicht von
gregorianischem Gesang inspiriert. Aber davon später mehr.
Wenn Du kommst, wirst Du einen großen Kenner dieser Dinge
kennenlernen – Mestrowitsch.*

*Die Fresken in den römischen Untergrundkirchen des ersten
Jahrhunderts sind wirklich erstaunlich.*

*Momentan ist das alles. Ich hoffe, Du bist einverstanden.
Die Hauptsache ist, daß Du kommst. Bitte anworte mir
sogleich ins Grand Hotel.*

Ich umarme Dich
Serge.

Grand Hotel
(wir sind im Grand Hotel bis 8. März).
3. März 1915

*Lieber, Du bist ein bißchen verrückt. San Martino etwas
kaufen? Seine Frau würde zu Tode ersticken. Sie werden es nie
machen. Doch war der Amerikaner Russell hier; er fand den
Preis sehr hoch, sagte aber, er würde versuchen, etwas zu
unternehmen, wenn Du ihm das Manuskript schicken wollest.
Er ist nach Amerika gefahren, seine Adresse ist c/o Metropolitan Opera House, New York, Henry Russell, Esquire.*

*Ich scheue mich indessen, ihm das Manuskript zu schicken,
weil jemand in Amerika es drucken könnte, ohne Dir einen
Penny zu bezahlen. Wenn Du aber willst, kannst Du es selbst
tun. Ich meinerseits werde mit Ricordi sprechen, wenn auch mit
wenig Hoffnung. Was das Material der »Nachtigall« anbe-
langt, bist Du nicht so sehr verrückt als vielmehr lächerlich.
Wenn Teliatina das Stück überhaupt aufführt, wird er es nicht
vor 1917 tun, wenn niemand mehr sich um den Krieg kümmert.
Warum zum Teufel soll Prokofiew (der heute kommt) das
Material mit sich herumschleppen, so daß es zwei Jahre in
Petrogrrrrrad bleiben kann? Sag mir, ob wir diese blödsinnige
Anweisung ausführen müssen.*

*Nun was uns betrifft. Wir gehen am 8. März für 10–12 Tage
nach Neapel und nachher zu Dir, um »Les Noces« in Empfang
zu nehmen. Bis dann muß es fertig sein. Dann gehen wir, mit
oder ohne Dich, für etwa drei Wochen nach Spanien. Und
nachher? Ich weiß nicht, was und wo, aber wir werden arbeiten
und nicht die Daumen drehen, wie dies einige andere tun. Also*

erwarte uns etwa auf den 20. März und halte ein großes Ballett
bereit – sonst werde ich sehr böse sein.

Bevor wir mit Dalcroze sprechen, müssen wir sehen, was er
zu bieten hat.

Alle lassen Dich grüßen. Du hast »eine unauslöschliche
Spur« hinterlassen, wie sie hier sagen.

Serge D.

P.S.   *Khvotischinsky geht in den Krieg, aufgeboten in Ruß-*
        land.

P.P.S. *Es ist ein heißer Sommer hier, und die Sonne brennt mit*
        voller Kraft.

Hôtel de Paris, Monte Carlo
7. April 1926

Mein lieber Igor, bei Deinem Brief sind mir die Tränen gekom-
men. Nicht eine Minute habe ich nachgelassen, an Dich anders
als wie an einen Bruder zu denken. Darum bin ich heute
fröhlich und voll Licht, weil Du mich in Deinen Gedanken als
solchen umarmt hast. Ich entsinne mich des Briefes, den Du
mir nach dem Tod Deines Bruders Gury geschrieben hast. Ich
denke auch an den Brief, in dem ich Dir unlängst schrieb, wie
mich in Augenblicken tiefer Beunruhigung das Wissen darum,
daß Du fast nebenan in der Welt lebst, sogleich auf bessere
Gedanken bringt. Verzeihen, so scheint mir, kann Gott allein,
nur er vermag zu richten. Aber wir andern, unsern Wollüsten
frönenden Leutchen, sollten in unsern Zuständen von Streit-
sucht oder Reue immer noch genug Kraft haben, um uns wie
Brüder zu umarmen, und zu vergessen. So mag der Drang zu
vergeben in uns geweckt werden, und wenn Du diesen Drang
empfindest, so lenke ihn auf mich. Ich faste nicht und gehe
nicht zur Kommunion (ich bin kein Kommunikant). Aber ich
bitte Dich, mir meine Sünden zu vergeben, die freiwilligen und
die unfreiwilligen, und mir im Herzen nur diese brüderliche
Liebe zu bewahren, die ich für Dich empfinde.

Serioscha.

Claude Debussy

Lieber alter Strawinsky,
Entschuldigen Sie, wenn ich mit Verspätung für eine Sendung
danke, die mir durch die Widmung besonders wertvoll ist[1].
Ich bin an einer Zahnfleischentzündung erkrankt. Das ist
sehr häßlich und sehr gefährlich, denn man kann eines Tages
erwachen und entdecken, daß einem alle Zähne ausfallen! Es
bleibt einem nichts übrig, als sie als Collier zu fassen. – Und das
ist wohl kaum ein Trost?
Die Musik von »Le Roi des Etoiles« bleibt außerordent-
lich . . . Wahrscheinlich ist das die »Harmonie der ewigen
Sphären«, von der Plato spricht (fragen Sie mich nicht, auf
welcher Seite!). Und ich sehe nicht, wo man die Kantate für
»Welten« aufführen könnte außer auf dem Sirius oder dem
Aldebaran. Was unsern bescheideneren Planeten anbelangt,
wage ich zu behaupten, daß sie für den Hörer wie in einem
Abgrund versenkt bleibt.
Ich hoffe, daß Sie wieder ganz hergestellt sind? – Das ist
nötig, denn die Musik bedarf Ihrer zu sehr. –
Empfehlen Sie mich bitte ergebenst Ihrer charmanten
Mama; tausend liebe Worte für Ihre Frau.

Ihr alter treuer
Claude Debussy.

9. November 1913

Lieber Strawinsky,
infolge eines Überbleibsels von Traditionalismus wundert man
sich, wenn man auf einen Brief keine Antwort bekommt . . . Da
ist die Musik[2], *die ich eben erhalten habe, schon besser, denn*
sie hat etwas Zustimmendes und etwas Sieghaftes an sich!
Natürlich haben die Leute, denen Ihre zunehmende Meister-
schaft ein wenig unangenehm ist, nicht verfehlt, allerlei mißtö-
nende Gerüchte zu verbreiten, und wenn Sie noch am Leben
sind, ist es nicht die Schuld dieser Menschen . . . Ich habe nie an
derartige Gerüchte geglaubt – habe ich nötig, Ihnen das zu

---

[1] Strawinsky hatte Debussy die Kantate *Le Roi des Etoiles* von 1911 gewidmet.
[2] nämlich die Partitur des *Sacre*

sagen? – Nein! so wenig ich Ihnen beteuern muß, wie sehr es mich freut, meinen Namen mit einer so schönen Sache, die mit der Zeit nur noch schöner wird, verknüpft zu sehen.

Für mich, der ich den andern Hang des Hügels hinabsteige, wobei freilich mein leidenschaftliches Interesse an der Musik nicht nachläßt, bedeutet es eine besondere Genugtuung, zu sehen, wie weit Sie die Grenzen des Erlaubten im Reich der Töne erweitert haben – entschuldigen Sie, wenn dies etwas großspurig klingt, es entspricht eben genau dem, was ich denke! . . .

Sie haben vermutlich von dem traurigen Ende des Theaters der Champs-Elysées gehört? Es ist ein Jammer, daß der einzige Ort in Paris, wo man entschlossen war, anständig Musik zu machen, sich nicht behaupten kann!

Darf ich Sie fragen, lieber Freund, was Sie in dieser Sache zu unternehmen gedenken? Ich habe Diaghilew bei der einzigen Vorstellung von »Boris Godunow« gesehen, er hat mir nichts gesagt . . . Zögern Sie nicht, mich zu informieren, soweit Ihnen dies möglich ist, ohne Indiskretionen zu begehen. Und vor allem: kommen Sie nach Paris?

So viele Fragen! werden Sie sagen. Ob es Sie langweilt, zu antworten . . .

Eben ist Ihre Postkarte eingetroffen . . . Haben Sie denn meinen Brief nicht erhalten, lieber Freund? Das täte mir sehr leid, sie sind mir deswegen gewiß böse? Habe ich die Adresse nicht richtig geschrieben? Und dann – Ustilug, das ist so weit weg. Ich gehe nicht nach Lausanne, aus Gründen, die ziemlich kompliziert, im übrigen aber uninteressant sind. Das ist ein Grund mehr für Sie, nach Paris zu kommen, damit wir uns über das Wiedersehen freuen können.

Nehmen Sie zur Kenntnis, daß ich am 1. Dezember nach Moskau abreise; ich vermute, Sie werden nicht dort sein? Sie können mir glauben, daß mir die Reise dadurch noch etwas beschwerlicher wird. Ich habe Kussewitzky in dieser Sache geschrieben und ihn um einige unerläßliche Auskünfte gebeten, er aber antwortet mir nicht.

Was die »Société de la Musique Actuelle« anbelangt, ist mir nichts lieber, als wenn ich ihr gefällig sein kann, und ich danke ihr für die Ehre, die sie mir zudenkt! Nur weiß ich noch nicht, ob ich Zeit haben werde, um für ihr Konzert zu bleiben.

Meine Frau und Chouchou schicken Ihnen ihre herzlichen
Grüße und bitten Sie nicht zu vergessen, diese auch Ihrer Frau
zu übermitteln.

Stets Ihr alter ergebener
Claude Debussy.

17. November 1913

Lieber Strawinsky,
Sie haben schon seit Ihrer Jugend die Gewohnheit, mit dem
Kalender zu spielen, und ich gestehe, daß mich Ihre letzte
Karte durcheinandergebracht hat. Immerhin erhalte ich soeben
auch eine Depesche von Kussewitzky, in der er mir bestätigt,
daß man mich in Moskau am 3. Dezember (nach der neuen
Zeitrechnung) erwartet. Da das Konzert in St. Petersburg am
10. Dezember stattfindet, sehen Sie, daß ich keine Gelegenheit
haben werde, meine Zeit zu verplempern . . .
Haben Sie sich von Ihrem Rheumatismus erholt? Ich hoffe es
von ganzem Herzen. Wenn Sie nichts Besseres zu tun haben,
rate ich Ihnen an, nach Moskau zu gehn, das ist eine großartige
Stadt, die Sie vielleicht noch nicht sehr gut kennen; dort werden
sie Claude Debussy treffen, musicien français, der Ihnen sehr
herzlich zugetan ist . . .

24. Oktober 1915

Zunächst freue ich mich, endlich von Ihnen, sehr lieber
Freund, zu hören . . . Ich hatte einiges von Ihren Freunden
vernommen, die, ich weiß nicht warum, ein Geheimnis aus
Ihrem Gesundheitszustand und Ihrem Aufenthaltsort
machten.
Es geht uns allen fast gut, oder, um deutlicher zu sein: es geht
uns wie der Mehrheit der Franzosen. Wir haben unsern Anteil
an Kummer, an moralischen und häuslichen Schwierigkeiten,
wie es sich gehört, jetzt, da Europa und die übrige Welt sich
genötigt sehen, an diesem tragischen »Konzert« teilzunehmen.
Es ist nicht einzusehen, warum sich nicht auch noch die
Einwohner des Planeten Mars einmischen. Wie Sie schreiben,
»werden sie uns nicht auch verrückt machen!« Es gibt immer-
hin etwas, das über der brutalen Gewalt steht. Vor der Schön-
heit »die Fenster zu schließen«, ist widersinnig und erstickt den
wahren Sinn des Lebens. Aber man muß die Augen und Ohren

wieder andern Klängen offen halten, wenn der Lärm der Kanonen verstummt . . .! Man muß die Welt reinigen von dieser schlimmen Saat. Man muß sie ausrotten, diese Mikrobe der falschen Größe, diese organisierte Häßlichkeit, bei der wir nicht immer gemerkt haben, daß sie einfach Schwäche war.

Sie gehören ganz gewiß zu denen, die imstande sind, sieg-reich »Gase« zu bekämpfen, die nicht weniger tödlich sind als die andern, für die es aber keine »Masken« gibt.

Lieber Strawinsky, Sie sind ein großer Künstler! Seien Sie mit all Ihren Kräften ein großer russischer Künstler! Es ist so schön, seinem Land anzugehören, seiner Erde verbunden zu sein wie der geringste Landmann! Und wenn der Fremde seinen Stiefel daraufsetzt, wie bitter werden dann die internationalistischen Schlagworte!

In diesen letzten Jahren, als ich es pürte, wie die Austro-Boche-Miasmen sich in der Kunst ausbreiteten, hätte ich mehr Ansehen haben mögen, um meine Bedenken hinauszuschreien und vor der Gefahr zu warnen, in die wir arglos hineinliefen. Wie konnten wir daran vorbeisehen, daß es diesen Leuten um die Vernichtung unserer Kunst ging, so wie sie auch die Zerstörung unseres Landes vorgesehen hatten? Und vor allem dieser Rassenhaß, der erst mit dem letzten Deutschen aufhören wird? Denn ich bin nach wie vor überzeugt, daß die deutschen Soldaten sich selbst forthin weiter erzeugen.

Was die »Nocturnes« anbelangt, hat der Schweizer Musiker Doret recht, ich habe zahlreiche Änderungen vorgenommen. Unglücklicherweise werden sie von einem Verleger betreut (Fromont, rue du Colysée), mit dem ich keine Verbindung mehr habe. Eine andere Unannehmlichkeit besteht darin, daß es gegenwärtig keine Kopisten gibt, die eine so heikle Arbeit leisten könnten. Ich werde weiter suchen und mich darum bemühen, Herrn Ansermet zufriedenzustellen.

Man kommt nicht um das Geständnis herum, daß unsre Musik in einer traurigen Lage ist . . . Sie dient nur noch charitativen Zwecken, und darüber dürfte man sich gewiß nicht beklagen. Persönlich war ich während mehr als einem Jahr in einem Zustand, in dem ich überhaupt nichts zu schreiben vermochte, und nur während der drei letzten Monate, die ich bei Freunden am Meer verbrachte, wurde ich wieder fähig, musikalisch zu denken. Der Zustand des Krieges widerspricht für den nicht unmittelbar daran Beteiligten aller Vernunft. Da gibt es nur jenen olympischen Egoismus eines Goethe, der, wie es scheint, auch an dem Tag zu arbeiten vermochte, als die Franzosen in Weimar einmarschierten . . . Es gibt ja auch Pythagoras, der von einem Soldaten erschlagen wurde, als er im Begriff war, Gott weiß welches Problem zu lösen? Ich habe übrigens nur absolute Musik geschrieben: zwölf Etüden für Klavier; zwei Sonaten für verschiedene Instrumente, in unserer alten Form, die freundlicherweise an unser Hörvermögen keine tetralogischen Ansprüche stellt . . .

Und Sie, lieber Freund, was machten Sie?

Sie dürfen mir glauben, daß Sie mich mit dieser Frage mir selbst überlassen können, denn ich stelle sie nicht aus niedriger Neugier, sondern lediglich aus Zuneigung zu Ihnen.

Und Ihre Frau? Und Ihre Kinder? Machen Sie sich Sorgen um sie?

Meine Frau litt an heftigen Augenschmerzen und an unerträglichen rheumatischen Neuralgien. Chouchou hat . . . einen eingebildeten Rheumatismus, aus dem sie durch die Beachtung, die sie ihrer eigenen kleinen Person entgegenbringt, etwas sehr Seriöses macht.

Es ist ein schweres Problem, nicht zu wissen, wann man sich wieder sieht, und auf schwache »Worte« angewiesen zu sein . . .! Nun denn, ich bin stets Ihr alter ergebener

Claude Debussy.

Alle unsere herzlichen Grüße an die lieben Ihrigen.

PS. Ich habe einen Freund der Société des Auteurs getroffen, der mir mitteilte, Sie hätten mich als Ihren Paten für Ihre Aufnahme in dieser Gesellschaft ausersehen, schönen Dank!

Maurice Ravel

13 Comarques, Thorpe-Le-Soken
13. 12.

Vieux, es ist eine ganze Weile her, seitdem ich aufregende Neuigkeiten über Ihre Gesundheit hörte. Vor etwa 3 Wochen habe ich wohl die Nachricht von Ihrem plötzlichen Tod erhalten, aber da am gleichen Vormittag eine Karte von Ihnen eintraf, hat es mich nicht besonders berührt.

Delage[3] hat Ihnen wohl gesagt, daß Ihre »Japanerinnen« am
14. Januar zusammen mit seinen »Hindus« und meinen Mal-
larméerinnen aufgeführt werden. Man zählt sehr auf Ihr
Erscheinen. In 3 Tagen werde ich in London sein und hoffe
dort zu hören, daß man über das »Sacre« spricht.
  Wird die »Nachtigall« bald singen? Meine ergebensten Emp-
fehlungen an Madame Strawinsky. Küssen Sie die Kinder und
seien Sie herzlich gegrüßt von Ihrem ergebenen

Maurice Ravel.

St-Jean-de-Luz 41, rue Gambetta
14. 2. 14.

Lieber Igor,
Ich höre durch Frau Casella[4], daß Frau Strawinsky nach
Leysin verreist ist. Ich hoffe, es handelt sich da nur um eine
Vorsichtsmaßnahme. Bitte beruhigen Sie mich doch darüber
durch ein kurzes Wort.
  Ich habe mich ins Land meiner Herkunft geflüchtet, um zu
arbeiten, nachdem mir das in Paris unmöglich geworden war.
  Küssen Sie die Kinder von mir, übermitteln Sie Ihrer Gattin
meine freundschaftliche Verehrung, und seien Sie meiner herz-
lichen Gefühle für Sie versichert.

Ihr ergebener Maurice Ravel.

26. 9. 14

Lassen Sie von sich hören, mon vieux. Was wird aus Ihnen bei
all dem? Edouard[5] hat sich als Automobilist einziehen lassen.
Ich habe nicht die gleiche Chance. Mich haben sie nicht
gewollt. Ich hoffe auf die Nachprüfung der Ausgemusterten
und auf die Schritte, die ich in Paris zu unternehmen gedenke,
sobald ich die Mittel habe, dorthin zurückzukehren. – Der
Gedanke, daß ich weggehen müsse, hat mich in 5 Wochen die
Arbeit von 5 Monaten leisten lassen. Mein Trio ist beendet.
Aber ich war genötigt, die Werke aufzugeben, die ich diesen
Winter zu beenden hoffte: Die »Cloche Engloutie«!! und eine

---

[3] Dem Komponisten Maurice Delage (1879–1961) sind zusammen mit Florent
  Schmitt und Maurice Ravel die *Drei japanischen Lieder* gewidmet.
[4] die zu jener Zeit mit ihrem Mann Alfredo Casella in Paris wohnte
[5] Ravels Bruder

287

symphonische Dichtung: »Wien«[6]. *Das war nicht mehr aktuell. Wie geht es Ihrer Gattin, und den Kleinen? Schreiben Sie mir recht bald, mein Alter. Wenn Sie wüßten, wie schwer es fällt, hier so weit weg von allem zu bleiben!*

Herzliche Grüße an alle
Maurice Ravel.

Keine Nachrichten mehr von den Benois. Was ist aus ihnen geworden?

Le Belvédère, Montford l'Amaury (S.-et-O.)
26. 6. 23

Lieber Igor,
Wunderschön, Ihre »Noces«! Wie bedaure ich, sie nicht öfter gehört – und gesehen – zu haben. Aber es war scheinbar schon sehr unvorsichtig von mir, daß ich neulich kam: mein Fuß war beträchtlich geschwollen, und ich mußte wieder zu Hause bleiben, um mich mindestens bis nächsten Sonntag auszuruhn.
Danke, mon vieux, und sehr herzlich der Ihre

Maurice Ravel.

Alexander Benois

St. Petersburg, 1. Januar 1914

Lieber Igor Feodorowitsch, ich schreibe in Eile, da ich im Begriff bin, nach Moskau zu verreisen. Während der letzten beiden Stunden suchte ich verzweifelt Ihren Brief mit der Schilderung der Szenerie (und dem Personenverzeichnis), und ich kann sie nicht finden. Ich könnte nun mit dem Studium des Stücks beginnen, und nun kommt dieser Verzug. Ich bitte Sie, schicken Sie mir doch sogleich eine Kopie, und auch ein detailliertes Textbuch. Bitte insistieren Sie nicht wegen der Farben. Ich habe da meine eigenen Vorstellungen, und ich denke, das Ergebnis wird gut sein. Der Saal im Schloß wird blaßrot mit Dunkelblau und Schwarz sein. Aber, mein Gott, wo bleibt die Musik? Wie soll ich ohne diese wichtigste Quelle

---

[6] woraus *La Valse* wurde

der Inspiration und ohne Ihre persönlichen Anregungen arbei-
ten können?
   Um Himmels willen, der Zug!!! Ich umarme Sie herzlich,

Ihr

Alexander Benois.

PS. Schreiben Sie mir c/o Moskau Kunsttheater, Kammer-
gerskyweg. Kommen Sie!

Moskau, 15. Februar 1914

Lieber Igor Feodorowitsch, obwohl Ihr so hartnäckiges
Schweigen zeigt, daß Sie überhaupt nicht mit mir reden wollen,
bin ich genötigt, Sie wegen der Abklärung einiger Punkte zu
behelligen. (Ich schmeichle mir indessen und hoffe, daß der
wahre Grund für Ihr Schweigen nicht in einem Wandel Ihrer
Gefühle für mich zu suchen ist, sondern in den Umständen, die
Sie ebenso in Anspruch genommen haben wie mich.)
   Der Saal des Kaisers wird weiß mit Blau sein. Anderseits
wird es bei den Kostümen eine Menge Rot und Grün geben.
Aber was mich an der Beendigung der Entwürfe und der
allgemeinen Gestaltung dieses Bildes hindert, ist das: Was
fange ich mit der Prozession an? Sie wünschten einen Tragses-
sel, und Sie wünschten den Kaiser im Thron »eingelassen«[7].
Eine glänzende Idee! Aber wie stellen Sie sich die folgende
Kombination vor: Der Thron wird von einer ganzen Schar
Leute getragen, einschließlich acht kleine Kinder; der Thron
wird auf ein Gerüst gestellt, und dann erscheint der Kaiser,
dicht umgeben von Würdenträgern, die fünf Schirme über ihn
halten! Sie wünschten einen Tragsessel, aber jede Prozession
hat einen, und das ist neu.
   Im allgemeinen baue ich die Prozession so auf:
sieben Tänzerinnen in Gold gekleidet;
sieben Tänzerinnen in Silber;
ein Tänzer und eine Tänzerin in sehr reichem Gewand, und mit
ihnen drei Tänzer; Ungeheuer, und zwei weiße Knaben mit
Schwertern, und fünf schwarze Knaben mit Schwertern; diese
ganze Gruppe an einer symbolischen Pantomime teilnehmend.
   Darauf kommt der Hof (der Chor ist bereits auf der Bühne):
zuerst erscheinen zwei weißgekleidete Mandarine;

---

[7] Strawinsky dachte sich den Kaiser wie eine Puppe auf seinem Thron fixiert.

289

dann – zwei grau gekleidete Mandarine;
dann – ein ganz schwarzer Großmeister des Hofs;
dann – der Oberhofmarschall mit der Nachtigall.
Dann kommt der Thron, und schließlich Seine Majestät, die
bis zu dem Moment von den Schirmen verdeckt gewesen
ist.

Die Prozession wird durch zwei Soldaten abgeschlossen, die
sich am Fuß des Thrones aufstellen (die gleiche Art Soldaten
kann auch an der Spitze marschieren oder von Anfang an auf
der Bühne bereitstehen).

Sehen Sie, was ich meine? Aber vielleicht wollen Sie etwas
ganz anderes. Das letzte Wort haben Sie; aber um Himmels
willen, schicken Sie mir dies Wort unverzüglich, oder alles geht
zum Teufel. Bevor ich Ihre genauen Anweisungen habe, werde
ich nichts Endgültiges ausführen.

Eine vielleicht noch wichtigere Frage betrifft den letzten Akt.
Wie sehen Sie ihn selbst? Und vor allem bitte ich Sie, mir
sofort nähere Angaben für die Szenerie zu schicken und das
Textbuch selbst, in dem Sie die wichtigsten Tempi anmerken
sollen. Das ist äußerst wichtig (die Musik wird das erklären,
was mir im Text unverständlich bleibt). Lieber hätte ich den
Klavierauszug, aber vermutlich ist der noch längst nicht
fertig.

Wie können wir uns sehen, um all das zu besprechen? Ich
wollte zu Ihnen nach Berlin kommen, aber das ist nun schlecht-
hin unmöglich. Denken Sie nur daran, wie viele Tage vergeu-
det werden, und dies gerade jetzt, wo jede Stunde wertvoll ist.
Ist es Ihnen durchaus unmöglich, hierher zu kommen?

Nun zur Ausstattung des dritten Aktes. Ich stelle sie mir so
vor: im Vordergrund eine Art Vorzimmer, vom Schlafzimmer
durch einen großen Vorhang getrennt (der die ganze Breite der
Bühne einnimmt: Rot, Gelb, Gold und Schwarz). Dieser
Vorhang ist zuerst geöffnet, und wir sehen bei Nacht im
Mondlicht ein majestätisches Schlafzimmer. Dann wird der
Vorhang vorgezogen und am Schluß wieder geöffnet, um uns
ein Sacrum Cubiculum in all seiner Pracht sehen zu lassen
(viele Fenster, ein gigantisches Bett, usw.). Was halten Sie
davon? Vielleicht haben Sie es sich ganz anders vorgestellt? Ich
flehe Sie an, antworten Sie.

Ich küsse die Hand von Catherina Gabrielowna und wün-
sche von ganzem Herzen alles Gute für das neugeborene

Baby[8], *die Mutter und den glücklichen Vater. Ich brenne*
darauf, Sie in meine Arme zu schließen. Dieser Tage hoffe ich
Kussewitzky »Le Sacre du Printemps« dirigieren zu hören.
Ich umarme Sie,   *Alexander Benois.*

PS. Schreiben Sie mir nach St. Petersburg, Admirals-Kanal 31,
und schreiben Sie aufs Couvert »im Falle von Abwesenheit bitte
sofort nachsenden«. Aber das Beste, was Sie tun könnten, mein
Lieber, wäre die Beantwortung der wichtigsten Punkte per
Telegramm. Wenn Sie mit allem einverstanden sind-
»Approuve tout«; wenn nicht, dann mit ein paar Worten
»Empereur en palanquin«; »Trône en scène«, usw. So etwas.
Um Himmels willen, beeilen Sie sich mit der Antwort.

St. Petersburg, 14.–17. Februar 1914

Lieber Igor Feodorowitsch, ich bin sehr im Druck, und darum
will ich mich auf die Sache beschränken und es vermeiden,
über meine künstlerischen Gefühle zu reden.
Es ist schon eine ganze Woche her, seitdem ich mit den
Klängen des »Sacre du Printemps« im Ohr lebe. Es begann in
Moskau und geht nun in St. Petersburg weiter. Ich sehne mich
danach, es wieder zu hören, und ich bin betrübt, wenn ich mir
vorstelle, daß ich für lange Zeit nicht mehr imstande sein
werde, diese Musik zu vernehmen, von der ich nicht einmal zu
sagen vermag, ob sie gut oder groß ist, weil ich von ihr noch
ganz benommen bin. Ich ich weiß auch nicht, ob Kussewitzky
sie richtig wiedergab. Auf jeden Fall haben wir davon unsre
Eindrücke.
Der Erfolg war – leider – eher groß, trotz der hundert Leute,
die nach dem ersten Teil hinausgingen. Ich sage »leider«, weil
das Publikum zum Voraus applaudierte, ungeachtet Paris, und
auch weil dieses Publikum Bach, Beethoven, Wagner, Rach-
maninow und Strawinsky alle gleich mit Beifall bedenkt. (Tra-
gen Sie den Kopf nicht zu hoch, und ziehen Sie daraus keine
Folgerungen, aber ich liebe den ersten dieser Namen und mag
die meisten andern gar nicht.) Der Erfolg bei einem solchen
Publikum ist widerlich. Ich bin indessen sehr froh, daß Nurok
es mochte, und daß der Rimsky-Korsakow-Clan es auspfiff, ist
ebenfalls ein Trost.

[8] Strawinskys Tochter Maria Milena

291

Ich schwatze zu viel. Zur Sache! Zur Sache! Mein Lieber,
wie ist es mit folgender Kombination: am Anfang ein mächtiges
Schlafzimmer mit einigen Fenstern, von Mondlicht durchflu-
tet; Geister (Serge will keine Geister, aber warum sollen sie
nicht auf dem Bett sitzen oder ihre häßlichen Gesichter durch
die Vorhänge des Bettes zeigen – ich weiß selbst noch nicht
recht, wie dies zu machen ist); ein Bett mit einem Baldachin;
ein Katafalk, der durch den »Tod« verschwindet (nicht durch
das Fenster; der Katafalk muß vor uns hinschmelzen – ist ein
solcher Trick möglich?). Der Tag dämmert während des
Gesangs der Nachtigall, mit den letzten Noten des Vogels
schließen die Höflinge, in der Meinung, der Kaiser sei tot,
feierlich den Vorhang (die Höflinge treten im Gänsemarsch
auf).

Die nächste Szene, der Hof, spielt vor dem Bühnenvorhang,
so daß beim Aufgehen des Vorhangs das Schlafzimmer vom
Sonnenschein erfüllt werden kann für des Kaisers »Bonjour
à tous«. Was das Finale betrifft, schien mir der Schluß des
»Sacre« vielleicht zu abrupt – ohne Finalität spüren zu lassen.
Leute, die die Bühnenaufführung sahen, sagen, daß dies dort
noch mehr auffiel. So etwas, fürchte ich, kann wieder passie-
ren; aber Sie müssen es natürlich besser wissen. Hören Sie nicht
auf Serge, dieses Ungeheuer, er hat eine Manie, zu kürzen, und
wird kürzen, bis nichts mehr übrigbleibt. Ich erwarte Ihre
Bestätigung der Pläne oder irgendwelcher Änderungen, die
noch zu machen wären.

Der Entwurf für das zweite Bild ist schon fertig, aber ich
weiß nicht, ob er gut ist oder schlecht, denn ich habe keine Zeit,
ihn nochmals anzusehen.

Anna Karlowna[9] *hatte eine Halsentzündung und konnte*
beim »Sacre« nicht dabei sein. Sie schickt Ihnen und der lieben
Catherina Gabrielowna, die wir beide von ganzem Herzen
lieben, unsre Grüße und besten Wünsche.

Ihr ergebener
Alexander Benois.

PS. Meine ganze Familie lobt die »Nachtigall«-Entwürfe, aber
wie kann man seiner Familie glauben?
PPS. Ich weiß nichts über das Freie Theater, als was in den
Zeitungen stand. Ich höre indessen, daß Mardschanow einen

---

[9] Benois' Frau

andern Idioten gefunden hat, der bereit ist, Geld zu geben, und
daß er beabsichtigt, diesen neuen Idioten zu ruinieren, indem
er Aufführungen mit dramatischer Handlung einführt.

Sanin geht zu Sohodolsky und wird wahrscheinlich Operet-
ten inszenieren. Seitdem ich aus Moskau zurückkam, wo ich
die Ausstattung von Goldonis »Tavernenwirt« machte, stecke
ich tief in der »Nachtigall«, ich habe keine Zeit, irgend etwas zu
lesen oder zu lernen. Ich sehe niemand, und ich unterhalte
mich mit niemand.

Ich umarme Sie ergebenst, lieber Igor Feodorowitsch, und
wünsche Ihnen abermals alles erdenklich Gute. Und einmal
mehr lasse ich Ihre reizende Gattin von mir grüßen.

Manuel de Falla

Antequeruela Alta 11, Granada
22. August 1929

Bien cher Igor, ich bin tief bewegt durch den Tod von Diaghi-
lew und ich muß Ihnen schreiben, bevor ich mit irgend jemand
anderem spreche. Was für ein schrecklicher Verlust für Sie!
Von all den großartigen Dingen, die er tat, war das beste, daß er
Sie entdeckte. Das vor allem verdanken wir ihm. Und ohne Sie
hätte ja auch das Ballett nicht existieren können . . . Doch es ist
ein Trost, daß unser armer Freund starb, ohne sein Werk zu
überleben. Ich erinnere mich stets seiner Ängste während des
Kriegs, daß ein anderer kommen und seinen Platz einnehmen
könnte. Später begriffen wir, wie grundlos solche Ängste
waren, denn selbstverständlich konnte ihn nie jemand ersetzen.
Und nun bitte ich Sie um einen Gefallen: vermitteln Sie dem
Haupt des Diaghilew-Balletts, wer immer das jetzt sein mag,
mein herzliches Beileid. Ich bitte Sie darum, weil ich dort
gegenwärtig niemand kenne, der es empfangen könnte.

Ich umarme Sie mit all meiner alten und aufrichtigen Zunei-
gung   *Manuel de Falla.*

Walter Nouwel

Mein lieber Igor, ich war zu Herzen gerührt durch Deinen tief empfundenen Brief. Wir tragen den gleichen Kummer. Ich bin eines Mannes beraubt, an den mich eine Freundschaft von vierzig Jahren kettete. Aber ich bin heute glücklich, daß ich in dieser Freundschaft nie versagte. Es gab viel, was uns einte, und viel, was uns trennte. Ich habe oft unter ihm gelitten, ich lehnte mich oft gegen ihn auf, aber an seinem Grab ist alles vergessen und vergeben. Und ich begreife jetzt, daß kein gewöhnliches Maß für menschliche Beziehungen einem so außerordentlichen Mann gegenüber anwendbar war. Er lebte und starb als »einer, den Gott lieb hat«. Aber er war ein Heide, und ein dionysischer Heide, nicht ein apollinischer. Er liebte alle irdischen Dinge: irdische Liebe, irdische Leidenschaften, irdische Schönheit. Der Himmel war für ihn nicht mehr als eine herrliche Kuppel über einer herrlichen Erde.

Das heißt nicht, daß er ohne Mystik war. Nein, aber seine Mystik war die einer heidnischen, nicht die einer christlichen Ordnung. An Stelle des Glaubens trat bei ihm tiefer Aberglaube; er hatte keine Furcht vor Gott, aber bebte vor den Elementen und ihren Geheimnissen; er besaß keine christliche Demut und war stattdessen ein Mensch voll sinnlicher, fast kindlicher Leidenschaften und Gefühle. Sein Tod, der Tod eines Heiden, war schön. Er starb in Liebe und Schönheit und unter dem Lächeln dieser beiden Gottheiten, auf die er schwor und denen er sein Leben lang mit solcher Hingabe diente. Einen solchen Menschen muß Christus lieb haben.

Ich umarme Dich,
Walter Nouwel.

André Gide

1bis rue Vasseau, Paris VII
20. Januar 1933

*Mein lieber Freund, Ida Rubinstein bat mich, Ihnen zu schrei-
ben. Sie fand Geschmack am Vorschlag eines symphonischen
Balletts, den ich ihr gerade unterbreitete. Sie meint, daß Sie,
wenn Sie in gleicher Weise daran Gefallen finden, sich bereit
finden dürften, zusammen mit mir für sie zu arbeiten. Die Idee,
meinen Namen mit dem Ihren in einem Werk zu verbinden, das
mir seit langem am Herzen liegt, erfüllt mich mit Stolz und
Freude. Ein Wort von Ihnen genügt, um mich zu Ihnen nach
Berlin oder anderswohin zu bringen, um mit Ihnen darüber zu
reden – und je eher, desto besser. Ich treffe Sert am Montag,
den 23., zum Essen; er ist sehr begeistert und würde gern die
Bühnenbilder machen. Ich könnte Sie am Mittwoch treffen. Es
kommt nicht darauf an, wo.*

*Ein Wort von Ihnen oder ein Telegramm an Ida Rubinstein
oder an mich würde uns melden, wo wir Sie am Montagabend
zwischen neun und zehn Uhr telephonisch erreichen (vergessen
Sie nicht die Zeitdifferenz, und wie ist die Nummer?).*

*Soeben ruft mich Ida Rubinstein an, um mir zu sagen, daß
Sie bald nach Südfrankreich zu kommen gedenken, wo ich Sie
dann aufsuchen könnte. Und vielleicht kommen Sie über Paris,
was mir die Reise nach Berlin ersparen würde.*

*Amicalement, und voller Hoffnung
André Gide.*

8. Februar 1933

*Mein lieber Freund, vor allem möchte ich Ihnen sagen, welch
ausgezeichnete Eindrücke ich von unserm Treffen in Wiesbaden mitgenommen habe. Ich sagte Madame Rubinstein, daß
wir uns vollkommen verstanden haben. Ohne Übertreibung,
ich bin sicher, daß wir in ihr die beste Unterstützung finden
werden im Kampf mit dem anspruchsvollsten Bühnenbildner,
wer immer es auch sein möge. Sie ist äußerst froh über das, was
ich ihr von Ihrer Auffassung des Themas als die Feier eines
Mysteriums erzählte, und daß Sie im Text jene Stellen auslassen
möchten, die ich zuerst versucht war hineinzunehmen: episodi-*

295

*sche Kleinigkeiten – wie für eine Art von »divertissement«. Ich
arbeite jetzt in diesem Sinn.*

*Ich schickte Ihnen eine Ausgabe der Odyssee (in Übersetzung), in der die Homerischen Hymnen enthalten sind. Es ist
die letzte dieser Hymnen (an Demeter), die mich anregte, und
ich zweifle nicht, daß Sie darin denselben außerordentlichen
Aufschwung empfinden werden wie ich, als ich sie zum erstenmal las. Mein ganzes Bemühen geht dahin, die Noblesse dieses
Aufschwungs durch meinen ganzen Text beizubehalten.*

*Wie Sie selbst empfinden werden, ist der Vorwurf selbst ein
Mittelding zwischen einem naturhaften Vorgang (der Rhythmus der Jahreszeiten; das Korn, das in die Erde fällt, muß
sterben, um durch den Winterschlaf zu neuem Leben zu erstehen) und einem mystischen Vorgang; auf diese Weise verbindet
sich der Mythus gleichzeitig mit den alten ägyptischen Kulturen
und mit der christlichen Lehre.*

*Ich war sehr bewegt von dem, was Sie mir in Wiesbaden
sagten: daß es wichtig sein wird, den Wechsel der Jahreszeiten
anzuzeigen und festzulegen; die Empfindung des Zyklus der
Jahreszeiten ist unerläßlich für unser Melodrama. Aber die
Idee, daß mit dem Herbst begonnen werden soll (wie verführerisch es auch als Idee sein mag, mit dem Abstieg der Proserpina
zur Hölle zu beginnen), läßt sich nicht aufrechterhalten. Dies
hieße den griechischen Mythus allzu kraß vergewaltigen, und
Sie werden sehen warum, wenn Sie die Hymne an Demeter
lesen. Proserpina hat nichts mit Herbst zu tun. (Übrigens hatte
das griechische Jahr nur drei Jahreszeiten.) Sie ist die reinste
Verkörperung des Frühlings.*

*Der Entwurf zum ersten Bild folgt in zwei Tagen. Es besteht
aus Rezitation, Tänzen und Gesängen. Madame Rubinstein
meint, es sei für den Chor unmöglich, zu tanzen oder für die
tanzenden Nymphen zu singen. Darum wird es vermutlich
nötig sein, den Chor im Orchesterraum oder auf einer Seite der
Bühne zu plazieren: das wäre noch zu untersuchen. Am
dringendsten müßte ich nun wissen, wieviel Zeit die erste Szene
nach meinem Entwurf beanspruchen wird.*

Sehr aufmerksam und herzlich der Ihre

André Gide.

Wystan Auden

7 Cornelia Street, New York 14, N. Y.
22. November 1948

Lieber Igor Strawinsky,
Gestern kam ich von Washington zurück und fand Ihren Brief
vor. Ich lege einen weitern Vers bei, der für mein Empfinden
vorangehen sollte. Es ist schwierig, in diesem Metrum eine
genaue rhythmische Identität zu erreichen – z. B. »who cares
what« ist leicht verschieden von »far too soon« –, aber sie
kommen sich, wie ich hoffe, nahe genug. Für den Fall, daß Sie
meine Bleistifteintragung nicht lesen können, lasse ich hier den
Vers in Versalien folgen:

SOON DAWN WILL GLITTER OUTSIDE THE SHUTTER
AND SMALL BIRDS TWITTER; BUT WHAT OF THAT?
SO LONG AS WE'RE ABLE AND WINE'S ON THE TABLE
WHO CARES WHAT THE TROUBLING DAY IS AT?

Ich finde sehr aufregend, was ich von Robert Craft über die
Musik höre. Sehr Mozartisch, sagte er.

Yours ever
Wystan Auden.

Via Santa Lucia 22, Forio d'Ischia, Prov. di Napoli
28. April 1949

Der Sirocco bläst, das ist ein guter Tag zum Briefeschreiben.
Ankunft nach einer sehr langweiligen Reise gerade vor Ostern,
als die Madonna die Straße hinunterlief, um ihren Sohn zu
treffen, zum Klang von Explosionen. Ihre Photographie
prangt in der Küche. Hoffe, daß Akt II gut vorankommt. Ich
meckere dieserhalb weiterhin bei St. Restituta.

Love to all
Wystan.

7 Cornelia Street, New York 14, N. Y.
24. Oktober 1949

Lieber Igor,
Vielen Dank für Ihren Brief.
Um Baba nach Charakter und Empfindung von dem Liebes-
paar zu unterscheiden, scheint es mir, daß ihr Rhythmus
unregelmäßiger und das Tempo ihrer Aussage schneller sein
sollte. Bei der Niederschrift ihrer Rolle habe ich deshalb jeder
Zeile Babas die doppelte Anzahl von Hebungen gegeben wie
den entsprechenden Zeilen von Anne oder Tom. Wenn Sie
finden, ich habe ihr zu viele Zeilen gegeben, lassen sich Striche
leicht machen.
Viele herzliche Grüße Ihnen und Vera, und kommen sie bald
nach Osten. Wystan.

7 Cornelia Street, New York 14, N. Y.

Lieber Igor,
Falls Sie das Trio im zweiten Akt, Szene 2, noch nicht kompo-
niert haben, ist hier eine zweite Fassung für Babas Rolle zum
Auswechseln, darin entsprechen die Reime den andern; viel-
leicht, daß Sie diese Version der früher geschickten vor-
ziehen[10].
Ich freue mich darauf, am Montag »Persephone« zu
hören[11].

Love to you both
Wystan.

BABA

I'm waiting, dear ... Have done
With talk, my love ... I shall count up to ten ...
Who is she? One ...
Hussy! ... If I am found
Immured here, dead,
I swear ... Two ... I'll haunt you ...
Three ... You know you're bound
By law dear ... Four ... Before I wed

---

[10] Der ursprüngliche Text wurde letztlich beibehalten.
[11] und zwar in einem von Robert Craft dirigierten Konzert in der Carnegie Hall. Bei dieser Gelegenheit las Auden eine Folge seiner Gedichte vor.

Could I . . . Five, Six . . . have . . . Seven . . . then
Foreseen my sorrow? . . . Eight, Nine . . . Ten . . .
O never, never, never . . .
I shall be cross, love, if you keep
Baba condemned to gasp and weep
Forever.

Dokumente der Freundschaft

Tamara Karsawina gehörte, wie Nijinskij, zu den gefeierten Stars der »Ballets russes«. Sie war der *Feuervogel* in Strawinskys gleichnamigem Ballett und übernahm ein Jahr später die Rolle der Ballerina in *Petruschka*. *Pulcinella* wurde im Jahre 1920 in Zusammenarbeit mit Massine und Picasso herausgebracht; die Karsawina hatte die Rolle der Pimpinella übernommen. Der folgende Aufsatz erschien in der englischen Musikzeitschrift *Tempo* 1948, in deutscher Übersetzung 1952 in der Reihe *Musik der Zeit*:

Tränenreiches Lernen

Der heutigen Welt erscheint Strawinsky als ein in seine eigene Größe gehülltes vergeistigtes Standbild. Die unglaubliche Virtuosität und außerordentliche Präzision seiner Arbeitsmethoden sind für den Durchschnittsverstand verwirrend. Seine Partituren zeigen nicht eine einzige radierte Stelle, jede Instrumentalstimme ist in andersfarbiger Tinte geschrieben; die in Schlachtlinie aufgebauten Tintenflaschen erlauben es dem Komponisten, seine Feder so unverzögert hineinzutauchen wie er die Tasten seines Klaviers berührt. Das alles deutet mehr auf einen Alchimisten in seinem Labor hin als auf einen Komponisten, der vom schöpferischen Fieber gepackt ist.

»Der erstaunliche Glanz, die Originalität seiner Musik, nimmt«, wie Alexander Benois sagt, »unweigerlich unsere Sinne gefangen, während die ungewöhnlichen Assonanzen und Dissonanzen seiner Partitur unseren Geist bestürzen mögen.«

Aber nicht über Strawinsky als Komponisten, nicht über Strawinsky, wie ihn die Welt heute sieht, möchte ich schreiben, sondern über den Menschen, wie ich ihn am Vorabend seines Ruhms kannte. Über ihn, der seine Spontaneität, seine Begeisterungsfähigkeit und Schlichtheit während all der Arbeitsjahre mit dem russischen Ballett und während der Jahre seines schwindelerregenden Aufstiegs zum Ruhm beibehielt, über ihn, der allen, die mit ihm arbeiteten, lieb und vertraut ward.

Noch bevor wir einander begegnet waren, bezeichnete Dia-
ghileff mir gegenüber Strawinsky als jemanden, der über Nacht
berühmt sein würde. Sah man den schlanken jungen Mann, wie
er den Zylinder (einen »Chapeau à huit rayons«) nonchalant
auf dem Hinterkopf trug, hätte man ihn für einen Dandy halten
können. Die ungewöhnliche Tiefe und Gelassenheit seiner
durch starke, randlose Gläser blickenden Augen aber strafte
den ersten Eindruck Lügen.

Der »Feuervogel«, den Diaghileff ihm in Auftrag gegeben
hatte, brachte Strawinsky mit den schöpferischen Kreisen der
damaligen russischen Kunst-Salons in Berührung. Obwohl ein
Neuling in Theaterdingen, wurde er sofort allen, die erfahrener
und reifer darin waren als er, eine Bereicherung für die gemein-
same Arbeit. Zudem war er sehr lernbegierig und an allen
Künsten tief interessiert, das Theater liebte er geradezu.

In den Tagen, als er die Weihen der Theaterkunst erhielt, in
der Blütezeit des russischen Balletts, wurde der Grund zu
seiner tiefen und bleibenden Freundschaft mit Benois gelegt.
Der ältere Mann war von Strawinskys Spontaneität entzückt, er
liebte seine »empfindsame Reaktion, die beste Quelle der Inspi-
ration«.

Für mich war die erste Berührung mit Strawinsky über der
Arbeit am »Feuervogel« eine Einführung in die Anfangs-
gründe einer mir bis dahin unbekannten fantastischen Klang-
schönheit. Meine musikalische Erziehung begann recht eigent-
lich mit dem »Feuervogel« und schritt mit jedem hierauf folgen-
den Erlebnis Strawinskyscher Musik fort. Bildlich gesprochen
war es ein tränenreiches Lernen. Zwar durchdrang mich die
poetische Ausdruckskraft des »Feuervogel« sofort. Für jemand
wie mich aber, die ich bisher nur auf leicht erkennbare Rhyth-
men und einfach faßliche Melodien erzogen war, gab es
Schwierigkeiten, das kompositorische Muster eines musikali-
schen Themas in seiner reich verästelten Orchestrierung wie
hier bei Strawinsky zu verfolgen. Jahre später, als Diaghileff
mich mit rührender Feierlichkeit, wie er sie immer annahm,
wenn er Gemütsbewegungen verbergen wollte, an das zehnjäh-
rige Jubiläum des »Feuervogel« erinnerte, sah ich rückblickend
auf die weite Strecke, die ich im Kielwasser von Strawinskys
Kunst zurückgelegt hatte. Der Weg, der mir einst voller Fall-
gruben zu sein schien, lag nun ganz eben da. Strawinskys
Musik zog mich nicht mehr von der Interpretation meiner Rolle

ab, sie wurde mir vielmehr zur Inspiration, sie beflügelte meine Bewegungen.

Während ich dies niederschreibe, wird es mir erst so recht klar, wie schwer es zunächst war, Strawinskys Musik in mich aufzunehmen. Er zeigte Güte und Geduld mit meiner Unvollkommenheit. Oft erschien er vor einer Probe früher im Theater, um wieder und wieder einige schwierige Passagen für mich zu spielen. Ich war ihm nicht nur dafür, daß er mir half, dankbar, sondern auch dafür, wie er es tat. Da war keine Ungeduld über mein langsames Verstehen, kein Herabblicken eines Meisters von seinem Rang auf mein spärliches musikalisches Rüstzeug. Wie interessant war es, ihn am Klavier zu beobachten: sein Körper schien im Rhythmus seiner eignen Musik zu vibrieren; indem er Staccati mit seinem Kopf punktierte, machte er mir die Grundformen seiner Musik nachdrücklich und besser klar, als es durch Taktschlagen möglich gewesen wäre. Daß Rhythmus in ihm lebte und zeitweilig von seinem ganzen Körper Besitz ergriff, wurde mir offenbar, als ich ihn während der näheren Begegnungen in den nächsten Jahren beobachten konnte. Sobald er von Musik oder überhaupt mit besonderem Nachdruck sprach, illustrierte er seine Meinung durch wiederholte scharf einschneidende Bewegungen von Kopf und Händen – Bewegungen, die, obwohl sie von der eleganten Gestalt eines Weltmannes kamen, immer etwas Urtümlich-Spontanes an sich hatten.

Wollte ich den Versuch machen, nach so langer Zeit die Persönlichkeit Strawinskys, wie ich sie sah, kurz zusammenzufassen, würde ich sagen, daß zwei sich scheinbar widersprechende Seiten seines Temperaments vollkommen miteinander verschmolzen waren, und zwar so sehr, daß sein hochgespanntes, feinbesaitetes Wesen durch ein unbedingt ausgeglichenes Temperament im Gleichgewicht gehalten wurde. Seine Höflichkeit hielt jeder noch so heiklen Situation stand. Als wir im Frühjahr 1911 während unserer Saison in Rom die Proben für »Petruschka« vorwärts trieben, um für Paris gerüstet zu sein, fühlten wir Künstler uns wie Galeerensklaven. Stunden um Stunden arbeiteten wir bis zur völligen Erschöpfung in einer Atmosphäre, die nach abgestandenem Essen roch (wir waren in das Restaurant des Constanzi-Theaters verwiesen worden). Fokine raufte sich die Haare, war völlig entkräftet und hysterisch. Verweise, Tränen und allgemeine Spannung elektrisier-

ten die Luft. Nur Strawinsky, der die niedrige Arbeit eines Pianisten ausübte, blieb unbeirrt. Seine einzige Konzession an die Hitze und Müdigkeit bestand im Ablegen seines Rockes, nicht ohne sich vorher angemessen für sein hemdärmeliges Erscheinen entschuldigt zu haben. Bedenkt man, daß er damals noch am Finale seines »Petruschka« arbeitete, muß man seine Geduld und Sanftmut bestaunen.

Obwohl ich, seitdem Ozeane zwischen uns liegen, die direkte Verbindung mit Strawinsky verlor, habe ich doch Grund zu glauben, daß seine Aufrichtigkeit, seine angeborene Schlichtheit und die vollkommene Freiheit von musikalischem Snobismus ihm auch nach Jahrzehnten des Ruhms treu geblieben sind.

Kurz vor dem letzten Kriege besuchte er uns in Budapest, wo wir damals lebten. Ihn zu unterhalten, führten wir ihm ein bescheidenes kleines Kabarett vor, in dem eine Frau und ihr Mann auf zwei Klavieren spielten. Sie sang dabei die letzten Schlager und trank zwischen jedem ein Glas Cognak. Natürlich hatte sie absolut keine Stimme (der Cognak würde das sowieso bewirkt haben, wenn Mutter Natur nicht schon vorher dafür gesorgt hätte), aber jeder Zoll an ihr war eine Künstlerin und ihr gemeinsames Spiel bot das höchstmögliche an Rhythmus. Strawinsky war hingerissen. Hiernach zog er allen verlockenden Reizen des Budapester Nachtlebens die Rückkehr in unser Haus vor, das aus dem XVI. Jahrhundert stammte, und er verlangte nach keiner anderen Unterhaltung als der, in der tiefen Nische eines hohen Fensters sitzen zu dürfen, um von hier aus durch die Bäume auf die Lichter der alten Stadt tief unten zu schauen.

Jean Cocteau, der französische Schriftsteller, Regisseur und Zeichner, kannte Strawinsky seit 1912. Ein geplantes gemeinsames Ballett-Projekt *David* war 1914 am Widerstand Diaghilews gescheitert. Ein Jahrzehnt später kam es zur Zusammenarbeit anläßlich von *Oedipus Rex.*

Der erste Beitrag Cocteaus formuliert seine Version des berühmten *Sacre*-Skandals. Er ist abgedruckt in Cocteau, *Le coq et l'arlequin*, 1918, deutsch als *Hahn und Harlekin*, München o. J., erschienen. Der zweite Beitrag Cocteaus ist eine Huldigung für den achtzigjährigen Komponisten. Sie findet sich in dem Bändchen *Igor Strawinsky, eine Sendereihe des Westdeutschen Rundfunks zum 80. Geburtstag,* von Otto Tomek herausgegeben und 1963 (Köln) publiziert.

Strawinsky

Der natürliche Hang des schlechten Geschmacks ist bereits steil, aber seit 1912 überflutete eine falsche Kühnheit, die die einen mitreißt und die von den anderen in einem einzigen Haßgefühl mit echter Kühnheit verwechselt wird, eine Unzahl moderner Ästheten. Dilettanten und Schöngeister hielten sich also »für Eingeweihte«, und es entstand eine deklassierte Klasse zwischen dem verhaltenen schlechten Geschmack, für den sie geschaffen war, und den neuen Werten, die zum Glück außerhalb ihres Zugriffes lagen. Schlimmeres Provinzlertum als in der Provinz herrschte mitten im Herzen von Paris.

Nach dieser Andeutung, was sich 1913 bei der Uraufführung des »Sacre du Printemps« auf der Bühne abspielte, wollen wir durch die schmale Eisenpforte in den Saal schlüpfen. Für ein erfahrenes Auge sind dort alle Grundstoffe für einen Skandal vorhanden: das mondäne Publikum, dekolletiert, mit Perlen, Diamanten und Straußenfedern aufgetakelt; und neben den Fräcken und Abendroben die auffallenden Joppen, Schleier, Lumpen jener Art Ästheten, die dem Neuen aus Haß gegen die Logen blindlings Beifall spenden – wobei der inkompetente Applaus der einen noch unerträglicher ist als das ehrliche Pfeifen der anderen. Ich nenne auch noch die febrilen Musiker, diese paar dummen Nachäffer, die zwischen der mondänen Meinung und dem Respekt, den man nun einmal dem Russischen Ballett schuldig ist, nicht mehr ein noch aus wissen. Aber ich will darauf verzichten, die tausend Nuancen des Snobismus, Übersnobismus und Gegensnobismus aufzuzählen, denn dazu wäre ein Kapitel für sich nötig.

Doch auf eine Eigentümlichkeit unseres Publikums muß hingewiesen werden: auf die Abwesenheit, von einigen wenigen Ausnahmen abgesehen, der jungen Maler und ihrer Meister. Eine motivierte Abwesenheit, wie ich später erfuhr, bei den einen durch Unkenntnis jenes Prunkes, zu dem Diaghilew sie nicht einlud, bei den anderen durch mondänes Vorurteil. Dieser Tadel des Luxus, zu dem sich Picasso wie zu einem Kult bekennt, hat seine guten und seine schlechten Seiten. Ich stürze mich auf diesen Kult wie auf ein Gegengift, aber vielleicht begrenzt er den Horizont mancher Künstler, die den Umgang mit Luxus eher aus Haß als aus Überzeugung meiden.

Bei der Uraufführung des »Sacre« spielte der Saal die Rolle, die er spielen mußte: er revoltierte von Anfang an. Man lachte, höhnte, pfiff, ahmte Tierstimmen nach, und vielleicht wäre man dessen auf die Dauer müde geworden, wenn nicht die Menge der Ästheten und einige Musiker in ihrem übertriebenen Eifer das Logenpublikum beleidigt, ja tätlich angegriffen hätten. Der Tumult artete in ein Handgemenge aus.

Mit schiefgerutschtem Diadem in ihrer Loge stehend, schwang die alte Comtesse de Pourtalès ihren Fächer und schrie mit hochrotem Gesicht: »Zum ersten Mal seit sechzig Jahren wagt man es, sich über mich lustig zu machen!« Die gute Dame meinte es aufrichtig; sie glaubte an eine Fopperei.

Um zwei Uhr morgens stiegen Strawinsky, Nijinski, Diaghilew und ich in einen Fiaker, und wir ließen uns zum Bois de Boulogne fahren. Wir schwiegen; die Nacht war frisch und wohltuend. Am Dufte einer Akazie erkannten wir die ersten Bäume. Als wir zu den Teichen kamen, fing Diaghilew in seinem Opossumpelz an, etwas auf Russisch zu murmeln; ich spürte, daß Strawinsky und Nijinski aufmerksam zuhörten, und da der Kutscher seine Laterne anzündete, sah ich Tränen auf dem Gesicht des Impresarios. Er murmelte immer noch, langsam und unermüdlich.

»Was ist das?« fragte ich. – »Puschkin.«

Ein langes Schweigen setzte ein, dann sprudelte Diaghilew noch einen kurzen Satz hervor, und die Erregung meiner beiden Nachbarn schien mir so lebendig zu sein, daß ich mich nicht zurückhalten konnte, ihn zu unterbrechen, um den Grund zu erfahren.

»Es läßt sich kaum übersetzen«, sagte Strawinsky, »eigentlich gar nicht; es ist zu russisch, typisch russisch. Es heißt ungefähr: »Willst du zu den Inseln fahren?« Ja, das ist es; es ist sehr russisch; denn, weißt du, bei uns fährt man zu den Inseln wie wir heute zum Bois de Boulogne, und auf der Fahrt zu den Inseln haben wir uns den »Sacre du Printemps« ausgemalt.«

Zum ersten Mal wurde auf den Skandal angespielt. Wir kehrten im Morgengrauen zurück. Sie können sich nicht die Sanftheit und das Heimweh dieser Männer vorstellen, und niemals werde ich, was Diaghilew auch danach gemacht hat, sein grobes feuchtes Gesicht im Fiaker vergessen, als er im Bois de Boulogne Puschkin deklamierte.

Seit jener Fiakerfahrt datiert unsere echte Freundschaft mit Strawinsky.

Bei einem kürzlichen Zusammentreffen zwischen dem russischen Dichter Majakowskij und mir war Strawinsky unser Dolmetscher.

Das Gespräch nahm keinen guten Verlauf. Es ging nicht nur darum, von einer Sprache in die andere hinüberzuwechseln, sondern auch von einem Zeitalter ins andere. In einem völlig auf den Kopf gestellten Land vermischt sich die Literatur mit dem übrigen. Die Ideen herrschen vor; die Dichter werden Politiker.

Bei uns muß nach einer derartigen Krise das Wortbild gegen die Redeweise reagieren. Auf die Dauer verschwindet das Wortbild, und der Kampf geht um so äußerst delikate Punkte, daß zerstreute oder fremde Leute sie nicht mehr bemerken.

Diese Ökonomie, diese dynamische Reserve gleichen gewissermaßen den Maschinen, die Zinkklischees retuschieren: ein Riesenapparat setzt eine winzige Feile in Bewegung. Darum hinterläßt die Macht unserer besten Epochen in Fremden den Eindruck der Winzigkeit. Stellen Sie sich den Blick vor, den der Riese Majakowskij auf meine Schleuder wirft!

Strawinsky übersetzte immer noch. Von Majakowskijs Gesicht konnte ich nichts ablesen; es war das eines großen Säuglings. Das echte Schauspiel bot unser Dolmetscher; er betrieb eine seltsame Schmuggelei, indem er von Sprache zu Sprache hin und her pendelte und nur das weitergab, was er weitergeben wollte.

Hierin verrät sich der wirkliche Strawinsky. Vergeblich versuchte er, die russischen Ausdrücke zu bereichern und meine zu schmälern; nachdem Majakowskij gegangen war, befanden wir uns wieder unter Landsleuten.

Denn zum ersten Mal wohnte ich diesem Wunder bei: ein Gewitter, das sich nur mit seinem Pomp befaßt, der ihm später eine Kontur verleiht. Die östliche Romantik – Schwermütigkeiten, wilde Erschütterungen – unterstellt sich der lateinischen Ordnung.

Das Genie läßt sich nicht besser analysieren als Elektrizität. Entweder hat man es, oder man hat es nicht. Strawinsky hat es; er kümmert sich nie darum. Niemals macht er sich darüber etwas vor. Niemals berauscht er sich daran. Er setzt sich nicht der Gefahr aus, sich selbst zu rühren, sich selbst zu verschönern oder zu verhäßlichen. Er kanalisiert eine Rohkraft und speichert sie, um sie dienstbar zu machen, in Batterien auf, welche die Größe einer Fabrik oder einer Taschenlampe haben können.

Die Perfektionierung und Differenzierung der Batterien müssen anstelle des alten Problems der Inspiration treten.

Charme verlangt tadellosen Takt. Man muß sich am Rande des Abgrunds aufhalten. Fast alle bezaubernden Künstler stürzen hinein. Rossini, Tschaikowskij, Weber, Gounod – und heutzutage Francis Poulenc – beugen sich darüber, fallen jedoch nicht. Eine tiefe Wurzel gestattet ihnen, sich sehr weit vorzubeugen.

Gibt es etwas Bewundernswerteres als jenen harten Mann, der von der verliebten Meinung gebeten wird »Tyrannisiere mich, schlage mich« und der ihr Spitzen schenkt?

Dieses Geschenk verwirrt sie. Sie versteht besser Schläge.

Über Strawinsky

Vielleicht überrasche ich Sie, indem ich diese Huldigung an Strawinsky mit einer anderen Huldigung beginne, die ich Platons Gastmahl entnehme. Dort spricht Alkibiades, und wohlgemerkt: abgesehen von meiner Jugendlichkeit zur Zeit, als ich Strawinsky kennenlernte, will ich keinerlei Ähnlichkeit zwischen mir und dem Redner behaupten.

Er ist übrigens, sagt dieser Redner, der einzige Mensch, demgegenüber ich eine Empfindung hege, die man in mir nicht zu finden erwartet: daß ich mich nämlich vor jemandem schäme. (Alkibiades spricht von Sokrates.) Doch nur vor ihm schäme ich mich meiner, denn in meinem Gewissen gewahre ich wohl, daß ich, obschon ich keinen Einwand gegen ihn vorzubringen hätte, um etwa nicht zu tun, was er anordnet, mich doch von der Hochschätzung, die mir die Menge entgegenbringt, besiegen lasse, sobald ich von ihm entfernt bin. Und oft genug sähe ich ihn sogar mit Freuden aus der Schar der Menschen verschwunden! Und dennoch, wenn es einträfe, so weiß ich gewiß, daß ich davon einen nur um so größeren Kummer hätte: dergestalt, daß ich schließlich außerstande bin, zu wissen, was meine Gefühle diesem Manne gegenüber sein möchten, von dem ich euch gesagt habe, welchen Eindruck er mir mit seinen Flötenweisen eingeprägt hat.

Et cetera.

Doch ziemt es, all dies in die Vergangenheit und in den Plural zu setzen, denn ich spreche zu Ihnen von meiner Jugend und daß er nicht allein wie Sokrates war, denn er und Picasso haben mich gelehrt, zu leben und mich vor ihrem Wissen zu demütigen. Ja, Picasso und Strawinsky schafften mir oft jene heilsame Scham, und ich habe ihnen, die meine Seele gebildet haben, zu verdanken, was ich bin – jener heilsamen Scham, die mich leider meinen Landsleuten immer verdächtig macht.

Zur Glanzzeit des Russischen Balletts Serge Diaghilews war ich zwanzig Jahre alt und glaubte absurde Privilegien zu besitzen: die der Jugend und der flüchtigen Macht, die sie ausübt.

Picasso und Strawinsky haben mich auf zwei verschiedenen Wegen – Wegen, die man nicht auf den Karten verzeichnet findet – die Überlegenheit von Privilegien gelehrt, bei welchen die Jugend darin besteht, daß dem, was in uns ist, nicht zu altern verstattet wird.

Diese innere Jugend, die ich von ihnen habe, sie ist alterslos, und darum haben ein Strawinsky, ein Picasso kein Alter und werden immer jünger, je mehr sie sich von den sichtbaren Reizen entfernen, um ihrer andere spielen zu lassen und sie der Welt zu lehren, die sie zuerst zurückweist, indem sie mit Häßlichkeit und Unverständlichkeit verwechselt, was doch nur eine immer tiefere und immer geheimere (wenn Sie so wollen: immer weniger mitteilbare) Form der Schönheit ist.

Dies will Picassos bewundernswertes Bonmot sagen: »Man braucht sehr lange Zeit, um jung zu werden.« Mit zwanzig Jahren habe ich neben anderen Torheiten auch die begangen, mich (zugunsten höchst unwerter Theorien) gegen das »Sacre du Printemps« aufzulehnen, das uns alle erschüttert hatte.

Man kennt den Mechanismus der Jugend: die Jungen weisen zurück, was sie erschüttert, als wäre es eine Untreue ihrem Selbst gegenüber, eine Untreue sich selbst gegenüber. Sie verjagen den Eindringling. Und das Seltsame dabei war, daß ich Strawinsky, den meine Angriffe derart verletzt hatten, daß sich ein sehr langes Schweigen zwischen uns ergab, daß ich also Strawinsky royalistischer als den König wiederfand, aufgestan-

den gegen sich selbst und derart latinisiert, daß ihm das »Sacre«
wie ein fremdartiges Werk vorkam und er mich ersuchte, ihm
den Text zu einem Oratorium »Oedipus Rex« zu schreiben,
und zwar auf lateinisch: ein Oratorium, mit dem er sich
vornahm (und er tat's), einen neuen Klassizismus zu erfinden.
(Der hochwürdige Pater Daniélou sprang mir ein wenig fürs
Lateinische bei, das ich, wie ich gestehe, seit meiner Gymna-
sialzeit ein wenig vergessen hatte.)

Selbstverständlich – wie zu erraten ist – verwirrte und lang-
weilte das Werk, und es bedurfte langer Zeit, bis ich in Wien
konstatieren konnte, daß die neue Generation dieses Werk dem
»Petruschka« vorzog, dem sie wegen seiner pittoresken Seiten
und wegen seines Gehalts an russischer Folklore gram war,
einer Folklore, die auch im »Sacre du Printemps« vorhanden
ist, aber im wilden und prächtigen Zustand.

Es ist lächerlich, Strawinsky einen Vorwurf daraus zu
machen, daß er sich dem Dodekaphonismus angeschlossen
hat. Es ist dies die Logik jener Jugend, von der ich zu Ihnen
sprach, und die mit der offensichtlichen Jugend zusammen-
fällt. Soweit, was ich Ihnen über einen der beiden Männer
sagen wollte, mit denen ich Stürme und Widrigkeiten durch-
messen habe.

Soll ich Ihnen gestehen, daß ich diese Art von Freundschaft
hundertmal heiteren und platten Freundschaften vorziehe, und
daß, wenn es Strawinsky beifällt, mich Wechselbädern zwi-
schen seinen Herzensregungen und seiner Zurückhaltung aus-
zusetzen, dies der tiefen und respektvollen Zärtlichkeit keinen
Abbruch tut, die ich ihm gegenüber empfinde.

So hat man mir kürzlich aus Hollywood berichtet, daß
Strawinsky behauptete, eine meiner liebsten Erinnerungen, der
Spaziergang im Bois de Boulogne nach dem »Sacre du Prin-
temps«, nach dem Skandal des »Sacre du Printemps«, gehöre
in den Bereich der Legende.

Das gehörte nicht zum Bereich der Legende, und mein
Gedächtnis ist unfehlbar, vor allem wo es durch Vermittlung
des Herzens etwas aufzeichnete. Absurd wäre es nur, Stra-
winsky ein Aussetzen des Gedächtnisses übel zu nehmen,
denkt man an die unzähligen geheimnisvollen Rechenoperatio-
nen, in denen er haust, an die Zahlen, an die Algebra, die er in
musikalische Wunder verwandelt, und deren Strenge das Ver-
gessen einiger Minuten entschuldigt, während derer Serge

Diaghilew, mit Tränen in den Augen, Puschkin rezitierte –
nach der Première des »Sacre du Printemps« am Ufer des Sees
im Bois de Boulogne.

   Strawinsky ist ein Genie, wie Picasso kürzlich erklärte, sind
die Genies Ungeheuer, doch eben bewundernswerte Unge-
heuer, ohne die man nicht leben könnte.

Der Schweizer Schriftsteller Charles Ferdinand Ramuz lernte Strawinsky im Jahre 1914 durch die Vermittlung Ernest Ansermets
kennen. Zwischen 1915 und 1918 arbeiteten Ramuz und Strawinsky am *Renard* und an der *Histoire du soldat.* Im Jahre 1929
publizierte Ramuz seine *Souvenirs sur Igor Strawinsky,* deren
deutsche Übersetzung 1956 in der »Bibliothek Suhrkamp«
erschien. Der abgedruckte Ausschnitt erinnert an die besondere
Atmosphäre im Hause Strawinskys.

Erinnerungen an Igor Strawinsky

[. . .]Der »Reineke« war der Anlaß zu unserer Zusammenar-
beit, und ich glaube, man lernt sich nur dann wirklich kennen,
wenn man Gelegenheit zu gemeinsamer Arbeit hat. Erst wenn
man sich gemeinsam einer gleichen Materie, einem gleichen
Gegenstand, den gleichen Schwierigkeiten gegenübergestellt
sieht, erst durch beiderseitige spontane Reaktionen, die unmit-
telbar miteinander verglichen werden können und die sozusa-
gen einen gleichen Nenner haben, wird man sich bewußt,
welche Ähnlichkeiten man miteinander hat, worin man sich
unterscheidet, zu welcher Art oder Schlag von Mensch jeder
gehört; man erkennt gewisse tiefliegende Werte, die im Verlauf
einer einfachen Unterhaltung nicht (oder nicht immer) in
Erscheinung treten. Menschen, die den gleichen Beruf aus-
üben, kennen einander wirklich. Der Beruf ist ein Vermittler
und bietet Gelegenheit zu solchem Sichkennen, weil dann
nämlich eine Sache mit dem ganzen Spiel ihrer Möglichkeiten
schließlich an die Stelle der Ungenauigkeiten des Vokabulars
tritt. Man urteilt künftig mit der Unterstützung von Beispielen.
Die Schwierigkeiten sind nicht mehr rein abstrakter Art, son-
dern man muß sie ins Auge fassen; sie sind nicht mehr theoreti-
scher Art, sie setzen ein gemeinsames Handeln voraus, auf das
es zunächst eine »Reaktion« gibt, die den ganzen Menschen

sichtbar werden läßt. Wir kamen fast täglich in dem blauen Zimmer zusammen, von dem aus man den Garten überblickte; wir befanden uns dort zwischen den Rührtrommeln, den Kesselpauken, den großen Pauken, jeder Art von Schlaginstrumenten, zu denen sich kürzlich ein Instrument, von dem oben schon die Rede war, hinzugesellt hatte und das offiziell den Namen »Cymbal« trug. Unter diesen Musikinstrumenten fühlte ich mich als Musiker, ich meine unter diesen Musikinstrumenten, die nichts Esoterisches an sich haben wie das Cello oder sogar das Klavier: ich meine, daß nichts mich daran hinderte, auf sie zu schlagen. Alles, was mit Rhythmus oder Tonumfang oder auch mit Timbre zu tun hat, gehört mir rechtens, weil Rhythmus, Ton und Timbre nicht nur Musik sind – und sie stehen am Anfang der Musik –, sondern sie sind der Anfang aller Künste. Der Musiker Strawinsky liebt es (liebte es), sich in der Musik dort aufzuhalten, wo sie in ihrer Beziehung zu den anderen Künsten »abzuweichen« beginnt: so sehr, daß wir, er und ich, uns mühelos in diesem Punkte begegneten, – abgesehen davon, daß zum »Reineke« ein Text gehörte, daß dieser Text russisch war und daß es darum ging, ihn ins Französische zu übertragen. Die Tapete war von einem außergewöhnlichen Blau, wie Waschblau; uns schien, als säßen wir im Innern eines Würfels, der mit der Axt aus dem Azur herausgehauen worden war. Unten war ein hübscher Obstgarten mit Gras und blühenden Bäumen, in dem den ganzen Tag lang vier schöne rotwangige Kinder umherliefen und lachten (im Russischen sagt man ein »roter« Knabe, ein »rotes« Mädchen, um die schönen Farben der Gesundheit lobend zum Ausdruck zu bringen). Gegen fünf Uhr brachte man uns eine Vespermahlzeit, bestehend aus sehr starkem Kaffee, frischem Brot und Marmeladen. Ich hatte ein Blatt Papier, einen Bleistift. Strawinsky las mir den russischen Text Vers für Vers vor und bemühte sich, jedesmal die Silben jeden Verses zu zählen, deren Anzahl ich am Rande meines Blattes verzeichnete; dann wurde eine Übersetzung davon gemacht, das heißt: Strawinsky übersetzte mir den Text Wort für Wort. Das war ein derart wörtliches Wort-für-Wort, daß es dadurch oft völlig unverständlich wurde, aber es führte zu glücklichen Funden von Bildern (keinen logischen), zu Begegnungen mit dem Ton, deren Frische um so größer war, als ihnen jeder (logische) Sinn fehlte. (Ich habe übrigens – in Parenthese – den

Verdacht, daß auch im russischen Text diese Art Sinn kaum vorhanden war.) Ich notierte mein Wort-für-Wort; sodann kam die Frage der Längen (lange und kurze Silben), auch die Frage der Vokale (die eine Note wurde durch ein o bezeichnet, eine durch ein a, eine andere durch ein i); schließlich und über allen anderen Fragen stand die berühmte und unlösbare Frage nach dem Wortakzent und seinem Zusammenfallen oder Nicht-Zusammenfallen mit dem musikalischen Akzent. Ein allzu häufiges Zusammenfallen ist langweilig; es befriedigt nur unser Gefühl für Takt und Versmaß. Es hätte auch in völligem Widerspruch zu der innersten Natur einer Musik gestanden, die mir abwechselnd entweder vorgesungen oder unter Paukenbegleitung auf dem Klavier vorgespielt wurde; gleichzeitig vorgesungen und vorgespielt, – und sie erreichte mich in ihrer lebendigen Materialität. Sich der Regel beugen, hieße, an dieser Materie selber Verrat üben; aus Prinzip und um jeden Preis gegen die Regel verstoßen, hieße eine Art umgekehrter Logik beweisen, was nicht weniger verlogen, nicht weniger langweilig gewesen wäre. Ferner denke man sodann an die Komplikationen, die sich aus den besonderen Gegensätzen zwischen dem Russischen und dem Französischen ergeben; im Französischen liegt der Akzent nicht auf dem Wort, sondern im ganzen Satz und ist nicht von der gleichen Intensität wie im Russischen; man wird erkennen, daß alles in allem der Schwierigkeiten nicht wenige waren und Stoff zu nicht endenden Diskussionen hätten liefern können. Sie waren jedoch zwischen uns niemals lang. Es herrschte eine heimliche und im voraus gegebene Übereinstimmung. Man hatte sehr bald eingesehen, daß es keine starren Regeln geben würde, daß es keine starren Regeln geben konnte, daß es keine geben durfte. Wir hatten sehr bald eingesehen, daß es nur Sonderfälle geben würde. Jeder von ihnen trug seine eigene Lösung in sich, und Lösung ist nicht das richtige Wort, denn jeder von ihnen verlangte eher eine Entscheidung durch den Geschmack als durch das Begreifen, und zwar im diskursiven wie im analytischen Sinn. Man kochte die Suppe. Wer die Suppe kocht, schmeckt sie ab und fügt dann Wasser oder Salz hinzu. Man bereitete ein Gericht zu, das schmackhaft gemacht werden mußte; das ist Sache des Gaumens. Dieser Akkord, dieses Timbre, dieser Vokalwert (im Russischen); der russische Tenor singt andererseits so, daß er auf einer bestimmten Silbe

den Ton so und so lange anhalten läßt: was soll der französisch
singende Tenor tun, wenn er das Motiv des musikalischen
Tonsatzes nicht verletzen will? Man mußte dazu jedesmal das
klangliche Äquivalent finden, ohne dabei den Sinn zu verges-
sen, dessen Äquivalent ebenfalls gefunden werden mußte:
jedesmal und für jeden einzelnen Vers, und es gab deren
Hunderte. Ich ging dann mit einem reichgefüllten Schulheft
nach Hause zurück, das vollgeschrieben war mit diesem
»Wort-für-Wort« und mit musikalischen Anweisungen; mit
ihm mußte ich mich dann herumschlagen, was noch gar nichts
bedeutet hätte, wenn diese Verse wenigstens Verse im üblichen
Sinn gewesen wären, wenn sie beispielsweise wenigstens, oder
beinahe, die gleiche Länge gehabt hätten; aber wenn auch die
Musik mit ihren dauernden Taktwechseln gegeben war, so
erkannte man doch, daß diese selber ständig wechseln mußten;
feinste und genaueste Unterschiede, selbst die kleinsten, muß-
ten beachtet werden: so folgte auf einen Vers von sieben Silben
mit Vorliebe ein Vers von acht, auf einen Vers mit acht Silben
einer mit neun: sieben, acht, neun, – oder umgekehrt, – acht,
sieben, sechs: Kopfzerbrechen. Wir hatten die guten Mahlzei-
ten durchaus verdient, die uns die alte Njanja kochte und die,
spät begonnen (mit meinem Heft in der Tasche), sich bis in die
Stunde des letzten Zuges hinzogen; mit Wodka (als Anfang),
dann Bliny, dann Schtschi (ich weiß nicht mehr genau),
Haschees, zarte, mit zerlassener Butter übergossene Pasteten;
auch mit Zusammenstellungen aus Suppe und Fleisch, mit
diesen Rote-Rüben-Suppen, deren Rot so dunkel war, daß ich
an die mythischen Zeiten der russischen Geschichte denken
mußte, in denen erzählt wird, daß die Sieger das Blut ihrer
Feinde aus Schädeln tranken (und wir aus Tellern). [. . .]

Nikolas Nabokov, der für Diaghilews »Ballets russes« 1928 ein
Ballett-Oratorium *Ode* schrieb, lernte Strawinsky am Ende der
zwanziger Jahre in Paris kennen. Beide arbeiteten in den Studios
bei Pleyel. Später, als Strawinsky in Amerika lebte, wurde aus der
flüchtigen ersten Begegnung eine freundschaftliche Beziehung.
Nabokovs Erinnerungen an Strawinsky in Amerika finden sich in
seiner Strawinsky-Biographie, die 1964 im Colloquium-Verlag
Berlin erschien.

1934/35 unternahm Strawinsky eine längere Reise in die Verei-
nigten Staaten. Bereits damals sprach er davon, Europa, das
der Katastrophe entgegeneilte, verlassen und sich in den USA
niederlassen zu wollen. Seit 1920 hatte sich in Europa vieles
verändert. 1929 war Diaghilew gestorben; 1933 hatte Balan-
chine Europa verlassen; und der wirtschaftliche Zusammen-
bruch von 1929 hatte Strawinskys europäisches Einkommen
stark beschnitten. Außerdem stand der mitteleuropäische
Musikmarkt unter der Kontrolle der Nationalsozialisten, die
Strawinsky zu einem der Hauptsündenböcke der »entarteten
Kunst« erklärt hatten. Doch mußte die Umsiedlung nach Ame-
rika noch einige Jahre aufgeschoben werden, bis die Umstände
günstig waren.

Die Jahre 1938/39 waren tragische Jahre im Leben Strawin-
skys: Todesfälle in der Familie und eigene Krankheit. Zuerst
starb seine Mutter, die er unter großen Schwierigkeiten und
Komplikationen aus der Sowjetunion herausgeholt hatte, dann
starben seine Frau und seine älteste Tochter. Er selbst erkrankte
wieder an Tuberkulose, unter der er bereits als Kind und sein
ganzes späteres Leben in periodischen Abständen gelitten hatte.

Glücklicherweise erhielt er von der Harvard-Universität die
Einladung, »Norton-Lectures« zu halten.

Während ich die Worte »Norton-Lectures« schreibe, taucht
blitzartig die Erinnerung an ein Gespräch mit Strawinsky auf,
das 1940 in New York stattfand.

Ich: »Wie viele Vorträge werden Sie halten, Igor Fjodoro-
witsch?«

S.: »Ja, sehen Sie ... man hat mich um zehn gebeten, aber
ich habe ihnen gesagt, daß ich für zehntausend Dollar aller-
höchstens sechs halten kann ... Anders kann ich es einfach
nicht machen.« (Pause). »Warum runzeln Sie die Stirn, Nika?«

Ich: »Aber ich runzele doch gar nicht die Stirn ... Ich
verstehe nur Ihre Art zu rechnen nicht.«

S. (beunruhigt): »Was meinen Sie damit?«

Ich: »Ja ... Wie teilen Sie denn zehn durch sechs ... Ich
meine zehntausend Dollar durch sechs Vorträge?«

... Wieder Pause, dann ein breites Grinsen ...

S.: »Ich verstehe, ich verstehe ... Sie haben ganz recht ...
Ich hätte den Leuten sagen sollen, daß ich fünf Vorträge für

zehntausend Dollar halten würde ... und einen extra, als eine Art ›encore‹, als Geschenk.« Es folgte ein großer Schluck aus der Whisky-Flasche.

Er verließ Europa nach Ausbruch des Krieges und ging zuerst nach Harvard, wo er seine Vorträge zu halten hatte. 1940 ließ er sich dann in Hollywood nieder und heiratete die Frau, mit der er bereits sehr lange befreundet gewesen war: die schöne, charmante, geduldige, hochintelligente und aufopferungsbereite Vera Arturowna de Bosset, eine begabte Malerin und Kunstkennerin. Gemeinsam bilden Igor Fjodorowitsch und Vera Arturowna eine Einheit, sie sind unzertrennlich. Sie folgt ihm überall auf seinen endlosen und immer länger werdenden Tourneen. Der eigentliche Wohnsitz der Strawinskys bleibt Hollywood, obwohl sie nur einen kleinen Teil des Jahres dort verbringen. Meistens sind sie auf Reisen. Manchmal fangen sie an, von einer Rückkehr nach Europa oder einem Umzug nach New York zu sprechen. Freunde, darunter auch ich, drängen sie dazu ... Doch dann denken Vera Arturowna und Igor Fjodorowitsch an all die Schwierigkeiten, die mit einem Umzug verbunden wären, und bleiben bei ihrem alten Heim in Hollywood.

Strawinsky, dessen Ruhm ständig gewachsen ist, ist zu einem der »monuments historiques« unserer Zeit geworden. Er wird von Staatsoberhäuptern gefeiert, von Akademien geehrt und mit zahlreichen Preisen ausgezeichnet ... Er dirigiert nur ein oder zwei Stücke in jedem Konzert, den Rest überläßt er seinem Assistenten, Mitarbeiter und Freund, Robert Craft.

Er hat einen Herzanfall gehabt und dann einen leichten Schlaganfall, seitdem hinkt er, und das Gehen fällt ihm schwer. Doch das Hirn, ganz besonders jener Teil, der das Komponieren kontrolliert, ist frisch und agil. Zwar kann er sich nicht mehr auf längere Arbeiten konzentrieren, aber die straffende serielle Technik, die er verwendet, macht lange, formale Entwicklungen schwierig und überflüssig.

Vor drei Jahren kehrte er zu einem Besuch nach Rußland zurück.

Ein weiterer Erinnerungsblitz:

... Bei einem Essen, das der verstorbene Präsident und Mrs. Kennedy zu Ehren von Strawinskys achtzigstem Geburtstag gaben, fragte in der Zigarrenpause nach dem Essen jemand Strawinsky, was er von »all diesen sowjetischen Komponisten,

diesen X, Y und Zs« (und er nannte ein paar Namen) halte. Ich hatte geglaubt, diese Frage werde Strawinsky in Verlegenheit bringen. Doch ich hatte mich geirrt. In seiner höflichsten Art wandte sich Strawinsky dem Präsidenten zu und antwortete: »Herr Präsident, ich habe Rußland 1914 verlassen und bin bisher niemals in der Sowjetunion gewesen. Weder habe ich die Werke dieser Komponisten studiert, noch habe ich viele von ihnen gehört. Ich kann also kein gültiges Urteil abgeben.« – Und der Präsident blickte mich über Strawinskys Schulter an und lächelte beifällig.

Im Herbst 1961 reiste Strawinsky nach Rußland. Er sah es nach siebenundvierzig Jahren der Abwesenheit zum erstenmal wieder. Er wurde wie ein König empfangen und von jedermann mit großer Ehrerbietung behandelt. Dieser Empfang muß Strawinsky mit einem Gefühl innerer Genugtuung erfüllt haben, nachdem er in der stalinistischen Ära von der sowjetischen Kulturpropaganda als »serviler Lakai des Wall-Street-Imperialismus« und »dekadenter Formalist« gebrandmarkt worden war. Sein Name war stets als der eines »Rädelsführers der westlichen Reaktionäre« hervorgehoben worden.

Er wurde von Chruschtschow empfangen. »Wir sprachen nicht über Musik«, berichtete Strawinsky. »Chruschtschow war gerade von einer Reise nach Zentralasien zurückgekehrt und wußte die interessantesten Dinge über das Bewässerungssystem in diesen jungfräulichen Landstrichen zu berichten... Chruschtschow ist ein fesselnder Erzähler... Ich hätte ihm den ganzen Tag lang zuhören können.« Was mich in Erstaunen versetzte, war die tiefe Rührung, die das Wiedersehen mit seinem alten St. Petersburg in ihm auslöste. »Nika... Nika, Sie müssen einfach hinfahren... Sie müssen das sehen!!! Es ist... es ist superb, die schönste Stadt der Welt... ein zweites, besseres Venedig!!! ...und so gut wiederaufgebaut und so gepflegt.«

Vera Arturowna sagte später, als wir allein waren: »Du weißt doch, wie gut ich ihn kenne... Aber vor dieser Reise habe ich niemals gewußt, in welchem Maße er Russe ist... Kakoj on Russkij.«

Strawinsky ist um den ganzen Erdball gereist. Seine Reisen in den letzten Jahren allein hätten einen jüngeren Menschen außer Atem gebracht. Er hat die meisten Länder der Welt besucht und dort dirigiert. Ausnahmen sind China und Zentralafrika. »In Afrika«, sagt Strawinsky, »braucht man mich noch nicht. Da gibt es ausgezeichnete Trommler und Balaphonspieler... Aber vielleicht«, und er grinst, »sollte ich ein Stück für Balaphonorchester und acht Trommler schreiben... oder sollte ich das lieber den... Jungens aus Darmstadt überlassen?«

Wie der Kapitän sein Schiff nicht verläßt, so kann auch Strawinsky sich nicht vorstellen, seine Dirigentenverpflichtungen aufzugeben, die ihn innerhalb von zehn oder vierzehn Tagen oft zweimal über den Atlantik führen. Und wenn ich oder jemand anders versucht, ihn zum Aufhören zu bewegen, wird er böse und sagt: »Was soll ich denn eurer Meinung nach tun... in einer Laube sitzen und mich zu Tode langweilen?«

Aus einem Brief, den er mir erst kürzlich schrieb: »Und bitte, lieber Nika, sorgen Sie dafür, daß wir in Berlin in einem bequemen Hotel wohnen. Wir brauchen gute Betreuung, denn wir sind ziemlich unelastisch geworden...« Und im nächsten Brief (zwischen beiden liegen nur wenige Wochen) gibt er mir seinen Plan für die Frühjahrs- und Sommermonate: »Los Angeles – Ann Arbor – New York – Los Angeles – London – New York; Los Angeles – Israel – Paris – Berlin«... Proben, dirigieren, Leute treffen, einpacken, auspacken (welch ein Zeremoniell für Strawinsky) und dazwischen ein, zwei oder drei neue Werke schreiben. Eine recht ansehnliche Leistung für einen Mann in den Achtzigern.

Strawinsky hat in seinem Leben viele Freunde gehabt und wieder verloren. Von seiner eigenen Generation sind wenige übriggeblieben, die er als enge Freunde betrachten könnte. Mit einigen hat er gebrochen, andere sind gestorben. Das Jahr 1963 war für ihn ganz besonders grausam und hat ihm sehr zugesetzt. Zuerst der Tod Cocteaus; dann die unheimliche Tragödie von Dallas, die mit dem Tode Aldous Huxleys zusammenfiel, dem Strawinsky sehr zugetan war. Dann folgte der Tod C. A. Hartmanns. Ein Jahr früher war Rosbaud gestorben... Heute leben nur noch wenige Menschen, die Strawinsky nahestehen und ihm länger als ein Jahrzehnt in Freundschaft verbunden sind. Wie der alte Talleyrand sagte: »Ce ne sont pas les années qui me manquent, ce sont les hommes*.«

* »Nicht die Jahre fehlen mir, sondern die Menschen.«

Doch Freunde, wie nahe sie ihm auch stehen mochten, hatten nur wenig Einfluß auf Strawinskys Schaffen. Er hat Mitarbeiter gehabt, die eine bedeutende, wenn auch im allgemeinen nur flüchtige Rolle in seinem Leben und Werk spielten. In seinen jungen Jahren: Alexandre Benois, Mitusoff; dann, während der Schweizer Zeit: Gagnebin, Ramuz und Ansermet. Später kamen die Jahre der engen Zusammenarbeit und Freundschaft mit Cocteau und Picasso.

Dennoch hat es in seinem langen Leben drei Menschen gegeben, die sich von seinen anderen Mitarbeitern dadurch unterscheiden, daß sie in hohem Maße seine Karriere mitgestalteten und -formten.

Von Diaghilew habe ich bereits gesprochen. Es fällt schwer, sich vorzustellen, wie sich Strawinskys Karriere entwickelt hätte, wäre Diaghilew in den ersten Jahrzehnten unseres Jahrhunderts nicht sein Waffenbruder und Protagonist gewesen.

Eine weitere und in gewisser Hinsicht viel dauerhaftere Freundschaft und Zusammenarbeit verbindet ihn mit George Balanchine. Wäre Balanchine nicht gewesen, wäre wohl ein großer Teil von Strawinskys Musik für andere Zwecke geschrieben worden.

Über Balanchine ist bereits viel gesagt worden. Noch mehr bleibt zu sagen, denn die Begabung dieses Mannes ist einmalig. Sie läßt sich mit der Begabung keines anderen mir bekannten Choreographen oder »maitre de ballet« vergleichen. George Balanchine ist im wesentlichen und vor allem Musiker. Ballett-Tanz und klassische Ballettchoreographie sind für ihn die Umsetzung von Musik in körperliche Bewegung innerhalb des Rahmens der festliegenden Regeln seines Handwerks.

Balanchines Bewunderung für Strawinsky ist vollkommen. Er liebt in Strawinsky den schwierigen und komplexen Musiker, den Handwerker, dessen verborgenste musikalische Intentionen er versteht und in Ballettchoreographie überträgt. Balanchines Beitrag zur Entwicklung des Ballettstils ist bestimmt von den Bedürfnissen und Erfordernissen der Musik, hauptsächlich Strawinskys Musik.

Deshalb empfinden die beiden Männer neben ihrer Freundschaft und Zuneigung füreinander (»Nichts«, sagte kürzlich Strawinsky, »hat je George Balanchine beflecken können. Er ist so rein, wie er stets gewesen ist . . . so sauber wie chinesischer Reis.«) einen grenzenlosen Respekt für die Kunst und das

Handwerk des anderen. Deshalb haben sie von Balanchines erster Choreographie zu Strawinskys Musik »Le Chant du Rossignol« (1925) bis zum heutigen Tage so eng zusammengearbeitet.

Und schließlich muß ich auch Strawinskys jetzigen Assistenten und Mitarbeiter, Robert Craft, erwähnen. Er hat im persönlichen Leben Strawinskys eine bedeutende Rolle gespielt, teilweise durch seine unermüdliche Arbeit als Kodirigent, Mitherausgeber von Strawinskys Memoiren, die unter dem Titel »Conversations with Robert Craft« erschienen sind, als Helfer und Freund-Impressario, der Strawinsky folgt oder ihm vorausreist, wohin er auch geht.

Doch davon ganz abgesehen, scheint mir die Rolle, die Robert Craft im Leben Strawinskys gespielt hat, von historischer Bedeutung zu sein. Robert Craft tauchte 1946 oder 1947 am Horizont des Lebens Strawinskys auf, der damals gerade »The Rake's Progress« schrieb. Der sensitive und aufnahmebereite, wohlinformierte und belesene Robert Craft spürte sofort, daß »The Rake's Progress« Höhepunkt und Gipfel einer bestimmten Stilrichtung war und daß Strawinskys Forscherdrang nach neuen Jagdrevieren, neuen Stimulanzen, neuen Möglichkeiten verlangte.

Mit viel Geschick und Sorgfalt und, meiner Meinung nach, großer Fähigkeit brachte er den immer jungen Strawinsky dazu, seine Einstellung zu den drei großen Komponisten unserer Zeit – Schönberg, Berg und Webern – zu revidieren, mit deren Werken sich Craft sehr eingehend beschäftigt hatte, die er sehr gut kannte und zutiefst bewunderte. Robert Craft war für Strawinsky in gewisser Hinsicht eine »Gottesgabe« in seiner Hollywood-Isolierung. Er beeindruckte beide Strawinskys durch seinen Verstand, sein Allgemeinwissen und seinen gierigen Appetit auf alles Neue in der Kunst.

»Er weiß einfach alles!« ruft Strawinsky aus, wenn er von ihm spricht. »Er liest alles, beschäftigt sich mit allem. Er übertrifft den ›Larousse‹!«

So wurde Bob, der Hausfreund; Bob, der Mitarbeiter; Bob, der Memoirenschreiber; ganz ausgesprochen Bob, der Mentor. Der begeisterungsfähige junge Mann eröffnete dem alten Meister neue Ausblicke und Möglichkeiten.

Es war Bob, der Strawinsky mit der Musik der Renaissance, der Musik Machaults, des Meisters Isaak, der »isorhythmi-

*schen Motette«, dem Madrigalstil Gesualdos und vor allem mit
der jungen Komponistengeneration in Paris, Köln, New York
und anderwo bekannt machte. Durch Bob Craft und einen
anderen alten Freund, Pjotr P. Suwtschinsky, den Begründer
der »Domaine Musical« in Paris, kam Strawinsky mit Boulez,
Stockhausen, Berio, Cage, Babbit und vielen anderen Komponisten der jungen Schule in Berührung. Und es ist weitgehend
dem Kontakt mit Bob Craft zu verdanken, daß Strawinsky
vom »Canticum Sacrum« an Musik in der seriellen Technik
geschrieben hat.*

*Jede historische Periode hat ihren ganz bestimmten Geist. Der
Genius unserer Zeit ist eng mit dem Wandel verbunden. Jeder
Tag bringt neue Entdeckungen, neue Erkenntnisse wie auch
neue Enttäuschungen, neue Tragödien, neue und neuartige
Verzweiflung. Unser Jahrhundert ist voll absurder Kampflust,
Grausamkeit und Ungerechtigkeit, doch ist es auch durchdrun-
gen von Sehnsucht nach Besserem und Größerem. Es ist ein
zutiefst widersprüchliches, folglich ironisches Zeitalter, wenn
auch vielleicht nur deshalb, weil die Möglichkeiten des Menschen, Gutes oder Böses zu tun, viel größer zu sein scheinen als
je zuvor und alle Grenzen überschreiten.*
    *In der Kunst ist es ein Jahrhundert des raschesten Wandels,
den die Welt je erlebt hat. Darum auch glaube ich, daß Strawinsky ein so echtes Symbol oder vielmehr ein so wahres
Abbild seines Jahrhunderts ist. Seine chamäleonähnliche Gabe
des Synkretismus und der schnellen Veränderung läßt sich nur
mit der seines Zeitgenossen Pablo Picasso vergleichen. Beide
Männer haben in ihrer Kunst die Produkte und Leistungen der
westlichen Tradition herausdestilliert und haben dann die
Kunst unserer Zeit immer weiter vorangetragen zu neuen
Ufern, neuen Kontinenten.*
    *Doch gibt es in Strawinskys Fall ein zusätzliches Element,
das in meinen Augen sein Format und die Gültigkeit seiner
Kunst noch erhöht: sein tiefwurzelndes, zutiefst russisches
Gefühl der Ehrfurcht vor Gott und allen seinen Geschöpfen,
das Element des »Dienens« in seiner Kunst.*

Mit dem folgenden Eintrag beginnt Robert Craft sein Tagebuch
über Igor Strawinsky, das in London als *Chronicle of a Friendship*
im Jahre 1972 vollständig publiziert wurde. Noch im selben Jahr

erschien in Frankfurt dieses Buch in deutscher Übersetzung unter dem Titel: Igor Strawinsky mit Robert Craft, *Erinnerungen und Gespräche.* Diesem Band ist der folgende Auszug entnommen.

31. März 1948

Washington, D. C. Als ich heute morgen im Hotel Raleigh zu meiner Verabredung mit Strawinsky eintreffe, geht Auden auf und ab in der Halle. »*Der Nachtzug aus Pittsburgh hatte Verspätung*«, *sagt er,* »*und die Straws empfangen noch nicht.*« *Ob er dann nicht, frage ich ihn, ein zweites Frühstück haben möchte? Aber nein, das möchte er nicht:* »*Es gibt keine knusprigen Brötchen im Amerika.*« *Statt dessen zappelt er umher, raucht kettenweise und liefert eine Laienanalyse* »*des alten Knaben, für den offensichtlich Geld die Mutterfigur darstellt*«. *Plötzlich fällt ihm* »*The Rake's Progress*« *ein: er gräbt in einem ramponierten Diplomatenkoffer und holt das Typoskript hervor, das in ein Exemplar der New York Times eingewickelt ist. Weil er vielleicht bloß mit einer kurzen Wartezeit rechnet, schlägt er das Libretto gleich bei der letzten Szene auf, reicht es mir und sagt:* »*Dies könnte Sie vielleicht interessieren.*« *Dann, während ich mich der Lektüre widme, schlägt er in der Times die Todesanzeigen auf, zeigt seine Enttäuschung, wendet sich daraufhin der Bücherseite zu, stöhnt und beobachtet mich danach aus dem Augenwinkel. Ich erkläre ihm, daß ich die Szene in Bedlam für die schönste Poesie halte, die je für eine Oper bestimmt war, und er reagiert darauf, indem er mir zusätzliche zehn Minuten zubilligt, den restlichen Text zu lesen, d. h. etwa die Zeit, die er gebraucht hätte, ihn zu lesen. Tatsächlich habe ich kaum die erste Szene beendet, als er aufspringt und verkündet:* »*Gewiß muß der alte Knabe jetzt soweit sein*«; *worauf er im Eilschritt sich zum Empfang begibt, um anzuläuten.*

»Die Lily-Pons-Suite«: so verkündet das Türschild; aber uns wird Einlaß gewährt von der hochgewachsenen, königlich schönen Frau S. im blauen Turban und weißen Morgenrock aus Pikee. Herr S. wartet hinter ihr in einem Schlafrock; während der ganzen Unterhaltung versteckt er sich hinter ihr und bleibt in ihrem Schatten, eine kleine, zahme Maus bei einer großen, freundlichen Katze. Sie begrüßen mich herzlich und

ersticken Auden, den sie seit den Besprechungen über das Libretto vergangenen November in Hollywood nicht gesehen haben, mit Küssen à la russe. Auden jedoch, so liebens-, ja küssenswert er auch ist, bleibt schließlich doch ein Produkt der englischen Privatschulen und ist von solch offenen Gefühlsbezeugungen einfach schockiert. Er zuckt zusammen und stellt schnell zur Ablenkung eine Reihe von Fragen nach der Gesundheit des Ehepaars S., dem Haus und den Sperlingspapageien, nach anderen Vögeln und Katzen. Dann auch – ja, meine Güte: wir haben die Oper vergessen. Und wieder gräbt er nach dem Manuskript, das diesmal wie ein Schulaufsatz überreicht wird. Herr S. nimmt es feierlich, sogar abergläubisch entgegen und bittet Frau S. (»Veruschka« diesmal, bei anderen Gelegenheiten »Vjerotschka«) Whisky zu bringen: sonst nicht Audens Getränk, aber diesmal schluckt er es. Vier Zahnputzgläser werden schnell auf das Glück der Oper geleert, wonach ich mich weniger nervös fühle, wenn auch ein bißchen zu gut geschmiert. Aber warum war ich von Anfang an nicht sogar noch nervöser? Hat das seinen Grund darin, daß Herr S., sowohl von seiner Musik her, wie auch von den Proben und Konzerten, bei denen ich ihm zugehört und zugeschaut hatte – zuweilen deswegen per Anhalter nach Washington, Philadelphia und Boston fahrend –, mir schon so gut bekannt vorkommt?

Herr S. erzählt von seinem neuen Konzert für Streicher, dem »Basiliensis«, und der Aufführung unter seiner Leitung vor ein paar Wochen in Mexiko-City. Während alle Zwiesprache mit Frau S. sich auf Russisch abspielt (ich habe das Gefühl, sehr viel Zeit wird darauf verwendet, mich in die Sitzordnung fürs Mittagessen einzubauen), erzählt er in einem Gemisch von handlichen Redewendungen französischer, deutscher und englischer Sprache. Aber sein Streben nach wortwörtlicher Genauigkeit und seine Selbstunterbrechungen, um englische Äquivalente für fremdsprachliche Ausdrücke zu verlangen, können ärgerlich sein. Einmal verlangt er Aufklärung über den Unterschied zwischen einem »cad« und einem »bounder« – Wörter, die ihm in einer Detektivgeschichte begegnet sind. Doch außer der Unterscheidung, daß einer dieser Termini sich hauptsächlich auf moralisches, der andere hauptsächlich auf gesellschaftliches Benehmen bezieht, entgeht mir Audens Antwort, die sonst hätte unsterblich werden kön-

nen: just in diesem Augenblick muß ich nämlich dem
Kellner die Tür aufmachen.

    Nach den volkstümlichen Vorstellungen vom Wandel des
menschlichen Körperbaus bedeutet S. einen gewissen Rück-
schlag. Er ist so außergewöhnlich, zumindest in physischer
Hinsicht, daß nichts weniger als eine lebensgroße Statue (nicht
bloß ein Kopf oder eine Büste) oder eine ebensolche Zeichnung
(das Porträt des Sitzenden von Picasso ist irreführend) seine
Einmaligkeit vermitteln könnte: die zwerghafte Gestalt, die
kurzen Beine, die Fleischlosigkeit, die Fußballerschultern, die
großen Hände und breiten Handknöchel, der kleine Kopf mit
zurückweichendem Stirnknochen, das sandfarbene Haar (auf
Fotos schwarz), der glatte, rote Nacken und der hohe Haaran-
satz. Tatsächlich ist er so faszinierend anzuschauen, daß es
eine Anstrengung bedeutet, sich auf das zu konzentrieren, was
er sagt. Und wenn man aus dieser mißlichen Lage herausgefun-
den hat, bleibt immer noch das größere Problem, wie man
reagieren soll. Viele seiner Bemerkungen sind so verblüffend,
absolut und ausschließlich wie übertrieben und »parti-pris«,
daß der Hörer nicht sicher sein kann, ob er hochgenommen
werden soll oder nicht. Zu dieser Schwierigkeit kommt hinzu,
daß offensichtlich Zustimmung erwartet wird, egal, was er
sagt, und daß der Komponist »in persona« häufig das Gegen-
teil zu sagen scheint von dem, was er in der Autobiographie
sagt, zumindest, was einige seiner Kollegen angeht. Eine
Erwähnung der Sinfonischen Stücke für Blasinstrumente
– Gegenstand unseres heutigen Gesprächs ist meine bevorste-
hende Aufführung dieses Opus in New York – ruft einen
Wortschwall gegen Ansermet und dessen kürzlich gesendete
Rundfunkaufführung des Werks mit dem NBC-Sinfonie-
Orchester hervor.

    Doch erwidern muß man. Ich mache es mir leicht mit einem
Witz über »Hollywood-Komponisten, die ihre Orchestrierun-
gen in Auftrag geben, und deren Partituren mit der Aufschrift
›Farbstoffe verwendet‹ versehen werden sollten wie die Etiket-
ten von Lebensmittelbüchsen«. Aber ich weiß überhaupt nicht,
wie ich auf seine Verdammung des Violinkonzerts von Beetho-
ven reagieren sollte, auf seine Behauptung: »Jenes Dis im
ersten Satz ist ein so häßlicher Ton.« Oder auf das Nietzsche-
sche Argument, das der deutschen Musik ihr Deutschsein
absprechen möchte: »Denn, Sie verstehen doch: Bach war

Sachse, Beethoven Flame, Haydn Kroate, Mozart Österreicher, Mendelssohn Jude.« Ich streite mich nicht wegen dieser volkskundlichen Zuschreibungen, noch schlage ich andere Kandidaten vor; Auden tut es aber auch nicht, und sie werden ihm nicht weniger albern vorgekommen sein als mir.

Für eine Weile gruppieren wir uns paarweise. S. und Auden schauen sich das Libretto an, während Frau S. und ich über Bücher plaudern. Ihr Englisch ist so bezaubernd wie alles andere an ihr. Jedoch ist ihr Akzent eigentlich mehr französisch als russisch. »Sagen Sie mir bitte: was bedeutet ›Doktrin‹?«, fragt sie, aber das Wort hört sich so französisch an, daß ich nicht umhin kann zu antworten: »Eine Ärztin.« Ihre langen Wimpern flattern langsam und verführerisch über ihren großen blauen Augen, während sie fragt, ob ich auch ihrer Meinung sei, daß »Frauen mehr Verständnis für Blumen haben als Männer und daß intellektuelle Männer Blumen, außer Nelken oder Rosen, kaum je bemerken und unfähig sind, sie zu unterscheiden? Nicht nur hat Wystan unsere Sträuße nicht gerochen, sondern er hat tatsächlich seinen Mantel auf ein Büschel Gardenien gelegt, das noch in der Schachtel war. ›Igerr‹ liebt Blumen«, fährt sie fort, und läßt mir keine Zeit, über das Verhältnis zwischen Gleichgültigkeit gegen Blumen und männlichem Intellekt nachzudenken, »und hat immer Blumen in seinem Arbeitszimmer. Er pflegt und gießt sie auch selber, ja arbeitet jeden Tag im Garten, wenn er Zeit hat.« Jedoch ist »Igerrs« Ergötzung an den Blumen weniger auffallend als sein zwanghaftes Falten und sorgfältiges Wegstecken der Einwickelpapiere und Bänder.

Das Mittagessen ist einem eher zur Erholung von S.'s massiver Aufmerksamkeit unter vier Augen willkommen als in kulinarischer Hinsicht. Nun werden wir aber blau: ich jedenfalls. Und mein Kopf fängt an, sich wie ein Feuerrad zu drehen, als wir halbwegs durch die dritte Flasche Bordeaux durch sind, worauf Auden bei unversehrtem Verstand über die Linguistik als Schlüssel zur Gedankenstruktur zu plaudern anfängt und über die »britische Amme als wahren Quell aller Philosophie auf den empirischen Inseln des Empire«. Er wertet die Philosophie weiter ab mit der Behauptung, daß »sie sowieso nichts anderes als ein Spiel sein kann«, nach dem Wort des Paulus, daß »wir ein Teil dessen sind, was wir wissen«. Abgesehen davon kann ich mich nur an das Getue von S. wegen eines

wackligen Tisches erinnern, an den Verdruß, den ihm ein
ungeschickt hantierender Kellner verursacht, an die Besessen-
heit, mit der er Brotkrümchen zusammenscharrt, und an die
entschuldigende Geste, mit der er zwei Flecken an der Tisch-
decke wegreibt (wofür möchte er nur um Verzeihung bitten?)
Er macht auch eine wunderbare Bemerkung, etwa des Inhalts,
daß »Musik das beste Mittel ist, das wir haben, die Zeit zu
verdauen«. Und er redet ziemlich ausführlich über Wörter, was
recht langsames und langwieriges Übersetzen mit sich bringt
und wovon ich, wahrscheinlich wegen ihrer Unlogik, nur die
Auskunft im Gedächtnis behalte, daß der russische Ausdruck
für Marienkäfer »Gottes Kühlein« ist. Nach einigen Mokkatas-
sen Espresso zieht sich S. auf ein Nickerchen zurück, wie er
sagt; Frau S. jedoch prophezeit, es werde bis zum Abendessen
dauern.

Der amerikanische Geiger Samuel Dushkin lernte den Komponisten durch die Vermittlung Willy Streckers, des Mainzer Musikver-
legers, kennen. Dushkin beriet Strawinsky bei der Einrichtung der
Solostimme des Violinkonzerts, er war Solist der Berliner Uraufführung, und beide Musiker arrangierten einige Sätze früher Ballette Strawinskys für Klavier und Violine. Für ihre gemeinsamen
Konzert-Tourneen schrieb Strawinsky ein *Duo concertant.*
   Dushkins Erinnerungen an Strawinsky erschienen 1949, die
deutsche Übersetzung seines Aufsatzes findet sich in dem Heft
Strawinsky, Wirklichkeit und Wirkung in der Reihe *Musik der Zeit*,
Bonn 1958.

Arbeit und Zusammenarbeit

Eines Abends, es war im Jahre 1930, diskutierten mein Verle-
ger und Freund Willy Strecker, Mitinhaber des Musikverlages
Schott's Söhne, und ich über zeitgenössische Musik im allge-
meinen und über zeitgenössische Violinmusik im besonderen.
Wir empfanden beide, daß, wenn Strawinsky bewogen werden
könnte, ein Konzert für Violine und Orchester zu schreiben,
damit ein sehr bedeutender Beitrag zur Violinmusik zustande
käme. Wir beschlossen also, Strawinsky unsere Anregung
nahezubringen. Da ich Strawinsky niemals getroffen hatte,
erklärte sich Strecker bereit, mit ihm zu sprechen.

Wenige Wochen später, während ich in Deutschland spielte, erhielt ich ein Telegramm von Strecker, der mich bat, sobald wie möglich in sein Heim nach Wiesbaden zu kommen, weil Strawinsky, der gerade in Wiesbaden dirigierte, interessiert sei, ein Konzert für Violine und Orchester zu schreiben. Er fügte hinzu, daß Strawinsky den Wunsch hätte, mich während der Zeit, da er das Konzert komponierte, in seiner Nähe zu haben. Ich war über Strawinskys Haltung erfreut, weil ich mich erinnerte, daß manche der großen Violinkonzerte geschrieben wurden, während ein mitlebender Geiger beratend zur Seite stand. Das Brahms-Violinkonzert wurde in enger Zusammenarbeit mit Joachim komponiert, und sogar Mendelssohn, der selbst Geige spielte, bat seinen Freund Ferdinand David, ihm zu helfen, weil David als Konzertgeiger mehr Erfahrung hatte.

Auf meinem Weg nach Wiesbaden war ich ziemlich nervös. Ich hatte immer gehört, daß Strawinsky schwierig war und barsch sein konnte, wenn er jemanden nicht mochte. Ich erinnerte mich an die Geschichte des Pianisten in Paris, der während der Pause eines Konzertes zu Strawinsky hinaufging und sagte: »Maître, wann kann ich Sie besuchen?« Strawinsky zog seinen kleinen Kalender heraus, begann die Seiten umzuwenden und sagte: »Pas lundi, pas mardi, pas mercredi« (Montag nicht, Dienstag nicht, Mittwoch nicht), hielt dann inne und sagte: »Jamais, Monsieur!« (Überhaupt nicht, mein Herr!).

Unsere erste Zusammenkunft hätte in keiner wärmeren und freundschaftlicheren Atmosphäre stattfinden können als in Streckers Heim. Hier, unter Freunden, war Strawinskys persönlicher Charme sogleich offenbar. Es dauerte nicht lange, bis ich erfaßte, daß er nicht nur Zärtlichkeit und Zuneigung zeigen konnte, sondern ihrer selbst sehr zu bedürfen schien. In der Tat spürte ich bald etwas von Gespanntheit und Ängstlichkeit an ihm, das einem den Wunsch eingab, ihn zu erheitern und zu beruhigen. Der Strawinsky, von dem ich gehört und den ich mir vorgestellt hatte, und der Igor Fjodorowitsch, den ich traf, schienen zwei verschiedene Personen zu sein. Ich glaube, die kleine fünfjährige Olga Strecker drückte meine ersten Eindrücke vollkommen aus. Strawinsky liebt Kinder und spielte beständig mit den Strecker-Kindern, wenn er dort war. Sie nannten ihn »Igor«. Als die kleine Olga tagelang erregt-eifrige Diskussionen ihrer Eltern über Strawinsky belauscht hatte,

fragte sie eines Tages ihre Mutter: »Wer ist der Strawinsky?«
Frau Strecker sagte: »Nun, du weißt doch, ›Igor‹, der Mann,
mit dem du so gern spielst.« Olga darauf: »Wie soll ich wissen,
daß der Strawinsky der Igor ist?« Der Abend bei Streckers war
ein großer Erfolg, und am folgenden Tag kamen wir zu
völligem Einverständnis. Sobald Strawinsky das Werk beginn-
en konnte, sollte ich zu ihm nach Nizza kommen, wo er
damals lebte. Zur damaligen Zeit ging er winters als Pianist
und Dirigent auf Konzertreisen, während er vom zeitigen
Frühjahr bis in den späten Herbst hinein komponierte.

Über Winter sah ich Strawinsky in Paris ziemlich oft. Als wir
eines Tages in einem Restaurant zu Mittag aßen, zog er ein
Stück Papier heraus, schrieb einen Akkord d-e'-a'' hin und
fragte mich, ob er spielbar sei. Ich hatte niemals einen Akkord
von so enormer Spannweite von »E« bis zum hohen »A«
gesehen und sagte: »Nein.« Strawinsky meinte traurig: »Quel
dommage« (»Wie schade«). Als ich wieder zu Hause war,
versuchte ich ihn und fand zu meinem Erstaunen, daß die
Undezimenspannung in dieser Lage verhältnismäßig leicht
ausführbar war, und der Klang faszinierte mich. Ich rief
Strawinsky sogleich an, um ihm zu sagen, daß der Akkord
gespielt werden könne. Als das Konzert mehr als sechs Monate
später beendet war, verstand ich seine Enttäuschung, daß ich
zunächst »Nein« gesagt hatte. Dieser Akkord beginnt in ver-
schiedener Einkleidung jeden der vier Sätze. Strawinsky selbst
nennt ihn den »Paß« zu seinem Konzert.

Die Familie Strawinsky lebte damals in einem Hause fast
außerhalb von Nizza am Weg nach Monte Carlo. Sie bestand
aus seiner Mutter, seiner Frau, ihren beiden Söhnen und den
beiden Töchtern. Strawinskys Mutter war eine Frau von star-
kem Charakter, die sich niemals dem gleichfalls starken Willen
ihres Sohnes unterordnete, obwohl sie stolz auf ihn war und ihn
leidenschaftlich liebte. Sie war in der Musik erzogen worden,
die Strawinskys Vater, ein berühmter Opern-Bassist, in Ruß-
land gesungen hatte, so daß die Musik ihres Sohnes ihr ständig
Probleme aufgab. Ich erinnere mich, daß meine Frau wenige
Jahre später in Paris am fünfundzwanzigsten Jahrestag der
Premiere von Strawinskys »Sacre du Printemps«, das die
Mutter des Komponisten von Schallplatten her kannte, vor der
Aufführung Madame Strawinsky fragte: »Sind Sie nicht aufge-
regt, ›Sacre‹ endlich im Konzertsaal zu hören?« Worauf diese

erwiderte: »Je pense, que ça ne sera pas de la musique pour moi« (»Ich glaube, das ist keine Musik für mich«). Meine Frau: »J'espère, que vous ne sifflerez pas« (»Ich hoffe, Sie werden nicht pfeifen«). Sie darauf: »Non, parce que je ne sais pas siffler« (»Nein, weil ich nicht pfeifen kann«).

Strawinskys Frau war eine hochkultivierte und ästhetische Persönlichkeit, die ihr Leben ihrem Hause und ihren Kindern widmete. Strawinskys Arbeitszimmer befand sich im obersten Stockwerk des Hauses. Was mir oft auffiel, war die außerordentliche Sauberkeit dieses Raumes. Auf seinem Tisch lagen bequem erreichbar alle Arten von Gegenständen. Ich war besonders überrascht von der Tatsache, daß er kein Notenpapier für seine ersten Skizzen verwendete. Er benutzt ein Buch mit einfachen weißen Blättern. Auf diese blanken Flächen zieht er die fünf Notenlinien, deren er im Augenblick bedarf, mit einer winzigen Rolle, die eigens für ihn angefertigt wurde. Einige Linien sind länger, einige kürzer, manchmal nur eine Linie, manchmal verschiedene Linien, so daß es, wenn die Seite voll ist, aussieht wie eine seltsam absichtliche Zeichnung, und jede Seite sieht anders aus als die vorhergehende.

Wenn Strawinsky arbeitet, ist er immer überempfindlich. Alles, was sich ereignet, erscheint vergrößert. Zuerst war ich erstaunt, wie langsam er arbeitete. Er komponiert oft am Klavier, stark konzentriert, grunzend und sich abmühend, die Töne und Akkorde zu finden, die er zu hören scheint. Die Vorstellung, daß eine so verwickelte Partitur wie die des »Sacre du Printemps« auf diese Weise komponiert wurde, war höchst erstaunlich.

In den Arbeitspausen, nachmittags in seinem Arbeitszimmer beim Tee, pflegte Strawinsky über allgemeine und persönliche Erfahrungen zu sprechen. Diese Unterhaltungen bedeuteten schon von Anfang an sehr viel für mich. Als ich eines Tages von Antibes, wo ich wohnte, kam, um mit ihm zu arbeiten, fand ich ihn sehr aufgeregt. »Ich konnte nicht schlafen«, rief er aus. »Ich bin heute morgen schon in der Dämmerung von einem kleinen Vogel geweckt worden, der auf meinem Fensterbrett sang. Die ersten fünf Minuten war ich bezaubert. Aber der Vogel sang weiter. Nach zehn Minuten hätte ich den Vogel am liebsten umgebracht. Aber der Vogel sang weiter! Und, wissen Sie, nach fünfzehn Minuten war ich wieder bezaubert.« An einem anderen Tag fand ich ihn ziemlich besorgt um sich selbst, und ich fragte ihn, was los wäre. Er sagte: »Oh, meine Därme, meine Därme!« »Tun sie weh?« fragte ich. »Nein, sie tun nicht weh«, antwortete er, »aber sie hören nicht auf zu sagen: ›Wir sind hier, wir sind hier.‹«

Wenn die Arbeit qualvoll langsam voranging, pflegte Strawinsky, der ein tief religiöser Mensch ist, zu mir über den Glauben zu sprechen. »Sie müssen Glauben haben«, sagte er dann wohl. »Als ich jünger war und die Einfälle ausblieben, fühlte ich mich verzweifelt und dachte, alles wäre zu Ende. Aber jetzt habe ich den Glauben und weiß, daß die Ideen kommen werden. Das angstvolle Warten ist ein Preis, den man bezahlen muß.« Einmal, als wir in seinem Garten spazieren gingen, sagte Strawinsky: »Die ersten Gedanken sind sehr wichtig; sie kommen von Gott. Und wenn ich nach Arbeit, Arbeit und nochmals Arbeit zu diesen Gedanken zurückkehre, dann weiß ich, sie sind gut.«

Strawinskys Erläuterung des Rhythmus hat mir seither bei Wertung des Rhythmus in jeder Musik geholfen. Ich hatte wahrgenommen, daß eine bestimmte rhythmische Begleitung etwas einförmig ausgefallen war. Nachdem er sie immer wieder abgeändert hatte, blieb die Zahl der Schläge gleich, aber die Einförmigkeit war völlig geschwunden, und das Persönliche des rhythmischen Modells war neu. Ich fragte ihn, ob er den Rhythmus definieren könne. Er meinte, daß er vielleicht erklären könne, was er beim Vergleich von Rhythmus und Mathematik fühle: »Bei der Mathematik«, sagte er, »gibt es eine unbestimmte Zahl von Wegen, auf denen man zur Zahl Sieben kommt. Mit dem Rhythmus ist es ebenso. Da in der Mathematik die Summe das Wichtigste ist, macht es keinen Unterschied, ob Sie sagen fünf und zwei oder zwei und fünf, sechs und eins oder eins und sechs und so weiter. Beim Rhythmus ist jedoch die Tatsache, daß es sieben ergibt, von untergeordneter Bedeutung. Wichtig ist hier, daß es fünf und zwei oder zwei und fünf ist, weil fünf und zwei eine von zwei und fünf verschiedene Wesenheit bleibt.«

Meine Aufgabe war es, Strawinsky zu beraten, wie seine Ideen am besten den Erfordernissen der Geige als einem anspruchsvollen Konzertinstrument angepaßt werden konnten. In verschiedenen Zeitabständen pflegte er mir zu zeigen, was er gerade geschrieben hatte, manchmal eine Seite, manchmal nur wenige Zeilen, manchmal einen halben Satz. Dann sprachen wir alle Anregungen durch, die ich geben konnte. So oft er einen meiner Vorschläge annahm, auch wenn es sich nur um eine einfache Veränderung wie die Erweiterung des Klangbereichs der Violine durch Ausdehnung der Phrase in die untere oder obere Oktave handelte, dann bestand Strawinsky in der Regel darauf, die gesamten Grundlagen entsprechend zu ändern. Er handelte dabei wie ein Architekt, der beim Fundament beginnen mußte, um die Proportionen seines ganzen Baues zu erhalten, wenn von ihm verlangt wurde, einen Raum im dritten Stock zu verändern.

Manchmal, wenn ich eine Passage für die Geige einrichten und ihm vorspielen wollte, dann bemerkte er wohl: »Ja, das ist fein, aber es ist aus einer anderen Oper.« Einmal, als mir die Art gefiel, wie ich eine brillante geigerische Passage angebracht hatte, und ich ihn dazu zu bringen suchte, sie anzunehmen, sagte er: »Sie erinnern mich an einen Verkäufer in den ›Galeries Lafayette‹. Sie sagen: ›Ist das nicht brillant, ist das nicht exquisit, sehen Sie, die wundervollen Farben, das tragen alle.‹ Ich sage: ›Ja, es ist brillant, es ist wundervoll, alle tragen es – ich will es nicht!‹« Strawinskys Musik ist so originell und so persönlich, daß sie dauernd neue technische und klangliche Probleme für die Geige bot. Diese Probleme berührten oft den eigentlichen Kern der Komposition selbst und führten zu den meisten unserer Diskussionen.

Ein gemeinsamer Freund fragte Strawinsky einmal: »Wie finden Sie, daß man mit Sam arbeiten kann?« Er antwortete: »Wenn ich Sam eine neue Passage zeige, ist er tief bewegt, ganz aufgeregt – und ein paar Tage später verlangt er von mir, ich solle sie ändern.« Beobachtete ich, wie Strawinsky arbeitete, wieder arbeitete und änderte, dachte ich oft an den Aphorismus von Paul Valéry: »Un artiste se juge par la qualité de ses refus« (»Ein Künstler erweist sich durch die Qualität dessen, was er verwirft«).

Einmal dachte ich, ihm durch ein Arrangement der »Berceuse« aus dem »Feuervogel« eine Überraschung zu bereiten. Als ich es ihm vorgespielt hatte, sah er unglücklich drein. Ich fühlte mich etwas verletzt. »Mögen Sie es nicht?«, fragte ich. »Es klingt wie Kreislers Arrangement von Rimsky-Korsakoffs ›Hindulied‹«, sagte er. »Nun«, erwiderte ich, »es ist ziemlich orientalisch, nicht wahr?« Strawinsky senkte seinen Kopf und sagte traurig: »Ja, ich fürchte, das ist das Schlimme dabei.«

*Ich gab den Gedanken an Transkriptionen vorläufig auf,
aber glücklicherweise machten wir nach der Komposition des
Violinkonzertes und des »Duo Concertant« gemeinsam eine
große Zahl Transkriptionen für die Violin- und Klavier-Pro-
gramme unserer Konzertreisen. Seltsam genug war es, daß wir
auch eine Transkription der »Berceuse« aus dem »Feuervogel«
schrieben. Unsere ganzen Bearbeitungen waren schwierig aus-
zuführen, darum dachte ich, ich würde sehr erfahren handeln,
wenn ich andeutete, daß die »Berceuse« sich wie von selbst für
eine leichtere Bearbeitung anbiete, die jeder spielen könne.
Aber wir waren noch nicht weit gediehen, als Strawinsky so viel
Geschmack daran gewann, daß es wiederum recht schwierig
wurde. Ich meinte zu ihm, daß nicht viele die neue Version
würden spielen können. Strawinsky, jetzt ganz auf seine Arbeit
konzentriert, wurde böse und sagte: »Qu'est ce que cela peut
me faire si tous les imbéciles ne jouent pas ma musique« (»Was
kann es mir ausmachen, wenn nicht alle Schwachköpfe meine
Musik spielen«).*

*Es gibt zwei Wege, auf denen man das Problem der Arrange-
ments angehen kann. Der eine ist, für das gewünschte Instrument spielbare Musik zu machen. Der andere, zum Wesen der
Musik zurückzugehen, die Musik im Geiste des anderen
Instrumentes neu zu schreiben oder zu schaffen. Strawinsky
hatte nur für letzteren Weg ein Interesse.*

*Vor Sommersende 1931, als Strawinsky gerade den letzten
Satz des Violin-Konzerts begann, zog er mit seiner Familie
nach Voreppe um, einem kleinen Ort in der Nähe von Greno-
ble. Als die Uraufführung zu Berlin im Oktober mit dem
Berliner Rundfunkorchester stattfinden sollte, fing ich an, mir
Sorge zu machen, ob ich es noch rechtzeitig einstudieren
könne. Der letzte Satz ging jedoch sehr glatt voran, und ich
konnte die drei ersten Sätze studieren, während er den letzten
beendete.*

*Die Premiere fand in der Berliner Philharmonie vor zahlrei-
chen Zuhörern statt. Sie wurde ein großer Erfolg. Es gab
reichliche Diskussionen während der den Aufführungen folgenden Tage; wie immer nach einem neuen Werk Strawinskys.
Die Presse war, wie stets, geteilt: einige Kritiker schrieben
begeistert, einige wie gewöhnlich gehässig. Strawinsky war sehr
zornig. »Warum sind Sie so aufgebracht?«, fragte ich ihn. »Ist
es nicht immer so gewesen! Sogar Voltaire sagte schon vor*

langer Zeit von den Kritikern: ›Le critique est pour l'artiste ce qu'est une mouche sur un cheval de course. Elle le pique mais elle ne l'arrête pas.‹« (»Der Kritiker ist für den Künstler, was die Fliege für ein Rennpferd ist. Sie sticht es, aber sie hält es nicht auf.«) Das tat ihm gut, aber da es ihn nicht ganz beruhigte, sagte ich: »Keiner kann jedem gefallen.« Und da ich wußte, daß er religiös war, wagte ich hinzuzufügen: »Sogar Gott gefällt nicht immer jedem.« Er sprang auf und schrie: »Besonders Gott!«

In diesem Winter spielten wir nach der Berliner Uraufführung das Konzert auch in anderen Städten Deutschlands, dann in London, Paris, Florenz, Madrid, in der Schweiz, in Belgien, Holland und in den Skandinavischen Ländern. Später spielten wir es in den Vereinigten Staaten. Nach unserer ausgedehnten Konzertreise durch Europa beschloß Strawinsky, ein Duo für Violine und Klavier zu schreiben, ein Werk, in dem jedes Instrument die gleiche Bedeutung haben sollte. Diese Komposition wurde das heute wohlbekannte »Duo Concertant«. Seine Idee war, ein Programm für Violine und Klavier zu haben, das nicht nur in Konzerten mit Orchester gespielt werden konnte, weil Konzerte mit Orchester so viele Proben vor jeder Aufführung verlangen.

Wir planten, neue Bearbeitungen seiner »Suite Italienne« über Themen von Pergolesi und des »Divertimento« über Tschaikowsky-Themen zu schaffen. Diese sollten uns mit dem neuen Werk, dem »Duo Concertant«, den Hauptteil eines Konzertprogramms abgeben. Wir spürten außerdem die Notwendigkeit einer Gruppe kürzerer Stücke, die unser Programm vervollständigen sollte, das dann verschiedene Phasen von Strawinskys musikalischem Schaffen repräsentieren würde. Ich war von Strawinskys Gedanken begeistert, nicht nur, weil er mir ermöglichte, weiter mit ihm zusammenzuarbeiten, sondern auch deshalb, weil er eine große Bereicherung der Violinliteratur versprach, die immer arm an kleineren Stücken von Qualität gewesen ist. Mir fiel die Aufgabe zu, aus den Originalpartituren alter Musik, die wir bearbeiten wollten, eine Violinstimme auszuziehen, die mir für die Violine als virtuoses Instrument geeignet und für Strawinskys musikalische Intentionen charakteristisch schien. Hatte ich meinen Violinpart herausgeschrieben, pflegten wir zusammenzukommen, und Strawinsky schrieb den Klavierpart, der häufig genug verschieden von der Originalkomposition ausfiel. Strawinsky änderte mitunter auch Teile des Violinparts, den ich ausgezogen hatte. Ich glaube, nicht zu übertreiben, wenn ich sage, daß er uns auf diese Weise eine Reihe von kurzen Stücken für Violine und Klavier geschenkt hat, die, obschon Transkriptionen, das Flair von Originalwerken haben.

Auf einer Konzertreise werden einem eine Menge Fragen gestellt, und ich habe immer meine Freude an Strawinskys scharfen, witzigen Antworten gehabt. Einmal fragte ihn jemand: »Warum besteht ein so großer Unterschied zwischen ›Sacre‹ und der ›Psalmensinfonie‹? Können Sie mir sagen, welches der Unterschied ist?« »Ja«, sagte Strawinsky, »der Unterschied ist zwanzig Jahre.« Ein andermal fühlte sich eine sehr anziehende junge Dame, die Strawinsky offensichtlich reizend fand, und von deren Fragen er viele liebenswürdig und geduldig beantwortete, zu einem Geständnis ermutigt. Sie sagte: »Ich fühle so viel, wenn ich ›Feuervogel‹ und ›Petruschka‹ höre. Warum kann ich bei Ihren späteren Werken nichts fühlen?« »Meine Liebe, da müssen Sie Ihren Arzt fragen«, antwortete Strawinsky. Ich bemerkte, daß er es immer übelnahm, wenn die Leute nie eins seiner anderen Werke erwähnten, aber wegen »Feuervogel« und »Petruschka« ohnmächtig wurden. Ich erfuhr später, daß ein bekannter Musiker zu ihm gekommen war, ein Konzert in Auftrag zu geben, aus dem Projekt indes nichts wurde, weil er Musik wie die des »Petruschka« oder des »Feuervogel« haben wollte. In Hollywood, wo Strawinsky heute lebt, ist er immer wieder gebeten worden, Musik à la »Petruschka« für den Film zu schreiben. Eines Tages meinte er zu mir: »Sie sehen, mein Unglück ist es, daß die Welt ›Petruschka‹ liebt.« Zum Spaß sagte ich: »Nun, wenn Sie reich werden wollen, warum schreiben Sie nicht wieder etwas derartiges?«. »Es würde mich mehr kosten«, antwortete er.

Ich war überrascht, als einer meiner musikalischen Freunde zu mir sagte: »Natürlich bewundere und achte ich Strawinsky, und ich ziehe meinen Hut vor ihm, aber ich muß gestehen, daß ich seine Musik nicht verstehen kann. Es ist nicht meine Sprache.« Ich wiederholte Strawinsky diese Worte und war gespannt, was er sagen würde. »Natürlich ist das nicht seine Sprache«, sagte Strawinsky, »es ist die meine!«

Eines der vielen Dinge, für die ich Strawinsky dankbar bin, ist dies, daß ich bei der Arbeit mit ihm wirkliche Anstrengun-

gen machen mußte, seine Sprache zu lernen. Diese Erfahrung lehrte mich, daß es gleiche Anstrengung kostet, sich andere Idiome der Musik unserer Zeit anzueignen. Nun: Strawinskys Musik besteht; sie ist hier; wir werden nicht lange hier sein.

Essays zum Werk Igor Strawinskys

Die vier ausgewählten Essays zum Werk Igor Strawinskys wurden in vier verschiedenen Jahrzehnten geschrieben.

Hans Curjel versucht im Jahre 1929 eine erste Summe des Strawinsky-Oeuvre aus Pariser Sicht zu ziehen: abgedruckt in *Melos*, Jahrgang 1929.

Pierre Suwtschinskij, der russische Philosoph, war einer der Freunde, die Strawinsky bei der Formulierung der *Musikalischen Poetik* halfen. Seine Unterscheidung der psychologischen und ontologischen Zeit spielt in Strawinskys Ästhetik eine bedeutende Rolle. Der Beitrag erschien 1958 in Bonn: *Strawinsky, Wirklichkeit und Wirkung* als Heft der Reihe *Musik der Zeit* (s. S. 343 ff.).

Hans Heinz Stuckenschmidt, der Berliner Musikschriftsteller und Musikkritiker, formuliert am Beginn der fünfziger Jahre den großen Assoziationsraum »Strawinsky« (s. S. 353 ff.).

Die abgelegen publizierte Strawinsky-Studie des Schweizer Musikforschers Leo Schrade, eine Arbeit von äußerster Prägnanz, schließt diesen Essayteil der Dokumentation ab (s. S. 358 ff.): *Igor Strawinsky, eine Sendereihe des Westdeutschen Rundfunks zum 80. Geburtstag*, herausgegeben von Otto Tomek, Köln 1963.

Strawinsky
oder die künstlerische Atmosphäre von Paris

Die künstlerisch-geistige Präzision, die jedes einzelne Werk Igor Strawinskys auszeichnet, ist in entsprechender Weise das Signum seines gesamten musikalischen Schaffens. Der Entwicklungsverlauf zeigt den Wechsel eindeutig realisierter künstlerischer Gestaltungstendenzen (Stilphasen sagt der Kunsthistoriker), deren Ausprägung eine grundsätzliche Klassifikation des Gesamtwerkes in einzelne voneinander klar abgegrenzte Gruppen ermöglicht. Boris de Schloezer hat unter Heranziehung der Werke Strawinskys bis zum Jahr 1924 eine Einteilung in vier Gruppen vorgenommen. Unter Verzicht auf die Kompositionen des Frühstadiums (vor Petruschka) und unter Fortführung bis zu den Werken von 1928 modifizieren bzw. vereinfachen wir de Schloezers Einteilung:

Erste Gruppe: Petruschka und Sacre du Printemps (1910 bis 1913); zweite Gruppe: Noces und l'Histoire du Soldat (1916 bis 1918); dritte Gruppe: Pulcinella, Klavierkonzert. Oedipus Rex, Apollon Musagète (1919 bis 1927); vierte Gruppe: le Baiser de la Fée (1928, in diesem jüngsten Werk Strawinskys zeigt sich das erste Beispiel einer neuen künstlerischen Gestaltungstendenz). Die Chronologie dieser Einteilung, die jeweils an Beispielen besonders typischer Prägung aufgestellt ist, wird selbstverständlich an verschiedenen Stellen von Werken durchbrochen, in denen sich Restbestände früherer Phasen mit Elementen neuer Tendenzen mischen. Die Buffo-Oper Mavra (1922 vollendet) mit ihrer merkwürdigen Mischung von Elementen der zweiten und dritten Phase ist hierfür das interessanteste und reizvollste Beispiel. In solcher scheinbar rückläufiger Durchbrechung einer biologisch-künstlerischen Logik, die übrigens in der künstlerischen Entwicklung fast einer jeden starken Persönlichkeit festzustellen ist, tritt das Wechselspiel klar voneinander abgegrenzter Gestaltungstendenzen besonders deutlich in Erscheinung.

In der Folge der Entwicklungsphasen, in den Umständen, unter denen sich die Phasen ablösen, äußert sich durchaus unbestreitbare künstlerische Folgerichtigkeit. Allerdings, welches die Triebkräfte sind, welche diese künstlerisch-biologische Logik herbeiführen, dies liegt ebenso durchaus im Dunkeln. Die kunstgeschichtliche Betrachtung vermutet sie in einer Summe, die aus künstlerischer Vitalität, Phantasie und intellektuelle Einsicht der Einzelpersönlichkeit sowie aus den sogenannten Einflüssen der geistig-künstlerischen Umgebung sich zusammensetzt. Derartige unmittelbare »Einflüsse« sind gewiß auch bei Strawinsky vorhanden. Sie aufzudecken oder zu untersuchen liegt hier nicht in unserem Plan, da präzise Übersicht über das in Frage kommende Material mit den erforderlichen genauen Daten im Augenblick wohl kaum möglich sein dürfte.

Im Gegensatz zu solchen Spezialuntersuchungen, die stets vom Einzelwerk ausgehen, steht die Untersuchung der von außen herantretenden Umstände, unter denen Strawinskys Entwicklung sich vollzieht. An Stelle der Formulierung »Einfluß«, worunter gemeinhin das unmittelbare Wirken individu-

eller Anregungen und bestimmter, persönlich faßbarer Vorbilder verstanden wird, wählen wir für die allgemeine, gleichsam ausstrahlende Einwirkung einer geistig-künstlerischen Atmosphäre im Anschluß an physikalische Formulierung das Wort Influenz. Ein »Drittes«, persönlich Unfaßbares, das hinter allen Lebensäußerungen und hinter allen Persönlichkeiten ersten Grades steht, wirkt sich aus. Wie eng Strawinskys Schaffen und der Wechsel seiner künstlerischen Gestaltungstendenzen mit diesem »Dritten«, das in der künstlerischen Atmosphäre von Paris lebt, der sich Strawinsky seit Petruschka eingeordnet hat, verbunden ist, wird klar, wenn der Blick von den musikalischen und theatralischen Werken Strawinskys zum gleichzeitigen gesamtkünstlerischen Schaffen der Stadt Paris hinübergleitet.

Hierbei kann es sich weniger um das Aufdecken von unmittelbaren künstlerischen Gegenwirkungen handeln – das Entwicklungstempo der verschiedenen Künste ist bekanntermaßen verschieden –, als um den Hinweis auf Beziehungen, Parallelen und Zusammenhänge der künstlerischen Mentalität und auf ein lockeres, unsystematisches Wechselspiel der einzelnen Kunstzweige, deren geheime Kameradschaftlichkeit das besondere Signum der Luft von Paris ist.

Die beiden Hauptwerke der ersten Periode, Petruschka und Sacre, sind aus Anlaß der Verbindung Strawinskys mit Diaghilews russischem Ballett entstanden, das damals (1911 bis 1913) eine Truppe radikalen künstlerischen Fortschritts gewesen ist. Der Skandal, der bei der Uraufführung des Sacre in Paris entstand (1913), hervorgerufen durch die klangliche und rhythmische Radikalität, durch den Barbarismus, die primitive Exotik der Musik und durch den Verzicht auf jede entgegenkommende musikalische Deskription, an deren Stelle Strawinsky absolute klangliche, rhythmische und melodische Beziehungen setzte, dies ist einer der historischen Skandale, die den Beginn einer neuen vitalen und aggressiven musikalischen Entwicklung ansagen.

Zu ungefähr der gleichen Zeit, in den Jahren 1911 bis 1913, führten die Ausstellungen der Kubisten im »Salon« zu ähnlichen leidenschaftlichen Ausbrüchen der Besucher. 1910 waren die ersten Ansätze des Kubismus, Werke von Picasso, Braque und Gleizes, an die Öffentlichkeit gekommen, 1911 erschien die verstärkte Phalanx wie eine Fanfare gegen die alte und für

337

eine neue Kunst, 1912 ist der »gemein-gefährliche« Kubismus Diskussionsstoff in der Deputiertenkammer, 1913 ist trotz aller Angriffe, trotz aller hämischer Prophezeihung, er sei eine kurzlebige Marotte von Verrückten, nicht gestorben; im Gegenteil er hat sich konsolidiert, er steht auf der Fahne aller Fortschrittlichen, weil man seine Voraussetzungen in der großen Kunst der jüngsten Vergangenheit, bei Cézanne allgemein erkannt hat.

Die Atmosphäre von Paris ist aufs äußerste geladen. Man ist kühn, man ist aggressiv und sieht in kühnen und aggressiven Leistungen anderer Zeiten und Länder die Verwandten der eigenen künstlerischen Bestrebungen. Mit solchen Augen sieht man die primitive Kunst, so sieht man die barbarische Kunst und so sieht man die Leistungen der bisherigen Außenseiter (etwa Mallarmé). Die Beziehungen Strawinskys zu dieser Atmosphäre sind deutlich. Sein Vorstoß und seine aggressive Tapferkeit übertreffen bei weitem die doch immer konventionelle Tapferkeit Diaghilews und erscheinen mit rücksichtsloser Vehemenz und einer Grundsätzlichkeit, die der Mentalität und den Methoden der Kubisten verwandt ist. Wenn die Kubisten die Barbaren und Exoten lieben, so nimmt Strawinsky Elemente aus diesen Bezirken unmittelbar in seine Musik hinein und auch die Volksliedbestandteile, die er verwendet, werden mit dem Ausdruck des Primitiven, quasi Halbbarbarischen (nicht im Sinn des »Gemüts«) erfaßt.

Die Konsequenz, mit welcher der Kubismus sich rasch entfalten konnte, liegt in der Natur der Malerei, der gegenüber die Materie der Musik überhaupt in merkwürdiger Schwerfälligkeit erscheint. Trotzdem werden in der ersten Periode Strawinskys Elemente und Tendenzen erkennbar, die auf, wenn auch unbewußte, unmittelbare Zusammenhänge schließen lassen. »Mein Werk ist architektonisch, nicht anekdotenhaft. Objektive, nicht deskriptive Konstruktion«: in dieser Erklärung, die Strawinsky selbst gegeben hat, in dieser Wendung gegen alles Impressionistische und in seiner musikalischen Methode, die ohne jede »Psychologie« Klangbild neben Klangbild setzt, wird die Verwandtschaft mit der Mentalität und mit den Tendenzen des Kubismus klar.

Ein Einwand scheint nahe zu liegen: Strawinskys Musik der ersten Periode sei heißblütig und fleischlich, wogegen der Kubismus kalt und intellektuelle Abstraktion sei. Diese Anti-

these ist falsch. Gerade das sinnliche Element ist Kernbestandteil des Kubismus, das sinnliche* Element, das in höchster Steigerung den Grundtatsachen von Kubus und Cylinder innewohnt. Um von komplizierten biologischen oder kunsttheoretischen Beweisen abzusehen: Hinweis auf den Typus Picassos, den Prototyp eines in umfassender Bedeutung sinnlichen Mensch.

Mit »Noces« und vor allem mit »l'Histoire du soldat« greift Strawinsky umwälzend in die Struktur des musikalischen Theaters ein. Neue Mischungen der Elemente von Schauspiel, Epos, Pantomime, Tanz und selbst Lyrik entstehen. Die musikalische Diktion selbst zieht sich mehr und mehr im Sinn elementarer Struktur zusammen; sie wird knochig, gerüstartig, ohne daß sie die Eleganz und die spritzige, vibrierende Lebendigkeit verlieren würde. Die Entwicklung des Kubismus, die nach 1914 langsam einsetzt, führt zu verwandten Ergebnissen: das Gewirr der Einzelformen, das für die Frühphase des Kubismus bezeichnend ist, weicht größerer struktureller Klarheit gerüstartigen Charakters und auch die Tendenz, neue Mischungen zu gestalten, bricht sich Bahn mit der Verwendung verschiedener, in der Malerei bislang nicht angewendeter Materialien (aufgeklebtes Papier, gedruckte Buchstaben, sandgemischte Farben, Einzelbestandteile wie etwa Schnur). Auffallend ist gerade in dieser Phase des Kubismus, daß auf den Bildern immer wieder Bestandteile von Musikinstrumenten (vor allem von Geigen und Zithern) und Zeichen aus der Musikschrift (Notenlinien, Violinschlüssel und Notenköpfe) auftauchen.

Während der gleichen Zeit entstehen latente Zusammenhänge zwischen Strawinsky und Jean Cocteau, der mit Strawinsky schon kurz nach der Aufführung des Sacre zusammengetroffen war. Etwa gleichzeitig mit l'Histoire du soldat und unabhängig von Strawinsky gibt Cocteau 1918 die musikalische Aphorismensammlung »Le coq et l'Arlequin« heraus, deren Formulierungen und Postulate vielfach mit den künstlerischen Tendenzen sich treffen, die im »Soldat« ihre Verwirklichung gefunden haben. Verwandte Ergebnisse, Forderungen und Ziele werden nun auf der ganzen Linie im Kunstleben von Paris erkennbar. Auf die scharfe und subtile Rhythmik, die

---

* *Sinnlich hier im Sinne von: mit den Sinnen auffaßbar.*

sich unter dem Zeichen elementarer Abstraktion in Malerei, Musik und künstlerischem Denken abspielt, folgt die Wendung zu der merkwürdigen Synthese von scheinbar axiomatischer Realitäts-Gesetzlichkeit und elementarer Abstraktion, die unter den verschiedenen Bezeichnungen wie Neue Klassizität, Neue Sachlichkeit, magischer Realismus u. s. w. auftritt.

In dieser Phase, der Strawinskys dritte Schaffensperiode entspricht, sind die Beziehungen zwischen den verschiedenen Künsten und deren Hauptvertreter offenbar. Cocteau wird Wortführer und Anreger; die Maler schließen sich mit den Musikern zu gemeinsamer Arbeit zusammen; die allgemeinen Tendenzen der künstlerischen Atmosphäre werden programmatisch bekannt gegeben. Ratio! Eine neue Ratio stabilisiert sich als Triebkraft und als Ziel, eine Ratio, die tausendfache Gestalt anzunehmen vermag. Zugleich eine metaphysische Ratio, welche die Irrationalität aller Menschen-Möglichkeiten anerkennt.

In diesem Sinn entsteht bei Picasso neben dem Kubismus der (axiomatische) Klassizismus, ein kubistischer Klassizismus trotz allem. In diesem Sinn entwickelt sich bei Léger, einem der frühesten Soldaten des Kubismus, eine Art fröhlicher Bestandteilsmalerei ähnlich wie bei Ozenfant und Jeanneret, die von der Philosophie aus sich einer neuen Kunsttheorie nähern. Im Purismus und im Konstruktivismus (bei Mondrian) kristallisiert sich quasi die abstrakte Ratio. In der Architektur bricht Corbusiers konstruktive, maschinelle, ökonomische und gerade deshalb ausgesprochen menschliche Tendenz sich Bahn.

Die Pariser Musiker stehen mitten in diesen Bewegungen. Satie, Milhaud, Poulenc, Honegger, Antheil (dieser im Zusammenhang mit dem in Paris lebenden James Joyce) realisieren die verschiedenen Möglichkeiten der neuen Tendenz. Strawinsky, im Stadium höchster Reife, führt sein Werk von Pulcinella, dem klassizistischen Experiment und Halbwitz über das Klavierkonzert zu den Höhen von »Oedipus Rex« und »Apollon Musagète«, zur Synthese von axiomatischem Klassizismus und maschinell abstrakter Musiksprache unserer Tage.

Im »Apollon« schon finden sich Elemente, die jenseits des axiomatischen Klassizismus eine Tendenz zum Lyrischen besitzen. Das jüngste Werk Strawinskys, »Le Baiser de la Fée«,

340

ein Ballett »dédié à la mémoire de Pierre Tschaikowsky en apparentant (sich vermählend!) sa Muse...« zeigt den Durchbruch dieser neuen Lyrik in offenem Anschluß an die Musik Tschaikowskys.* Diese neue Lyrik liegt heute in der Atmosphäre von Paris, wo der Surrealismus blüht und im Geheimen herrscht, allerdings eine Lyrik, die mehr phänomenologisch als ästhetisch begründet ist (bei dem Maler Max Ernst, dem Dichter Arp, dem Maler Miro). Und selbst Corbusier der Verkünder der Wohnmaschine geht auf dieser Straße: »Die Lyrik zu unterdrücken ist nicht menschenmöglich... Ich will Gedichte schaffen, weil es mich nicht interessiert, durch dürftige Worte zu befriedigen. Aber ich erkenne Gedichte nur dann an, wenn sie nicht aus freien Rhythmen bestehen; ich fordere ein Gedicht in festen Worten und nach klarer Syntax gruppiert... Die Wohnmaschine könnte nicht in Gang gebracht werden, wenn sie uns keine geistige Nahrung geben würde. Wo beginnt die Architektur? Sie beginnt dort, wo die Maschine aufhört«.

Vorsicht vor Mißverständnissen! – – fügen wir hinzu. Auch diese Wendung, die bei Strawinsky, Corbusier und in der ganzen Pariser Atmosphäre erkennbar wird, kann ebensowenig wie der sogenannte Klassizismus für die Zwecke der künstlerischen Reaktion in Anspruch genommen werden. Sie vollzieht sich innerhalb der Avantgarde, die positiv zur eigenen Vergangenheit steht, und in der die Grundtendenzen dieser Vergangenheit (nennen wir sie mit einem Sammelnamen Kubismus)** lebendig weiterwirken.

Das Wesen dieser Influenzen und die Art, wie sie entstehen und sich auswirken, liegt in der Besonderheit der Pariser künstlerischen Atmosphäre begründet. Individuelle »Einflüsse« von Künstler zu Künstler sind gewiß vorhanden – auch bei Strawinsky wird die Verarbeitung von Vorbildern nachweisbar sein; man denke nur an den Purismus Erik Satie's, der

* Der Klavierauszug des sehr interessanten und wichtigen Werkes (versehen mit den szenischen Anmerkungen) ist soeben im »Russischen Musikverlag« erschienen.
** »Die Kunst der Kubisten löst kollektive, objektive Empfindungen aus, weil sie nicht primärer Ausdruck der Gefühle und Leidenschaften ist, sondern ihre Übertragung in eine übergeordnete Sphäre, in der die Intelligenz herrscht und befriedigt wird.« Diese Formulierung stammt von dem Musiker Albert Jeanneret (Neffe Corbusiers; in L'esprit nouveau 1921, Heft 7). Sie charakterisiert stillschweigend das Wesen Strawinskys.

auf Strawinsky nicht ohne Einfluß geblieben ist –, entscheidend bleibt jedoch immer die trotz aller Kunstkämpfe, die in Paris natürlich mit besonderer Leidenschaft ausgefochten werden, die geheime Kameradschaftlichkeit des Geistes; fern von jeder Saturiertheit und daher Avantgarde in Permanenz. Musik, Theater, Literatur, bildende Kunst, Architektur, Wissenschaft stehen in ständigem, ohne besondere Betonung betriebenem, lebendigem Konnex. Natürlicher Kollektivismus herrscht. Picasso, Bracque, Léger machen die Bühne zu Werken von Strawinsky, Satie, Milhaud, Poulenc, Auric; Honegger, Milhaud, Poulenc und Auric vereinigen sich mit Cocteau in den »Mariés de la Tour Eiffel«; Strawinsky und Cocteau erzeugen den »Oedipus Rex«. Die Mentalität dieser Avantgarde bleibt nicht auf das Künstlerische beschränkt; sie greift, und dies ist ihre stärkste Bestätigung, unmittelbar ins Leben hinüber. Der Maler Ozenfant erfindet die Torpedokarosserie für die Automobile, Corbusier stellt mit seinen Architekturökonomischen Untersuchungen und Forderungen die direkte Verbindung mit dem täglichen Leben her. Avantgardistische Maler nehmen entscheidenden Einfluß auf die Mode. Die Surrealisten wenden sich politischem Leben zu. »L'esprit nouveau«, die Zeitschrift der Avantgarde aus den Jahren 1920 bis 1924 hält das Wesen dieser umfassenden Geistigkeit fest.

Und dieser umfassenden Geistigkeit entspricht der Typus der künstlerischen Persönlichkeit, der in der Pariser Atmosphäre entsteht: diesseitig, wach, lebendig orientiert, ein Schuß Literatentum (was in Paris durchaus etwas Positives ist, ähnlich wie jetzt in Deutschland das Bündnis Weill-Brecht), mit dem täglichen und praktischen Leben lebendig und gern verbunden, geistig zu den täglichen Ereignissen Stellung nehmend, elegant im Sinne einer substantiellen Eleganz, die als positives Körpergefühl nicht als Vorrecht der Reichen oder der allein formal Mondänen erscheint, schöpferisch und voller Phantasie auf dem eigenen Kunstgebiet, mit klugem Interesse anderen Gebieten verbunden – – der Prototyp dieser Persönlichkeit der Pariser künstlerischen Atmosphäre ist Igor Strawinsky.

Zeit und Musik

Zur Typologie des musikalischen Schaffens

Eigentlich ist es die Form, an die sich die Augenblicke heften.
Kurzum, von diesem berühmten Ablauf der Zeit wird sehr viel
gesprochen, zu sehen ist er aber nicht. Jean-Paul Sartre

Von den vielen menschlichen Betätigungsmöglichkeiten ist und
bleibt das Verlangen, sich in der Kunst auszudrücken, eines der
unerklärlichsten und bewegendsten Probleme der Anthropolo-
gie. So auch die Gaben, mit denen sich dieses Verlangen
verwirklichen läßt! Das ist deshalb ganz natürlich, weil sich der
schöpferische Prozeß und die schöpferische Energie im
Bereich der Kunst zwar in einer wahrnehmbaren Wirklichkeit
bestätigen und ausdrücken, aber die schöpferische Anlage der
Gattung Mensch, aus dem Nichts – ex nihilo – etwas zu
schaffen, schon als solche ein unerklärbares Phänomen bleibt.

Kunst und ihre Erfindung scheinen ein und dasselbe zu sein,
und doch: keine einzige menschliche Tätigkeit, kein einziges
schöpferisches Werk ist ohne einen noch darunter liegenden
schöpferischen Urgrund denkbar. Am anschaulichsten manifestiert sich der spezifisch schöpferische Akt aber in den Gegenständen der Kunst und rechtfertigt sich dort gleichsam durch
sich selbst. Das Phänomen, genauer gesagt: das Struktur-
Prinzip dieser menschlichen Anlage ist außerdem im Bereich
der Kunst am leichtesten nachzuweisen und das Talent als
solches zu erkennen.

Man kann sich das Talent des Menschen kaum anders vorstellen, denn als eine quantitative Vereinigung dieser oder jener
Fähigkeiten, dieser oder jener Triebe einer bestimmten Persönlichkeit, aber immer als ein System von Gegebenheiten, ein
ganzes System von Begabungen, in dem sich die Grundanlagen
wechselseitig ergänzen, sich unterstützen und um eine »Kern-
anlage« herum gruppieren. In komplexer Vielfältigkeit ergeben
sie ein eindeutiges Bild, eine eindeutige Potenz und eine eindeutige Form: das sogenannte schöpferische Phänomen*.

---

* Dieses konstruktive Prinzip könnte man sogar an Beispielen der verschieden-
sten »Mißratenen« beweisen. So paradox es klingt, der Typ des »Mißratenen«
hat stets ein Talent mitbekommen. Aber um dieses auszubilden, fehlen ihm die
ergänzenden und unerläßlichen zusätzlichen Anlagen, ohne die es zu keinem
echten schöpferischen System kommen kann.

Gerade dieses konstruktive Prinzip in der Begabung des Menschen, dieses Prinzip, das die Begabung als ein System mit vielfältigen elementaren Anlagen erkennt, kann zu einer methodologischen Grundlage für die Erklärung der Typologie des Schöpferischen im Bereich der Kunst werden, genau gesagt sogar zu einer unverhofften Möglichkeit, den schöpferischen Typ zu klassifizieren.

Typologisch können die schöpferischen Systeme ähnlich oder unähnlich sein; bei einem Vergleich treten Vorhandensein oder Vorherrschaft dieser oder jener Bestandteile deutlich hervor, und es lassen sich die wechselseitigen Beziehungen, die einen bestimmten schöpferischen Typ determiniert haben, erkennen. Diese Art von typologischer Methode (die natürlich zu einem leeren Schema werden kann, aber nicht muß), gleichermaßen auf fertige Kunstwerke und schöpferische Vorgänge gerichtet, wird ohne Zweifel interessante Ergebnisse zeitigen. Diese Ergebnisse erweisen vor allem die große Unterschiedlichkeit der Anlagen, die allen schöpferischen Naturen gegeben ist, sowie die Triebe und die Vielfalt der inneren Erlebnisse, die diese anregen und formen.

Da sich unsere Betrachtungen auf Probleme der Musik beschränken, sollte man sich besonders mit einer entscheidenden und bisher unerforschten Gegebenheit der musikalischen Begabung befassen. Es ist dies das Erlebnis der Zeit, ein Erlebnis, das es wirklich gibt und aus dem ein musikalisches Werk stets erwächst. Beim Studium der Werke aller großen Komponisten stößt man auf drei entscheidende Kategorien. Sie betreffen: erstens den thematischen Komplex des Werkes, der die stets spezifischen, abgegrenzten und vorausbestimmten Grundtendenzen des Komponisten aufzeigt; zweitens die Kompositionstechnik, die in einer Wechselbeziehung zum »Thema« des Werkes steht; drittens das, was man das persönliche musikalische Erlebnis des Komponisten nennen könnte.

Dieses Erlebnis, das aus einem angeborenen Komplex von Intuitionen und musikalischen Möglichkeiten herrührt, beruht vor allem auf einem spezifisch musikalischen Erlebnis der Zeit, des »chrónos«; und auf dieses Erlebnis bezogen, spielt die Musik im Grunde genommen nur eine Rolle funktioneller Erfüllung.

Ohne Zweifel ist dieses Erlebnis der Zeit ein jedermann zugänglicher Vollzug. Alle Welt weiß, daß Zeit auf verschie-

dene Weise abläuft, daß Dichte und Intensität des zeitlichen Vorgangs immer wechseln und schwanken und daß der Mensch selbst sich zu verschiedenen Zeiten als völlig verschieden empfindet. Erwartung, Angst, Schmerz, Leiden, Erschrecken, Kontemplation, Wollust sind vor allem Kategorien verschiedener Zeitabläufe, aus denen das Dasein besteht. Nun, dieses sind alles Arten und Abwandlungen der psychologischen Zeit, und sie wären überhaupt nicht zu fassen, wenn nicht unter der Vielfalt dieser Erfahrungen ein primäres, oft unbewußtes Gefühl für die wahre Zeit, die wirkliche, die ontologische Zeit ruhte.

Das eigentümliche der musikalischen Zeitwahrnehmung beruht eben gerade auf der Tatsache, daß diese Wahrnehmung sowohl außerhalb der Kategorien der psychologischen Zeit als auch synchron mit dieser entsteht und abläuft. Daher darf man dieses musikalische Zeiterlebnis als eine der reinsten Formen des ontologischen Zeitempfindens ansehen*.

Die Kunst der Musik, die in sich selbst eine der adäquatesten Möglichkeiten ist, die ontologische Zeit zu erleben, beschränkt sich aber nicht nur darauf, diese Form von Zeitwahrnehmung zu spiegeln. Es kommt sehr selten vor, daß der schöpferische Prozeß nicht von psychologischen Reflexen dominiert wird, ja, man könnte sogar sagen, daß im schöpferischen Bereich das Fehlen solcher psychologischer Reflexe sogar ein Zeichen besonderen Talents wäre, eines Talentes, das im Reinzustand äußerst selten anzutreffen ist. Das Erlebnis der Zeit, besser der Beschaffenheit dieses Elementes Zeit, ist in allen Werken aller Komponisten stets ein anderes. Die Grundform dieses Erlebnisses – ob ontologisch oder psychologisch – ist indes immer zu erkennen. Infolgedessen eignet es sich für eine typologische Klassifizierung.

In der Musik gibt es eine eigenartige Beziehung, eine Art von Kontrapunkt zwischen dem tatsächlichen Ablauf der Zeit, ihrer richtigen Dauer, und den materiellen und technischen Mitteln, mit denen Musik ausgedrückt und in Noten gesetzt werden kann. Entweder erfüllt die musikalische Materie in

---

* Daß die Musik eine Kunst sei, welche die Zeit »aufhöbe«, war einstmals eine landläufige Definition und gehörte zu den symbolischen Begriffen, die gar nichts erklären. Es ist dem Menschen möglich, das Prinzip der Zeit in seinen verschiedenen Eigenschaften nachzufühlen; aber es gibt kein dem Menschen innewohnendes »Erlebnis der Zeitlosigkeit«.

adäquater Form diesen realen Zeitablauf, der – sozusagen – die Musik »führt« und ihre Zeitform bestimmt, oder sie verläßt den Gang der Zeit, indem sie deren normalen Verlauf abkürzt, verlängert oder gewaltsam umbildet. Im ersten Fall kann man die Musik als chronometrisch, im zweiten als chronoametrisch bezeichnen.

In der chronometrischen Musik steht das Zeitgefühl in Einklang mit dem musikalischen Ablauf. Mit anderen Worten: die ontologische Zeit entfaltet sich in solchem Fall vollkommen und gleichmäßig im musikalischen Zeitablauf. In ihrem primären schöpferischen Urgrunde ist die chronometrische Musik durch fehlende gefühlsmäßige und psychologische Reflexe charakterisiert. Daher kann sie den Vorgang der ontologischen Zeit aufnehmen und darin eingehen. Typisch an dieser Musik ist gerade, daß man Gleichgewicht und dynamische Ordnung in einer normalen und stufenweisen Entfaltung der Musik wahrnimmt. Im Bereich psychischer Reaktionen erweckt sie ein eigenartiges Gefühl von »dynamischer Ruhe« und Befriedigung. Dank ihres musikalischen Ablaufs beherrscht die chronometrische Musik zugleich Ohr und Bewußtsein, was bei den Zuhörern genau dasselbe Gefühl innerer Ordnung des Zeitgefühls erweckt, das der Komponist in dem Augenblick empfand, als er die Inspiration seines Werkes hatte.

Die chrono-ametrische Musik hingegen ist von Natur aus stets psychologischer Art. Nur in ihr lassen sich psychologische Reflexe ausdrücken. Diese Musik ist sozusagen eine sekundäre Aufzeichnung primärer emotioneller Impulse, der Zustände und Absichten ihres Urhebers. In dieser Musik sind die Anziehungs- und Schwerpunkte grundsätzlich verschoben. Sie liegen weder im Klangmoment, noch im musikalischen Vorwurf, sondern sind immer davor- oder dahintergerückt (meist davor!) und lösen sich hierdurch vom normalen Ablauf der musikalischen Zeit, ja, sie zerstören den Primat des rein »musikalischen Moments«. Diese Musik überholt entweder die reale Zeit oder sie bleibt hinter ihr zurück. Durch solche spezifische Interferenz zwischen beiden Zeitebenen entstehen in der chrono-ametrischen Musik ermüdende Schwerfälligkeiten und Schwankungen. Für ein synthetisches musikalisches Ohr könnte eine solche Musik kaum Wohlklang sein, da seine musikalische Aufnahmefähigkeit sämtliche zufälligen Assoziationsreflexe ausschaltet und die Musik auf zwei verschiede-

nen Ebenen wahrnehmen müßte: der Ebene der Töne und der einer für es undurchschaubaren Spekulation.

Versucht man, einige der prägnantesten Grundgegebenheiten für eine Typologie des musikalischen Schaffens zu nennen, so müßte das Phänomen der Zeit entschieden den Vorrang vor allen übrigen haben, da es ganz wesentlich mit der Definition der primären Kategorien in der Musik verknüpft ist. Genau wie in der Malerei das malerische Gefühl, die Prinzipien der Perspektive und die Transparenz der Farbe Grundelemente sind, ist für den Musiker das Gefühl für die Zeit, d. h. für ihre Erscheinungsform, eine universelle Vorstellung, die den Typ und Stil seines Werkes bestimmen.

Trotz der Menge und unendlichen Vielfältigkeit der menschlichen Veranlagungen ist die Anzahl schöpferischer Artungen in der Kunst außerordentlich begrenzt, weil es nur eine begrenzte Anzahl menschlicher Bewußtseinsarten gibt, die das »Ich« und »Nicht-Ich« empfinden, und weil nur sehr wenige Arten zu einer Koordination dessen fähig sind, »was Ich ist«, mit dem, »was Nicht-Ich« ist – zu Dingen also, die auf dem Urgrund aller schöpferischen Intuition liegen müssen. Die Kunstwerke, so verschieden in ihrem Stil und ihrem Gefüge, sind demnach eigentlich nichts anderes als Varianten einer identischen schöpferischen Erfahrung, die allen gemein ist.

Das Zeitphänomen in der Musik ist interessant besonders dann, wenn es zu einer ursprünglichen Klassifizierung der Musikwerke reizt, einer Klassifizierung, die jeder Stil- oder Formanalyse noch übergeordnet ist. Der musikalischen Intuition liegt immer das Bestreben zugrunde, die reale ontologische Zeit einzufangen und sie in die schöpferischen Kategorien der Kunst umzusetzen.

Die antiken Modi und Tetrachorde, die sich in die gregorianischen Neumen des frühen Mittelalters verwandelt haben, und die die einzige und adäquate Grundlage des kirchenmusikalischen Stils gewesen sind; die echten Volkslieder mit ihren Refrains, die, ähnlich wie die gregorianischen Gesänge, keine Worte, sondern Vokalisen singen (wie es ja auch bei gewissen anderen Klangeinheiten zeitweilig ohne alle beschreibende Absicht geschieht) – sie alle sind psychologisch verwandt mit den auf den ersten Blick völlig andersartigen polyphonen Konzeptionen von Bach, die immer synchron mit ihrem zeitlichen Ablauf konzipiert sind, ja sogar mit ihnen identisch zu

347

sein scheinen. Auch in der durchsichtigen und spontanen Chronometrie Haydns und Mozarts wie in dem objektiven und maßvollen Gefühlsgehalt der schönsten Themen von Verdi, die durch ihre musikalische Fantasie überraschen, ist jegliches Psychologisieren ausgeschlossen. In der modernen Musik ist es Igor Strawinsky gewesen, der die chronometrische Musik erneuert und weiterentwickelt hat.

Bei all den hier aufgezeigten musikalischen Phänomenen handelt es sich um das gleichzeitige Erlebnis der musikalischen Zeiterfahrung und der konkreten Anschauung eines inneren ontologischen Gesetzes, das die Kunst der Musik beherrscht. Eine solche Musik läßt sich nicht willkürlich »erfinden«, denn sie hat ihren Ursprung in den Gesetzen, auf denen die musikalische Ordnung beruht.

Die vom chrono-ametrischen Standpunkt aus typischste und »größte« Musik ist die Musik Wagners. Das Wesen des psychologischen Zeitmaßes der Wagnerschen Musik zeigt sich nicht nur in der Form der Steigerungen durch Sequenzen, in den endlosen Übergängen und Färbungen*, sondern auch in der Eigenart und im Vortrag der Themen, die stets schwer mit psychologischem Sinngehalt befrachtet sind, einem Gehalt, der ihnen oft den immanenten realen musikalischen Gehalt raubt. Auch die Form der »Leitmotive«, die Wagner gewählt hat, ist symptomatisch, da sie eine stufenweise, normale und spontane Entfaltung des musikalischen Zeitmaßes ausschließt. Jedes Leitmotiv hat schon von vornherein sein Äquivalent in einem bestimmten Zeitmaß, das sich unermüdlich mit jeder Wiederkehr der Phrase wiederholt, was lediglich zu mechanischen Kombinationen von vorausberechneten und durch die Hörer vorausgefühlten Zuständen führt. Es scheint, als habe Wagner diese Art des musikalischen Schreibens gerade deshalb gewählt, weil er erkannt hatte, daß ihm selbst die Vorstellung einer autonomen musikalischen Dynamik und ein echtes musikalisches Zeitgefühl fehlten.

Allerdings ist es schwierig, ein anderes Beispiel für eine so rein chrono-ametrische Musik zu finden. Bei anderen Komponisten kann man nicht wie bei Wagner feststellen, daß sie sich in

---

* *Dazu ist zu sagen, daß man in bezug auf das Zeiterlebnis mit Diatonie und Färbung alles und gar nichts erklären könnte: eine chromatische Musik kann chronometrisch sein, ebenso wie eine diatonische Musik andererseits nicht mit dem Ablauf der realen Zeit koinzidieren braucht.*

ihren Werken derart weit von den Zeitvorstellungen lösen, ja diese sogar zeitweilig zu vergessen scheinen, es sei denn, diese Abkehr von Zeitvorstellungen beruhe auf anderen Gründen.

Probleme der modernen Musik zu behandeln, ohne auf die Wagner-Frage zurückzukommen, ist unmöglich, da diese Probleme immer in dialektischer Beziehung zu ihr stehen. Obwohl sich die Wagnerschen Anschauungen, die schon von Wagners Vorgängern ebenso wie von seinen Zeitgenossen (Meyerbeer, Berlioz, Liszt) vorausgesehen waren, nur schrittweise durchsetzten – und trotz des langsamen Vorgehens von Wagner selbst–, gewannen sie Macht und Überzeugungskraft und drohten die Musik zu ersticken und ihr ontologisches Zeiterlebnis einzuengen. Die Kunst der Musik, die im selben Atemzug eine Kunst der ontologischen Zeiterkenntnis und eine Spekulation in Tönen ist, wurde durch Wagner in ein System von musikalischen Umschreibungen, zu einer Synchronisierung von abstrakten Begriffen und emotionellen Reflexen verwandelt, die dem eigentlichen Wesen der Musik fremd sind.

Es war keineswegs einfach, die Musik in das ihr immanente Element der realen Zeit zurückzuführen und die Vorherrschaft der in Vergessenheit geratenen Gesetze musikalischen Zeitmaßes und musikalischer Kontinuität wieder aufzurichten, da die Wagnerschen Prinzipien außerordentlich geschmeidig waren, sich leicht den allerverschiedensten musikalischen Phänomenen anpassen ließen und von so verschiedenartigen Komponisten wie César Franck, Rimsky-Korsakoff, Puccini, Vincent d'Indy übernommen wurden (ganz zu schweigen von den eigentlichen Wagner-Epigonen, den »Wagnerianern«).

Ungeachtet Nietzsche ist es nicht Bizet, der die erste Antithese zu Wagner war, sondern Debussy*. Das musikalische Element Debussys, das in ästhetischem Gegensatz zu sämtlichen Wagner-Konzeptionen steht, hatte eine verblüffende Leitfähigkeit für Zeitmaße (conductibilité du temps), die für die Musik dasselbe bedeutet, wie die Transparenz für die Malerei. Dank dessen überraschten seine Kompositionen nach der falschen Länge der Wagnerschen Musik durch echte und lebendige Zeitdauer. Aber Debussy wollte und konnte vielleicht

---

* *Der Fall Moussorgsky, bei dem die psychologische Rezeptivität genau der musikalischen Intuition entspricht und mit ihr zusammen eine einzige und gleiche Seinseinheit bildet, ist ein Sonderfall und bedürfte einer besonderen musikalisch-psychologischen Analyse.*

auch seine angeborene Neigung zu »musikalischen Zustän-den«, die häufig statisch wurden, nicht überwinden. Die musi-kalische »Statik« Debussys ist von einer immanenten Musikali-tät, seine »musikalischen Zustände« sind sozusagen eine Transformation in einen Ablauf von musikalischen Augen-blicken; und trotzdem (wegen des Fehlens eines echten Dyna-mismus) hat Debussy der Musik ihren synthetischen Sinn, die Fülle und Kraft ihrer Möglichkeiten, nicht wiederzugeben vermocht. Das tat erst Igor Strawinsky.

Im Verlauf der beiden ersten Dekaden seines musikalischen Lebens hat Strawinsky der Musik ihre Kompositionsgesetze und ihr immanentes Erlebnis zurückgegeben. Diese innere und formelle Wiederherstellung von Gesetzen der Ordnung in der Kunst der Musik geschah schrittweise und bei Strawinsky fast unbewußt. Historisch einerseits determiniert durch das, was man damals den französischen Modernismus nannte, und andererseits durch die russische Schule von Rimsky-Korsa-koff, hatte Strawinsky eine schmerzvolle Selbstentwicklung durchzumachen, sowohl um den konkreten musikalischen Stoff zu bewältigen, als auch um sich der wirklichen musika-lisch-abstrakten Spekulation anzupassen, um in der Lage zu sein (nachdem er sich von seinen unmittelbaren Vorgängern losgelöst hatte), in sich selbst die musikalische Intuition und die »Idee der Musik« zu entdecken und diese sogleich in eine schöpferische Aussage eigenster musikalischer Existenz umzu-wandeln.

Diese Aussage – seine sämtlichen Werke bestätigen es – richtet vor allem das Prinzip der musikalischen Chronometrie wieder auf. Wegen des musikalischen Zeitgefühls, wegen der Mittel, mit denen die Musik Strawinskys aufgebaut ist und abläuft, gehört sie zur klassischen Tradition, zu jener »großen« Musik, bei der Zeit und musikalischer Ablauf wechselseitig aufeinander bezogen sind und ihren Ursprung nicht in der Sphäre psychologischer Reflexe haben, sondern in einer onto-logischen Erfahrung. War nun einmal diese Tradition wieder erneuert, konnte Strawinsky ihre ganze Vitalität zeigen und beweisen, daß sie fähig ist, eine vollständige innere Erneuerung zu bewirken, die nicht nur auf den musikalischen Stoff, son-dern auch auf Stil und Technik der Komposition zielt. Das Werk Strawinskys zeigt so eine in der Kunst sehr seltene Synthese von ungeheurer reformatorischer Kraft und von gleichzeitig ausgeprägtem Gefühl für Tradition, ja für Konservativismus.

Zunächst fällt beim Studium von Strawinskys Werk auf, daß er einen angeborenen Willen hat, alle musikalischen Themen, gleichgültig welchen Stils oder welcher Form, in ein ganz persönliches, sich selbst angepaßtes, authentisches Gefüge umzuformen. Selbst dieser Aufbau seiner Musik ist typisch für Strawinsky und zeigt die Charakteristika seines Werkes ebenso deutlich auf, wie es z. B. Bachs Stil und dessen polyphone Themen, Beethovens sinfonische Entwicklungen oder Verdis melodische Formprinzipien tun. Die Vielfältigkeit des Strawinskyschen Stils, die Periodizität seiner schöpferischen Erlebnisse, die in anscheinend widerspruchsvollen Zyklen erscheinen, sind in Wirklichkeit nur seine freie Haltung gegenüber der Thematik und dem musikalischen Vorgehen anderer – was alles in einer dialektischen Beziehung zur Einheit seines musikalischen Prinzips steht, eines Prinzips, das jegliche Gegebenheit musikalischer Affinität zusammenfaßt und »wiederherstellt«. Vor allem: es handelt sich um eine gesetzmäßige Notwendigkeit des Zeitablaufs. Die Zeit ist gegeben, sie ist unüberwindlich. Der Prozeß ihres Ablaufs soll und darf nicht entstellt werden, weder durch einen psychologischen Willensakt, noch durch die Illusion einer scheinbaren Leere, noch durch ihre eigene blinde, elementare Kraft. Aber die Zeit läßt sich gestalten und in unendlich viele Aspekte und Qualitäten umbilden – die ihrer Ausdehnung, ihrer Dauer und ihres Ablaufs –, und hierauf beruht der ontologische Sinn der Musik. So kompliziert die metrische Struktur der Musik Strawinskys auch sein mag, stets »leitet sie die Zeit«; sie ist in den Ablauf der Zeit eingeschlossen und, diesen Ablauf erfüllend, verläßt sie ihn niemals, verkehrt also nie die Ordnung der zeitlichen Bewegung.

Im Bereich der Musik, d. h. ihrer Problemstellungen, hat Strawinsky mit seinem Werk eine ganze Reihe von Fragen aufgeworfen und gelöst. Die wichtigste ist vielleicht die der Grenzen der Musik. Der breiten Masse – Musikern wie Zuhörern – erscheinen diese Grenzen nebelhaft »unbegrenzt«. Und trotzdem: die Erfahrung Strawinskys beweist das Gegenteil. Es ist nicht »alles erlaubt« in der Musik, sondern im Gegenteil, vieles ist verboten (natürlich nicht im Sinne akademischer Einengungen, wohlverstanden). Es gibt Dinge aus der Erfah-

rung der spirituellen Welt, die durch Musik nicht übertragen oder »ausgedrückt« werden können und dürfen. Die Musik hat Vorwürfe, die nur ihr zu eigen sind, hat eine Aufgabe und eine Erlebniswelt, die nur ihr gehören: ihrem Schöpfer wie Zuhörer. Mit musikalischer »Rückempfindung« läßt sich das nur teilweise erklären. Substantiell muß Musik vielmehr auf dem Wahrnehmungsvermögen für die ontologische Realität des musikalischen Ablaufs beruhen, das heißt auf der musikalischen Zeit*.

Allen denen, die bei Strawinsky ein emotionales Prinzip vermissen, brauchte man nur eines zu sagen: sie sollten die Musik mit einem Ohr hören, das Musik nicht nur als »Klang«, sondern auch als Musik »in der Zeit« aufnimmt. Das bedeutet (um Wagner zu zitieren), daß man »die Zeit hören« kann. Gerade diese Wahrnehmung ist es, von der man die höchste musikalische Befriedigung hat, eine Befriedigung, deren Möglichkeiten in der »erhabensten« Musik enthalten sind und die am sichersten ihre Qualität und köstlichste Eigenart beweisen. Nur eine solche Musik kann eine Brücke sein, die uns an das Sein bindet, in dem wir leben, das wir dabei aber nicht selbst sind.

Wie wir anfangs sagten, setzt sich das Innenleben aller großen schöpferischen Geister zwangsläufig aus den verschiedenartigsten Elementen zusammen. Das Wissen um den Weg ist in ihnen eng verbunden mit einem unwiderstehlichen Drang zur Verwirklichung – Begabung und Wille sind da nicht voneinander zu trennen. Trotzdem kann man schöpferische Grundtypen unterscheiden: solche, die funktional auf Anruf hin handeln, aus der Überfülle eines inneren Aufruhrs heraus, der sich befreien und nach außen dringen muß; sodann solche, die sich in ein »Vakuum« hinein realisieren, das sozusagen außerhalb des sensitiv-leidenschaftsgetriebenen Menschen selbst (außerhalb des »homo lyricus«) steht, ein Vakuum, das sogar von ihm selber als ein Gegenüber empfunden wird. In dieses Vakuum hinein formt und präzisiert sich ihm der schöp-

---

* *Beim Ausübenden liegt die musikalische Wahrnehmung der Zeit sozusagen auf halbem Wege zwischen der Zeitwahrnehmung des Schöpfers und der des Zuhörers. Die wahre Gabe des Ausführenden – eine Gabe des »Wiederaufbaues« –, ebenso wie auch das Gefühl eines echten Kontaktes mit dem Publikum, sind primär häufig durch ein Bewußtsein bedingt, das ganz besonders auf die Entfaltung der Musik in der Zeit gerichtet sein muß, wie es die großen und reinen Künstler auszeichnet.*

ferische Prozeß. Meditation, Geistgedanke, Formzucht sind darin nicht voneinander zu trennen. Schon im Stadium des Entwurfs ist das künftige Werk dabei weder verworren noch irgend sonst von »Emotion« beeinflußt, es sei denn von der eines Bewußtseins jenes Vakuums, in dem, aus einem Willen der Verantwortlichkeit heraus, eine neue, bis dahin nicht existente Wirklichkeit Gestalt annehmen soll. »Inspiration« taucht dann, während des Schöpfungsprozesses, wie von selbst auf, wie eine innewohnende und geheimnisvolle Eigenschaft schöpferischen Bemühens, wie ein Wert, der sich selbst zum freiwilligen Geschenk macht.

In das Vakuum solcher Art ergießt sich, und in ihm erst bewegt sich das, was das wirkliche Zeitphänomen in der Musik ausmacht. Werden Werke dieser Art eines schöpferischen Prozesses von Genies geschaffen, darf man sie getrost Meisterwerke nennen, denn es sind Werke, die so vollendet schließen wie beginnen. Dies aber ist der Fall Strawinsky.

Assoziationen um einen Namen

Mit einem Reizwort und der Forderung unmittelbarer Reaktion Nachbarbegriffe aus dem Unterbewußtsein zu locken, ist ein fruchtbarer Trick der neueren Psychologie. Auf Igor Fjedorowitsch Strawinsky angewandt, liefert er als ungeordnetes Material:

Ballett	*Lateinisches Oratorium*
Russische Musik	*Dissonanzen*
Sehr rhythmischer Stil	*Bach mit Stromlinien*
Frankreich um 1920	*Neoklassizismus*
Petruschka	*Heidnische Urwelt*
Musik wie eine Nähmaschine	*Psalmensymphonie*

Schon diese Sammlung von Assoziationen zeigt die Lebensfülle des Phänomens. Sie ließe sich leicht verdoppeln, und noch immer wäre nur ein kleiner Ausschnitt aus dem seltsamen, einzigartigen Mikrokosmos beleuchtet, den das Werk des großen russischen Künstlers in stets wechselnden Facetten spiegelt. Man versuche den Milieu-Linien zu folgen, die sich durch das Oeuvre Strawinskys ziehen. Da sind die Erinnerungen an Kindheitsjahre, manifest seit 1913 in der Exilproduktion der

Trois petites Chansons, der leichten vierhändigen Stücke, der Berceuses du Chat, der Pribautki und später in der Zirkuspolka für Barnum und Baileys Elefanten. Da sind die Märchenstoffe aus russischen Bilderbüchern, der Feuervogel und der Zauberer Kastschei, der Teufel in Petruschka und in der »Geschichte vom Soldaten«, die sprechende Tierwelt im Andersenschen »Rossignol« und im »Renard« und die Symbolfiguren des »Jeu de Cartes«.

Und dann wieder Christliches, Liturgisches, aus Weihrauch und Orthodoxie der Griechischen Kirche entstanden: Teile der »Noces«, das Paternoster a cappella, die Psalmensymphonie mit den Worten der Vulgata, schließlich die archaische Messe.

Dazwischen: sublimierte russische Folklore im »Sacre«, Gassenhauer in »Petruschka«, Exotik im »Rossignol« und den Japanischen Liedern, Groteske in der russischen Buffooper »Mawra«, erhabene Antike im »Oedipus Rex« und der André Gideschen »Perséphone«, Jazz in den beiden Ragtimes (einem für Klavier, einem für elf Mann Kammerorchester) wie dem für Woodie Herman's Tanzkapelle geschriebenen »Ebony-Concerto«. Und, Résumé einer vierzigjährigen Tätigkeit für die Bühne, eine Oper in den Formen des 18. Jahrhunderts: die von William Hogarth über W. H. Auden zu Strawinsky gehobene und denaturierte Geschichte vom Wüstling, den der Schattenteufel ins Irrenhaus schickt: »The Rake's Progress«.

Wo ist das Verbindende? Welches ist der »eigentliche« Strawinsky? Der impressionistisch verfeinerte Schüler Rimsky-Korsakoffs? Der synkopenfrohe, brutale Metriker heidnischer Ballett-Szenarien? Der ironische Antiquar der zwanziger Jahre mit dem Monokelblick auf Bach, Pergolesi und Lully? Der Sonaten- und Concerto-Meister der dreißiger Jahre? Der Zersetzer der Tonalität? Der Restitutor der Kirchentöne? Der Antipode Arnold Schönbergs? Der Liebhaber Webers, Griegs und Tschaikowskys?

Strawinskys Leben hat viele Stationen und Wohnsitze gekannt, genau so viele wie sein Geist. Das Elternhaus in St. Petersburg, der Landsitz in Ustilug, Rom, die kleinen Schweizer Orte am Genfer See, Paris – das seine künstlerische Heimat wird – und schließlich das Haus mit dem Hügelgarten und den Obstspalieren am North Wetherley Drive in Hollywood. Wo immer man dem Mann begegnete, mit ihm Rotwein oder Tee oder Cocktails trank: das Milieu formte er, nicht umgekehrt.

Seine heftige, bei aller ironischen Urbanität stürmische Persön-
lichkeit teilte sich den Dingen, den Menschen, der Natur seiner
Umgebung mit. Er duldete keinen fremden Eingriff in seine
Welt. Aber diese Welt war so komplex, so vielschichtig, daß sie
hunderterlei Elemente in sich mittragen konnte. Nur so war das
Phänomen erklärlich, daß Strawinsky nacheinander C. F. Ra-
muz, Jean Cocteau, André Gide und W. H. Auden als Mit-
arbeiter wählen, ihren Gedankenwegen folgen und sie doch
alle übertönen konnte, derart, daß die kooperativ entstandenen
Werke zuallererst Strawinskys Züge tragen, denen sich auf
höchst überraschende Art die Züge der kongenialen Spielpart-
ner vermischen.

Das Verbindende aber, das wesentlich und unverwechselbar
Strawinskysche liegt in einer Art des direkten, des unvermittel-
ten Zugriffs. Strawinsky arbeitet sich nicht langsam an ein
Problem heran: er packt es, indem er es auf seinen Kern
reduziert.

Die künstlerische Arbeit ist bei ihm von jeher und unabän-
derlich ein Prozeß der Exklusion. Unwesentliches, nicht zur
Sache Gehörendes wird nachsichtslos beiseite geschoben. Man
hat oft, wenn man einem seiner Werke zuerst begegnet, den
Eindruck: hier wird ein technisches oder ästhetisches Exempel
statuiert; nicht das Werk selbst, sondern die Idee hinter dem
Werk spricht zu uns. Die ungeheure Orchesterbesetzung des
»Sacre du Printemps« tritt als Tutti wenig in Funktion; die
Vielfalt der Farben, der Bläser insbesondere, zeugt dennoch
unablässig von der Konzeption des Riesenensembles. Umge-
kehrt das Partitur-Skelett der »Histoire du Soldat«: ein Orche-
ster, reduziert auf sieben Spieler, je zwei Höhenextreme der
Holzbläser, Blechbläser, Streicher, dazu das polychrome
Schlagwerk: in jedem Takt die Idee, mit kindlich vereinfachten
Mitteln den Verzicht zur Tugend zu machen.

Exklusion, Verzicht, Mißtrauen gegen das Naheliegende:
darin vor allem ist Strawinsky ein Vorbild geworden. Er hat,
weit über das Musikalische hinaus, einen neuen Standard der
geistigen Kultur mit errichtet. Durch ihn, und zwar von Fall zu
Fall, von Werk zu Werk, sind gewisse Verfahrensweisen und
Haltungen »überwunden« worden. Ja, er ist in einem neuen,
antiromantischen Sinne ein Überwinder par excellence, ein
Künstler, auf dessen Wandlungen man gespannt wartet, noch
ehe überhaupt von einem neuen Werk die Rede war. Der

Radikalismus, mit dem er jeweils das selbstgestellte Problem durchdachte und schöpferisch sublimierte, hat immer an ein Ende geführt; die Endgültigkeit war sozusagen a priori in den Arbeitsprozeß eingeschliffen. Es bleibt kein Rest; mit der Idee des neuen Versuchs – z. B. des Pasticcio, der Stilkopie, der Antinomie zwischen Metrum und Rhythmus, der exklusiven Tonartkopplung, der reinen Bläserfarbe und so fort – ist auch gleich der denkbar weiteste Kreis beschrieben, in der sie angewandt werden kann und angewandt wird. Und hier beginnt die Kritik an seiner Nachfolge. So sehr Strawinsky als kulturelles und ästhetisches Gewissen seiner Zeit purifizierend gewirkt hat und wirkt, so wenig ist seine Sprache zur Nachahmung geeignet. Was denn auch sollte nachgeahmt werden, da doch jedes Problem zugleich gestellt und in jeder nur denkbaren Konsequenz gelöst wurde? Eine Schule, eine Werkstatt, in der die Formen Strawinskys etwa hätten ausgearbeitet werden können, war nicht denkbar. So hat auch Strawinsky selbst kaum jemals Unterricht gegeben; was es an Lehrbarem in seiner Technik gibt, versucht Nadja Boulanger auf die folgenden Generationen zu übertragen.

Dennoch ist sein Einfluß enorm. Er betrifft eigentlich alle Gebiete, auf denen sich die heutige Musik mit der anderer Zeiten und Kulturen, aber auch mit Gegenständen ganz anderer Art berührt. Strawinsky hat einen Zustand der dauernden Revision herbeigeführt, eine Art von permanenter Inventur der aesthetischen, technischen und stilistischen Vorräte. In seiner Lebenschronik, noch mehr in den Harvard-Vorlesungen über »Musikalische Poetik«, erweist sich die Universalität einer geistigen Auseinandersetzung sehr ausgepichter Art, die beständig die ungeheure Freiheit ihres Überblicks durch künstlich und planvoll errichtete Grenzen aufhebt. Immer wieder spricht Strawinsky von den »Spielregeln«, von dem »Kanon« (im theologischen Sinne), dem man Kunst unterwerfen müsse. Man könnte leicht nachweisen, daß er sich für jedes seiner Werke die Freiheitsbegrenzung, die »Spielregel« ad hoc geschaffen hat. Sein Geist erträgt den Zustand der Ungehemmtheit nicht; er sucht das Verbot, den Zwang. Es scheint für ihn nur die Alternative zwischen Tabu und Anarchie zu geben.

Von hier aus zeigt sich Strawinskys innere Beziehung zu Schönberg in einem gänzlich anderen Licht; ja, es erscheint fast

paradox, daß er die strengste Disziplin der modernen Kompo-
sitionstechnik, die Dodekaphonie, nicht entwickelt hat!

Was er am meisten haßt: Unordnung. Was er immer neu
anstrebt: Gesetz. Aber er verfährt dabei auf die ungewöhnliche
Weise der Überkompensation. Um eine Unordnung, etwa die
tonale Anarchie, zu überwinden, treibt er sie auf die Spitze;
dann erst stellt er ihr ganz einfache Formen der Ordnung
entgegen. Er denkt in Extremen, in polaren Gegensätzen. Dem
entspricht sein privates Leben, sein persönlicher Geschmack,
sein individueller Stil. Das Raffinierteste steht neben dem
Elementaren, das Überspitzte neben der Einfachheit.

Strawinsky ist der avancierteste Typus des modernen Groß-
stadtmenschen, ein Connaisseur gestuftester Genüsse, ein
Mann von auserlesener Eleganz und äußerst verfeinerten
Lebenssitten. Und dieser selbe Strawinsky betreibt mit der
Akribie eines rosenzüchtenden pensionierten Generals die
Pflege seines kalifornischen Gartens. C. F. Ramuz, der Freund
und Mitarbeiter, schildert ihn als den Mann, der die einfachen
Dinge des Lebens zu schätzen versteht, das gut gebackene
Brot, den Landwein, den Käse, den er sorgsam mit seinem
Taschenmesser aus der Rinde schält. Aus dieser Verbundenheit
mit den einfachen Dingen bezieht er die Kraft, in den höchsten
Sphären der Kultur Wendungen herbeizuführen, an denen sich
seit 1910 die Kunst der abendländischen Menschheit orientiert
hat. Dem Riesen Antäus gleich, dessen Kräfte sich erneuern,
sobald er die Erde berührt.

Nur wer ihn aus dem Zusammenwirken gegensätzlicher,
einander scheinbar ausschließender Impulse begreift, als Fun-
ken zwischen positivem und negativem Pol, wird die mancher-
lei Schocks verstehen, die von seinem Geist ausgehen. Daß
solche Schocks mitunter auch Produkte allzu großer Konven-
tion, erschreckend gefälliger, übertrieben verbrauchter und
gerade durch ihre Verbrauchtheit wieder künstlerisches Mate-
rial gewordener Formen sind, das gibt der Figur Strawinskys
erst die Vielschichtigkeit und Kompliziertheit, ohne die sein
Einfluß wie sein Welterfolg nicht möglich wären.

Strawinsky, die Synthese einer Epoche

*Strawinskys Name: er ist dem Heute wie dem Gestern gleicher-
maßen verbunden – dem Heute, weil sein Werk ein unvorher-
gesehenes Einvernehmen mit der jüngsten Generation verwirklicht hat; dem Gestern, weil er – der Nestor unter den Komponisten unserer Zeit – einen wesentlichen Anteil an der Verantwor-
tung für die Gestaltung der Musik jüngst vergangener Jahre
getragen hatte und nunmehr auch das Gestrige noch im Heutigen nachklingen läßt.*

*Sind wir uns eigentlich dessen bewußt, daß Werke wie
Petruschka, Sacre du Printemps, Rossignol, von denen Strawinsky meinte, sie hätten an der Umwertung aller Werte in der
musikalischen Kunst teilgenommen und wären zu einer Zeit
entstanden, wo sich mit diesen Werken eine Revision der
musikalischen Elemente der Komposition, selbst der Urele-
mente der Musik vollzog –, sind wir uns dessen bewußt, so
fragen wir uns, daß diese Werke ein halbes Jahrhundert über-
dauert haben? Natürlich wissen wir, daß sie der Frühzeit des
Komponisten angehören, einer ersten Phase seiner Entwicklung, wie der Historiker zu sagen pflegt.*

*Ein halbes Jahrhundert: es mag schon im Leben des einzel-
nen Anlaß zu mancherlei Besinnung sein. Als historisches
Phänomen erheischt es aber sehr viel mehr an Prüfung und
Erforschung. Denn wir müssen uns doch fragen, ob nicht
vieles im Ablauf eines halben Jahrhunderts »geschichtlich«
werden kann oder schon geworden ist, selbst wenn es immer
noch mit dem Anspruch auf das Unmittelbare des Gegenwärtigen auftritt. Wieviel von dem, was uns heute begegnet, gehört
eigentlich schon zur Geschichte und nicht mehr zur Gegenwart? Dies wäre doch wohl eine Frage, die uns zutiefst erregen
müßte, weil sie die Existenz des musikalischen Kunstwerks in
unserer Zeit angeht.*

*Zugegeben, daß das Nebeneinander-Wirken von drei oder
vier verschiedenen Generationen wahrscheinlich immer zu
einer Vielfalt der künstlerischen Ausdrucksformen führen
muß. Aber man wird doch nicht ohne weiteres anerkennen
wollen, daß ein »Sacre du Printemps« und die »Movements«
dem gleichen Komponisten Strawinsky, Schönbergs »Erwartung« und »Pli selon pli« eines Pierre Boulez der gleichen
»Gegenwart« angehören sollen.*

Sind es nicht vielmehr schon verschiedene Zeiten, die hier zur Sprache kommen, selbst wenn ein und derselbe Komponist ihr Sprecher ist?

Dabei erfahren wir zuallererst doch wohl eins, was unsern Zeiten allgemein gemäß zu sein scheint: den völligen Mangel an der Einheit des Stils. Ein einheitlicher Stil, wie er den künstlerischen Bekundungen früherer Epochen eignete, läßt sich für unsere Zeit überhaupt nicht erwarten, und wer ihn dennoch erhofft oder gar wahrnimmt, mißversteht so gut wie alle Zeichen unserer Tage. Angesichts der Sorglosigkeit, mit der man heutigentags von dem »Stil« der Komponisten zu sprechen pflegt, möchten wir sogar glauben, daß man ganz und gar vergessen hat, was es mit der Einheit eines Stils, ja mit dem Sinn des Stils auf sich habe.

Was wir jedoch heutigentags gewöhnlich antreffen, ist nicht eigentlich Stil, sondern Manier. Selbst Komponisten großen Namens sind Manieristen, statt Schöpfer eines Stils, und wie es in der Natur der Manieren liegt, sind die einen mehr, die andern aber weniger erträglich. Gerade hervorragende Techniker scheinen die Opfer ihres Handwerks zu werden, sobald sie ihr Können in der Beherrschung der kompositorischen Mittel überhaupt nicht mehr in Zweifel ziehen und im Vertrauen auf eine nie versagende Technik vermeinen, nichts könnte jemals fehlgehen. Zu einem Leerlauf kommt es dann aber doch, zu dem Leerlauf der Manieren. Kontrapunkte haben sich des öfteren schon leergelaufen, ob sie nun eigene Erfindung waren oder die Geschichte zu Hilfe riefen.

»Die Geschichte und der moderne Komponist«: damit wollen wir uns nun doch etwas eindringlicher beschäftigen. Denn im Grunde läßt sich Vielerlei, was heute geschieht, aus der Geschichte verstehen und erklären, und am ehesten gerade bei all denen unter den zeitgenössischen Komponisten, die von ihrem Verhältnis zur Geschichte kein Aufhebens machen. Indem man nämlich zur Geschichte nicht etwa Zuflucht nimmt, wo das Eigene zu versagen droht, sondern ihr die Wirksamkeit beläßt, die sich wie ein biologisches Gesetz, unbewußt und unerkannt, ständig in dem Werk bestätigt, ist die Geschichte oder geschichtliche Tradition die lebendigste aller Kräfte. Wo sie Zuflucht sein und Hilfe leisten soll, rächt sie sich, indem sie Manieren fördert. Wo sie als lebendige Kraft verstanden wird, vermag sie so etwas wie eine »Synthese« zu

gewähren. Damit sind wir denn auch inmitten unseres heutigen Themas zur Synthese einer Epoche, die das Werk Strawinskys verwirklicht habe. Eine Synthese? Ist es nicht vielmehr nur unsere Bewunderung für einen der größten Komponisten unserer Zeit, die uns dazu verführt, von einer Synthese zu sprechen, wo es doch – für jedermann erfaßbar – nur überraschende und unversöhnliche Gegensätze zu geben scheint? Ist denn das Nebeneinander eines Pulcinella, des Capriccio für Klavier und Orchester, der Mavra, des Orpheus, der Messe, des Canticum Sacrum, der Movements nicht zugleich auch ein Nebeneinander von lauter Gegensätzen? Wenn Synthese ist, was sie sein soll, eine Einheit, ganz gleich, ob man damit das Werk Strawinskys meint oder das Schaffen der Musiker unserer Zeit, Gegensätze scheinen doch kaum die Elemente einer Einheit, einer Synthese zu sein.

Dennoch fügt sich im Werk Strawinskys die verwirrende Mannigfaltigkeit scheinbarer Gegensätze zu einer überragenden Einheit. Dabei denken wir keineswegs etwa an jene gleichförmige Beständigkeit, die sich gemäß der musikalischen Veranlagung Strawinskys der Melodik, vor allem aber seiner Rhythmik einprägt. Dem großen Komponisten ist diese Eigenart seiner Sprachmittel, die sich in glücklicher Konstellation zu einem persönlichen Stil verdichten mögen, wohl niemals versagt, anders käme ihm die künstlerische Größe sicher nicht zu. Aber selbst dieses Element der Beständigkeit wird uns kaum als Synthese erscheinen, die so Gegensätzliches wie die Movements für Klavier und Orchester und das Canticum Sacrum oder den Orpheus, die Psalmensymphonie und Pulcinella gleichermaßen eint.

Nein, die Einheit, die tatsächlich das ganze Werk umschließt, das frühe sowohl wie das späte, beruht auf anderen Gründen. Und die Gründe liegen vornehmlich in Strawinskys eigentümlichem Verhältnis zur Geschichte, zur Tradition. Sie aber gilt ihm als eine Erfahrung des »Lebendigen« aller historischen Musik, wodurch das Geschichtliche in die Geistigkeit des Komponisten eindringt und wirksam wird, ohne daß er sich dessen überhaupt bewußt zu sein braucht. Tradition ist für ihn, wie er selbst sagt, eine »lebendige Kraft«, die sich fortwährend bewährt, nicht als etwas Gewesenes, sondern stets Gegenwärtiges.

Daher gibt es für ihn auch keinen Bruch mit der Tradition. Strawinsky hat sich mit Recht stets gegen die Behauptung

gewehrt, je mit seinem Werk so etwas wie Umsturz und Zerstö-
rung der Tradition, der Vergangenheit erstrebt oder gar vollzo-
gen zu haben. Dann sind aber all diejenigen gänzlich im
Unrecht, die uns glauben machen wollen, Strawinsky habe sich
nach einigen früheren Werken eines angeblich revolutionären
Charakters wieder der Vergangenheit zugewandt, er habe sich
mit der Tradition versöhnt, mit ihr einen Kompromiß, einen
neuen Pakt abgeschlossen; weshalb es denn auch zu dem
unsinnigen Wort von dem Neoklassizismus Strawinskys
gekommen ist. Dies setzt doch voraus, daß er zunächst mit der
Geschichte in Streit geraten sei, dann aber mit ihr Frieden
geschlossen habe, indem er ihrer Macht sich beugte. Von
solchem Vorgang des Versagens läßt sich nichts entdecken.

Nun ist es für Strawinskys Auffassung bemerkenswert, daß
alle künstlerische Gestaltung und die ihr zugehörige Technik
für ihn niemals abstrakt sein können. So läßt sich irgendeine
musikalische Technik nicht von dem physischen, tonlichen
Material lösen, mit dem vereint sie sich ursprünglich gebildet
hat. Sie ist auch nicht lösbar von dem Stil. Weder Technik noch
Stil können für ihn abstrakte Begriffe sein. Denn auch der Stil
lebt nur in Gemeinschaft mit dem tonlichen Material, so wie der
Geist nur mit dem Körper lebt. Stil, Technik, physisches
Material: alles ist unteilbare Einheit.

Eine solche Auffassung trifft aber nicht allein auf das eigene
Werk zu; sie bestimmt auch Strawinskys Verhältnis zur
Geschichte. Musikalisch gibt es für ihn als Komponisten kei-
nen »allgemeinen« Charakter historischer Epochen. Auch
einen historischen Stil, irgendeine historische Technik der
Komposition versteht er niemals als Abstraktionen. Er ist
weder Theoretiker, noch Historiker, der in der Vielfalt des
Besonderen das Verständnis für das Allgemeine, Gültige sucht
und so das Ganze als sinnvollen Vorgang zu begreifen sich
bemüht.

Strawinsky, der Komponist, hält sich allein an die Mannig-
faltigkeit des Besonderen, das heißt: an ganz konkrete Kompo-
sitionen, an einzelne und durchaus bestimmbare Werke,
gleichgültig, welchen geschichtlichen Zusammenhängen sie
auch angehören mögen. Es gibt für ihn nicht den barocken
Kontrapunkt, der ja sofort etwas völlig Abstraktes werden
muß, wenn man ihn auf ein ganzes Zeitalter beziehen will. – Es
gibt für Strawinsky immer nur die einmalige kontrapunktische

Struktur, wie sie in einer bestimmten Komposition eines bestimmten Komponisten erkenntlich wird. – Es gibt für ihn nicht den polyphonen Chorstil der Renaissance; er erfährt ihn nur am Einzelwerk, der »Missa L'homme armé« eines Josquin des Prés zum Beispiel, oder an einer Komposition von Obrecht, von Ockeghem. Immer gilt nur das individuelle Werk, eines Dufay etwa, oder die einzelne Komposition eines Guilleaume de Machaut. Wir nennen nur Namen der älteren Geschichte; doch gleiches trifft auch für Strawinskys Verständnis der neueren Zeiten zu. Immer beherrscht ihn die Einsicht, daß die Musik der nahen oder fernen Vergangenheit stets nur an der einmaligen, abgeschlossenen Leistung des individuellen Kunstwerkes begriffen werden kann.

Die beglückenden Entdeckungen, die Strawinsky als Komponist unter den oft noch gänzlich verborgenen Reichtümern der Geschichte gemacht und sich als lebendige Erfahrungen der Tradition wirksam zugeeignet hat, ließen ihn aber auch erkennen, daß solche Erfahrungen eben nur dann künstlerisch bedeutsam werden, wenn sie gewissermaßen die eigene Musikalität zum Klingen bringen. Mit dem künstlerischen Instinkt, der wohl noch zuverlässiger ist als der reine Kunstverstand, hat da Strawinsky zwischen sich und dem Vergangenen bald Gemeinsamkeiten, bald aber auch Fremdheiten festgestellt. Mit anderen Worten: wo immer die vergangene Komposition das Eigene mitschwingen läßt, entdeckt der Komponist in sich selbst und in der Geschichte Affinitäten, Wahlverwandtschaften, die das seltene Glück der Harmonie zwischen Geschichte und Gegenwart gewähren.

Eben diese Wahlverwandtschaften aber ergeben doch ein Verhältnis von fast sprunghaften Beziehungen, das dem oberflächlichen Blick wie eine Willkür erscheint, um offensichtlich Unvereinbares, Widersprüchiges Seite an Seite zu stellen.

Bald sind es Glinka und Tschaikowsky, bald Pergolesi, Bach und Händel, bald auch Josquin des Prés und Heinrich Isaac, Dufay und Guilleaume de Machaut, auch Carl Maria von Weber und andere mehr, die als Zeugen solcher Wahlverwandtschaften aufgerufen werden. Und wenn dann auch noch bestimmte Kompositionen all dieser Musiker im eigenen Werk, in der Komposition Strawinskys, mitertönen, wie sollten wir dann gegenüber einem so schillernden Phänomen nicht auch bestürzt, verwirrt und ratlos sein?

Wir sind ratlos, solange wir nicht das kompositorische Ver-
fahren erkennen, das diesem sprunghaften Wechsel von einer
Wahlverwandtschaft zur anderen, von einem Vorbild zum
anderen Sinn und Rechtfertigung zu geben vermag. Weil Stra-
winsky die musikalische Vergangenheit, ob nah oder fern, sich
niemals als Abstraktion, sondern immer nur in der Wirklich-
keit einzelner Werke anzueignen vermag, sind solche Werke
ihm auf Grund der inneren Wahlverwandtschaften Vorbilder
geworden. Und so ist er gerade deswegen auch der Schöpfer
einer neuen Kompositionstechnik, von der er nicht einmal
wußte, daß sie existierte und sogar ein hohes Alter besaß.
Strawinsky wird zum Erfinder der Parodie.

Der Historiker weiß um diese Technik der Parodie. Sie ist
alt genug, um den Anspruch auf eine ehrwürdige Tradition
erheben zu können. Sie ist mindestens schon dem 14. Jahr-
hundert bekannt und erlebt ihre Glanzzeit im 16. Jahrhundert,
wo alle Meister, die größten unter ihnen, Roland Lassus,
Palestrina, sie als höchste Kunstfertigkeit anerkannt und in
ihrem Werk gestaltet haben. Man stellt sich heute freilich meist
unter einer Parodie etwas Negatives vor, dem die Absicht des
Verspottens, des Lächerlichen, der Komik zugeschrieben wird.
Nichts dergleichen trifft für die musikalische Parodie zu,
wie sie das Mittelalter, die Renaissance und selbst auch noch
Bach verstanden. Sie ist nämlich in dem ursprünglichen
Sinne des Wortes verstanden worden, und der ursprüngliche
Sinn ist durchaus positiv. παρῳδια ist ein »Nebengesang«
und heißt soviel wie ein Lied verändert singen. Das Paro-
dieverfahren, das die Komponisten des Mittelalters, der Re-
naissance und vor allem des 16. Jahrhunderts als Komposi-
tionstechnik höchsten Ranges ausgeprägt haben, ist in der Tat
ein Verändern, ein Erneuern einer schon bestehenden Kom-
position.

Ein Komponist wählt sich für seine geplante Komposition
eine Vorlage, ein Modell, es mag nun eine Motette, ein Madri-
gal oder ein Chanson sein, ein Werk von ihm selbst oder
irgendeines andern Komponisten. Das Modell aber wird ver-
ändert in allen seinen Teilen, und die Wandlung erfaßt den
vollständigen, geschlossenen Komplex des Modells. In solcher
Wandlung entsteht die neue Komposition, das neue gültige
Kunstwerk, das bisweilen das Modell kaum erkennen oder nur
noch erahnen läßt.

Wenngleich dieses Verfahren mindestens im 16. Jahrhundert allverbreitet war, so ist es doch gerade für die Messe bevorzugt worden. Die meisten Messen eines Lassus, eines Palestrina sind sogenannte Parodiemessen. Und wer wollte sich unterfangen, diesen Messen die Absicht der Karikatur zu unterstellen oder den höchsten Grad künstlerischer Vollendung abzusprechen? Sie alle sind dem tiefen Ernst künstlerischer Absichten verpflichtet; sie sind die Zeugen technischer Vollendung.

Und genauso sehen wir das Werk Strawinskys. Er komponiert nach Modellen, die ihm die Wahlverwandtschaften nahelegen. Er schafft das Neue, indem er dem gewählten Modell die Verwandlung in das Eigene aufzwingt. Darin ist er originaler Erfinder. Denn von dieser alten Technik hat er nichts gewußt. Er hat es neuerdings auch selbst gesagt. »Was immer mich fasziniert und was immer ich liebe, möchte ich mir zu eigen machen. (Ich schildere wahrscheinlich eine seltene Art von Kleptomanie.)« Dies gerade ist die Parodie nicht, sie ist keine »Kleptomanie«; sie war es nicht in der Vergangenheit, sie ist es nicht heute. Sie gilt vielmehr als eine legitime Kompositionstechnik, gewürdigt durch ihr hohes Alter und von den größten Meistern vergangener Zeiten. Daß aber Strawinsky infolge seiner eigentümlichen Beziehung zu individuellen Kunstwerken der Geschichte unbewußt auch noch die Technik entdeckte, die einem solchen Verhältnis genau entsprach, ist aller Bewunderung wert und zugleich Zeugnis, daß Tradition, wenn sie sinnvoll und nicht eine antiquarische Angelegenheit ist, im Künstler fortwirkt wie eine »lebendige Kraft«.

Und diese musikalische Technik des mit ihrem Alter ehrwürdig gewordenen Parodieverfahrens, das uns nirgends sonst in unserer Zeit begegnet, sie ist auch der Ring, der Strawinskys Werk als Einheit umschließt. Denn sie allein erklärt die Mannigfaltigkeit des Werkes, die uns zunächst verwirrt. Hinter dieser merkwürdigen Vielfalt steht in Wahrheit ein sprunghafter Wechsel von Modell zu Modell, bald alten Epochen zugehörig, bald auch neueren Zeiten. Und was uns zuerst als ein Nebeneinander unvereinbarer Gegensätze erschien, erklärt sich schließlich als großartige Synthese.

Eine Synthese, die alles erfaßt? Irren wir uns da aber nicht? Müssen wir denn nicht den späten Strawinsky von dieser Synthese ausschließen? Als wir das Canticum Sacrum hörten, den Agon, die Threni, die Movements, das Epitaphium, da glaubte alle Welt, ein neues, das größte Rätsel sei dem ohnehin schon so rätselhaften Werk hinzugefügt. Der alte und doch so junge Strawinsky habe mit seiner eigenen Vergangenheit vollständig gebrochen. In Wahrheit ist der neue Vorgang aber nicht ein Bruch. Was sich tatsächlich abgespielt hat, ist Strawinskys Wahl eines neuen Modells. Das Modell aber gehört in unsere Zeit: es stammt von Anton Webern. Die Technik freilich ist sich gleichgeblieben: sie ist das alte Parodieverfahren.

Statt eines Bruches sehen wir gerade im Spätwerk Strawinskys einen neuen Triumph, die letzte Bestätigung einer Synthese seiner Epoche, die Synthese von Geschichte und Gegenwart.

Das kompositorische
und
schriftstellerische Werk

Kulturgeschichtliche
und musikalisch-analytische Notizen

Musik in St. Petersburg –
Institutionen und Protagonisten

Kein Zweifel, die historisch gewachsenen Strukturen der Oper und des Öffentlichen Konzerts hatten über eineinhalb Jahrhunderte in St. Petersburg ein Niveau des Musiklebens garantiert, das im Vergleich zu anderen Städten des Riesenreiches – von Moskau abgesehen – als einzigartig galt. Moskau und Petersburg waren vor allem im Verlauf des 19. Jahrhunderts zu musikalischen Zentren Rußlands geworden. Denn anders als Deutschland – politisch katastrophal dezentralisiert, aber kulturell durch diesen Dezentralismus eher begünstigt – war Rußland stets zentral regiert worden. So konnte sich vor allem Petersburg, zuletzt Sitz des Zaren, zu einer Kunst- und Musikstadt ersten Ranges entwickeln.

Die Tradition der Petersburger Hofoper reicht bis in die dreißiger Jahre des 18. Jahrhunderts zurück. Zu dieser Zeit hatte die Zarin Anna Iwanowna eine italienische Operntruppe nach Petersburg verpflichtet und bald darauf, im Jahre 1736, Francesco Arajas Oper *La Forza dell'Amore e dell'Odio* am Hoftheater aufführen lassen. In dieser Zeit besuchten berühmte italienische Komponisten wie Baldassare Galuppi, Giovanni Battista Pergolesi (!) oder Domenico Cimarosa den Zarenhof, und im Verlauf des Jahrhunderts entstand nach italienischem Vorbild eine russische Komponistenschule, die sich mit Erfolg des gängigen Opernstils bemächtigte und ihm russische Elemente beifügte: große Chöre in den Massen-Szenen, die in ihrer polyphonen Anlage und im »Ton« jene Tradition russischer Mehrstimmigkeit aufnahmen, die seit Jahrhunderten vor allem in der russischen Kirchenmusik gepflegt worden war.

Erst in jüngster Zeit sind solche frühen russischen Opernversuche systematisch untersucht und in einer wissenschaftlichen Denkmäler-Reihe erste Werke – von Wassilij Paschkewitsch *Der Geizige*, von Dimitrij Borntjanski *Der Falke* und von Jewstignej Fomin *Die Kutscher auf der Poststation* – publiziert worden, neben Beispielen aus der russischen Vokallyrik der Zeit.[1]

---

[1] Ljudmilla Korabelnikowa: *Denkmäler der russischen Musik, Neue Zeitschrift für Musik* 2/1981

Die Tradition des Öffentlichen Konzerts geht in Petersburg auf das Jahr 1802 zurück, als eine Vereinigung von Berufsmusikern und Musikliebhabern die Philharmonische Gesellschaft gründete, um klassische Musik durch Aufführungen bekannt zu machen. Diese Institution hatte nach 100 Jahren, bis zum Jahre 1902, insgesamt 205 Konzerte veranstaltet.

Während die Philharmonische Gesellschaft sich um die Internationalität ihrer Konzerte sorgte – regelmäßig wurden international bekannte Solisten und Dirigenten eingeladen –, wollte die fünfzig Jahre später durch Anton Rubinstein gegründete »Russische Musikgesellschaft« vor allem die russische Musikkultur fördern. Darum gehörte es zum Usus dieser Konzertreihe, daß in jedem Konzert wenigstens ein Werk eines russischen Komponisten aufgeführt wurde.

Rimskij-Korsakow freilich klagt in seiner *Chronik*, daß es damals für einen jungen Komponisten sehr schwer war, in die Konzerte der »Russischen Musikgesellschaft« Eingang zu finden. Darum habe sich Mitrofan Beljajew, der russische Holzindustrielle, begeisterter Quartettspieler und großzügiger Förderer russischer Musik, bereitgefunden, erstmals in der Saison 1886/87 einen Zyklus »Russischer Sinfoniekonzerte« zu veranstalten, um auf diese Weise russischen Musikern in der Tat eine Chance zu geben[2].

Im Jahre 1903 begann Alexander Siloti eine Konzertreihe, die seinen Namen trug und in der auch Strawinskys Orchesterstücke *Scherzo fantastique* und *Feu d'artifice* ihre Bewährungsprobe bestehen mußten. Um 1910 begann der Kontrabassist und Dirigent Sergej Kussewitzky eine Reihe von Komponisten-Porträts, zu der auch Claude Debussy eingeladen wurde, der im Jahre 1913 Petersburg und Moskau besuchte.

Mitrofan Beljajew war aber nicht nur der unermüdliche Förderer des Petersburger Musiklebens, sondern er war auch der Namenspatron und Förderer einer ins Unübersehbare auswuchernden Komponistengruppe, die sich im Jahre 1890 zum »Beljajew-Kreis« zusammengeschlossen hatte. Zu den Gründungsmitgliedern gehörten neben Rimskij-Korsakow und Glasunow, Ljadow, Felix und Sigismund Blumenfeld sowie der lettische Komponist Joseph Wihtol, auch Stassow, der ehemalige Propagandist und Schutzpatron des »Mächtigen Häufleins«, der »Gruppe der Fünf«,

---

[2] Rimskij-Korsakow: *Chronik*, S. 303

wie sie auch genannt wurde, die sich um Milij Balakirew geschart hatte: Borodin, Cui, Rimskij-Korsakow und Mussorgskij.

Dieser Beljajew-Kreis setzte bis ins 20. Jahrhundert fort, was einst durch Balakirew im Namen Michail Glinkas begonnen worden war: die Rückbesinnung auf eine nationale russische Musikkultur. Der Premierentag der ersten Glinka-Oper *Das Leben für den Zaren*, der 27. November 1836, galt diesen russischen Musikern als Geburtsstunde einer nationalen russischen Musik.

Um 1890, als der Balakirew-Kreis durch den Beljajew-Kreis abgelöst wurde, waren zwei Mitglieder des »Mächtigen Häufleins« bereits gestorben: Mussorgskij und Borodin. Und es verwundert kaum, daß Rimskij-Korsakow zum geistigen Zentrum des neuen Beljajew-Kreises wurde, denn niemand sonst hatte so intensiv, mit so zäher Verbissenheit, aber auch mit dem nüchternen Blick für Wesentliches, den Makel des russischen »Dilettantismus« zu beseitigen versucht, der alle russische Musik des 19. Jahrhunderts – von Glinka und Tschaikowsky abgesehen – auf irgendeine Weise geprägt und heimgesucht hatte. In einer längeren Sequenz seiner *Chronik* analysiert Rimskij-Korsakow nicht nur die Unterschiede zwischen den beiden Komponisten-Gruppen, sondern auch die grundsätzlichen Probleme, denen sich die russische Musik im letzten Drittel des 19. Jahrhunderts gegenübersah[3]:

Das Gemeinsame, aufgrund dessen es gerechtfertigt erscheint, den Beljajewschen Kreis als Fortsetzung des Balakirewschen zu betrachten, war der Geist des Fortschritts, der beide beseelte, nur daß der Balakirewsche die Sturm-und-Drang-Periode der russischen Musik repräsentierte, der Beljajewsche dagegen eine Epoche ruhiger, kontinuierlicher Entwicklung. Der Balakirewsche Kreis war revolutionär, der Beljajewsche fortschrittlich. Der erste bestand, wenn man von dem ewig nur improvisierenden Lodyshenski und dem später hinzugekommenen Ljadow absieht, aus fünf schöpferisch tätigen Musikern: Balakirew, Cui, Mussorgskij, Borodin und mir (in Frankreich nennt man uns bis heute »les Cinq«); der zweite umfaßt wesentlich mehr Mitglieder und wuchs im Laufe der Zeit noch weiter an. [...]

Der Kreis um Balakirew bestand aus Musikern, die in technischer Hinsicht schwach, ja beinahe Dilettanten waren

[3] ebda., S. 308

und die sich den Weg ausschließlich mit der Kraft ihrer schöpferischen Begabung bahnten – einer Kraft, die ihnen bisweilen die Technik ersetzte, mitunter aber auch, besonders bei Mussorgskij, die technischen Mängel doch nicht ganz verdecken konnte; die Mitglieder des Beljajew-Kreises dagegen waren durchweg technisch ausgebildete und versierte Komponisten und Musiker. Der Balakirew-Kreis interessierte sich nur für Musik seit Beethoven; der Beljajewsche verehrte nicht nur seine musikalischen Väter, sondern auch die Großväter und Ahnen zurück bis zu Palestrina. Der Balakirewsche Kreis ließ fast nur Orchester-, Klavier- und Chormusik sowie Sologesang mit Orchesterbegleitung gelten und ignorierte die gesamte Kammermusik, Gesangsensembles (außer Opernduetten), A-cappella-Chöre und Streichersoli; der Beljajewsche pflegte nicht zuletzt auch diese Formen.

Der Balakirew-Kreis ritt das Prinzip der Ausschließlichkeit und war intolerant; der Beljajewsche war wesentlich toleranter und eklektischer. Der Balakirew-Kreis lehnte das Grundlagenstudium ab, bahnte sich vielmehr seinen Weg im Vertrauen auf die eigene Stärke und bildete sich allein an der musikalischen Praxis; der Beljajewsche dagegen maß der technischen Vollkommenheit eine überragende Bedeutung bei und ging so ebenfalls seinen Weg nach vorn, zwar weniger schnell, dafür aber um so sicherer. Der Balakirewsche Kreis haßte Wagner und bemühte sich, ihn nicht zu beachten; der Beljajewsche schaute voller Interesse, Wißbegierde und Achtung auf den Bayreuther Meister und studierte seine Werke.

Unermüdlich hatte Rimskij-Korsakow an den neuen Fassungen seiner frühen Werke gearbeitet und gefeilt, und es bereitete ihm offensichtlich Vergnügen, die Kompositionen seiner russischen Kollegen redaktionell zu betreuen. So richtete er mit spektakulärem Erfolg Mussorgskijs Oper *Boris Godunow* ein und unterzog die Instrumentation einer tief in die Struktur des Werkes eingreifenden Veränderung. Zusammen mit Glasunow bearbeitete er auf vergleichbare Weise auch Borodins Oper *Fürst Igor*.

Als Rimskij-Korsakow im Jahre 1871 als Professor für Komposition an das Petersburger Konservatorium berufen wurde, akzeptierte er zwar diesen Ruf; in seiner *Chronik* gesteht er jedoch mit selbstquälerischem Freimut, daß er zu dieser Zeit weder eine Choralmelodie habe ordentlich harmonisieren noch über Kenntnisse gebräuchlicher musikalischer Formen oder auch nur gewisser musikalischer Elementaria habe gebieten können[4]. Dieser »Dilettant« publizierte dennoch nur 15 Jahre später ein *Praktisches Lehrbuch der Harmonielehre* und arbeitete bis zuletzt an einer zweibändigen *Instrumentationslehre* auf der Grundlage seiner eigenen Werke, die sein Schwiegersohn Maximilian Steinberg ergänzte und im Jahre 1913 herausgab.

Während in Moskau zu dieser Zeit Skrjabin, Metner und Rachmaninow als hoch angesehene Komponisten arbeiten, teilen sich in Petersburg vor allem Rimskij-Korsakow und Glasunow die Einflußsphären: Rimskij-Korsakow gilt als Opernkomponist und Glasunow übernimmt die Rolle des Sinfonikers, des »russischen Brahms«. Daß der Ältere den Jüngeren schätzte, ja bewunderte, beweist auch ein Brief, den Rimskij-Korsakow im Jahre 1901 unter dem Eindruck von Glasunows zweiter Klavier-Sonate an ihn schrieb[5]:

Sie glauben nicht, welcher Neid und welche Traurigkeit mich packt, daß ich niemals zu Ähnlichem fähig bin. Aber wenn ich irgendwann fähig gewesen wäre, dann ist dieses in mir übertönt worden. Aber jetzt ist es schon zu spät. Selbst wenn ich mich auf das Gebiet der reinen Musik bewegen sollte, würde alles bei mir unvollkommen und unzeitgemäß herauskommen, was mich bedrückt.

Alexander Glasunow hinterließ keine gebündelte Ästhetik, darin Rimskij-Korsakow vergleichbar, aber seine Konfessionen zum Problem der musikalischen Komposition, die sich in Briefen oder

---

[4] ebda., S. 139: *Gewiß, ich hatte ein paar gutgebaute und schön klingende Werke geschrieben, die den Beifall des Publikums und zahlreicher Musiker fanden, konnte vortrefflich vom Blatt singen und jeden einzelnen Ton eines Akkordes unterscheiden, und doch – wußte ich gar nichts. Ich halte es für meine Pflicht, das offen und rückhaltslos vor aller Öffentlichkeit einzugestehen.*
Ich war nicht in der Lage, eine Choralmelodie anständig zu harmonisieren, hatte noch nie in meinem Leben einen einzigen Kontrapunkt geschrieben, und das Wesen der Fuge war mir noch immer verborgen; ja ich kannte noch nicht einmal die Benennungen der übermäßigen und verminderten Intervalle und der Akkorde, mit Ausnahme des tonischen Dreiklangs, der Dominante und des verminderten Septakkordes [...]. Von den musikalischen Formen, vor allem des Rondos, hatte ich nur eine verworrene Vorstellung. Ich, der ich meine Werke durchaus farbig instrumentierte, kannte mich weder in der Technik der Streichinstrumente noch in den praktisch verwendbaren Stimmungen der Hörner, Trompeten und Posaunen aus.
[5] Eberlein, a. a. O., S. 49

Aufsätzen finden, haben gelegentlich eine verblüffende Ähnlichkeit mit Formulierungen Strawinskys, wie sie sich in den *Erinnerungen* oder in seiner *Musikalischen Poetik* finden. So äußerte sich Glasunow über die Arbeit an seinen Balletten[6]:

> *Nach der Komposition der Ballette fiel mir alles leicht. [...]*
> *Die Notwendigkeit, mit den Bedingungen der Choreographie*
> *zu rechnen, legte mich fest, aber sie ertüchtigte mich auch für*
> *die sinfonischen Schwierigkeiten [...], enthielten denn nicht*
> *die eisernen Fesseln die beste Schule für die Entwicklung und*
> *Erziehung des Formgefühls? Muß man nicht gerade in den*
> *engen Fesseln die Freiheit lernen?*

Und auch das folgende Zitat über »Inspiration« zeigt, daß sich Strawinskys musikalische Ästhetik einer in Grenzen bestimmbaren Traditionsschicht russischen Musikdenkens einfügt[7]:

> *Alle schöpferische Arbeit muß im Kopf vor sich gehen, gespeist*
> *durch das Feuer der Inspiration. Einen genialen Komponisten*
> *würde ich nennen, der eine klar umrissene, hochkünstlerische*
> *Individualität hat (an welcher er unschuldig ist), aber der*
> *ebenfalls eine vollkommene Verarbeitung seiner Gedanken*
> *anstrebt, wozu er schon der Erkenntnisse und der Technik*
> *bedarf, wie z. B. Johann Sebastian Bach, Mozart, Glinka und*
> *andere. Aus diesem Allem folgen zwei Aspekte des Schöpferi-*
> *schen. Das erste ist das unmittelbare Schaffen, die schöpferi-*
> *sche Kraft, was von höherer Instanz kommt und das zweite ist*
> *sozusagen die schwarze mathematische Arbeit. Und dieses*
> *alles zusammen ist die Inspiration des ganzen Werkes.*

Was Igor Strawinsky in seiner Frühzeit von den Komponisten der Beljajew-Schule an musikalischen Einsichten übernahm, das waren nicht nur kompositorische Modelle und Verfahrensweisen, sondern das war auch die Neigung, an einem künstlerischen Universalismus teilzuhaben, der auf dem intensiven Verhältnis zur eigenen musikalischen Kultur basiert.

Die aufgeklärten Petersburger Komponisten wollten sich in Paris, London oder Berlin weder als »Skythen«, als Barbaren, noch als musikalische Kosmopoliten feiern lassen. Es ging ihnen vielmehr um die Selbstvergewisserung der russischen Musik unter

---

[6] Eberlein, a. a. O., S. 51
[7] ebda., S. 53

dem geöffneten Horizont, wie er sich in einem historischen Prozeß im Verlauf des 18. und 19. Jahrhunderts gebildet hatte: den italienischen Komponisten waren die deutschen gefolgt. Später erst wurde Rußland mit den Errungenschaften der französischen Musik bekannt, mit den Werken von Berlioz und Fauré, von Chabrier, Debussy und Ravel.

Zur musikalischen Kultur in Petersburg um 1900 gehörten Palestrina und Bach, gehörten Brahms, Wagner und Berlioz, gehörte das Erbe der Balakirew-Schule und die schöpferische Arbeit der Komponisten der Beljajew-Schule.

Igor Strawinsky fand ein vielverzweigtes musikalisches Erbe vor, als er mit seiner kompositorischen Arbeit begann.

Le Sacre du printemps
und der zeitgenössische Kubismus

Zwar ist es problematisch, Stilbegriffe der Bildenden Kunst auf die
Musik und ihre zeitlich parallel entstandenen Musikwerke übertragen zu wollen, denn die Materialien und formbildenden Gesetze
der einen Kunst gleichen nicht denen der anderen. Und die
Begriffe der Bildenden Kunst chiffrieren zugleich ein differenzier-
tes künstlerisches Weltbild, dessen Originalität durch Übertragung
auf musikalische Verhältnisse augenscheinlich nur vergröbert und
verschlissen werden kann.

Dennoch gab es im ersten Dezennium des zwanzigsten Jahr-
hunderts zwei Komponisten, deren Handschriften mit der
Atmosphäre des Pariser Kubismus um 1910 wie selbstver-
ständlich zusammengedacht wurden: Igor Strawinsky und Erik
Satie. Strawinskys *Sacre* und Saties *Parade* galten als kubistische
Werke.

Die Heterogenität der musikalischen Handschriften und die
Vielfältigkeit der musikalischen Formen in *Parade* schien diese
Etikettierung ebenso zu rechtfertigen wie Strawinskys Materialien
und Verfahrensweisen in *Sacre*. In beiden Balletten verlief der
musikalische Zeitprozeß jedenfalls keineswegs einsträngig, orientierte sich die Logik der musikalischen Form nicht allein nach den
Gesetzen eines fortspinnenden oder sich entwickelnden musikalischen Bildens; die Form schien eher mosaikartig zusammengesetzt
zu sein. Beiden Kompositionen war auch die auffallende Neigung
gemeinsam, musikalische Charaktere durch Repetition zu bilden,
sowie eine Scheu vor größeren thematischen Gebilden und den
damit verbundenen Folgen für die logische Ausbildung größerer
Formkomplexe. Und noch etwas verbindet beide Musiker: ihrer
Musik fehlt der mehrdimensionale musikalische Raum, und ihren
musikalischen Gestalten gebricht es an Volumen. Strawinskys
Ostinati und vehemente Signale sind in die Fläche gesetzt, sind
gleichsam zweidimensional. Es ist eine riesige Fläche, fauvistisch
(frz. fauve = wild) grell gefärbt wie die Bilder Derains oder Vla-
mincks, die um 1905 als »wild« galten, oder eine intime, reduzierte,

in die Strawinsky seine Klangsegmente und Linien setzt. Saties künstlerische Anmut und Nüchternheit aber bevorzugt die musikalische Kalligraphie einfacher Kinderträume.

Gibt es kubistische Musik? Was sind ihre Merkmale, fragt Grete Wehmeyer im Kubismus-Kapitel ihres Buches über Erik Satie[8]. *Die Frage ist so illegal wie alle Fragen nach den Gemeinsamkeiten der Künste innerhalb einer Epoche. Sie setzt voraus, daß man Elemente der einen Kunst mit denen der anderen vergleichen könne, also etwa Farbe mit Harmonik, Linienführung mit Melodik oder Interpunktion mit Phrasierung. Dieses Vorgehen führt zu schlimmen Simplifikationen. Dennoch wird man Vergleiche dieser Art anstellen müssen, um zu erkennen, was zu dem Urteil, Saties Musik sei kubistisch, geführt haben kann.*

In einem Aufsatz über *Strawinsky oder die künstlerische Atmosphäre von Paris* hat Hans Curjel (vgl. S. 335 ff.) zu beschreiben versucht, auf welche Weise der Kubismus und Strawinskys »Barbarismus« zur *Sacre*-Zeit in Paris zusammengesehen worden[9]. Mit dieser Zusatzbeschreibung sollen die Erkundungen über Strawinskys musikalischen Kubismus eingeleitet werden:

1910 waren die ersten Ansätze des Kubismus, Werke von Picasso, Braque und Gleizes an die Öffentlichkeit gekommen. [...] 1912 ist der »gemeingefährliche« Kubismus Diskussionsstoff in der Deputiertenkammer, 1913 ist er trotz aller Angriffe, trotz aller hämischen Prophezeiung, er sei eine kurzlebige Marotte von Verrücktheit, nicht gestorben: im Gegenteil, er hat sich konsolidiert, er steht auf der Fahne aller Fortschrittlichen, weil man seine Voraussetzungen in der großen Kunst der jüngsten Vergangenheit, bei Cézanne[10] allgemein anerkannt hat.

Die Atmosphäre von Paris ist aufs äußerste geladen. Man ist kühn, man ist aggressiv und sieht in kühnen und aggressiven Leistungen anderer Zeiten und Länder die Verwandten der

---

[8] Wehmeyer: *Satie*, S. 203
[9] Hans Curjel: *Strawinsky oder die künstlerische Atmosphäre von Paris*, in: Melos Jg. 8 (1929), S. 168
[10] Werner Hofmann, *Grundlagen der modernen Kunst*, Stuttgart 1966, S. 276. In einem Gespräch mit Emile Bernard äußerte Paul Cézanne: *Alle Formen in der Natur lassen sich auf Kugel, Kegel und Zylinder zurückführen. Man muß mit diesen einfachen Grundelementen beginnen, dann wird man alles machen können, was man will.* (1904)

eigenen künstlerischen Bestrebungen[11]*. Mit solchen Augen
sieht man die primitive Kunst, so sieht man die barbarische
Kunst, und so sieht man die Leistungen der bisherigen Außenseiter (etwa Mallarmé).*

*Die Beziehungen Strawinskys zu dieser Atmosphäre sind
deutlich. Sein Vorstoß und seine aggressive Tapferkeit übertreffen bei weitem die doch immer konventionelle Tapferkeit
Diaghilews und erscheinen mit rücksichtsloser Vehemenz und
einer Grundsätzlichkeit, die der Mentalität und den Methoden
der Kubisten verwandt ist. Wenn die Kubisten die Barbaren
und Exoten lieben, so nimmt Strawinsky Elemente aus diesen
Bezirken unmittelbar in seine Musik hinein, und auch die
Volksliedbestandteile, die er verwendet, werden mit dem Ausdruck des Primitiven, quasi Barbarischen (nicht im Sinne des
»Gemüts«) erfaßt.*

Die Kubisten liebten aber nicht nur die Atmosphäre der »Barbaren
und Exoten«, sondern sie arbeiteten auf der Basis eines künstlerischen Konzepts, das sich aus der Beobachtung der Natur gebildet
hatte und ihre Formen radikal auf drei geometrische Formen
reduzierte: den Kegel, den Zylinder und die Kugel. So konden-
sierte sich der bildnerische Inhalt tendenziell zu Form-Kürzeln, die
eng aufeinander bezogen waren. Zugleich waren auf diese Weise
die Geschlossenheit des Bildes – in der impressionistischen Malerei
bedenklich zerstäubt – und die Einheit des Kunstwerks gesichert.
Andererseits wurde so auch möglich, die eigentlich kubistische
Essenz, *vom dargestellten Gegenstande möglichst viel aussagen zu
können*, zu realisieren. In seinem Kubismus-Kapitel denkt Werner
Hofmann aber auch über die kubistischen Verfahrensweisen und
ihr Reduktionsbedürfnis nach[12]:

*Was tut der Maler, dem es um die Eigenmacht des formalen
Gefüges zu tun ist, der diese aber nicht auf dem Wege über das*

---

[11] Roger Shattuck: *Die Belle Epoque*, München 1958, S. 25: *Auf der vorhergegange-
nen Ausstellung hatte man den 100. Jahrestag der Revolution gefeiert. Die wissenschaftliche Ausstellung füllte damals mehrere Gebäude, darunter die kolossale
Industriehalle, eine Stahlkonstruktion. Gauguin stellte seine Bilder im Café Volponi
aus. Man hatte eine richtige Kairoer Straßenszene aufgebaut mit echten importierten
Ägyptern, die darin lebten und den danse du ventre vorführten. Begeistert aber war
Paris von den javanischen Tänzern, die zwanzig Jahre lang das Varietéprogramm
beeinflußten und die Debussy in seiner Neigung zu orientalischen Harmonien
bestärkten.*

[12] Hofmann, a. a. O., S. 271

expressive »abbozzare« [entwerfen] *erzielen will? Er läßt sich weder von den wogenden, ausschweifenden Möglichkeiten der Farbpaste, noch vom Wirrwarr der phänomenalen Welt verführen – er greift einige wenige Leitmotive heraus, Formsubstrate, in denen sich die Vielfalt der Erscheinungsformen zwar nicht wiedergegeben, jedoch summarisch charakterisiert findet. Kahnweiler spricht in diesem Zusammenhang von »Urlinien« und »Urformen«. Er impliziert damit die Befähigung des kubistischen Malers zur Wesensschau. Man könnte geradezu von einem strukturellen Expressionismus sprechen, der bestrebt ist, von der Dingwelt das auszudrücken, was Locke – auf den Kahnweiler sich beruft – ihre primären Qualitäten nennt.*

Gemessen am Expressionismus ist diese »Ausdrücklichkeit« jedoch bar jeder physischen oder psychischen Erregung; sie strebt objektive Aussagen über ihre Gegenstände an.

Hofmann verweist aber nicht nur auf das essentielle Bedürfnis der kubistischen Maler nach objektiven Aussagen über ihre Gegensätze durch Analyse und Reduktion des bildnerischen Gegenstandes; er erinnert auch an jenen historisch frühen Monomanen des bildnerischen Kürzels, an den Londoner Kupferstecher William Hogarth (1697–1764), dessen Faszination Igor Strawinsky später erliegen und dem er in seiner Oper *The Rake's Progress* (1951) ein Denkmal setzen wird: dem Sozialkritiker Hogarth freilich und nicht dem Theoretiker.

Hogarth denkt in seinem theoretischen Hauptwerk *Analysis of Beauty*, das er im Jahre 1753 publiziert, in »Urlinien«, präziser: in S-förmigen Linien: *Die allgemeine Idee einer Handlung oder Haltung kann mit wenigen Bleistiftstrichen wiedergegeben werden. Man kann die Haltung eines Gekreuzigten durch zwei einander kreuzende Linien andeuten.*

Hogarth beobachtet seine Gegenstände in analytischer Absicht, seine Linien und Zeichen haben resümierenden Charakter, stehen für sich, sind isolierte Chiffren. Den kubistischen Malern aber geht es gerade um die bildnerische Geschlossenheit, um die Einheit des Kunstwerkes, die durch das Arrangement der bildnerischen Kürzel möglich wird, um formarchitektonische Gesichtspunkte also.

Jene Geschlossenheit der Form aber als gleichsam architektonisches Bild – erstrebte sie nicht auch Strawinsky, der von sich sagte:

mein Werk ist architektonisch und nicht anekdotenhaft, ist objektive, nicht deskriptive Konstruktion? Und drückt sich nicht in jeder Zeile seiner *Erinnerungen* und jedem Kapitel seiner *Musikalischen Poetik*, das Spuren seiner ästhetischen Konfession enthält, jene feste Überzeugung aus, daß musikalisches Gestalten ein Prozeß des Formens und Bildens im musikalischen Material und nach den Regeln der Zeitkunst Musik sei, keineswegs aber das Ausgestalten eines allgemeinen Ausdruckspotentials? Und später, in jenen kompositorischen Phasen, die der Wiederentdeckung der Musik des 18. Jahrhunderts gewidmet sind – beherrscht nicht auch jene Werke dieses kubistische Bedürfnis und der sichere Blick für das Wesentliche von Formzusammenhängen, jene »Ausdrücklichkeit« bar jeder psychischen Erregung?

Ernest Ansermet, der Schweizer Dirigent und langjährige Freund Strawinskys, der in seinem großen Buch über *Die Grundlagen der Musik im menschlichen Bewußtsein* Strawinskys kompositorische Arbeit nicht nur gründlichen, sondern gelegentlich auch recht scharfzüngigen, kritischen Analysen unterwirft, charakterisiert Erik Saties Oeuvre als surrealistisch. In jenem Jahrzehnt, das Ansermet bis zur *Geschichte vom Soldaten* (1918), datiert, sei Igor Strawinskys Werk im Gegensatz zu dem Saties kubistisch[13]:

> *Satie ist kein Kubist. Vielmehr ist es Strawinsky, bei dem sich der Geist des Kubismus manifestiert. Die Aufsplitterung der Einheit des Tempos durch Einführung ungleicher Kadenzen und durch die ständige Unterbrechung der kadenziellen Kontinuität – wie in der Marche Royale der »Geschichte vom Soldaten« –, sowie die Einführung der Polytonalität in Gestalt divergierender und gleichzeitig auftretender Tonperspektiven – d. h. die absichtsvolle Verzerrung fundamentaler Strukturen in der Musik – entsprechen der kubistischen Sehweise in der Malerei.*

Sacre und Kubismus – verzichten wir auf das Gerede über den »Barbarismus« und den vorgeblichen »Exotismus« dieser Partitur – auf welche Weise nähern sich in diesem Ballett, das in den Jahren 1911 bis 1913 entstand, bildnerische und musikalische Verfahrensweisen in der Tat einander an?

Das Besondere am *Sacre* ist ja nicht der Kanon des neuen Materials, und auch nicht alle hier zu beobachtenden Formprinzi-

---

[13] Ansermet: *Grundlagen*, S. 446

pien sind revolutionär neu. Chromatik oder Pentatonik und gelegentliche kirchentonale Wendungen finden sich auch bei Debussy. Die harmonische Struktur ist nicht nur bei Strawinsky, sondern auch in den gleichzeitig entstandenen Werken Schönbergs, Bergs oder Weberns oder auch Skrjabins durch harmonische Dispositionen beeinflußt, die zur Mehrdeutigkeit und Gravitationslosigkeit tendieren. Motivische Arbeit aber, die Figuren verkürzt oder erweitert oder metrisch-rhythmisch umdenkt, sowie Tendenzen zu einer asymmetrischen Gliederung thematischer Gestalten und Formglieder gibt es auch bei Mozart.

Darum scheint mir das Chocante und wahrhaft Revolutionäre dieser Ballett-Partitur vor allem darin zu bestehen, daß sie den bisher gültigen Consensus der musikalisch-materialen Balance europäischen Komponierens aufzukündigen versucht. In Sätzen wie dem zweiten des ersten *Sacre*-Teils – Frühlingsauguren, Tänze der Jünglinge – geschieht das in einer Radikalität, die bis dahin undenkbar war. Worin besteht das Besondere dieses Satzes?

Die »Ereignislosigkeit« der Musik Strawinskys ist radikalisiert. Während *Petruschka* sich gelegentlich noch anekdotisch verplaudert – in den Jahrmarktstrubel werden Zitate aus Volksliedern oder Schlagern der Zeit gleichsam hineingesprochen –, gerinnt der *Sacre* immerfort zur Zuständlichkeit von Atmosphären. Die Musik des *Sacre* ist; Strawinsky gestattet ihr nicht zu werden oder zu verdämmern.

Kompositionstechnisch wird das möglich, weil Strawinsky die bis zu Wagner und Mahler und selbst bis zu den expressionistischen Miniaturen der Schönbergschule hin noch wirksame empfindliche Balance der dimensionalen Seiten des Klangs – Diastematik, Zeitordnung, Dynamik und Klangfarbe – zerbricht. Damit geht aber auch die Eigenschaft traditioneller Musik, sprachähnlich zu sein, verloren.

Selbst in Weberns Bagatellen op. 9, jenen athematischen, kürzelhaften expressionistischen Miniaturen, schießen die musikalischen Gesten noch zu einem Ausdrucksganzen zusammen, entfaltet sich die Musik als Integrationsprodukt der eng aufeinanderbezogenen Gestaltkomponenten. Erst Strawinsky versuchte den historisch gewachsenen »Integrationstrieb« der Gestaltkomponenten aufzuheben, Bewegungen der Tonhöhe, der Tondauer, Tonstärke und Tonfarbe desintegrativ zu behandeln, sie gegeneinander zu isolieren, den einen großen Klangraum kompositorisch zu segmentieren.

So nimmt der Beginn des zweiten Satzes des ersten Teils seinen Ausgang von einer achttaktigen musikalischen Struktur, deren eigentliche musikalische Substanz aus einem achttönigen Akkord besteht – er könnte als bitonale Schichtung von E-Dur und Es-Dur mit hinzugefügter kleiner Septime interpretiert werden –, der insgesamt zweiunddreißigmal angeschlagen und dessen besondere Akzentuierung durch Akkorde der Hörner verdeutlicht wird.

Alles, was sich an diesen gleichsam leerlaufenden Beginn des Satzes musikalisch anschließt, was an übereinandergeschichteten oder aneinandergereihten Figuren hörbar und auffaßbar wird, ist mit den traditionsreichen Begriffen Motiv oder Thema nur indirekt bezeichnet. Denn unter dem Gesichtspunkt der musikalischen Formentwicklung betrachtet, führt jede musikalische »Gestalt« das Bedürfnis nach Explikation, nach Selbstdarstellung und Entwicklung mit sich.

Auffällig ist an den insgesamt sechs musikalischen Gebilden, die in diesem zweiten Satz exponiert sind, nicht nur ihre geringe Extension – das längste breitet sich über acht Takte aus –, sondern auch der geringe Ambitus der Figuren. So, als wären sie eigens dazu geschaffen, in sich selbst zu rotieren. Und auffällig ist insbesondere der Mangel an Prägnanz, an Geschlossenheit und Differenziertheit der musikalischen Gebilde im traditionellen Sinne.

Zum traditionellen Themabegriff gehört die Mehrgliedrigkeit des thematischen Gebildes. Das klassisch-romantische Thema setzt sich in aller Regel aus mehreren Taktgruppen zusammen, und solche einzelnen musikalischen Zellen können den Charakter musikalischer Motive annehmen, denen entweder für die Entwicklung des Themas selbst oder aber für den substanzgemeinschaftlichen Zusammenhalt des thematischen Satzes im Sinne periodischen Bildens Bedeutung zukommt.

Das klassisch-romantische Thema ist also ein Beziehungsgeflecht, das melodisch-rhythmisch und harmonisch gefügt ist – ein ausgearbeiteter mehrstimmiger Satz –, niemals aber bloße Reihung musikalischer Figuren vor dem Hintergrund statisch gesetzter Klangflächen. Ohne Plastizität und Rundung ist das traditionelle »moderne« Thema nicht denkbar.

Dem entspricht auch seine Funktion: Als These gleichsam am Beginn eines Satzes exponiert, sollen späterhin Ausdrucksschichten, Ausdruckshorizonte des initialen Gebildes entfaltet werden. Und dieser Entwicklungsprozeß des Themas in der Zeit kann nicht nachvollzogen werden, wenn das Thema am Beginn nicht deutlich und faßlich exponiert wurde.

Solcher traditionellen Konzeption widerstreiten Strawinskys initiale Gebilde seine Motive und Themen indes auf charakteristische Weise.

Auffällig zunächst der Mangel an mehrschichtiger Ausarbeitung der Gebilde. Strawinskys *Sacre*-Themen tendieren zur Eindimensionalität, sind in aller Regel einstimmige Verläufe ohne tiefgreifende harmonische Verankerung. Darum sind sie auch vielfältigen harmonischen Zusammenhängen gegenüber aufgeschlossen, sind polyvalent. Setzt Strawinsky aber einen harmonischen Komplex, wie am Beginn des zweiten Satzes, so wird die traditionelle Formerwartung umgebogen: es gibt weder harmonische, rhythmische oder melodische Entwicklungen, sondern einzig die Umakzentuierung des immergleichen Akkordgebildes. An der eigentlichen Substanz des initialen Klangs, an seinen dimensionalen Seiten wird nicht gerührt, wenn man wechselnde Akzentuierungen und Klangfarbenveränderungen als substantiell sekundär betrachtet (also Dynamik und Kolorit).

Andererseits, gerade wegen ihrer relativ unbestimmten harmonischen Disposition, wegen ihres bemerkenswert schwebenden Charakters, ihrer Kürze auch, sind Strawinskys Motive – und als solche behaupten sie sich in wechselnden Kontexten – nahezu in jeden kompositorischen Zusammenhang, beispielsweise in den großen Orchestersatz, in mehreren Schichten einfügbar. Undenkbar freilich ist Strawinskys Orchestersatz ohne seine grundsätzliche Disposition: die Klangflächen breiten sich über große Formzusammenhänge hin aus, sind an Orgelpunkte gebunden oder an tonale Fixpunkte, ohne jedoch tonale Eindeutigkeit zu besitzen. Von der vorherrschenden Bitonalität abgesehen, vermeidet Strawinsky Kadenzen oder vergleichbare Fundamentalschritte, die den Formzusammenhängen größere harmonische Eindeutigkeit, aber auch den kompositorischen Verläufen insgesamt größere Geschmeidigkeit sicherten. In nahezu gleichbleibender Vitalität wird die Musik gesetzt oder bricht ab. Die Kunst der Übergänge ist ihr fremd.

Während sich für *Petruschka* und den *Sacre* sagen ließe, daß Polytonalität das harmonische Konzept des Orchestersatzes bestimmt, ergeben sich innerhalb dieses allgemeinen, auch Debussys oder Ravels Werke beeinflussenden Konzepts Unterschiede.

So können auch bitonale Verläufe, wie Ansermet an der berühmten Fis-Dur/C-Dur-Überlagerung in *Petruschka* (siehe das Notenbeispiel rechts) zeigte [14], einen hohen Grad von tonaler Verschmelzung erreichen und dementsprechend unter einer tonalen Perspektive aufgefaßt werden.

---

[14] Ansermet: *Grundlagen,* S. 714, verweist auf das fis, das der zweistimmigen Klarinetten-Melodie vorausgehe und so die Wahrnehmungsposition fixiere: fis sei Dominantperspektive, die sich gegenüber C öffne.

Je mehr die harmonische Struktur aber zu wirklicher Polytonalität tendiert, zwei oder drei harmonische Ebenen parallel führt, um so mehr wird die Auffaßbarkeit solcher kompositorischer Strukturen von der investierten motivischen Arbeit abhängen. Oft genug entstehen im *Sacre* auch polytonale Komplexe, deren melodische Ausarbeitung zur altehrwürdigen Tradition der Heterophonie tendiert.

Es sind also vielfältige Perspektiven der kompositorischen Verfahrensweise Strawinskys, die es erlauben, von kompositorischen Analogiebildungen zum bildnerischen Kubismus zu sprechen:

Das kompositorische Detail, die figurative Basis der sechs musikalischen Gebilde, die in diesem zweiten Satz exponiert werden, ist eher uncharakteristisch, tendiert zur kürzelhaften Formulierung, zur musikalischen Formel, die in beiden Ebenen, horizontal und vertikal, eingesetzt wird. Das Detail zeigt keinerlei Tendenz zur »kadenziellen« Expansion, zur melodischen, zur rhythmischen oder harmonischen Entfaltung oder Differenzierung, sondern verändert sich und gewinnt so Gestaltcharakter und motivisches Gewicht für das Formganze durch Repetition, durch Verkürzung und Erweiterung oder durch Umakzentuierung innerhalb des Taktgefüges. Und es ist eine Frage des Standpunkts, ob der vielzitierte Taktwechsel Strawinskys durch seinen biegsamen Umgang mit dem kompositorischen Detail begründet wird, durch seine Technik der Schrumpfung und Expansion von musikalischen Figuren, oder ob dieses System als gleichsam starr betrachtet wird, als kompositorische Basis ersten Ranges, als Voraussetzung von Strawinskys Komponieren, um sowohl den Formeln jene an Widerhaken und neuen Atmungen reiche Differenzierung als auch dem Orchestersatz selbst die Grundlage für Strawinskys polyrhythmische Arbeit auf mehreren Instrumental-Ebenen erlauben zu können. Vermutlich haben beide Perspektiven ihre Bedeutung und Berechtigung im frühen Werk Igor Strawinskys.

Wird die Form aber makrokosmisch betrachtet, als Formprozeß, dann wird beobachtbar, daß Strawinsky seine Form aus den sechs grundlegenden Strukturen montiert, und zwar grundsätzlich horizontal reiht wie auch vertikal übereinanderschichtet. Schnitte bestimmen den Formprozeß, die Strukturen werden hart aneinandergesetzt, echoen vielleicht in der einen oder anderen Orchesterstimme wieder – motivisch-thematische Arbeit aber im traditionellen Sinne, das Durch-die-Stimmen-Gehen der Motive und die vielfältigen Wandlungsprozesse, die damit verbunden sind, ist in Strawinskys Setzweise nicht zu erkennen. Daß gelegentlich der Eindruck dynamischer Entfaltung und Steigerung des Satzes entsteht, hat nichts mit traditioneller motivisch-thematischer Arbeit zu tun, sondern mit einer Steigerungstechnik, die bei Borodin oder Mussorgskij ebenso sichtbar wird wie etwa auch in Ravels *Bolero*: die repetitiven Formeln werden immer mächtiger überlagert oder, im umgekehrten Fall, abrupt abgebaut, sie brechen ab. Nicht Evolution im traditionellen Sinne, Weiterdenken von exponierten thematischen Charakteren ist das Formgesetz im *Sacre* Strawinskys, sondern Schichtung und Abbau von Formeln und schließlicher Abbruch des musikalischen Prozesses.

Mag man Strawinskys Montagetechnik und die ihr zugrunde liegende Formidee kubistisch nennen – die Ästhetik Strawinskys ist es gewiß. Denn es geht Strawinsky nicht um die Explikation von spezifischen musikalischen Ausdruckscharakteren, sondern um objektive musikalische Konstruktion. Seine musikalische Ästhetik ist fermentiert von der Statik bildnerischer Assoziationen, die Musik ritzt sich in die Klangflächen ein, bebildert gleichsam die Zeit mit dem Wechsel vergleichbarer musikalischer Strukturen: wie in einem Mosaik und in diesem Sinne entwicklungslos.

Das erklärt vielleicht auch das Paradoxon, daß Strawinskys so auffällig rhythmusbetonte kompositorische Handschrift nur selten Musik hervorbringt, die unmittelbar Körperbewegungen stimuliert. Mittelbar tut sie es freilich schon, denn der gestische Reichtum seiner Musik gibt trotz ihrer Neigung zu asymmetrischen

Gliederungsverläufen und trotz ihres Montagecharakters Anregung und Einheitsmomente genug für organisierte tänzerische Aktionen – etwa in der Kunstform des Balletts. Wer freilich wie Strawinskys frühe Choreographen Fokin und Nijinkij sich dem kompositorischen Detail überläßt, zum transitorischen »Kristallisationspunkt« tänzerischer Aktionen erhebt, wird kaum mehr als einen »Flickerlteppich« choreographischer Dispositionen zuwege bringen. Massine und vor allem Balanchine haben später erfolgreich zu zeigen vermocht, daß diese detailbesessene Musik tänzerisch nur mit großen choreographischen Kontrapunkten zu gestalten ist. Welche Chance für den Tänzer in der Tat, das an Zeitprozessen aus der Musik Strawinskys zu erlösen, was in dieser kubistischen Phase noch bildnerisch gebannt, gleichsam in die Fläche gespannt ist.

Wiederentdeckung der Musik
des 18. Jahrhunderts

Mit dem Oktett für Bläser (1923) und dem Concerto für Klavier und Blasorchester (1924) begann Igor Strawinsky einen Prozeß der Auseinandersetzung mit der Musik des 18. Jahrhunderts, der durch die Bearbeitung von Manuskripten Pergolesis für das Ballett *Pulcinella* nachhaltig angeregt worden war. Im Bläser-Oktett konzentriert sich nun beides: Strawinskys Forminteresse am 18. Jahrhundert und seine spezifische, an zeitgenössischen Vorstellungen gebildete Ästhetik, die sich zwar auf die Suche nach der »Einheit in der Mannigfaltigkeit« begibt und diese Einheit auf dem Wege analoger musikalischer Bildungen zu konstituieren sucht, in der Tat aber in den zwanziger Jahren durch Verfremdung und Distanzierung von den historischen Modellen wesentlich geprägt ist. Zu berücksichtigen ist ohnehin, daß diese ästhetische Formel, die sich bei mehreren Theoretikern des 18. Jahrhunderts findet – bei Johann Georg Sulzer, doch auch bei Johann Nikolaus Forkel oder bei Heinrich Christoph Koch – in der Zeit selbst unter musikalischen Gesichtspunkten vor allem mit der sich herausbildenden Sonatenhauptsatzform zusammengesehen wird. Strawinskys Interesse gilt aber zunächst weniger dem Sonatenhauptsatz oder der Sonate als zyklischer Form, sondern eher den alten, aus der Tradition des 17. Jahrhunderts überlieferten Formen der Sonata da camera, der Sonata da chiesa und der Form des Solokonzerts. Darüberhinaus zeigen seine Kompositionen in den zwanziger Jahren eine Vorliebe für Gliederungsweisen, die der Form des Rondos nahestehen.

Das Oktett für Bläser ist dreisätzig: auf eine Sinfonia mit *Allegro*-Satz folgen ein *Tema con variazioni* und das Finale. Die Bläsermusik ist formal also der späten Mischform der Sonata da chiesa verwandt, in deren grundsätzliche Viersätzigkeit die Suitensätze integriert sind.

Die einleitende Sinfonia, sonst oft bei Strawinsky den Ouvertüren im französischen Stil nachgebildet – etwa im ersten Satz des Concerto oder auch im Ballett *Apollon musagète* –, nimmt hier den Charakter einer Divertimento-Introduktion an. Der sich anschließende *Allegro*-Satz übernimmt zwar das Modell der Sonatenhauptsatzform, ist in Exposition, Durchführung und Reprise gegliedert;

die thematische Substanz und ihre Verarbeitung aber deuten eher auf barocke Vorbilder.

Formal und stilistisch gleichermaßen differenziert ist auch der zweite Satz: *Tema con variazioni.* Das vierzehntaktige Thema besteht aus 33 Tönen, die in Sektionen gegliedert werden, und jeder dieser Abschnitte spielt in den nachfolgenden Variationen eine bestimmende Rolle.

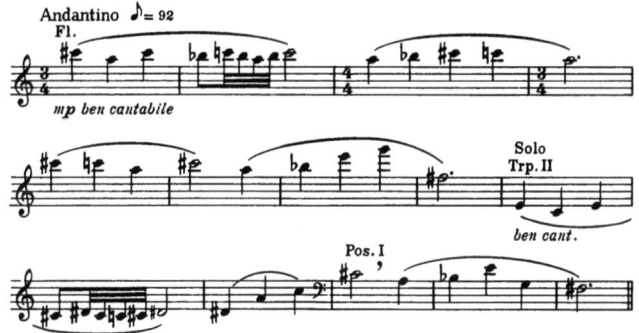

Interessant zu beobachten, daß Strawinskys Variationskonzept strikt melodisch ist. Anders als manche Variationen des frühen 18. Jahrhunderts, etwa von Händel, in denen bestimmte harmonische Konstellationen fixiert sind und lediglich figurativ variiert werden, formt Strawinsky seine Variationssätze buchstäblich aus dem Tonvorrat seines Themas. Aus diesem Grunde scheint es auch nicht abwegig, von diesen frühen Variationen aus Beziehungen zu seinen späteren reihentechnischen Kompositionen zu knüpfen, in denen zunächst vor allem das melodische Potential der Reihen genutzt wird.

Unter Gesichtspunkten der Form betrachtet, werden Variationssätze entweder zu Charakterstücken gebildet, oder ihre Modelle sind dem traditionellen volkstümlichen Formrepertoire entnommen.

So ist die erste Variation aus auf und ab jagenden barocken Schleiferfiguren fein gesponnen, die zweite intoniert einen Geschwindmarsch, die vierte, aus deren motivischem Material das Thema der Variationsfolge entwickelt wurde, dreht sich in jenem volkstümlichen, die erste und fünfte Stufe harmonisch ausstanzenden Walzer, der Strawinsky bereits in der *Geschichte vom Soldaten* als Typus interessiert hatte. Die fünfte Variation ist ein unterkühlter Galopp und die siebente eine vielstimmige Bläser-Invention mit fugierten Partien.

Eingefügt wird in diesen Ablauf der Variationen – A, B, A, C, D, A, E – zweimal die Variation A, so daß die Variationsfolge insgesamt als Form zum Rondo tendiert. Das Finale schließlich ist wie ein Fugato mit mehreren Subjekten komponiert.

Igor Strawinsky dirigierte die Premiere seines Oktetts, die am 18. Oktober 1923 im Rahmen eines Kussewitzky-Konzerts in der Pariser Oper stattfand, selbst. Und nur wenige Monate später, im Januar 1924, vertraute er der Zeitschrift *The Arts* in einem Artikel mit dem Titel *Einige Gedanken über mein Oktett* grundsätzliche Thesen zu seiner ästhetischen Position an[15]:

> *Mein »Oktett« ist für ein Bläserensemble geschrieben. Mir scheint eine Bläsergruppe besser geeignet zu sein eine gewisse Starre der Form darzustellen, als die weniger kalten und diffuseren Streichinstrumente. Die Schmiegsamkeit der Streichinstrumente ermöglicht dem Aufführenden mit einem großen Spektrum an Nuancen seine Sensibilität darzustellen. Mein Oktett ist kein gefühlsbetontes Werk, sondern eine musikalische Komposition, deren Komponenten in sich geschlossene objektive Elemente sind.*
>
> *In meiner Musik besteht die Form aus Kontrapunkt. Nur in der Auseinandersetzung mit dem Kontrapunkt vermag der Komponist sich mit rein musikalischen Problemen zu beschäftigen. [...] Diese Art von Musik hat nur den Anspruch sie selbst zu sein. Nur die Musik vermag die musikalischen Probleme zu lösen. Keine literarische noch visuelle Hilfe kann von Interesse sein. Das Spiel der musikalischen Elemente ist das Wesentliche.*

Daß Igor Strawinskys Musik rein aus kontrapunktischen Setzungen herauswächst, ist selbstverständlich eine Übertreibung des Komponisten. Aber Strawinsky pointiert mit seiner Formel »Form aus Kontrapunkt« sehr präzis eine Tendenz seiner kompositorischen Arbeit, die vor dem Oktett schon in den *Bläsersinfonien* (1920) hörbar wurde und die alle weitere Arbeit in den kommenden Jahrzehnten prägen wird[16].

---

[15] White: *Stravinsky*, S. 574

[16] Boris Jarustowski: *Igor Strawinsky*, Berlin 1966, darin Zitat aus einem Strawinsky-Interview, das in der Warschauer Monatsschrift *Muzyka* vermutlich 1926 abgedruckt wurde: *Die Musik meiner neuen Kompositionen – der Symphonien für*

In den *Bläsersinfonien*, die Strawinsky dem Gedächtnis Claude Debussys widmete und deren finale 61 Takte (Revidierte Fassung der Partitur aus dem Jahre 1947) neben anderen Arbeiten ihren Platz zuerst in der *Revue Musicale* in einem *Tombeau de Claude Debussy* fanden, kann man noch beides beobachten: jene repetitive motivische Differenzierungsarbeit, die Strawinsky seit einem Jahrzehnt erfolgreich praktizierte, und andererseits Partien in diesem Werk, die streng linear gearbeitet sind und jenen Bicinien-Stil[17] lockerer kontrapunktischer Verläufe favorisieren, den Strawinsky auch späterhin bevorzugen wird. Denn er ist zu zeitfühlig, um sich den Mantel eines Fugenmeisters oder eines Kontrapunktikers der Neuen Musik umlegen zu wollen, eine Versuchung, der, wie man weiß, Paul Hindemith nicht zu widerstehen vermochte – und keinesfalls zum Nutzen seiner kompositorischen Arbeit – und die auch manchen deutschen Kleinmeister im 20. Jh. erfolgreich heimsuchte.

Formal sind die *Bläsersinfonien* am ehesten als Rondo aufzufassen, das mit zwei Ritornellen arbeitet, in die mehrfach andere musikalische Episoden eingeschoben werden. Abgeschlossen wird die Komposition durch einen groß angelegten Choralsatz.

Eine Musik zu schreiben, die sich ausschließlich mit musikalischen Problemen beschäftigt, die ihr Genüge in der Selbstbegegnung der musikalischen Elemente findet – eine solche asketische »L'art pour l'art«-Ästhetik zeichnete Strawinskys kompositorische Haltung in den zwanziger Jahren zweifellos aus. Diese grundsätzliche Position beeinflußte seine Kompositionen bis in die kleinste Zelle, prägte oft genug die Simplizität der musikalischen Formulierungen – darin der puristischen Ästhetik Saties verwandt – und ermöglichte Strawinsky, musikalische Verläufe von verblüffender Konzentration und äußerster kompositorischer Konsequenz zu schreiben.

Die Großform indes, das ist unübersehbar, fügt sich entweder ins Klischee längst zur Hülse erstarrter Formschemata oder aber

Bläser, des Oktetts für Bläser, des Konzerts für Klavier, der Sonate für Klavier – ist von Kopf bis Fuß reine Musik. Diese Musik ist trocken, kühl, klar und spritzig wie Sekt. Die Zeit ist zu Ende, in der ich mich bemühte, die Musik zu bereichern, jetzt will ich sie aufbauen. [...] *Ich kehre zu Bach zurück, zu der lichten Idee des reinen Kontrapunkts, der auch vor Bach in reichem Maße Anwendung fand. Der reine Kontrapunkt erscheint mir als das einzig mögliche Material, aus dem eine echte und dauerhafte Musik geschmiedet werden wird.*

[17] vorzugsweise im 16. Jahrhundert gepflegte Kunst zweistimmiger Vokal- oder Instrumentalsätze, die kontrapunktisch gearbeitet sind

wird durch jene Montagetechnik gegliedert, in der es wesentlich auf die interne Balance der einzelnen Formsegmente ankommt, wie in einem kubistischen Bild: aus den geometrischen Teilstücken der musikalischen Form wird das Werk als Zeitprozeß montiert. Es charakterisiert die Kühnheit von Strawinskys Formprozessen, daß er, wie an den Variationen des Oktetts ablesbar war, das Klischee der Charaktervariation mit dem Klischee des Rondo gleichsam kopiert und die Ableitungen der einzelnen Variation im Detail streng musikalisch, aus der 33tönigen Setzung herleitet.

Freilich, das Interesse an der Musik des 18. Jahrhunderts teilt Strawinsky mit einer ganzen Generation französischer und deutscher Musiker, die alle zu Beginn der zwanziger Jahre an dieser Renaissance barocker und klassischer Musik arbeiten. So erscheint im Jahre 1920 ein Heft mit Klavierstücken junger französischer Komponisten, das den programmatischen Titel *Album des Six* trägt und ein Prélude von George Auric, eine *Romance sans paroles* von Louis Edmond Durey, eine Sarabande von Arthur Honegger, eine Mazurka von Darius Milhaud, einen Walzer von Francis Poulenc und von Germaine Tailleferre eine *Pastorale* enthält. Und in einem Gruppen-Postulat, das die »Six« im gleichen Jahr veröffentlichen, wird vollends präzisiert, welcher Tradition diese Musikergeneration sich verpflichtet fühlt[18]:

Die musikalischen Formen scheinen ihnen von zu zahlreichen und unnützen Durchführungsvorgängen überladen. Es gilt, auf normale Verhältnisse zurückzukommen. Übermäßige Vergrößerungen, die Hypertrophie der bestehenden Formen zu beseitigen. Das Ideal der Sonate: Haydn. Das Ideal der Suite: Rameau.

Die echten französischen Traditionen müssen wieder aufgenommen werden, die auf der Scheu vor der Emphase und der gefühlsmäßigen Übertreibung beruhen. Es gilt, allen romantischen Geist zu verbannen und das rechte Gleichgewicht von Gefühl und Vernunft herzustellen, das den französischen Klassizismus kennzeichnet. Unter diesem Gesichtspunkt ist Satie das Beispiel, das Vorbild der Jungen.

Verzicht auf den Chromatismus, das charakteristische Ausdrucksmittel der Romantik. Man darf auch nicht Schönberg folgen, dem gewaltigen Musiker, der ja eine letzte Entwicklung

---

[18] in: H. H. Stuckenschmidt: *Neue Musik*, Berlin 1951, S. 125

der Romantik bringt, die Chromatik zu ihrer äußersten Konse-
quenz der Atonalität führt.
   Es gilt im Gegenteil die diatonische Harmonik in ihre herr-
schende Stellung wieder einzusetzen. Sie bekräftigt die reine,
feste Tonalität, das Grundprinzip der wahren Architektur, die
mit den Maßen haushält, sie ordnet und sie ohne Verwirrung in
Kontrast setzt.

Verblüffend an diesem Manifest der »Groupe des Six« ist die
Präzision, mit der Schönbergs Stellung in der Neuen Musik von
den französischen Musikern bereits 1920 gesehen wird. Staunenswert ist weiterhin aber auch das Bekenntnis zu einem Formen-
kanons des 18. Jahrhunderts, dessen Anspruch sich Strawinsky nie
unterwarf, sondern den er eher aufzubohren, zu unterminieren
trachtete. Weniger überraschend scheint schon die Tatsache, daß
Satie in diesem Manifest zur Vaterfigur der jungen Komponisten
wird. Denn nicht nur die Musiker der »Groupe des Six«, sondern
auch Jean Cocteau, der Wortführer der Avantgarde der französischen Schriftsteller, Maler und Musiker wurde nicht müde, das
Genie Saties, seine Zeitfühligkeit zu loben [19]:

Angeekelt vom Ungefähren und Verschwommenen und Über-
flüssigen, von Verschnörkelungen und modernen Tricks und
oft von einer Technik versucht, deren kleinste Kniffe er kennt,
beschränkt Satie sich freiwillig darauf im einfachen Holz zu
schnitzen und schlicht, sauber, klar zu bleiben. Aber das
Publikum verabscheut die Offenheit. Erik Saties Opposition
besteht in einer Rückkehr zum Schlichten. Das ist übrigens
die einzig mögliche Opposition in einer äußerst raffinierten
Epoche. [...]
   Man darf Schlichtheit nicht für ein Synonym von Armut oder
Regression halten. Die Schlichtheit ist ebenso fortschrittlich wie
das Raffinement. Die Schlichtheit, die sich als Reaktion auf ein
Raffinement einstellt, hängt von diesem Raffinement ab; sie
erlöst, sie verdichtet die erworbene Fülle.

Im Jahr des Manifests der »Six«, 1920, schreibt Feruccio Busoni
seinen berühmten Brief an den Musikschriftsteller Paul Bekker,
mit dem Titel *Junge Klassizität.* Darin finden sich nicht nur
Gedanken, die auf faszinierende Weise mit denen Strawinskys und
Cocteaus korrespondieren, sondern bereits eine Bestimmung der

---

[19] Cocteau: *Hahn und Harlekin*, S. 32

neuen Klassizität, im Sinne eines Kriterien-Katalogs des herauf-
dämmernden Neoklassizismus[20]:

> *Als eine der wichtigsten von diesen nicht erfaßten Wahrheiten*
> *empfinde ich den Begriff der Einheit in der Musik. Ich meine*
> *die Idee, daß Musik an und für sich Musik ist und nichts ande-*
> *res und daß sie selbst nicht in verschiedene Gattungen zerfällt.*
>   *Zur jungen Klassizität rechne ich noch den definitiven*
> *Abschied vom Thematischen und das Wiederergreifen der*
> *Melodie – nicht im Sinne eines gefälligen Motivs – als Beherr-*
> *scherin aller Stimmen, aller Regungen, als Trägerin der Idee*
> *und der Erzeugerin der Harmonie, kurz: der höchst entwickel-*
> *ten (nicht kompliziertesten) Polyphonie.*
>   *Ein Drittes ist die Abstreifung des Sinnlichen und die Entsa-*
> *gung gegenüber dem Subjektivismus (der Weg zur Objektivität*
> *– das Zurücktreten des Autors gegenüber dem Werke –, ein*
> *reinigender Weg, ein harter Gang, eine Feuer- und Wasser-*
> *probe), die Wiedereroberung der Heiterkeit (Serenitas): nicht*
> *die Mundwinkel Beethovens, auch nicht das befreiende La-*
> *chen Zarathustras, sondern das Lächeln des Weisen, der Gott-*
> *heit, absolute Musik.*

Interessant ist, daß selbst in diesem Busoni-Brief Beethovens
Handschrift und Persönlichkeit als Chiffre des Unzeitgemäßen
aufleuchtet, mit Negativität aufgeladen ist – eine Attitüde, der sich
Strawinsky in jenen Jahren, in denen er das Oeuvre Bachs für sich
entdeckte, mit Vergnügen hingab, die aber auch für die Musiker
der »Groupe des Six« den Charakter einer Selbstverständlichkeit
angenommen hatte, wie Cocteaus Notiz aus *Le coq et l'arlequin*
zeigt[21]:

> *Beethoven langweilt, wenn er seine Motive ausspinnt, Bach*
> *nicht; denn Beethoven entfaltet die Form, und Bach entfaltet*
> *die Idee. Die meisten Leute glauben das Gegenteil.*
>   *Beethoven sagt: »Dieser Federhalter hat eine neue Feder – es*
> *ist eine neue Feder in diesem Federhalter – neu ist die Feder*
> *dieses Federhalters« oder »Gräfin, Ihre schönen Augen . . .«*
>   *Bach sagt: »Dieser Federhalter hat eine neue Feder, damit*
> *ich sie in die Tinte tauche und schreibe etc.«*

---

[20] Feruccio Busoni: *Von der Einheit der Musik*, Berlin 1922, S. 276
[21] Cocteau, *Hahn und Harlekin*, S. 13

Versucht man, die ästhetischen und kompositionstechnischen Entscheidungen zusammenzufassen, wie sie um 1920 in Busonis Brief
und im Manifest der »Groupe des Six« sichtbar werden, dann
ergeben sich folgende Perspektiven:

Während die jungen französischen Komponisten sich an definitiven klassischen Formmodellen orientieren – der Sonate und der
Suite – und ihre Konzentrierung auf wesentliche, die Form konsti-
tuierende Teile verlangen, faßt Busoni die Merkmale des neuen
Stils allgemeiner. Sein »Klassizismus« äußert sich in einem primär
polyphonen Stil, der nicht an thematische Charaktere gebunden
sein soll und der ästhetischen Forderung nach absoluter Musik
genügen muß.

Während die französischen Komponisten den »Chromatismus«
ablehnen, dagegen für diatonische Harmonik plädieren und damit
das Erbe Debussys verdrängen – nicht nur Schönbergs Errungenschaften –, formuliert Busoni mit Nachdruck, daß zur »jungen
Klassizität« die Meisterung, die Sichtung und Ausbeutung aller
Errungenschaften vorausgegangener Experimente, ihre Hinein-
tragung in feste und schöne Formen gehöre.

Zu ergänzen ist allerdings, daß der Klassizismus der französischen Komponisten nicht allein das Erbe des 18. Jh. favorisierte
und zum Modell erhob, sondern daß in Frankreich eine interessante und an Perspektiven reiche Auseinandersetzung mit einem
anderen Erbe stattfand, mit dem des Cabarets und der Music-halls
und zuletzt mit dem Jazz, der nach dem ersten Weltkrieg London,
Paris und Berlin eroberte: eine Auseinandersetzung, die auch
Strawinsky auf seine Weise, nämlich sublimierter, ausgetragen
hat.

Kühn und im besten Sinne zeitgenössisch ist auch Strawinskys
Umgang mit der tradierten Form des Solo-Konzerts.

Antonio Vivaldi und in seiner Nachfolge J. S. Bach entwickelten
die Form des ersten Konzertsatzes als Abfolge von Tutti-Gruppen
und Solo-Episoden. Vier bis sechs solcher mehr oder weniger
modifizierter Tutti-Blöcke wurden in eine harmonische Disposition eingefügt, deren Beziehungen von der ersten zur fünften und
von dort über die zweite und sechste Stufe der Tonart in aller Regel
wieder zur Ausgangstonart zurückführten. Im Grunde schmiegte
sich die Form des Konzertsatzes der alten Rondoform an, deren
Ritornelle und Episoden allerdings die Einheit der Tonart wahr-
ten. Vivaldi dynamisierte diese Abfolge der Formglieder harmonisch, und Bach fügte der so entstandenen Formkonvention des

ersten Konzertsatzes seine differenzierende motivische Arbeit sowohl in den Tuttiblöcken wie auch in den Solo-Episoden oder allgemein den Concertino-Partien bei.

Igor Strawinsky aber, der Komponist des 20. Jahrhunderts, übernimmt die historischen Modelle keineswegs sklavisch, sondern auf differenzierte Weise.

In den beiden Klavierkonzerten aus den zwanziger Jahren – dem Concerto und dem *Capriccio* – gliedert er die Form nach traditionellem Vorbild in drei Sätze; sein Violinkonzert bevorzugt dagegen eine symmetrische, viersätzige Formanlage: Toccata, *Aria I*, *Aria II*, *Capriccio*.

Von der ursprünglichen, traditionellen Gliederung des ersten Konzertsatzes übernimmt Strawinsky im wesentlichen die Dominanz des Ritornells, allerdings weder thematisch noch harmonisch den Zwängen der Tradition folgend. So finden sich zwischen den eigentlich formkonstitutiven Sätzen Episoden, die entweder fortspinnenden Charakter haben oder aber eigenes Gewicht beanspruchen.

Die Dynamisierung der Form aber, die traditionell durch den Wechsel zwischen der Tutti-Gewalt des ganzen Ensembles und der getreuen oder variierenden Fortsetzung des musikalischen Gedankens in der Solo-Episode oder dem Concertino-Satz ihren Ausdruck fand, in der Verkürzung oder Erweiterung der wechselnden Formglieder, solche traditionelle thematische Arbeit ist in Strawinskys Konzertsätzen zurückgedrängt. Strawinsky bevorzugt komplexere Abläufe der Formprozesse.

Der eigentliche *Allegro*-Kernsatz des Concertos konstituiert sich aus vier Modellen, die thematischen Charakter annehmen und die fortgesponnen werden.

Am Beginn exponiert Strawinsky eine Viertaktgruppe, eine verfremdete Kadenz um den Zentralton a.

Vor Ziffer 8 wird eine Dreitaktgruppe der Bläser eingeführt, im weiteren Verlauf fortgesponnen und mit neuen virtuosen Elementen angereichert. Als drittes Modell führt Strawinsky einen 17 Takte langen dreistimmigen, inventionsartigen Satz im Solo-Klavier ein

und schließlich, Ziffer 13, einen viertaktigen Komplex – Flötenkantilene und synkopierende Figuration im Klavier –,

der ebenfalls fortgesponnen wird.

Im weiteren Verlauf des Satzes werden nun sowohl die Bläser-Phrase als auch die »Invention« und der Flötenkomplex wieder aufgenommen. So entsteht ein durchführungsartiger Mittelteil, der in eine Reprise einmündet und mit einer Coda fortgesetzt wird. Die Coda aber geht unmittelbar über in eine modifizierte Struktur des *Largo*-Beginns.

Zu Strawinskys Form des Konzertsatzes gehört im Falle des Concertos also eine *Largo*-Introduktion, die die Gestik der französischen Ouvertüre übernimmt – genauer gesagt ihren gravitätischen, durch die punktierten Notenwerte charakterisierten Beginn. Dann folgt die Exponierung der vier Ritornelle als Exposition, ihre Durchführung, ihre Wiederaufnahme in der Reprise und schließlich eine Coda.

Die Konfrontation der Klangkörper im zeitlichen Nacheinander meidet Strawinsky zumeist. An ihre stelle setzt er sowohl im Concerto wie auch im *Capriccio* die Konfrontation in der Simultaneität.

Wenn die Bläser den Solisten nicht einfach nur mit *secco* artikulierten Akkorden begleiten, dann führt der Komponist den Solisten und das Ensemble in ein überaus dicht gearbeitetes vielstimmiges Gewebe hinein, dessen dissonante, harsche Vielstimmigkeit und dessen rhythmische Dynamik gelegentlich an die Gewalt und Schlagkräftigkeit der *Sacre*-Partitur erinnern. Ohnehin bevorzugt Strawinsky für den Klavierpart *martellato* geschlagene Akkordsäulen oder aber jene charakteristischen, seinen Klaviersatz der zwanziger Jahre beherrschenden trocken ausgespielten, tokkatenartig dahinwirbelnden Passagen. Hörbar wird aber auch jene barocke Pulsation, die im ersten Satz des Concerto freilich sehr komprimiert aufklingt und erst im zweiten entfaltet wird.

Dieser *Largo*-Satz beginnt mit einer auftaktartigen figurativen Setzung, deren Begleitung wie ein generalbaßartig gesetztes Akkordgefüge pulsiert.

Die ausführliche Analyse des Satzes würde zeigen können, wie konsequent wesentliche Teile des *Largo* aus dieser initialen Zweitakt-Gruppe entwickelt sind.

Einmontiert in diesen ruhig sich verströmenden Formprozeß sind eine feingliedrige, chromatische dreistimmige Invention und eine Pastorale en miniature, ein Meisterstück schwebender polyrhythmischer Balance zwischen Klavier und Bläsern. Überraschend unterbrechen zwei sperrige, von Pauken begleitete Kadenzen den rhetorischen Fluß des Satzes. An solchen Nuancen der Formorganisation zeigt sich nicht zuletzt der distanzierende, verfremdende Umgang Strawinskys mit den historischen Modellen, deren Sprechweise und Formgesetze er zwar zitiert, andererseits aber auch permanent modifiziert.

Vergleichbares gilt auch für die beiden Werke, die er dem Klavier anvertraut: der Sonate (1924) und der *Serenade* (1925). Während der Komposition der Sonate hatte Strawinsky vor allem an den traditionsreichen Gegensatz zwischen »cantare« und »sonare« gedacht. Es ging ihm darum eine »Sonata« im Sinne des 17. Jahrhunderts zu schreiben, ein Instrumentalwerk, das den Klang des Instruments entfaltet, weniger eine Sonate in der Tradition Joseph Haydns, Wolfgang Amadeus Mozarts oder Ludwig van Beethovens. In der Tat pointieren alle drei Sätze dieses virtuosen

Klavier-Zyklus eine Reihe von Eigenschaften der Musik für Tasteninstrumente des 17. Jahrhunderts.

Der erste Satz wird beispielsweise mit einer *unisono* geführten, gezackten, tokkatenartigen Triolenbewegung eröffnet, und die Motorik dieser Bewegung bestimmt den Charakter dieses Satzes bis zuletzt. Trotz einer deutlichen reprisenartigen Reminiszenz an den Beginn meidet der Satz die Sonatenhauptsatzform.

Mit trocken geschlagenen Begleitfiguren in der linken Hand und darüber gesetzten virtuosen Figurationen barocker Provenienz beginnt der dreiteilige, wie ein Lied A-B-A geformte zweite Satz, dessen Modell langsame barocke Sätze sind. Strawinsky schließt den Zyklus mit einem einstimmig in der linken Hand beginnenden, in schneller Sechzehntelbewegung dahinjagenden inventionsartigen Satz, dessen grundsätzliche zweistimmige Disposition zu erkennen gibt, daß der Komponist in jenen Jahren von Bachs Inventionen und deren Klaviersatz beeindruckt war. Gelegentlich verdichtet sich die zweistimmige Linearität zu drei- oder vierstimmigen Komplexen.

In der Sonate bevorzugt Strawinsky einen Klavierstil, dessen knirschende Härte und rücksichtslose Linearität nur gelegentlich verlassen werden und vor allem in kantablen Augenblicken intensiver atmen. Die im Jahre 1925 komponierte *Serenade in A* dagegen, obwohl auch sie Strawinskys Vorliebe für einen tokkatenartigen Klaviersatz erkennen läßt, ist wesentlich reicher charakterisiert und kompositorisch faßlicher ausgearbeitet.

Bei der Komposition der *Serenade* dachte Strawinsky an jene »Nachtmusiken« des 18. Jahrhunderts, mit denen sich ein höfisches oder großbürgerliches Publikum vergnügte[22]:

In den einzelnen Stücken halte ich Momente fest, die für diese Art Musik besonders bezeichnend sind. Ich beginne mit einer feierlichen Einleitung, einer Art Hymne; dann folgt ein Solospiel als zeremonielle Huldigung des Künstlers an die Gäste; der dritte Satz, in getragenem rhythmisch betontem Zeitmaß, nimmt die Stelle des Tanzes ein, der traditionsgemäß in den Serenaden und Suiten der Zeit eingeflochten wurde; ich schließe mit einer Art Epilog, gleichsam eine Unterschrift mit zahlreichen, sorgfältig kalligraphierten Schnörkeln. Ich habe diese Komposition mit besonderer Absicht »Serenade in A« genannt, nicht um die Tonart zu bezeichnen, sondern weil ich

---

[22] *Erinnerungen*, S. 118

*meine Musik nach einem klingenden Pol gravitieren lasse und
der ist in diesem Falle das »A«.*

Die viersätzige *Serenade* wird mit einer *Hymne* eröffnet, deren wie
in Marmor gemeißelter Beginn in Strawinskys reichem Werk einen
neuen Charakter setzt. Man wird ihm sehr bald im *Oedipus*, aber
auch in der *Psalmensinfonie* wiederbegegnen. Und etwas von
diesem neuen Bedürfnis nach Monumentalisierung strahlt auch
der Beginn des *Capriccios* aus.

Die Form der *Hymne* ist dreiteilig und gehorcht einem Gesetz
inneren Bewegungszuwachses: die initiale Starre des Beginns
weicht in einem zweiten Formteil Synkopationen und mündet
schließlich in jenen perlenden Bewegungsfluß der Baßfigurationen
ein, deren Bewegungsimpulse schon das erste, zweitaktige Motiv
»unterminiert« hatten. Die *Hymne* ist ein schönes Beispiel jener
entwickelnden Kunst Strawinskys, die sich hier vor allem als Kunst
der musikalischen Allusion zu erkennen gibt.

Der Satz beginnt mit einer zweitaktigen Formel, die die Funktion eines Motivs übernimmt, denn sie wird in den sich unmittelbar anschließenden Gruppen zur bestimmten musikalischen Substanz. In den folgenden vier Takten wird sie zweimal wiederholt und schließlich abkandenziert. Darauf folgt, ins *piano* gewendet und als Satz ausgedünnt sowie mit modifizierter Phrasierung, die tonal nachgerückte Repetition der sechstaktigen Eröffnung der *Hymne*

als achttaktige Gruppe. Zum Fünftakter komprimiert folgt noch einmal die Eröffnung.

Daran schließt sich ein zweites, zehntaktiges Formglied, das mit einer zweitaktigen Melodie, die in parallelen Quarten geführt wird, beginnt und allmählich in eine zweitaktige Kadenz einmündet.

Die beiden Formglieder, aus denen Strawinsky die ersten 29 Takte der *Hymne* zusammensetzt, gliedern sich in acht musikalische Gruppen von auffallend unterschiedlicher Extension. Dieser Wechsel der Extension signalisiert Strawinskys Verfahren motivischer Arbeit durch Repetition, durch Verkürzung oder Erweiterung der musikalischen Substanz, signalisiert aber auch ein Verfahren der Taktordnung und Taktgliederung, das Symmetrien möglichst meidet und auf diese Weise den musikalischen Fluß ungewöhnlich lebendig hält. Es fällt auf, daß tonale Beziehungen, wie sie durch die harmonischen Verhältnisse innerhalb der einzelnen Gruppen oder zwischen ihnen entstehen, lediglich gesetzt werden. Strawinsky verzichtet weitgehend auf modulatorische Bewegungen, auf das Mittel der allmählichen Veränderung der tonalen Basis und damit auf ein traditionsreiches formbildendes Mittel ersten Ranges.

Harmonik, da sie der im strengen Sinne formbildenden Funktion beraubt ist, sichert den Gruppen vor allem Kolorit, färbt sie ein. Die tonale Pole, wie sie hier zu beobachten waren, zunächst a, dann d und dann wiederum a und am Ende e, stehen bemerkenswert isoliert nebeneinander. Typisch für Strawinsky steht nach den 29 Takten keine Kadenz, sondern eine harmonisch schillernde Zweistufen-Formel: e-Moll, C-Dur-Quartsextakkord.

Die anderen Sätze, so die Huldigungen des Künstlers an das Publikum in der *Romanza*, sind offenbar Beethovens späten *Adagio*-Sätzen nachgebildet, deren kantabler Charakter durch die formsprengenden Rezitative unterbrochen wird. Und das nachfolgende *Rondoletto* lebt in der Tat von der Wiederkehr der dreitaktigen thematischen Setzung, oder präziser: von den vielfältigen Veränderungen ihres im Sekundgang aufsteigenden Schlußmotivs. Wie eine Synthese aus *Hymne* und *Romanza* beendet die *Cadenza Finale* in erstaunlicher Anmut diesen Zyklus von vier Charakterstücken. Nicht nur die gemeißelten Akkorde der *Hymne*, sondern auch die rollenden, walzenartigen Bässe des *Rondoletto* – harmonisch sehr gradlinig, als pure Dreiklangsbrechungen fomuliert – weisen in die Zukunft des *Oedipus* und der *Psalmensinfonie*.

Strawinskys Prozeß der Wiederentdeckung der Musik des 18. Jahrhunderts ist ein Prozeß der Auseinandersetzung mit traditionsreichen formbildenden Verfahren und Form-Modellen. Tradition wird aber vor allem zitiert, wird vielleicht als Geste gesetzt, nie aber im strikten Sinne kopiert. Nicht zuletzt daran heftet sich der überaus reizvolle Eindruck eines geistreichen Umgangs mit historischen Modellen. Tradition, um es auf eine Formel zu bringen, scheint ihrer eigenen Sekretion entzogen, nimmt womöglich befremdende Züge an, wird fremd in ihrem scheinbaren Vertrautsein. In Auerbachs Roman *Neues Leben* fühlen sich die Eltern verfremdet, ihrer selbst entfremdet, weil ihre Kinder in ihrem Beisein französisch miteinander sprechen: die fremde Sprache verfremdet den vertrauten täglichen Umgang miteinander. Begegnet man Bachs Handschrift in der verfremdenden Präsentation durch Strawinsky, dann mag man Tradition in der Tat als fremd erleben. Strawinskys neoklassizistisches Werk bereitet dem Hörenden aber nicht nur dieses Erlebnis, das allzu oft im Mittelpunkt eher befremdlicher Strawinsky-Diskussionen steht. Zum leidvoll ertragenen musikalischen »Bildungserlebnis« wird Strawinsky nur denen, die sich partout nicht von ihren traditionellen musikalischen Vorstellungen zu lösen vermögen und die Strawinsky nur aus der Perspektive der Tradition hören. Unterschlagen wird so aber die Originalität seiner kompositorischen Handschrift, die Einzigartigkeit seiner schöpferischen Position, die sich nicht nur in emphatisch neuen Charakteren äußerte, wie etwa im Frühwerk, sondern auch späterhin Neues gebar: jeder Takt der *Geschichte vom Soldaten*, der *Bläsersinfonien*, aber auch der *Serenade* oder der *Psalmensinfonie* oder Augenblicke des *Capriccio*, des *Apollon* oder des Violinkonzerts – um an Werke, die etwa im Zeitraum eines Jahrzehnts entstanden zu erinnern– sollte als Beweis genügen. Strawinskys Wiederentdeckung des 18. Jahrhunderts war eine leidenschaftliche Anverwandlung, glich eher musikalischen Raubzügen und Einvernahmen. Nicht zuletzt daran hatte sie ihre schöpferische Kraft.

Zwei Sinfonien

Igor Strawinskys *Sinfonie in C* (1940) – die Sätze I und II wurden noch in Europa komponiert – ist sein erster Versuch, die traditionsreiche Form der Sinfonie des 18. Jahrhunderts auf der Basis von Modellen Haydns, Mozarts und Beethovens mit Leben zu füllen. Anders als in den *Bläsersinfonien* oder in der *Psalmensinfonie*, in denen der Begriff des Sinfonischen in einem eher allgemeinen Sinne auf die integrierte Klangfülle verweist, auf den großen Bläserapparat oder die Integration von Chor und Orchester, stellt sich Strawinsky jetzt dem Formanspruch der Sinfonie; auf eine Weise versucht er seine Sinfonie zu konstruieren, die an die Kriterien erinnert, von denen Strawinsky in seiner Harvard-Vorlesung *über das musikalische Phänomen* so beredt zu seinen Hörern gesprochen hatte[23]:

> *Unter allen musikalischen Formen gilt die Symphonie als die reichste im Hinblick auf die Gestaltungsmöglichkeiten. Man versteht darunter im allgemeinen eine mehrsätzige Komposition, in der ein Satz dem ganzen Werk den Charakter der Symphonie verleiht: das symphonische Allegro. Es steht gewöhnlich am Beginn und muß seinen Namen dadurch rechtfertigen, daß es die Forderungen einer gewissen musikalischen Dialektik erfüllt. Der wesentliche Teil dieser Dialektik liegt im Mittelteil, in der Durchführung.*
>
> *Eben dieses symphonische Allegro, auch Sonatensatz genannt, bestimmt die Form, auf der sich, wie man weiß, die gesamte Instrumentalmusik aufbaut, von der Sonate für ein Instrument und den verschiedenen Besetzungen der Kammermusik (Trios, Quartette usw.) bis zu den weiträumigsten Kompositionen für großes Orchester.*

Strawinskys *Sinfonie in C* ist viersätzig – *Moderato alla breve, Larghetto concertante, Allegretto, Largo-Tempo giusto alla breve*–, und ihr erster und extensivster Satz folgt dem Baugesetz der Sonatenhauptsatzform. Dieser etwa zehnminütige Satz – die ganze Sinfonie hat die Ausdehnung einer frühen Beethoven-Sinfonie – ist in vier Formteile gegliedert: Exposition (143 Takte),

---

[23] *Poetik*, S. 29

Durchführung (70 Takte), (verkürzte) Reprise (123 Takte) und Coda (25 Takte). Es ist diese Treue Strawinskys zum traditionsreichen architektonischen Modell des klassischen Sonatenhauptsatzes, die eine genauere Diskussion seines sinfonischen »Temperaments« herausfordert.

Der erste Satz seiner *Sinfonie in C* (siehe Notenbeispiel rechts) beginnt mit einem thematischen Motto von vier Takten. Auf ein Dreiton-Motiv mit rhythmischem Vorsatz folgt ein zweitaktiges Echo in den Oboen: die Vergrößerung der ursprünglichen Achtelgeste in den Violinen (h″, c″, g″) zur Viertelgeste (d″, d″, e″, h″) der Bläser. Darauf wird das Dreiton-Motiv wieder aufgenommen und in einem insgesamt 25taktigen Komplex entwickelt.

Eine zweite musikalische Struktur, die das initiale Motiv nun als Oboensolo fortspinnt, unterzieht es zugleich vielfältigen Umbildungen, führt es gleichsam durch: als Sekund-Quart-Motiv oder auch nur als Sekundspannung. Ab Takt 67 ist eine dritte Struktur zu beobachten, die den rhythmischen Vorsatz des Dreiton-Motivs nutzt, der in den tiefen Streichern aus sieben Achteln, in der Viola aus fünf und in den beiden Violinen aus drei Achteln besteht. Aus dem 7-Achtel-Impuls bildet Strawinsky sein neues Motiv, das diese dritte Struktur beherrscht. Daran schließt sich ein vierter Komplex heterogenen motivischen Inhalts, der die Rolle einer weit ausgesponnenen, durchführungsartigen Schlußgruppe übernimmt. Auffallend hier vor allem als Zentrum des Gestaltens ein fünftöniges Motiv, dessen gedanklicher Kern – aufsteigende Dreiklangsbrechung mit Nonenvorhalt – vielfältig umgebildet wird.

Die Exposition der Sinfonie ist aus vier Strukturen zusammengesetzt, deren motivischer Inhalt sich erst allmählich von der Ausgangs-Figur entfernt. Und es ist interessant zu beobachten, daß die sinfonische Entwicklung Strawinskys nicht von einem thematischen Charakter ihren Ausgang nimmt, sondern von einem dreitönigen Motiv, von einem Kern, dessen Prägnanz an Beethovens Terz-Motiv am Beginn der fünften Sinfonie erinnert und als rhythmische Figur in der Tat auch in den Pauken geschlagen wird. Aber was geschieht mit dieser initialen Figur in Strawinskys Sinfonie? Sie wird auf der gleichen Stufe wiederholt, sie erhält ihr rhythmisch erweitertes Echo in den Oboen und wird vor allem rhythmisch neu gesehen und differenziert. Wenn das Dreiton-Motiv dann in der zweiten Struktur wieder aufgenommen wird, ab Takt 26, setzt Strawinsky harmonische Klangflächen darunter, die durch die stereotypen Akzente e-g und späterhin d-f im Baß bemerkbar

Sinfonie in C.
1. Seite der Partitur

werden. Eingeblendet in diesen Zusammenhang ist eine »Kadenz«, deren Gestik an Mozart erinnert, die aber keinen Einfluß auf die harmonische Disposition des Satzes nimmt. Im auffälligen Gegensatz zu Beethovens entwickelndem Verfahren am Beginn des ersten Satzes seiner fünften Sinfonie verzichtet Strawinsky auf ein elementares formbildendes Mittel, auf die differenzierende Organisation der Schicht der Harmonik. Tendenziell setzt er seine Motive und das, was aus ihnen an neuen Gestalten gewonnen wird, in harmonische Flächen. Die Folgen für die sinfonische Gestaltung des Satzes sind nicht zu übersehen.

Wann immer die motivischen Gestalten Strawinskys erscheinen, wörtlich oder modifiziert, stets brechen sie nicht aus einer harmonisch bewegten Landschaft modulatorischer Entwicklungen oder auch nur kadenzieller Spannungen hervor, konzentrieren sie nicht den musikalischen Prozeß, sondern werden in die Fläche gesetzt und nehmen so den Charakter von Zitaten an. Seltsam schattenhaft klappern seine Motive im und über dem musikalischen Prozeß. Und wenn Strawinsky in der Durchführung des ersten Satzes der *Sinfonie in C* (siehe Notenbeispiel rechts) seine Motive koppelt, sie entweder in der Sukzessivität oder aber simultan zueinander in Beziehung setzt, schafft das zwar einige Variabilität herbei – aber der Eindruck des Zwingenden, auch des Weiterdenkens und des neuen Zusammenhangs will sich nicht einstellen.

Ob in sinfonischen Werken Mozarts oder Beethovens – die musikalischen Strukturen leben nicht zuletzt durch den spezifischen Rhythmus ihrer harmonischen Organisation. Jeder Sonatensatz, jeder Sinfoniesatz Mozarts zeigt eine Tendenz, die harmonische Information und Dichte zu intensivieren oder aber weitmaschiger zu organisieren. Gewöhnlich werden zunächst großflächigere harmonische Rhythmen bevorzugt, der Wechsel nach ein oder zwei oder auch einmal nach drei Takten. Zum organischen Atmen historischer sinfonischer Zusammenhänge gehört essentiell die Expansion und Kontraktion harmonischer Zusammenhänge, deren größter Dichtegrad gewöhnlich in der Kadenz zu beobachten ist. Harmonischer Rhythmus ist neben der motivischen Arbeit, neben der Differenzierung der Artikulation und der Dynamik eine formbildende Dimension ersten Ranges. Die von Strawinsky zitierte musikalische Dialektik der Sinfonie ist als bloße Konfrontation antithetischer thematischer Gebilde in der Durchführung unzureichend beschrieben. Sinfonische Dialektik bildet sich bereits im kompositorischen Detail, in der mikrokosmischen Figu-

Ausschnitt aus der bei Schott erschienenen Studienpartitur
Motivkoppelungen in der Durchführung

ration: wann immer die melodische Bewegung ausschwärmt, wird ihr der harmonische Rhythmus einen harmonischen Raum zur Verfügung stellen, und wenn die melodische Information repetitiven Charakter annimmt, wird der beschleunigte harmonische Rhythmus die Entwicklung der musikalischen Gedanken vorantreiben und garantieren. Melodik, als intervallische Konfiguration rhythmischer Entwicklung, und Harmonik leben in einem intensiven Spannungsfeld. Wird diese Spannung aufgekündigt, wird die Harmonik vor allem unter dem Gesichtspunkt von Klang und Klangfärbung organisiert, zerbricht die Sonatenhauptsatzform in eine Folge von Strukturen, deren motivische Kontakte bestenfalls ein gewisses Einheitsmoment schaffen. Das aber ist in diesem Sonatenhauptsatz Strawinskys der Fall. Und es ist eine Frage der ästhetischen Position, ob man diesen Tatbestand als Gebrochenheit eines historischen Modells und als eigenständigen ästhetischen Wert akzeptiert, der als zeitgenössischer zu akzeptieren wäre, oder aber als Versagen der Konzeption Strawinskys und damit als Scheitern dieses ersten Satzes an seinem sinfonischen Anspruch.

Erstaunlich, daß es Strawinsky gelang, in seinem zweiten sinfonischen Versuch, in der *Sinfonie in 3 Sätzen* (1945) dem Problem der Auszehrung des Sinfonischen und dem Zitatcharakter der motivisch-thematischen Arbeit zu begegnen. Die zweite Sinfonie, die sich freilich dem historischen Modell keineswegs mit vergleichbarer Entschiedenheit verpflichtet, klingt bemerkenswert frisch.

Für den ersten Satz benutzte Igor Strawinsky musikalisches Material, das er bereits im Jahre 1942 ausarbeitete und in ein neues Klavierkonzert integrieren wollte. Und dieser Ausgangspunkt führt zu einer Kombination von Materialebenen, die sich überaus glücklich bemerkbar macht: einerseits zitiert Strawinsky sinfonische Ansprüche durch großorchestrale Charaktere, andererseits zieht er sich in barockisierende Formeln seiner Klavierkonzert-Welt zurück und tiefer noch in seine eigene Geschichte, in die Martellato-Welt des *Sacre du Printemps*. Diese merkwürdig changierende Perspektive des Satzes, der also sinfonischem und konzertierendem Denken verpflichtet ist, gibt dem Satz Farbe und musikalische Flexibilität zurück. Unübersehbar ist freilich trotz der Anlage des Satzes als Sonatenhauptsatzform die wesentlich gemilderte Konsequenz, mit der Strawinsky motivisch-thematischer Arbeit nachgeht. Die Sinfonie tendiert grundsätzlich eher zu klangbetonten Gegensätzen, zur Reihung als zur Konfrontation antithetischer Charaktere.

Während der zweite Satz der Harfe als Soloinstrument einen wesentlichen Platz einräumt, werden im letzten Satz die beiden Soloinstrumente Klavier und Harfe in das sinfonische Gefüge integriert.

Die Uraufführung der *Sinfonie in 3 Sätzen* durch das New York Philharmonic Orchestra am 24. Januar 1946 unter der Leitung Strawinskys wurde zu einem großen Erfolg für den Komponisten. Die Sinfonie blieb seine letzte Partitur mit sinfonischem Anspruch.

Notizen zur *Musikalischen Poetik*
Igor Strawinskys

Igor Strawinskys musikalische Ästhetik, wie sie sich rudimentär in seiner siebenteiligen Vorlesungsreihe artikuliert, die er im Winter 1939/40 an der Harvard University hielt, ist keine Reflexion oder gar Theorie des musikalisch Schönen. Eher sind seine Reflexionen über die Musik charakterisierbar von der Bedeutung des griechischen Wortes αἰσθητικός her, die sinnliche Wahrnehmung betreffend. Denn die Beobachtung der Musik und seine Erfahrungen im Umgang mit ihr als Komponist und Interpret bilden in der Tat nach dem Geständnis Strawinskys die eigentliche Grundlage dieser Vorlesungsreihe.

In der ersten Fühlungnahme mit seinen Hörern verständigt sich der Komponist aber nicht über den Begriff der Ästhetik mit ihnen, sondern über den Begriff der Poetik. So gibt er zu erkennen, daß er vor allem über das Machen von Musik, über das Machbare sprechen möchte und dementsprechend der eigentliche Gegenstand seiner Vorlesungen die Erklärung der Musik sein wird: unter dem Gesichtspunkt des ποιεῖν, der musikalischen Handwerkslehre in einem umfassenden, der antiken Tradition verpflichteten Sinne, aber auch unter Aspekten musikalischer Tradition und musikalischen Fortschritts.

Igor Strawinsky unternimmt in seinen Vorlesungen mehrfach den Versuch, seine Kunst, die Musik, unter dem übergreifenden Gesichtspunkt menschlicher Werte zu diskutieren, ohne freilich eine im strengen Sinne an Scheler oder Weber orientierte Wert-Diskussion zu führen. Strawinskys Wert-Diskussion zentriert sich um den Begriff der Ordnung. Und dieser Gesichtspunkt, daß Musik die Funktion habe, gegen die herrschende Unordnung und intellektuelle Anarchie ihre Ordnungs-Maßstäbe zu setzen, um so gegen die künstlerischen Moden und Launen, gegen den herrschenden Kosmopolitismus ankämpfen zu können, diese Einsicht Strawinskys in die Funktion von Musik unter allgemeinen gesellschaftlichen Aspekten gewinnt im Verlauf seiner Vorlesungen, stets neu gewendet und bedacht, den Charakter einer dogmatischen These. Ohnehin verspricht er seinen Hörern, daß er dogmatisch und polemisch sein werde. In der Tat sind Strawinskys ästhetische Einsichten eher Explikationen gewisser musikalisch-kompositorischer Grundvorstellungen des Komponisten, die er dogmatisiert, als Thesen etwa, die er aus der sorgfältigen Beobachtung der großen Szenerie zeitgenössischer Musik gewonnen und formuliert hätte. Von wenigen respektvollen Anmerkungen zu Hindemiths oder Schönbergs kompositorischer Arbeit abgesehen, werden Tendenzen der zeitgenössischen Musik in der *Musikalischen Poetik* nie konkret verhandelt.

Musik ist eine Zeitkunst

Was Igor Strawinsky seinen Hörern an Einsichten über das Wesen von Musik übermittelt, gewann er aus der Erfahrung und Beobachtung von Musik, nicht zuletzt als Komponist; und in einem Prozeß der Introspektion wird er solche jahrzehntelangen Erfahrungen mit dem musikalischen Medium systematisieren und so kommunizierbar machen. Ihn leitet dabei die Überzeugung, daß die Theorie von Musik, die er in der *Musikalischen Poetik* entfaltet, durchaus objektiv zu nennen sei. Denn seine Theorie orientierte sich am Konkreten, und seine Erkenntnisse, obwohl in der Introspektion gewonnen, gehörten zu den grundlegenden, alle kompositorische Arbeit grundsätzlich bestimmenden.

Eine dieser grundlegenden Einsichten in das Wesen von Musik, in das musikalische Phänomen, faßt Strawinsky in die zunächst eher banal scheinende Formulierung, daß die Musik im Gegensatz zur Malerei, der Raumkunst, wesentlich Zeitkunst sei.

Musik habe eine Ordnung in der Zeit, eine *Chronomie*, zur Voraussetzung. Die Musik erfordert die Wachsamkeit des Gedächtnisses, um adäquat aufgefaßt werden zu können, sie realisiert sich als Prozeß in der Zeit. Darum fordern die musikalischen Gesetze, die den Zeitablauf der Töne bestimmen, zunächst einen meßbaren und konstanten Wert, der durch den Begriff Metrum ausgedrückt wird, während der Rhythmus das Problem regelt, wie die Schlagzeiten, in einer gegebenen Takt-Einheit gruppiert, gegliedert und untergliedert werden.

Freilich, der Zeitbegriff selbst bedarf der Differenzierung. So gebe es die chronometrische, die meßbare, die wirkliche oder ontologische Zeit und damit auch einen musikalischen Zeitprozeß, der sich parallel zur meßbaren Zeit entwickelt. Dieser Zeitprozeß ist grundsätzlich als kompositorischer Reflexionsprozeß zu denken, der sich der Elemente des Tons und der Zeit bedient und sie seinem spekulativen Willen unterwirft. Die Musik aber, die parallel zur meßbaren Zeit entsteht, erwecke im Hörer wegen ihrer *dynamischen Ruhe* ein Gefühl des Wohlbehagens. Ihr wesentliches kompositorisches Formungsgesetz ist das der Analogiebildung. Behutsam versuche der Komponist, aus der eher abschreckenden Fülle des kompositorisch Möglichen seinem Werk eine legitime, begründete, durch kompositorische Reflexion abgesicherte Mannigfaltigkeit zu sichern. Die Musik, die auf solche Weise entsteht, versucht eine musikalische Ordnung zu gestalten, die sich in engem Kontakt mit der ontologischen Zeit entfaltet. Tendenziell fügt sich diese Musik dem chronometrischen Zeitlauf, erklärt sich einverstanden mit der real ablaufenden Zeit.

Erlebbar ist aber auch ein anderer Zeitbegriff, der als Erlebnis-Zeit Realität besitzt. Langeweile oder Angst, Schmerz oder Freude vermögen im erlebenden Subjekt ein Zeitgefühl entstehen zu lassen, das sich beschleunigt oder verlangsamt und das den Gang der ontologischen Zeit also womöglich tiefgreifenden Störungen unterwirft.

Arbeitet der spekulative Geist mit einem solchen Zeitbegriff, dann wird die Musik, die so entsteht, nicht in der Gemessenheit analoger musikalischer Bildungen sich entfalten, sondern wesentlich durch musikalische Kontraste bestimmt werden. Solche Musik haftet nicht mehr am tönenden Augenblick, sondern eilt ihm voraus, sie richtet sich im *Unbeständigen ein, was sie befähigt die Gemütszustände ihres Autors wiederzugeben. Alle Musik, in der der Ausdruckswille vorherrscht, gehört dem zweiten Typus an.* Es kann kein Zweifel darüber bestehen, daß sich Strawinsky in diesem der Zeitbegriffe, dessen Ableitungen er seinem Freund Pierre Suwtschinskij verdankt, zum ersten Typus gehörig betrachtet. Denn seine Musik ist in der Tat kompositorische Arbeit, die im Einverständnis mit der chronometrischen Zeit lebt.

Die Konsequenzen, die Strawinsky aus der Diskussion des differenzierten Zeitbegriffs für seine kompositorische Arbeit zieht, sind ebenso folgerichtig wie dogmatisch. Dogmatisch, weil sie sich zu einem Ordnungsbegriff bekennen, der nicht eigentlich aus der Anschauung und den Forderungen der Musik selbst entwickelt wird, sondern auf dem Umweg über einen Appell Strawinskys ans Allgemeine menschlicher Erfahrung.

Pointiert formuliert, entwickelt der Komponist folgenden Gedankengang. Das Erlebnis der Vielfalt, der Mannigfaltigkeit der Erscheinungen wie das Erlebnis einer gewissen Zusammengehörigkeit und Einheit der Dinge gehört zu unserer Lebens- und Welterfahrung. Im Gegensatz zu den antiken Philosophen – Parmenides leugnet die Existenz wirklicher Vielfalt, Heraklit die der Einheit – sollte der gesunde Menschenverstand beide Möglichkeiten anerkennen.

Für den Komponisten aber gibt es grundsätzlich nur eine Möglichkeit der Entfaltung seiner schöpferischen Arbeitskraft, gibt es nur ein Ziel: er muß die Mannigfaltigkeit seiner Musik bilden, muß sie destillieren und konzentrieren gleichsam aus der Vielfalt der musikalischen Möglichkeiten, die auf ihn einstürzen. Sein kompositorisches Gesetz und Gebot ist die Analogiebildung. Nur so, durch die äußerste Anstrengung des spekulativen Willens unter dem Gesichtspunkt der Einheit, gelangt der Komponist zu musikalischen Resultaten von einiger Dignität und Solidität.

Mannigfaltigkeit umgibt den Menschen wie Natur, Kontraste finden sich überall. Der Komponist muß nicht bangen, daß es ihm an Mannigfaltigkeit fehlen werde. Ganz im Gegenteil: er wird einen neuen musikalischen Kosmos, wird die Einsicht in die wahre Ordnung des Mannigfaltigen erst durch die Anstrengung analogen musikalischen Bildens hindurch gewinnen. *Wenn die Mannigfaltigkeit mich anlockt, dann bin ich beunruhigt über die vielen Möglichkeiten, die sie mir bietet, während die Analogie mir Lösungen vorschlägt, die zwar schwieriger sind, dafür aber auch Resultate in Aussicht stellen, die infolge ihrer Solidität mehr Wert für mich haben.*[24]

Angst vor der Vielfalt des Möglichen, vor dem Chaos des Lebens, vor der intellektuellen Anarchie läßt Strawinsky zu einer Ordnungsvorstellung greifen und sie dogmatisieren, eine Ordnungsvorstellung, die er als Prinzip der kompositorischen Analogiebildung für seine eigene Arbeit zum grundlegenden formenden Prinzip erhebt.

In der Konkretion des musikalischen Werks entstehen aber nicht nur Beziehungen zwischen der ontologischen Zeit und dem Zeitablauf der Komposition, sondern alle kompositorische Arbeit stiftet auch eine geheimnisvolle Beziehung zwischen dem *Tempo und dem tonalen Spiel.*

---

[24] *Poetik*, S. 24

Definiert man den Prozeß des Komponierens als einen Vorgang, in dem eine gewisse Zahl von Tönen nach gewissen intervallischen Beziehungen geordnet wird, dann ergibt sich aus dieser Definition Strawinskys auch der Zwang, eine Art Mittelpunkt des Tongeschehens zu fixieren, einen tonalen Pol oder auch eine tonale Polarität. Dieses Spannungszentrum, das alle Tonbewegung bindet, hat freilich mit dem alten Tonalitätsbegriff und seiner Hierarchie der Akkordwertigkeit kaum mehr etwas gemein. Strawinskys polares System ist eine Art Attraktionspunkt, ein Zentrum, das in dieser Dimension die musikalische Form kristallisieren läßt. Strawinskys Tonalitätsbegriff hat etwas mit Topographie zu tun, ist Orientierung in der Form.

Wie der alte Tonalitätsbegriff, so sind auch die Begriffe Konsonanz und Dissonanz jeweils nur in einem begrenzten historischen Zeitraum sinnvoll anwendbar. Darum kann sich Strawinsky im Jahre 1940 auch nur einen emanzipierten Dissonanzbegriff vorstellen, einen, der nicht nach der Elle von Spannung und Entspannung diskutiert wird.

Traditionell war die Dissonanz ein transitorisches Element, das sich nicht selbst genügte, sondern der Auflösung bedurfte. Aber ergänzt nicht das Auge die Linie einer Zeichnung, deren Fortführung der bildende Künstler aussparte, und warum sollte jede Dissonanz in eine Konsonanz überführt werden? Zudem: seit mehreren Jahrzehnten gibt es Akkordfolgen, die, traditionell betrachtet, als dissonant zu bezeichnen sind, die aber dennoch im realen kompositorischen Prozeß keineswegs aufgelöst oder auch nur entschärft werden. Darum ist es auch überflüssig und inadäquat, musikalisches Material, sei es konsonant oder dissonant organisiert, noch mit den alten Vorstellungen von Ordnung oder Unordnung, von Ruhe oder Bewegung verbinden und belasten zu wollen. Atonalität aber, dieser Modebegriff, ist als Terminus des neuen Komponierens für Strawinsky ohne jeden Sinn. Wenn er sich je bereitfände, seine grundsätzlich tonale kompositorische Position aufzugeben, dann würde er diese neue Position nicht als atonal, sondern als antitonal bezeichnen. Denn atonal *kennzeichnet einen Zustand der Gleichgültigkeit gegenüber dem Begriff, den es für nichtig erklärt, ohne daß es ihn in Abrede stellt.*

Der schöpferische Prozeß

Auch Strawinskys Ästhetik, so sehr sie der Selbstbeobachtung verpflichtet ist und einer grundsätzlich »diesseitigen«, aller Kunst-Metaphysik zutiefst widerstrebenden Haltung, mag nicht auf Vorgegebenes, der Reflexion gleichsam Entzogenes verzichten.

So beginnt der schöpferische Prozeß für Strawinsky mit einer Art Appetit, der den Vorgeschmack des Entdeckens weckt. Dieser Appetit aber, mit Neugier verbunden, auch mit einer Motorik des Suchens, ist etwas durchaus Normales, tagtäglich sich einstellendes, ist den natürlichen Bedürfnissen des Menschen vergleichbar, seinem Durst, seinem Hunger. Er wird vielleicht verstärkt durch die Sichtung kompositorischer Skizzen oder gar durch den Anblick des weißen Papiers, das für Strawinsky gleichsam Aufforderungscharakter besitzt, das von ihm besessen werden will – nach seinen eigenen Ordnungsvorstellungen und eigenhändig zunächst mit Notenlinien versehen wird, die der Komponist mit einer für diesen Zweck konstruierten kleinen Rolle zieht. Und wie sehr hier, in diesen präludierenden Vorstadien des eigentlichen schöpferischen Prozesses Hand und Kopf, sein Tastsinn und sein musikalisches Vorstellungsvermögen eng aufeinander bezogen sind, davon redet nicht nur die Vorbereitung des Papiers oder die Ordnung der Stifte, Messer, Lineale und Radiergummi; Strawinsky liebt es auch, sich am Klavier »wühlend« in Stimmung zu bringen, und grundsätzlich geschieht die kompositorische Arbeit am Klavier, im innigen Kontakt mit der Klangsinnlichkeit des Instruments. Kompositorische Imagination hat für Strawinsky also eine im besten Sinne handwerkliche, ans Gerät, ans Instrument gebundene Dimension. In früheren Jahren, etwa zur Zeit der *Bauernhochzeit*, war seine Komponierstube nicht nur vom Klang des Klaviers erfüllt, sondern hallte von den vielfältigen Schlaginstrumenten wider, deren Erkundung er sich mit Leidenschaft hingab.

Darum ist die Rolle der Inspiration im schöpferischen Prozeß, obwohl er sie nicht verleugnet, für Strawinsky keineswegs überdimensional, sie gehört noch nicht einmal zu den unabdingbaren Voraussetzungen der kompositorischen Arbeit. Inspiration hat eher den Charakter eines Reflexes, der sich im Verlauf der Arbeit einstellt.

Eher distanziert ist auch seine Diskussion des musikalischen Einfalls. Einfälle könne man haben, ohne daß sie realisiert würden. Wieviel Einfälle begegnetem einem beispielsweise, wenn man sich den Launen der Phantasie überließe. Auf der Suche nach einem gangbaren Weg zu seinem Werk, das er finden und erfinden wird, das er entdecken wird, gibt es kein Sich-Verlieren, sondern nur die Haltung des beständigen konzentrierten Beobachtens und Suchens: eine gleichsam wissenschaftliche Haltung. Und es findet sich in der *Musikalischen Poetik* auch die Formulierung, daß die Musik im reinen Zustand ein freies Forschen des Geistes sei.

Grundsätzlich sei die schöpferische Fähigkeit mit der Gabe zur Beobachtung verbunden. Man könne einen schöpferischen Menschen nicht zuletzt daran erkennen, daß er überall etwas finde, was sein Interesse und seine Anteilnahme weckt.

Igor Strawinsky begreift sich als Erfinder von Musik. Erfindung aber schließt den Einfall ein, den schöpferischen Einfall allerdings, einen, dessen Potential im Komponisten die Fähigkeit mobilisiert, von der Konzeption zur Realisation fortzuschreiten. *Wir haben eine Pflicht gegenüber der Musik: sie zu erfinden. Ich erinnere mich, daß ein Gendarm, als ich während des Krieges die französische Grenze überschritt, mich nach meinem Beruf fragte. Ich antwortete ihm ganz einfach, daß ich Erfinder von Musik sei. Als der Gendarm dann meinen Paß kontrollierte, fragte er mich, weshalb ich dort als Komponist bezeichnet sei. Ich erwiderte ihm, der Ausdruck Erfinder von Musik schiene mir weit treffender das Handwerk zu kennzeichnen, das ich ausübe, als jener, den man mir in den Dokumenten zuerteilt, mit deren Hilfe ich die Grenzen überschreite.*[25]

Alle künstlerische Arbeit sei Arbeit im Begrenzten, die Kunst sei ein Königreich der Beschränkung. Auch in der Kunst könne man nur auf festem Grund bauen, und was sich der Stützung widersetze, das versage sich letztlich auch der Bewegung. Je mehr die Kunst kontrolliert, begrenzt, gearbeitet sei, um so freier sei sie auch. Weder das Verlieren an die Launen der Phantasie noch etwa die improvisatorische Attitude darf mit wahrer künstlerischer Arbeit verwechselt werden.

Jede Kunst setzt eine auswählende Tätigkeit voraus. Wenn ich an die Arbeit gehe, so habe ich meistens kein klares Ziel vor Augen. Würde man mich in diesem Stadium meiner Operation fragen, was ich will, so hätte ich Mühe, es zu sagen; aber ich würde jederzeit präzis antworten, wenn man mich fragte, was ich nicht will.[26] Der Komponist müsse sich auf das Ausscheiden verstehen, auf das

---

[25] *Poetik*, S. 35
[26] ebda., S. 43

»écarter«, müsse über eine hohe Technik der Wahl verfügen, nur so finde er den Weg zur wahren Ordnung und Einheit seines Werkes.

Tradition und Fortschritt

Alle schöpferische Arbeit geschieht in einem geistigen Spannungsfeld, das durch die erworbene Kultur und einen angeborenen Geschmack geprägt wurde. Den Geschmack leitet der Spürsinn, Instinkt, eine ganz spontane Fähigkeit jenseits aller Reflexion. Was nun die Kultur betrifft, so ist sie eine Art Aufzucht, die innerhalb der sozialen Ordnung der Erziehung den Glanz verleiht und die Bildung bereichert und abrundet. Diese Aufzucht erstreckt sich auch auf den Bereich des Geschmacks.

Die Differenzierung der musikalischen Kultur aber innerhalb eines vielverzweigten kulturell sozialen Gefüges ist letztlich nur möglich, weil der kulturell Erzogene in unablässigem Anspruch an sich selbst seinen eigenen Geschmack entwickelt, ihn gleichsam züchtet. Der individuelle Geschmack kann sich aber bilden, prägnant werden und zu sich selbst kommen nur in einer Gesellschaft, die sich auf der Höhe ihrer kulturellen Möglichkeiten befindet. Kultur und Geschmack bedingen also einander in diesem konkreten Sinne. Und nur der beständig kultivierte und sich differenzierende Geschmack des Einzelnen vermag schließlich neue Konventionen zu begründen und sie der Gesellschaft zu oktroyieren. So entstünde Tradition.

Der Begriff der Tradition freilich darf nicht mit der Gewohnheit verwechselt werden. Denn die Tradition entsteht aus einer wohlbedachten Vorliebe, Gewohnheit aber berge eine mechanische Tendenz in sich, habe mit unbewußt Erworbenem zu tun. *Man knüpft an eine Tradition an, um etwas Neues zu machen.* So etwa, wie Brahms an Beethoven anknüpfte. Diese Unmittelbarkeit des Anknüpfens an Tradition, die einem Naturbedürfnis entspräche, sei sehr wohl zu unterscheiden von dem Bedürfnis mancher Komponisten, ihre Verwandtschaft mit einem Komponisten zu bekräftigen, dessen Arbeit tiefer verborgen in der Geschichte ruht. Strawinskys eigene neoklassizistische Raubzüge würde er darum wohl auch kaum als Traditionspflege bezeichnen.

Wie ernst Strawinsky den Begriff der Tradition nimmt, die Fähigkeit des Komponisten, dort historisch anzuknüpfen, von wo aus er die Kontinuität des Schöpferischen zu sichern vermochte, ist an der Wagner-Polemik, wie sie sich in der *Musikalischen Poetik* zeigt, ablesbar.

Strawinsky wirft Wagner nicht allein vor, daß sein Gesamtkunstwerk an chronischer Aufgedunsenheit leide, daß Wagner durch seine brillanten Improvisationen die Sinfonie aufgebläht habe; entscheidender ist für Strawinsky, daß es dem Gesamtkunstwerk an Tradition mangele. Einzig Verdi habe diese Tradition, die Operntradition des 18. Jahrhunderts, legitim und schöpferisch fortgeführt.

Das Gesamtkunstwerk Wagners ist für Strawinsky der musikalische Ausdruck einer Epoche geistiger Anarchie, in der Zauberlehren auftauchen, die als Religionsersatz funktionieren. Früher ginge man in die Oper, um von gefälliger Musik unterhalten zu werden, bei Wagner aber wurde Musik zum Objekt philosophischer Spekulationen. Es scheine, als ob sich der spekulative Geist, der Basis, der Voraussetzung aller schöpferischen Arbeit sei, in der Adresse geirrt habe.

Es sei nicht zu leugnen, daß dann und wann große Feuerherde das historische Blickfeld der Kunst erhellen würden, Genies, deren Arbeit weit über die Gegenwart hinaus strahlt. Sie begünstigten künstlerische Kontinuität im Sinne einer legitimen Evolution. Wie eine Göttin verehrt, hätte die Evolution einen Bastard von Mythos zur Welt gebracht, der ihr gliche und den man Fortschritt mit einem großen F nennen würde. *Für die Anbeter der Religion des Fortschritts ist das Heute stets und notwendigerweise immer mehr wert als das Gestern; die Konsequenz davon ist im Bereich der musikalischen Ordnung, daß das üppige Orchester unserer Zeit einen Fortschritt gegenüber den bescheidenen Instrumentalen Ensembles von ehedem darstellt – das Orchester von Wagner gegenüber dem von Beethoven. Ich überlasse es ihrem Urteil, was eine derartige Bevorzugung wert ist.*[27]

Wir leben heute in einem Zeitalter, das sich künstlerisch den individuellen Launen hingibt, das die intellektuelle Anarchie feiere und so zu einem doppelten Isolationsprozeß geführt habe: die Künstler isolierten sich im Namen von Originalität gegeneinander und durch diesen monströsen Originalitäts-Kult auch vom Publikum. Der vollständige Bruch mit der Tradition habe im Bereich der Materie dazu geführt, daß alles uniformiert wird, im

[27] *Poetik*, S. 44

Bereich des Geistes aber werde jeder Universalismus durch die intellektuelle Anarchie zunichte gemacht. *Der Universalismus, dessen Wohltaten wir im Begriff sind zu verlieren, ist etwas ganz anderes als der Kosmopolitismus, der beginnt uns zu gewinnen. Der Universalismus setzt die Fruchtbarkeit einer Kultur voraus, die sich nach allen Seiten ausbreitet und mitteilt, während der Kosmopolitismus weder Aktion noch Doktrin vorsieht und die teilnahmslose Passivität eines sterilen Nachahmertums zur Folge hat.*[28]

Erneuerung und Tradition müßten Hand in Hand arbeiten. Strawinsky beobachte in Rußland beispielsweise eine künstlerische Haltung, deren erschreckendes Taumeln ihm den Kopf verwirre. Rußland favorisiere seit längerem eine einseitige Bevorzugung des Konservativismus ohne Erneuerung oder aber Revolution ohne Tradition. Künstlerische Entwicklung, die legitime Entwicklung von Kunst aber sei nur denkbar, wenn in einem lebendigen dialektischen Prozeß Erneuerung und Tradition sich gleichzeitig entwickelten und stützten.

[28] ebda., S. 46

Chronologisches Werkverzeichnis*

Tarantella für Klavier, 14. 10. 1898 – A. Kudnev gewidmet –, unveröffentlicht

Storm Cloud, Romanze für Gesang und Klavier (A. Puschkin), 25.1.1902, Faber Music

Scherzo für Klavier, 1902 – N. Richter gewidmet –, Faber Music

Sonate fis-Moll für Klavier, St. Petersburg/Samara 1903/04 – N. Richter gewidmet –, Faber Music

Kantate für gemischten Chor und Klavier, 1904 – Rimskij-Korsakow gewidmet –, Manuskript unauffindbar

The Mushrooms Going to War, Lied für Baß und Klavier, 1904, Boosey & Hawkes

Conductor and Tarantula für Gesang und Klavier (K. Prutkov), 1906, Manuskript unauffindbar

Sinfonie Es-Dur für Orchester, op. 1, Ustilug 1905/07 – Rimskij-Korsakow gewidmet –, Privataufführung 27.4.1907 St. Petersburger Hoforchester, Rob. Forberg

Faune et bergère (*Faun und Schäferin*), Suite für Mezzosopran und Orchester, op. 2 (A. Puschkin), Imatra/St. Petersburg 1906/07 – Catherine Strawinsky gewidmet –, Boosey & Hawkes

Pastorale, Lied ohne Worte für Sopran und Klavier, Ustilug 1907 – Nadeshda Rimskij-Korsakow gewidmet –, Schott

Deux mélodies für Mezzosopran und Klavier (S. Gorodetzky), Ustilug 1907/08 – Elisabeth Petrenko, S. Gorodetzky gewidmet –, Boosey & Hawkes

Scherzo fantastique für Orchester, op. 3, Ustilug 1908 – A. Siloti gewidmet –, Uraufführung 6.2.1909 Siloti-Konzerte St. Petersburg, Schott

* Dieses Werkverzeichnis folgt der Chronologie der Werke Igor Strawinskys – soweit sie bis heute erkennbar ist. Es basiert auf den Vorarbeiten Eric Walter Whites (*Stravinsky*, London 1979). Vera Stravinskys und Robert Crafts (*Stravinsky in Pictures and Documents*, London 1979) sowie auf dem kürzlich publizierten Werkverzeichnis, das Clifford Caesar erarbeitete und das mir der Verlag Boosey & Hawkes freundlicherweise zur Verfügung stellte (*A Complete Catalogue*, San Francisco Press. Inc. 1981). Den Verlagen Boosey & Hawkes und dem Schott-Verlag möchte ich für vielfältige Hilfe danken.

Feu d'artifice (*Feuerwerk*), Fantasie für Orchester, op. 4, Ustilug 1908 – Nadeshda und Maximilian Steinberg gewidmet –, Uraufführung 6.2.1909 Siloti-Konzerte St. Petersburg, Schott

Chant funèbre für Bläser, op. 5, Ustilug 1908 – Rimskij-Korsakow gewidmet –, Uraufführung 13.2.1909 St. Petersburg, Manuskript unauffindbar

Quatre études pour piano, op. 7, Ustilug 1908 – E. Mitusow, N. Richter, André und Wladimir Rimskij-Korsakow gewidmet –, Boosey & Hawkes

Kobold (Edward Grieg), von Strawinsky instrumentiert für Diaghilews *Le festin*-Produktion 1909, unveröffentlicht

Nocturne a-Moll, *Valse brillante* e-Moll (Chopin), von Strawinsky instrumentiert für Diaghilews *Les sylphides*-Produktion 1909, unveröffentlicht

Mephistopheles' Lied vom Floh (Beethoven op. 75 Nr. 3), Bearbeitung für Baß und Orchester, 1909, Boosey & Hawkes

Chanson de Méphistophélès dans la cave d'Auerbach (Mussorgsky), Bearbeitung für Baß/Bariton und Orchester, 1910, Boosey & Hawkes

L'oiseau de feu (*Feuervogel*), Ballett in zwei Szenen nach einem russischen Märchen von M. Fokin, St. Petersburg 1909/10 – A. Rimskij-Korsakow gewidmet –, Uraufführung 25.6.1910 Théâtre de l'Opéra Paris, Schott

Zwei Lieder für Bariton und Klavier, op. 9 (P. Verlaine), La Baule 1910 – Gury Strawinsky gewidmet –, Boosey & Hawkes

Pétrouchka (*Petruschka*), Burleske in vier Szenen von Strawinsky und A. Benois, Lusanne/Clarens/Beaulieu/Rom 1910/11 – A. Benois gewidmet –, Uraufführung 13. Juni 1911 Théâtre du Châtelet Paris, Boosey & Hawkes

Drei Sätze aus *Petruschka* für Klavier, 1921 – A. Rubinstein gewidmet –, Boosey & Hawkes

Deux poèmes de K. Balmont für hohe Stimme und Klavier, Ustilug 1911 –, seiner Mutter, seiner Schwägerin Ludmilla Beliankin gewidmet –, Boosey & Hawkes

Le roi des étoiles (*Der Sternenkönig*), Kantate für Männerstimme, Chor und Orchester, (K. Balmont), Ustilug 1911/12 – C. Debussy gewidmet –, Rob. Forberg

Le sacre du printemps, Bilder aus dem heidnischen Rußland in zwei Teilen, von Strawinsky und N. Roerich, Ustilug/Clarens 1911/13 – N. Roerich gewidmet –, Uraufführung 29.5.1913 Théâtre des Champs-Elysées Paris, Boosey & Hawkes

Trois poésies de la lyrique japonaise für hohe Stimme und Klavier/ Kammerorchester, Ustilug/Clarens 1912/13 – M. Delage, F. Schmitt, M. Ravel gewidmet –, Boosey & Hawkes

Trois petites chansons (Souvenirs de mon enfance) für Gesang und Klavier (Russische Volkstexte), Clarens 1913, begonnen 1906 – Soulima, Ludmilla Théodore gewidmet –, Boosey & Hawkes

Le rossignol (Die Nachtigall), Lyrisches Märchen in drei Akten nach H. Chr. Andersen von Strawinsky und S. Mitusow, Ustilug 1908/09 Akt 1 / Clarens 1913/Leysin 1914 Akt 2 und Akt 3, Uraufführung 26.5.1914 Théâtre de l'Opéra Paris, Boosey & Hawkes

Trois pièces pour quatour à cordes, Leysin/Salvan 1914 – Ch. A. Cingria gewidmet –, Boosey & Hawkes

Pribaoutki (Chansons plaisantes) für mittlere Stimme und acht Instrumente (Russische Volkstexte), Salvan/Clarens 1914 – Catherine Strawinsky gewidmet –, J. & W. Chester

Valse des fleurs für zwei Klaviere, Clarens 1914, Boosey & Hawkes

Trois pièces faciles für Klavier zu vier Händen, Clarens/Chateau d'Oex 1914/15 – A. Casella, E. Satie, S. Diaghilew gewidmet –, J. & W. Chester

Souvenir d'une marche boche für Klavier, Morges 1915, Boosey & Hawkes

Berceuses du chat für mittlere Stimme und drei Klarinetten (Russische Volkstexte), Clarens/Morges 1915/16 – N. Gontcharowa, M. Larionow gewidmet –, J. & W. Chester

Renard (Reineke), Text vom Komponisten nach russischen Volkserzählungen, Burleske Geschichte zu singen und zu spielen, Chateau d'Oex/Morges 1915/16 – Prinzessin Edmond de Polignac gewidmet –, Uraufführung 18.5.1922 Théâtre de l'Opéra Paris, J. & W. Chester

Cinq pièces faciles für Klavier zu vier Händen, Morges 1916/17 – Eugenia Errazuriz gewidmet –, J. & W. Chester

Le chant du rossignol, Sinfonische Dichtung für Orchester, Morges 1917, Boosey & Hawkes

Trois histoires pour enfants für Gesang und Klavier (Russische Volkstexte), Morges 1915/17 – seinem jüngsten Sohn gewidmet –, J. & W. Chester

Valse pour les enfants für Klavier, Morges um 1917, Boosey & Hawkes

Chant du bateliers du Volga für Bläser und Schlagzeug, Rom 1917, J. & W. Chester

Vier russische Bauernlieder für Frauenstimmen *a cappella* (Russische Volkstexte), Salvan/Morges 1914/17, Schott

Kanon für zwei Hörner, 1917, unveröffentlicht

Les noces (*Bàuernhochzeit*), Russische Tanzszenen (von Strawinsky aus russischen Volkstexten zusammengestellt), Clarens/Morges 1914/17, endgültige Instrumentation Garches/Biarritz/Monaco 1921/23 – S. Diaghilew gewidmet –, Uraufführung 13.6.1923 Théâtre de la Gaité Lyrique Paris, J. & W. Chester

Étude pour pianola, Les Diablerets/Morges 1917 – Eugenia Errazuriz gewidmet –, Walze von der Aeolian Company publiziert, Manuskript von Boosey & Hawkes

Berceuse für Gesang und Klavier (Russischer Text vom Komponisten), Morges 1917 – seiner kleinen Tochter gewidmet –, Faber and Faber in Appendix A, Expositions and Developments

L'histoire du soldat (*Die Geschichte vom Soldaten*), zu lesen, spielen und zu tanzen, in zwei Teilen (Libretto von Ch. F. Ramuz), Morges 1918 – Werner Reinhart gewidmet –, Uraufführung 28.9.1918 Théâtre Municipal de Lausanne, J. & W. Chester

Ragtime für elf Instrumente, Morges 1918 – Eugenia Errazuriz gewidmet –, J. & W. Chester

Trois pièces pour clarinette seul, Morges 1919 – Werner Reinhart gewidmet –, J. & W. Chester

Quatre chants russes für Gesang und Klavier (Russische Volkstexte), Morges 1918/19 – Maja und Bela Strozzi-Pečić gewidmet –, J. & W. Chester

Piano-Rag-Music für Klavier, Morges 1919 – A. Rubinstein gewidmet –, J. & W. Chester

Pulcinella, Ballett mit Gesang nach Giambattista Pergolesi, Morges 1919/20, Uraufführung 15.5.1920 Théâtre de l'Opéra Paris, Boosey & Hawkes

Concertino pour quatour à cordes, Carantec/Garches 1920 – dem Flonzaley-Quartett gewidmet –, Wilhelm Hansen

Symphonies d'instruments à vent, Garches 1920 – dem Gedächtnis C. Debussys gewidmet –, Boosey & Hawkes

Les cinq doigts für Klavier, Garches 1921, J. & W. Chester

Suite Nr. 2 für Kammerorchester, 1921, J. & W. Chester

Mavra, Opéra bouffe (Libretto von Boris Kochno nach Puschkins Erzählung *Das kleine Haus in Kolomna*), Angler/Biarritz 1922 – dem Gedächtnis Puschkins, Glinkas und Tschaikowskys gewidmet –, Uraufführung 3. 6. 1922 Théâtre de l'Opéra Paris, Boosey & Hawkes

Octuor pour instruments à vent (Bläseroktett), Biarritz/Paris 1922/23 – Vera de Bosset gewidmet –, Boosey & Hawkes

Concerto pour piano et orchestre d'harmonie (Konzert für Klavier und Bläser), Biarritz 1923/24 – Nathalie Kussewitzky gewidmet –, Uraufführung 22. 5. 1924 Théâtre de l'Opéra Paris, Boosey & Hawkes

Sonate pour piano, Biarritz/Nizza 1924 – der Prinzessin Edmond de Polignac gewidmet –, Boosey & Hawkes

Sérénade en la (*Serenade in A*) für Klavier, Nizza 1925 – seiner Frau gewidmet –, Boosey & Hawkes

Suite Nr. 1 für kleines Orchester, 1925, J. & W. Chester

Pater noster für Chor *a cappella*, 1926, Boosey & Hawkes

Oedipus Rex, Opéra-oratorio (Text nach Sophokles von Strawinsky und Jean Cocteau), Nizza 1926/27, Uraufführung 30. 5. 1927 Théâtre Sarah Bernhardt Paris, Boosey & Hawkes.

Apollon musagète, Ballett in zwei Szenen, Nizza 1927/28, Uraufführung 27. 4. 1928 Library of Congress Washington D. C., Boosey & Hawkes

Le baiser de la fée (*Der Kuß der Fee*), Ballett in vier Szenen, Talloires/Nizza 1928 – dem Gedächtnis P. Tschaikowskys gewidmet –, Uraufführung 27. 11. 1928 Théâtre de l'Opéra Paris, Boosey & Hawkes

Quatre études pour orchestre, 1914/29, Boosey & Hawkes

Capriccio pour piano et orchestre, Nizza/Echarvines 1928/29, Boosey & Hawkes

Symphonie des psaumes (*Psalmensinfonie*) für Chor und Orchester, Nizza 1930 – dem Boston Symphony Orchestra gewidmet –, Boosey & Hawkes

Concerto en ré pour violon et orchestra (Violinkonzert), Nizza/Voreppe 1931, Uraufführung 23. 10. 1931 Berlin, Schott

Duo concertant für Violine und Klavier, Voreppe 1931/32, Boosey & Hawkes

Credo für Chor *a cappella*, 1932, Boosey & Hawkes

Perséphone, Melodram in drei Szenen (Text A. Gide), Voreppe/Paris 1933/34, Uraufführung 30. 4. 1934 Théâtre de l'Opéra Paris, Boosey & Hawkes

Ave Maria für Chor *a cappella*, 1934, Boosey & Hawkes

Divertimento für Orchester (Sinfonische Suite aus dem Ballett *Kuß der Fee*), 1934, Boosey & Hawkes

Concerto per due pianoforté soli, Voreppe/Paris 1931/35, Schott

Jeu de cartes (*Das Kartenspiel*), Ballett in drei Teilen, Paris 1936, Uraufführung 27. 4. 1937 Metropolitan Opera House New York, Schott

Preludium for Jazz band, Paris/New York 1936/37, Boosey & Hawkes

Petit ramusianum harmonique, drei Gedichte für unbegleitete Stimme (Texte von Strawinsky und Ch. A. Cingria), 1938 – Ch. F. Ramuz zu seinem sechzigsten Geburtstag gewidmet –, Feuilles Musicales, Lausanne 1962

Concerto in Es (*Dumbarton Oaks*) für Kammerorchester, Chateau de Montoux/Paris 1937/38, Schott

Symphonie en ut (*Sinfonie in C*) für Orchester, Paris/Sancellmoz/ Cambridge/Hollywood 1938/40 – dem Chicago Symphony Orchestra gewidmet –, Schott

Tango für Klavier, Hollywood 1940, Schott

Danses concertantes für Kammerorchester, Hollywood 1941/42, Schott

Circus Polka für Orchester, komponiert für einen jungen Elefanten, Hollywood 1942, Schott

Four Norwegian Moods für Orchester, Hollywood 1942, Schott

Ode für Orchester, Hollywood 1943 – Nathalie Kussewitzky gewidmet –, Schott

Sonata for Two Pianos, Hollywood 1943/44, Schott

Babel, Kantate für Männerchor und Sprecher (Text aus der Genesis), Hollywood 1944, Schott

Scherzo à la russe für Jazz-Ensemble, Hollywood 1943/44, Schott

Scènes de ballet für Orchester, Hollywood 1944, Schott

Élégie für Viola solo, 1944 – Alphonse Onnou gewidmet –, Schott.

Symphony in three movements for Orchestra, 1942/45 – der New York Philharmonic Symphony Society gewidmet –, Schott

Ebony Concerto, für Solo-Klarinette und Jazz-Ensemble, Hollywood 1945 – Woody Herman gewidmet –, Edwin H. Morris and Co

Concerto en ré (*Konzert in D*) für Streichorchester, Hollywood 1946 – dem Baseler Kammerorchester und seinem Dirigenten Paul Sacher gewidmet –, Boosey & Hawkes

Orpheus, Ballett in drei Szenen, Hollywood 1947, Uraufführung 28. 4. 1948 Ballet Society New York, Boosey & Hawkes

Mass für Chor und Bläserensemble, 1944/48, Boosey & Hawkes

The Rake's Progress, Oper in drei Akten (Libretto von W. H.

427

Auden und Chester Kallman), 1948/51, Uraufführung 11. 9. 1951 Teatro la Fenice Venedig, Boosey & Hawkes

Cantata für Sopran, Tenor, Frauenchor und Instrumente (Anonyme englische Texte des 15., 16. Jh.), 1951/52 – der Los Angeles Symphony Society gewidmet –, Boosey & Hawkes

Septet für Bläser, Streicher und Klavier, 1952/53 – der Dumbarton Oaks Research Library and Collection gewidmet –, Boosey & Hawkes

Three Songs form William Shakespeare für Mezzo-Sopran und drei Instrumente, 1953 – der Los Angeles Konzert-Reihe »Evenings on the Roof« gewidmet –, Boosey & Hawkes

In Memoriam Dylan Thomas für Tenor, Streichquartett und vier Posaunen (Text von Dylan Thomas), 1954, Boosey & Hawkes

Greeting Prelude für Orchester, 1955 – zum achtzigsten Geburtstag von Pierre Monteux –, Boosey & Hawkes

Canticum sacrum ad honorem Sancti Marci nominis für Soli, Chor und Orchester (Lat. Bibeltexte), 1955 – *Urbi Venetiae, in laude Sancti sui Presidis, Beati Marci Apostoli* –, Boosey & Hawkes

Agon, Ballett für zwölf Tänzer, 1953/57 – Lincoln Kirstein und George Balanchine gewidmet –, Uraufführung der Ballett-Produktion 1. 12. 1957 New York, Boosey & Hawkes

Threni: Id est lamentationes Jereminae Prophetae für Soli, Chor und Orchester (Lateinischer Bibeltext) – dem Norddeutschen Rundfunk gewidmet –, 1957/58, Boosey & Hawkes

Choral-Variationen über das Weihnachtslied *Vom Himmel hoch da komm' ich her* (J. S. Bach), Bearbeitung für gemischten Chor und Orchester, 1956 – R. Craft gewidmet –, Boosey & Hawkes

Movements für Klavier und Orchester, 1958/59 – Margrit Weber gewidmet –, Boosey & Hawkes

Epitaphium für Flöte, Klarinette und Harfe, 1959 – für das Grabmal des Prinzen Max Egon zu Fürstenberg –, Boosey & Hawkes

Double Canon für Streichquartett, 1959 – Raoul Dufy in memoriam –, Boosey & Hawkes

Tres sacrae cantiones (Carlo Gesualdo di Venosa) für Chor *a cappella,* vervollständigt von Strawinsky 1959, Boosey & Hawkes

Monumentum pro Gesualdo di Venosa ad CD annum, Drei Madrigale für Kammerorchester eingerichtet: *recomposed*, Hollywood 1960, Boosey & Hawkes

A Sermon, A Narrative and A Prayer, Kantate für Soli, Sprecher, Chor und Orchester (Bibeltexte und von Th. Dekker), 1960/61 – Paul Sacher gewidmet –, Boosey & Hawkes

428

Anthem *The Dove descending breaks the air* für Chor *a cappella* (Text von T. S. Eliot), 1962 – T. S. Eliot gewidmet –, Boosey & Hawkes

The Flood, A Musical Play für Soli, Sprecher und Orchester (Text eingerichtet von R. Craft), 1961/62, Boosey & Hawkes

Abraham and Isaac, A sacred ballad für Bariton und Kammerorchester (Hebräischer Text aus der Genesis), 1962/63 – dem isaraelischen Volk gewidmet –, Boosey & Hawkes

Elegy for J. F. K. für Bariton und drei Klarinetten (Text W. H. Auden), Hollywood 1964, Boosey & Hawkes

Variations für Orchester (Aldous Huxley in memoriam), 1963/64, Boosey & Hawkes

Fanfare for a New Theatre für zwei Trompeten, Hollywood 1964, Boosey & Hawkes

Introitus (T. S. Eliot in memoriam) für Männerchor und Instrumente (Text: *Introitus* der lateinischen Totenmesse), 1965, Boosey & Hawkes

Requiem canticles, für Soli, Chor und Orchester (Texte aus der lateinischen Totenmesse), 1965/66 – dem Andenken Helen Buchanan Seegers gewidmet –, Boosey & Hawkes

The Owl and the Pussy-Cat für Sopran und Klavier (Text von Edward Lear), 1965/66 – Vera gewidmet –, Boosey & Hawkes

Two Sacred Songs from the »Spanisches Liederbuch« of Hugo Wolf, für Mezzo-Sopran, drei Klarinetten, zwei Hörner und Streichquintett eingerichtet, 15.5.1968 San Francisco, Boosey & Hawkes

Literaturhinweise

Schriftstellerische Arbeiten und Gespräche

Chroniques de ma vie, Paris 1935/36, 2 Bde.
Poétique musicale, Cambridge (Mass.) 1942
Leben und Werk, Mainz 1957
  (Erinnerungen, Musikalische Poetik, Antworten auf 35 Fragen [1957])
Conversations with I. Stravinsky, London 1959
Memories and Commentaries, London 1960
Gespräche mit Robert Craft, Zürich 1961
  (Conversations, Memories and Commentaries in deutscher Übersetzung)
Expositions and Developments, London 1962
Themes and Episodes, New York 1966
Dialogues and a Diary, London 1968
Retrospectives and Conclusions, New York 1969
Erinnerungen und Gespräche, Frankfurt a. Main 1972
  (*Retrospectives and Conclusions* in deutscher Übersetzung)

Dokumente
Erinnerungen an den Komponisten

Vera Stravinsky / Robert Craft: *Stravinsky in Pictures and Documents*, London 1979
Theodor Stravinsky, Catherine and Igor Stravinsky: *A Family Album*, London 1973
Theodor Strawinsky: *Igor Strawinsky, Mensch und Künstler, Gedanken über das Werk des Vaters*, Mainz o. J.
Robert Craft: *Chronicle of a Friendship 1948–1971*, London 1972
Charles Ferdinand Ramuz: *Erinnerungen an Igor Strawinsky*, Frankfurt a. Main 1974
Arnold Newman / Robert Craft: *Bravo Stravinsky*, Cleveland 1967

Gesamtdarstellungen und Studien

Eric Walter White: *Stravinsky, The Composer and his Works*, London 1979
Eric Walter White: *Strawinsky*, Hamburg o. J.
Heinrich Strobel: *Strawinsky*, Zürich–Freiburg 1956
Nicolas Nabokov: *Igor Strawinsky*, Berlin 1964
Boris Jarustowski: *Igor Strawinsky*, Berlin 1966
Michail Druskin: *Igor Strawinsky*, Leipzig 1976
Wolfgang Dömling: *Strawinsky*, Hamburg 1982
Helmut Kirchmeyer: *Strawinskys russische Ballette*, Stuttgart 1974
Michael Trapp: *Studien zu Igor Strawinskys »Geschichte vom Soldaten«*, Regensburg 1978
Heinrich Lindlar: *Igor Strawinskys Sakraler Gesang*, Regensburg 1957
Norbert Jers: *Igor Strawinskys späte Zwölftonwerke (1958–1966)*, Regensburg 1976
Robert Craft: *Strawinsky*, München 1962
Minna Lederman: *Stravinsky in the Theatre*, New York 1949

In der Reihe *Musik der Zeit* erschienen folgende Strawinsky-Hefte:
Igor Strawinsky, Bonn 1952
Strawinsky in Amerika, Bonn 1955
Strawinsky, Wirklichkeit und Wirkung, Bonn 1958

Kulturgeschichtliche Zusammenhänge

Hans Heinz Stuckenschmidt: *Neue Musik*, Berlin 1951
Hans Heinz Stuckenschmidt: *Strawinsky und sein Jahrhundert*, Berlin 1957
Dorothee Eberlein: *Russische Musikanschauung um 1900*, Regensburg 1978
Jean Cocteau: *Hahn und Harlekin*, München o. J.
Ernest Ansermet: *Die Grundlagen der Musik im menschlichen Bewußtsein*, München 1965
E. Ansermet / J. C. Piguet: *Gespräche über Musik*, München 1973
Otto Tomek: *Igor Strawinsky*. Eine Sendereihe des Westdeutschen Rundfunks zum 80. Geburtstag, Köln 1963
Opus Strawinsky, Magazin der Berliner Festwochen 1980

Register

437

438

R

S

Register der Werke Strawinskys

442